그림으로 배우는 구글 클라우드 101

Visualizing Google Cloud

프리양카 베르가디아 지음 / 이준호 옮김

Jpub
제이펍

그림으로 배우는 **구글 클라우드 101**

1판 1쇄 발행 2023년 11월 10일

지은이 프리양카 베르가디아
옮긴이 이준호
펴낸이 장성두
펴낸곳 주식회사 제이펍

출판신고 2009년 11월 10일 제406-2009-000087호
주소 경기도 파주시 회동길 159 3층 / **전화** 070-8201-9010 / **팩스** 02-6280-0405
홈페이지 www.jpub.kr / **투고** submit@jpub.kr / **독자문의** help@jpub.kr / **교재문의** textbook@jpub.kr

소통기획부 김정준, 이상복, 김은미, 송영화, 권유라, 송찬수, 박재인, 배인혜, 나준섭
소통지원부 민지환, 이승환, 김정미, 서세원 / **디자인부** 이민숙, 최병찬

진행 권유라 / **교정·교열** 김은미 / **내지디자인 및 편집** 성은경
용지 타라유통 / **인쇄** 한길프린테크 / **제본** 일진제책사

ISBN 979-11-92987-12-5 (93000)
값 29,000원

제이펍은 여러분의 아이디어와 원고를 기다리고 있습니다. 책으로 펴내고자 하는 아이디어나 원고가 있는 분께서는 책의 간단한 개요와 차례, 구성과 지은이/옮긴이 약력 등을 메일(submit@jpub.kr)로 보내주세요.

차례

지은이·옮긴이 소개

지은이 **프리양카 베르가디아** Priyanka Vergadia

10년 동안 클라우드 기술을 사용했다. 인도의 슈리 고빈드람 세크사리아 공과대학에서 전자공학 학사를 취득했고, 펜실베이니아 대학교에서 전산과학 석사를 취득했다. 구글 클라우드 개발자들의 대변인으로서 기업 및 클라우드 아키텍트와 협력해 가장 시급한 비즈니스 과제를 클라우드 컴퓨터로 해결해왔으며, 많은 클라우드 유저들이 클라우드를 시작하고, 기본 지식을 배우고, 클라우드 인증을 획득하는 데 도움을 줬다. 예술과 기술에 대한 열정을 결합함으로써 클라우드 컴퓨팅의 접근성을 높이고 이해하기 쉽게 구현하기 위해 애쓰고 있다.

기술 전문 시각화 스토리텔러로서 여러 기술적 이야기를 쉽게 이해하고 재미있게 따라 할 수 있도록 소개했다. 가장 유명한 작업으로는 <Build with Google Cloud(구글 클라우드로 구축하기)>, <Architecting with Google Cloud(구글 클라우드로 설계하기)>, <Deconstructing Chatbots(챗봇 해체하기)>, <GCP Drawing Board(GCP 그림판)>, <Cloud Bytes(클라우드 바이트)>, <GCP Comics(GCP 코믹스)>, <Get Cooking in Cloud(클라우드 준비하기)>가 있다. 모든 작업은 구글 클라우드 유튜브 채널(https://goo.gle/3g7xAC9), 유튜브 채널(https://youtube.com/@pvergadia), 웹사이트(https://thecloudgirl.dev/), 미디엄(https://medium.com/@pvergadia)에서 볼 수 있다.

옮긴이 **이준호** vans8580@gmail.com

넥슨 코리아에서 빅데이터 및 분석 플랫폼 운영을 총괄하고 있다. 서울대학교를 졸업하고 숭실대학원에서 소프트웨어 공학을 전공했다. 오픈 API 플랫폼, IPTV 콘텐츠 관리 플랫폼, UCC 콘텐츠 서비스 플랫폼의 설계, 구축, 운영과 더불어 IPTV 플랫폼에 대한 진단과 개선 관련 컨설팅을 진행했다. 넥슨 코리아에 입사해 AWS 기반의 게임 서비스 플랫폼을 설계, 구축했다. 또한 클라우드 포메이션, 테라폼, 앤서블, 깃을 활용해 AWS 관리형 쿠버네티스 플랫폼인 EKS에 데브옵스화된 게임 서비스 인프라 구축을 진행함으로써 회사 내에 데브옵스 문화를 전파하는 역할을 하고 있다. 머신러닝 활용 장애 탐지 관련 논문으로 석사 학위를 취득했으며 관련 연구를 지속하고 있다. 번역한 책으로 《일래스틱서치 쿡북 4/e》, 《AWS를 통한 효과적인 데브옵스 구축 2/e》, 《구글 클라우드 플랫폼상의 데이터 과학》, 《AWS 관리 Cookbook》, 《AWS를 이용한 데브옵스 완벽 구축》(이상 에이콘출판사) 등이 있다.

옮긴이 머리말

저는 1995년부터 IT 업계에서 일하기 시작한 벤처 1세대로, 꽤 오랜 기간 이 업종에 몸 담고 있습니다. 무려 15년 전부터 CI/CD 등의 이야기를 설파해왔지만 실현하는 건 현실적으로 어려웠습니다. 이해도 어려웠을뿐더러 하드웨어 환경은 손을 댈 수 없는 영역이었기 때문입니다. 이제는 이 하드웨어 환경이 클라우드로 전환되면서 CI/CD, 업무 자동화 등이 기본이 되었습니다. 그 덕분에 개발이 최근 들어 많이 편해졌다는 생각이 들곤 합니다.

많은 클라우드 중 GCP는 가지고 있는 기능에 비해 덜 알려져 있습니다. 이번 책을 번역하면서 GCP는 기존 IDC 환경을 클라우드로 전환하는 데 필요한 전반적인 준비를 마쳤다는 걸 알 수 있었습니다. 이 책은 방대한 GCP 자료를 요약해 컴퓨팅 환경부터 보안까지 빠짐없이 소개합니다. 특히, 삽화로 기능을 간단명료하게 설명하여 굳이 내용을 읽지 않고도 서비스를 파악할 수 있다는 것은 더할 나위 없이 매력적입니다.

클라우드 관련 개발 및 운영을 수년간 해오면서 늘 부족하다고 느낀 부분은, 클라우드 기반 서비스는 하루가 멀다 하고 출시되는데 해당 서비스를 확인하기가 너무 어렵다는 점입니다. 이는 클라우드 서비스 대부분이 비슷한 것 같습니다. 그래서 전체적인 아웃라인을 가이드하는 책이 나오면 정말 큰 도움이 되겠다고 생각했습니다. 그런 측면에서 이 책은 단비와도 같은 가치가 있습니다.

이 책은 GCP 서비스를 개괄적으로 다룹니다. 그러므로 먼저 이 책을 통해 GCP의 전반적인 서비스를 공부한 후, 자세히 알고 싶은 주제가 있다면 관련된 책을 구해서 공부하기를 추천합니다. 만약 클라우드로 이전하려는 계획이 있다면 이 책의 의사결정 트리와 같은 방법을 통해 설명하는 이전 절차를 잘 살펴보고 적극적으로 활용하기를 바랍니다.

GCP 제품명은 GCP 문서 및 콘솔을 기준으로 표기했습니다.

아무쪼록 독자분들이 이 책을 통해서 GCP를 잘 이해할 수 있기를 바랍니다.

추천의 글

이 책은 방대한 구글 클라우드 솔루션의 전체 내용을 일러스트 형식으로 아주 쉽게 설명한 개론서입니다. 구글 클라우드에 처음 입문하는 분들, 오픈형·개방형 클라우드가 갖추어야 할 기능적 요소를 확인하고 싶은 분들에게는 교과서적인 책이 될 수 있습니다. 무엇보다 우리나라 IT를 초기부터 개척해온 엔지니어가 직접 번역했기에 더욱 현업에서 이해하기 쉬운 언어와 톤으로 정리되었습니다.

원서가 처음 발행되었을 때부터 구글 클라우드 코리아의 엔지니어팀 모두가 이 책의 국문화를 염원했다는 이야기를 접했습니다. 국문 번역본 출간을 진심으로 환영하며, 전 세계가 클라우드로 데이터 기반의 비즈니스 의사결정 및 디지털 비즈니스로의 전환을 더욱 가속하는 가운데 이 책이 한국의 디지털 파이어니어들에게 길잡이 역할을 할 것으로 확신합니다.

– 강형준(구글 클라우드 코리아 사장)

구글 클라우드의 각종 서비스에 대한 요약과 서비스들 사이의 관계를 매우 쉽게 도식화한 책으로, 클라우드에 입문하는 사람부터 여러 클라우드 서비스를 경험한 전문가까지 모두 곁에 두고 참고하기 좋은 내용입니다. Google Cloud Certified – Professional Cloud Architect 자격증을 준비할 때 이 책이 있었다면 시간과 노력을 반 이하로 줄일 수 있었을 것 같습니다.

– 구현서(현 클래스101 CTO, 전 몰로코 CTO)

많은 사람에게 서비스되는 웹 사이트, 쇼핑몰, 온라인 게임 등은 장애가 단 몇 분이라도 발생하면 신뢰도 하락과 동시에 매출 하락을 겪습니다. 온프레미스 기반에서는 서비스가 정상적으로 이루어지는지 수동으로 체크했습니다. 클라우드가 탄생하면서 장비, 네트워크 등을 물리적으로 관리할 필요가 없게 되자 문제가 발생했을 때 쉽고 빠르게 해결할 수 있게 되었습니다. 이뿐만 아니라 전 세계의 주요 지역마다 클라우드 노드가 있기 때문에 온프레미스 기반에선 상상도 하지 못했던 규모의 시스템을 설계하고 사용하는 것이 가능해졌습니다.

이 책은 구글 클라우드 플랫폼(GCP)의 주요 개념과 작동 방식을 삽화와 함께 설명합니다. 이 책을 통해 구글 클라우드를 써보지 않았더라도 마치 써본 것처럼 구글 클라우드의 내면까지 깊게 살펴볼 수 있습니다. 구글 클라우드가 궁금하다면 이 책을 꼭 읽어보기를 바랍니다.

– 이지호(메가존소프트 클라우드 아키텍트팀 엔지니어, 《Flask 기반의 파이썬 웹 프로그래밍》 저자)

베타리더 후기

공민서 GCP의 여러 제품군 소개와 더불어 언제 사용하는지 등을 한눈에 볼 수 있게 설명한 책입니다. 상황에 따라 적절한 제품을 선택할 때도, GCP를 도입하고자 하는 시점에 타 클라우드 서비스 제품군과 비교할 때도 유용한 자료를 담고 있습니다.

사지원(카카오모빌리티) 이 책은 구글 클라우드에서 제공하는 서비스 중 주로 사용하는 주요 서비스를 자세히 설명합니다. AWS나 애저Azure에 익숙하고 GCP를 처음 도입해보려는 상황에서 GCP의 특징이 무엇이고 어떤 장점을 가졌는지 파악하기 좋습니다.

송현(루닛) 굉장히 다양한 범위의 구글 클라우드에 관한 내용을 콤팩트하게 다루는 책입니다. 요소마다 한 장의 그림으로 개요를 보여주고 세세한 부분은 글로 설명해서 압축적인 구성에도 불구하고 원하는 내용을 빠르게 습득할 수 있습니다. 다만, 상대적으로 많은 내용을 깊게 다루고 있기 때문에 서버 관리 등의 사전 지식이 없으면 이해하는 데 어려움이 있을 수 있습니다.

신진규(ISMS-P 인증심사원)

컴퓨팅 서비스부터 개발 툴까지 GCP를 구성하고 있는 모든 서비스를 소개합니다. 클라우드 서비스 하면 보통 AWS를 많이 떠올리지만, 이 책을 통해 GCP의 강점도 많이 알 수 있었습니다. 특히, 인프라뿐 아니라 현대적인 애플리케이션, ML, 보안 등 클라우드와 관련된 거의 모든 주제를 다루고 있기 때문에, GCP와 관계없이 클라우드 컴퓨팅 생태계를 이해하고자 하는 분들께 많은 도움이 될 것입니다.

양성모(현대오토에버) 구글 클라우드의 다양한 제품을 분야별로 나누어 한 장의 그림으로 압축하여 보여주고 설명하는 책입니다. 내용이 간단하지는 않아 어느 정도 구글 클라우드에 익숙한 분들이 치트시트로 활용하기에 특히 좋을 것 같습니다.

이석곤(아이알컴퍼니) 그림과 다이어그램을 짜임새 있게 구성하여 복잡한 개념을 쉽게 설명해줍니다. 플랫폼의 다양한 요소가 서로 어떻게 조화를 이루는지 명확하게 도해로 제공하며, 구글 클라우드를 활용하여 혁신과 성장을 주도하는 방법에 대한 인사이트를 얻을 수 있습니다. 구글 클라우드 플랫폼에 대해 자세히 알아보는 데 관심이 있는 모든 사람에게 적극 추천합니다.

이현수(글래스돔코리아) AWS는 많이 써봤고 관련 자격증도 있지만, GCP는 회사에 들어와서 처음으로 사용해봤습니다. 그래서 GCP가 어떤 종류의 서비스를 제공하는지, 내가 원하는 서비스를 쉽게 찾아낼 수 있도록 일목요연하게 정리된 자료가 필요했습니다. 이 책은 긴 글로 설명하기보다 한눈에 들어오는 아이콘과 관계도를 통해 GCP 서비스의 개요를 빠르게 파악하도록 도와줍니다.

황시연(엘로스) 이 책은 구글 클라우드 서비스를 워크플로 그림으로 소개합니다. 단순히 구글 클라우드의 웹사이트를 설명하는 것이 아닌, 서비스별로 시나리오를 구성하여 어떠한 용도로 쓰는지 맥락을 잡아줍니다. 타 클라우드도 큰 개념은 같기 때문에, 서비스를 기획하는 PM이나 개발자가 아닌 타 직군에게도 클라우드에 대한 개념을 익히는 데 추천합니다.

감사의 글

뭔가 독창적인 것을 창조하는 일은 언제나 흥미진진하다. 기술적으로 복잡한 구글 클라우드 개념을 그림으로 풀어내고자 하는 나의 별난 아이디어를 이 책에 담아내기까지 많은 이들의 도움을 받았다. 그들 덕분에 나의 첫 번째 책이 세상에 나왔다.

내 아이디어를 믿어주고 격려해준 그레그 윌슨Greg Wilson, 레토 마이어Reto Meier, 콜트 맥앤리스Colt McAnlis와 모든 구글 클라우드 팀에게 먼저 감사 인사를 전한다.

또한 HD 인터랙티브HD Interactive의 돈 울린스키Don Ulinski와 숀 케리Sean Carey에게 감사한다. 이들 덕분에 훌륭한 삽화가 탄생했다. 그리고 이 책 전체의 편집과 더불어 조언을 아끼지 않은 잭 윌버Jack Wilber에게도 이 자리를 빌려 고마운 마음을 전한다.

또 에릭 브루어Eric Brewer를 포함해 초고부터 읽고 책의 전반과 각 장의 내용을 검토해준 기술 검토자들이 없었다면 이 책이 빛을 보기 어려웠을 것이다.

1장: Brian Dorsey, Chelsie Czop(Peterson), Praveen Rajasekar, Steren Giannini, Matt Larkin, Vinod Ramachandran, Ken Drachnik, Kyle Meggs, Jason Polites, Jaisen Mathai, Drew Bradstock.

2장: Geoffrey Noer, Ash Ahluwalia, Tad Hunt, Rahul Venkatraj, Lindsay Majane, Sean Derrington, Abhishek Lal, Ajitesh Abhishek.

3장: Gabe Weiss, Vaibhav Govil, Minh Nguyen, Ron Pantofaro, Gopal Ashok, Anita Kibunguchy-Grant, Michael Crutcher.

4장: Kir Titievsky, Zoltan Arato, Shan Kulandaivel, Susheel Kaushik, Soleil Kelley, Chaitanya (Chai) Pydimukkala, George Verghese, Filip Knapik, Etai Margolin, Leigha Jarett.

5장: Richard Seroter, Wade Holmes, Arun Ananthampalayam, Nikhil Kaul, Kris Braun, Shikha Chetal, Lital Levy, David Feuer, John Day.

6장: Ryan Przybyl, Adam Michelson, Kerry Takenaka, Tony Sarathchandra, Karthik Balakrishnan, Babi Seal, Tracy Jiang, Irene Abezgauz, Gautam Kulkarni, Abhijeet Kalyan.

7장: Sara Robinson, Polong Lin, Karl Weinmeister, Sarah Weldon, Anu Srivastava, Logan Vadivelu, Marc Cohen, Shana Matthews, Shantanu Misra, Josh Porter, Calum Barnes, Lewis Liu, Zack Akil, Lee Boonstra, Arjun Rattan, Mallika Iyer.

8장: Robert Sadowski, Max Saltonstall, Scott Ellis, Jordanna Chord.

또한 깊은 감사를 다음과 같이 더한다.

- 이 별난 아이디어를 책으로 출간하는 도전을 받아준 와일리Wiley 출판사의 짐 미나텔Jim Minatel과의 첫 대화를 기억한다. 그가 이 아이디어에 바로 흥미를 갖는 것을 보고 나는 자신감이 솟았다. 그 후 편집 과정에서 더 많은 작업을 하는 동안 피트 고한Pete Gaughan과 켈리 톨벗Kelly Talbot은 빡빡한 마감 일정을 따라갈 수 있도록 계속해서 나를 격려했다. 이들이 없었다면 작업 일정이 한없이 늘어졌을 것이다. 심지어 피트는 이 책이 기술적 사고를 시각적 형태로 공유하고 싶어 하는 다른 저자들에게 레퍼런스가 될 것이라고 말했는데, 이 말은 정말 큰 힘이 됐다!

- 여러 주말과 저녁을 활용해 이 프로젝트를 작업하는 동안 끊임없는 지원을 해준 샤샹크Shashank, 나의 남편.

- 나를 평생 지지해주셨고 이 책에 집중하느라 전화를 받지 못했을 때 이해해주신 엄마와 아빠.

- 그리고… 나를 믿고 피드백을 제공해준 독자들이 있었기에 스케치를 참고서로 만드는 아이디어를 실행할 수 있었다.

모든 것에 감사한다!

    – 프리앙카 베르가디아Priyanka Vergadia

이 책에 대하여

2020년에 구글 클라우드 개념에 대한 시각적 설명을 작성하고 공유하기 시작한 직후 압도적으로 긍정적인 피드백이 돌아왔다. 이 피드백을 토대로 나는 시각적 설명을 참고 서로 구현해내는 데 성공했다. 그 결과물이 바로 이 책이다!

독자는 이 책으로 구글 클라우드의 모든 중요한 부분을 따라 하면서 쉽게 배울 수 있을 것이다. 컴퓨팅, 저장소, 데이터베이스, 보안, 네트워크 등 기본 개념부터 데이터 분석, 데이터 과학, 머신러닝, AI와 같은 고급 개념까지 두루 배울 수 있다.

대부분의 사람들은 시각적 학습자visual learner이고, 나 역시 그중 한 명이다. 이 책을 고른 독자 역시 그럴 것으로 생각한다. 진부하게 들릴지도 모르지만, 그림이 천 마디 말(이상)의 가치가 있다고 믿는다. 그래서 구글 클라우드의 기술 개념을 쉽고 재미있게 이해하길 바라는 마음으로 이 책을 집필했다. 이 책은 구글 클라우드의 각 개념, 작동 방식 및 사업적인 사례에 적용하는 방법 등을 시각적으로 설명하여 구글 클라우드의 핵심을 처음부터 끝까지 다룬다.

이 책은 구글 클라우드 팬을 위한 책이다. 클라우드 이전과 신규 클라우드 배포를 계획하고, 클라우드 자격증을 준비하고, 구글 클라우드를 최대한 활용하고자 하는 모든 이들을 위한 안내서다. 클라우드 솔루션 아키텍트, IT 의사결정자, 데이터 엔지니어, 혹은 머신러닝 엔지니어에게 이 책은 좋은 출발점이 될 것이다. 한마디로 바로 여러분을 위한 책이다!

구글 클라우드 문서 수천 장을 읽고 거의 모든 구글 클라우드 제품을 사용해본 경험을 이 책에서 한 장 크기의 시각화 자료로 요약했다. 더 쉽고 재미있게 구글 클라우드 여정을 즐기는 데 이 책이 도움이 되기를 바란다. 준비됐다면 이제 시작해보자.

1장

인프라스트럭처

클라우드 컴퓨팅은 인터넷상에서 컴퓨팅 자원(서버, 저장소, 데이터베이스, 네트워킹, 소프트웨어, 분석, 인공지능 등)을 언제든 사용할 수 있는 기능이다. 클라우드 컴퓨팅은 회사에서 자체적으로 자원을 준비, 구성하거나 관리할 필요 없이 사용한 만큼만 비용을 지불하는 시스템이다. 클라우드 컴퓨팅의 이점이 무엇일지 알아보자.

- **유연성**: 어디서나 클라우드 자원에 접근할 수 있고 필요에 따라 서비스 규모를 키우거나 줄일 수 있다.
- **효율성**: 하부 인프라에 대한 고민 없이 신규 애플리케이션을 개발하고 빠르게 운영에 배포할 수 있다.
- **전략적 가치**: 최신 기술을 유지하고 서비스로 제공하는 클라우드 공급자를 선택하면, 경쟁 우위를 확보하고 투자 수익을 높일 기회가 생긴다.
- **보안성**: 클라우드 공급자가 제공하는 보안 메커니즘은 엔터프라이즈 데이터 센터보다 더 높은 보안성을 보장한다. 또한 최고의 보안 전문가들이 서비스를 제공한다.
- **비용 효율성**: 사용한 컴퓨팅 자원만큼만 비용을 지불한다. 예상치 못한 수요 급증이나 갑작스러운 기업 성장에 대비해 데이터 센터를 과도하게 구축할 필요가 없으므로, 좀 더 전략적인 방식으로 자원과 IT 인원을 배치할 수 있다.

1장에서는 클라우드 컴퓨팅 모델과 구글 클라우드가 제공하는 다양한 컴퓨팅 옵션을 살펴볼 것이다. 그런 다음 2장부터 순차적으로 스토리지, 데이터베이스, 데이터 분석, 네트워킹 등을 포함한 특정 클라우드 자원과 주제에 대해 좀 더 자세히 소개한다.

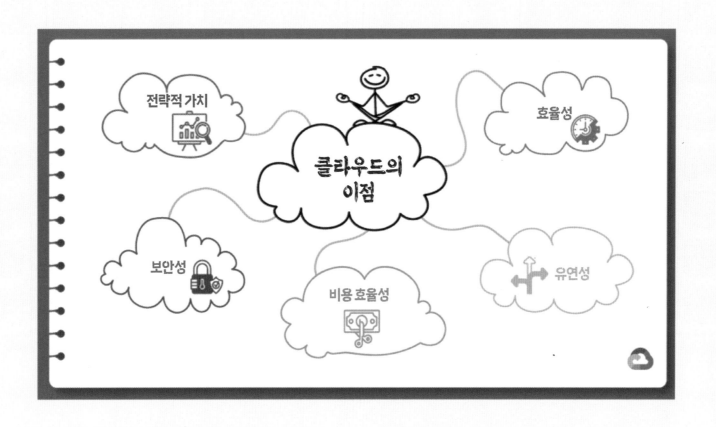

잠시만... 클라우드가 뭐라고?

전통적인 온프레미스	서비스형 인프라스트럭처 (IaaS)	서비스형 컨테이너 (CaaS)	서비스형 플랫폼 (PaaS)	서비스형 함수 (FaaS)	서비스형 소프트웨어 (SaaS)
데이터와 구성	데이터와 구성	데이터와 구성	데이터와 구성	데이터와 구성	데이터와 구성
애플리케이션 코드	애플리케이션 코드	애플리케이션 코드	애플리케이션 코드	애플리케이션 코드	애플리케이션 코드
확장...	확장...	확장...	확장...	확장...	확장...
런타임	런타임	런타임	런타임	런타임	런타임
운영체제	운영체제	운영체제	운영체제	운영체제	운영체제
가상화	가상화	가상화	가상화	가상화	가상화
하드웨어	하드웨어	하드웨어	하드웨어	하드웨어	하드웨어

 직접 관리   클라우드 공급자 관리

소개

클라우드와 선택할 수 있는 여러 다른 모델을 이해하기 위해 집을 예로 들어 비유해보자.

- **온프레미스(On-Premises)**: 집을 처음부터 지으려면 모든 것을 스스로 해야 한다. 원자재를 조달하고, 도구를 준비하고, 이들을 이용해 작업하고, 뭔가가 필요할 때마다 가게로 달려가 직접 구매해야 한다. 이처럼 하드웨어부터 애플리케이션, 확장까지 모든 것을 직접 설치해 구동시키는 것이다.

- **서비스형 인프라스트럭처(IaaS)**: 혼자서 너무 많은 일을 처리하기 버겁다면 건설업자를 고용해 맞춤형 집을 짓는다. 건설업자에게 어떤 형태의 집을 원하는지, 몇 개의 방이 필요한지 이야기하면 그들은 요청대로 집을 지을 것이다. IaaS도 마찬가지다. 애플리케이션을 실행할 하드웨어는 임대하지만, 운영체제, 런타임, 확장, 데이터에 대해서는 사용자가 직접 관리할 책임이 있다. GCPGoogle Cloud Platform에서 예를 들면 GCEGoogle Compute Engine가 있다.

- **서비스형 컨테이너(CaaS)**: 집 구매로 인해 따라오는 유지 관리가 너무 힘들다면 집을 임대하는 것도 하나의 방법이다. 기본적인 설비는 포함되어 있지만 가구는 직접 가져와야 하고, 가구를 들여놓을 공간을 마련해야 한다. 이와 비슷하게 CaaS에서는 하부 운영체제의 고민 없이도 컨테이너화된 애플리케이션을 설치할 수 있으나, 확장과 런타임에 대해서는 여전히 관리가 필요하다. GCP에서 예를 들면 GKEGoogle Kubernetes Engine가 있다.

- **서비스형 플랫폼(PaaS)**: 가구 고민조차 하지 않고 공간을 활용하길 원한다면 가구를 제공하는 집을 임대한다. 이것이 PaaS를 쓰는 이유다. 자체 코드를 가져와서 배포하고, 확장은 클라우드 공급자에게 맡길 수 있다. GCP에서 예를 들면 App Engine과 Cloud Run이 있다.

- **서비스형 함수(FaaS)**: 집에서 떨어진 곳에서 작업할 수 있는 작은 전용 공간이 필요하다면 사무실에서 책상을 임대한다. FaaS는 이와 비슷하다. 지정된 작업을 수행하는 함수 또는 코드 일부를 배포하면, 해당 함수가 실행될 때마다 클라우드 공급자는 필요에 따라 규모를 확장한다. GCP에서 예를 들면 Cloud Functions가 있다.

- **서비스형 소프트웨어(SaaS)**: 이사(임대 또는 구매)를 하고 나면 청소 또는 잔디 관리와 같은 유지 비용을 지불해야 한다. SaaS는 이처럼 서비스 비용을 지불하고, 데이터에 대한 책임은 사용자에게 있다. 그러나 그 밖에는 모두 제공 업체가 관리한다. GCP에서 예를 들면 구글 드라이브Google Drive가 있다.

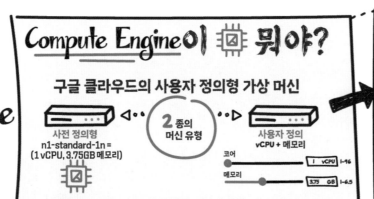

Compute Engine이 뭐야?

구글 클라우드의 사용자 정의형 가상 머신

사전 정의형
n1-standard-1n =
(1 vCPU, 3.75GB 메모리)

2 종의 머신 유형

사용자 정의
vCPU + 메모리

코어 | 1 vCPU 1~16
메모리 | 3.75 GB 1~6.5

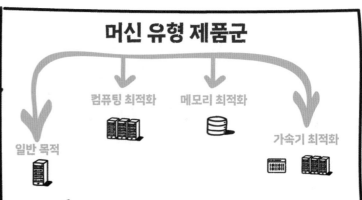

머신 유형 제품군

일반 목적

컴퓨팅 최적화

메모리 최적화

가속기 최적화

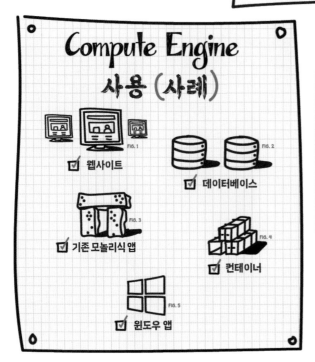

Compute Engine
사용 (사례)

☑ 웹사이트 FIG. 1

데이터베이스 FIG. 2

☑ 기존 모놀리식 앱 FIG. 3

☑ 컨테이너 FIG. 4

☑ 윈도우 앱 FIG. 5

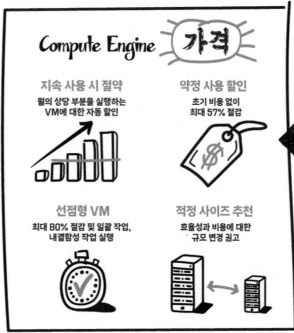

Compute Engine 가격

지속 사용 시 절약
월의 상당 부분을 실행하는
VM에 대한 자동 할인

약정 사용 할인
초기 비용 없이
최대 57% 절감

선점형 VM
최대 80% 절감 및 일괄 작업,
내결함성 작업 실행

적정 사이즈 추천
효율성과 비용에 대한
규모 변경 권고

어떻게 동작해???

생성
지역
+ 영역
+ 머신 유형 (CPU와 메모리)
= 인스턴스

백업
자동화된 주기적인 백업

실시간 이전
유지 보수 동안 응용
프로그램 실행 유지

고가용성

▷ 다른 영역 또는 지역으로 자동 복구

영역 A
자동 복구
영역 B

▷ 관리형 인스턴스 그룹(MIGs)
자동 복구
부하 분산
자동 업데이트
상태 유지 작업에 대한 지원
컨테이너 지원

▷ 자동 규모 확장 - 세 가지 유형의 정책

1.
CPU 사용량
= 60% 이상
→ 신규 인스턴스 생성

2.
HTTP(S) 로드 밸런서 서비스 용량
초당 요청 또는 초당 사용량

3.
클라우드 모니터링 메트릭

Compute Engine

Compute Engine은 맞춤형 컴퓨팅 서비스로, 일반 사용자가 구글 인프라상에서 가상 머신virtual machine, VM을 구동할 수 있으며, 필요에 따라 알맞은 VM을 생성할 수 있다. 사전 정의된 머신 유형predefined machine type은 애플리케이션을 빠르게 구동시킬 수 있도록 지정된 수의 vCPU와 메모리를 가진 VM 구성으로, 사전에 생성돼 바로 사용할 수 있다. 사용자 정의형 머신 유형custom machine type은 작업 부하에 따라 최적의 CPU와 메모리를 가진 가상 머신을 생성할 수 있고, 이를 통해 작업 부하에 맞게 인프라를 조정할 수 있다. 요구 사항이 변경되면 시작/중지 기능으로 더 작거나 더 큰 맞춤형 머신 유형 인스턴스 또는 사전에 정의된 구성으로 작업을 이전시킬 수 있다.

머신 유형

Compute Engine에서 머신 유형은 여러 작업 부하workload에 따라 그룹화가 이루어져 있으며 제품군으로 분류되어 있다. 일반 목적, 메모리 최적화, 컴퓨팅 최적화, 가속기 최적화 제품군 중에서 선택할 수 있다.

- **일반 목적**general-purpose 머신은 비용이 저렴하므로 일상적인 컴퓨팅에 적합하다. 가상 머신 형태에 따라 균형 잡힌 가격과 성능을 제공한다. 가장 적합한 사용 사례는 웹 서비스, 애플리케이션 제공, 백오피스 애플리케이션, 데이터베이스, 캐싱, 미디어 스트리밍, 마이크로서비스, 가상 데스크톱, 개발 환경이다.
- **컴퓨팅 최적화**compute-optimized 머신은 고성능 컴퓨팅high performance computing, HPC, 전자 설계 자동화electronic design automation, EDA, 게임, 비디오 트랜스코딩transcoding 및 싱글 스레드 애플리케이션과 같이 최고 성능을 요구하는 작업에 권장된다.
- **메모리 최적화**memory-optimized 머신은 SAP HANAHochleistungsANalyseAnwendung or High-performance ANalytic Application와 같은 대규모 내장 메모리 데이터베이스와 같이 매우 큰 메모리 작업, 내장 메모리 분석에 권장된다.
- **가속기 최적화**accelerator-optimized 머신은 머신러닝machine learning, ML, 대규모 병렬 계산, 고성능 컴퓨팅과 같은 고성능을 요구하는 작업에 최적화돼 있다.

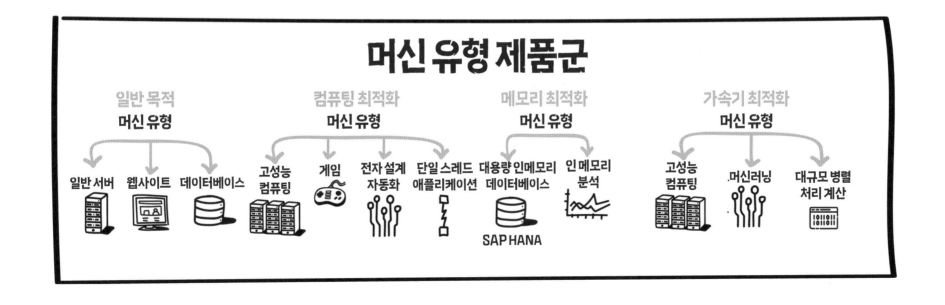

작동 방식

부팅 디스크 이미지boot disk image, 부팅 디스크 스냅숏boot disk snapshot 또는 컨테이너 이미지로 VM 인스턴스를 생성할 수 있다. 이미지는 공용 운영체제 이미지 또는 사용자 정의 이미지다. 사용자의 위치에 따라 가상 머신이 생성되는 영역zone을 정의할 수 있다. 기본적으로 인터넷으로부터 오는 모든 트래픽은 방화벽firewall이 철저히 차단하며, 필요 시 HTTP(S) 트래픽을 활성화시킬 수 있다.

Compute Engine 작업을 백업하기 위해 스냅숏 스케줄(시간별, 일별 또는 주별)을 사용하는 것이 좋다. Compute Engine은 소프트웨어 또는 하드웨어 업데이트가 발생할 때도 VM 인스턴스가 계속 실행되도록 실시간 이전을 기본적으로 제공한다. 실행 중인 인스턴스를 VM의 재시작 없이도 동일 영역의 다른 호스트로 이전시킬 수 있다.

가용성

고가용성을 위해 Compute Engine은 장애 이벤트 발생 시 다른 리전region 또는 영역zone으로 자동 복구한다. 관리형 인스턴스 그룹managed instance groups, MIG은 사전에 정의된 이미지로 인스턴스를 자동으로 복제하여 인스턴스의 지속적인 실행을 보장한다. 또한 애플리케이션 기반으로 자동 복구 서버 상태를 확인한다. 애플리케이션이 VM에서 응답하지 않으면 자동 복구자auto-healer가 자동으로 VM을 재생성한다. 리전 MIG는 애플리케이션을 여러 영역으로 분산시켜 영역 장애로부터 보호한다. MIG는 그룹 내의 모든 인스턴스에 걸쳐 트래픽을 분산시키는 부하 분산load-balancing 서비스와 함께 작동한다.

Compute Engine은 부하 증가 또는 감소에 따라 MIG에서 VM 인스턴스를 자동으로 추가하거나 제거하는 오토스케일링autoscaling을 제공한다. 오토스케일링은 트래픽의 증가를 원활하게 처리할 수 있으며, 자원 요구량이 줄어들 때 비용을 절감시킬 수 있다. 계산된 부하, CPU 사용량, 초당 요청 수 또는 다른 메트릭metric에 기반해 규모를 자동으로 조정하는 오토스케일링 정책을 정의한다.

Active Assist의 새로운 기능인 예측 자동 확장predictive autoscaling 기능은 애플리케이션의 응답 시간 개선에 도움이 된다. 예측 자동 확장을 활성화하면 Compute Engine은 MIG의 기록에 기반해 미래의 부하를 예측하고, 부하가 발생할 때 신규 인스턴스를 바로 제공할 수 있도록 예측 부하보다 먼저 확장된다. 예측 자동 확장이 없다면 오토스케일러autoscaler는 실시간으로 관찰된 부하 변화에 반응해서 인스턴스 그룹을 조정할 수밖에 없다. 예측 자동 확장이 활성화되면 오토스케일러는 현재 부하와 예측된 부하를 다루기 위해 실시간 데이터뿐 아니라 과거 데이터까지 사용해 작동한다. 따라서 예측 자동 확장은 초기화 시간이 길고 부하가 매일 또는 매주 주기적으로 예측 가능하게 변하는 애플리케이션에 이상적인 솔루션이다. 더 많은 정보를 알고 싶다면 예측 자동 확장의 작동 방식을 살펴보거나 예측 자동 확장이 작업에 적합한지를 확인하고, 다른 지능형 기능을 더 공부하려면 Active Assist를 확인하라.

가격

사용한 만큼 비용을 지불하는 방식이지만 할인을 이용하면 비용을 절약할 수 있다! 지속 사용 할인sustained use discounts, SUDs은 매월 상당 기간 실행 중인 인스턴스에 적용되는 자동 할인이다. 사용량을 미리 알고 있다면 약정 사용 할인committed use discounts, CUD을 사용할 수 있으며, 초기 비용 없이 상당한 금액을 절약할 수 있다. 그리고 수명이 짧은 선점형preemptive 인스턴스를 사용하면 80%까지 절감할 수 있다. 일괄batch 작업이나 내결함성fault-tolerant 작업에 아주 적합하다. Cloud SQL 초과 프로비저닝된 인스턴스 추천자는 지정된 워크로드에 불필요하게 큰 인스턴스를 감지할 수 있게 해준다. 그리고 이러한 인스턴스 크기를 조정하고 비용을 줄이는 방법에 대한 권장사항을 제공한다.

보안

Compute Engine은 기본적으로 하드웨어 보안을 제공한다. IAM_{Identity and Access} Management을 통해 VM 자원에 접근을 제어할 수 있는 적절한 권한이 부여되어 있는지만 확인하면 된다. 또한 다른 기본 보안 원칙이 모두 적용되는데, 자원들이 서로 연관돼 있지 않아 상호 간의 네트워크 통신이 필요 없다면 서로 다른 VPC_{virtual private cloud} 네트워크에서 호스팅하는 것이 좋다. 기본적으로 프로젝트 사용자는 공개 이미지 또는 프로젝트 멤버가 IAM 역할을 통해 접근할 수 있는 이미지를 사용해 Persistent Disk를 생성하거나 이미지를 복사할 수 있다. 또 정책 또는 보안 요구 사항을 충족하는 승인된 소프트웨어를 포함하고 있는 이미지에서만 부팅 디스크를 만들 수 있도록 프로젝트 구성원을 제한할 수 있다. 승인받은 이미지로부터 생성된 Compute Engine VM만을 허용하도록 조직의 정책을 정의할 수 있으며, 신뢰할 수 있는 이미지 정책_{trusted images policy}으로 조직에 사용되는 이미지를 적용할 수 있다.

기본적으로 모든 VM 제품군은 보안 VM_{shielded VM}이다. 보안 VM은 VM이 부팅할 때 검증받은 부트로더_{bootloader}와 커널_{kernel}을 실행하도록 간단한 일련의 보안 기능으로 강화시킨 VM 인스턴스다. 이는 Compute Engine 사용자 모두를 위한 기본 사양이며, 추가 비용은 없다. 보안 VM에 대한 자세한 사항에 대해서는 참고 문서[1]를 찾아보라.

추가 보안을 위해 컨피덴셜 VM_{confidential VM}을 사용해 Compute Engine에서 처리되는 모든 데이터를 암호화할 수도 있다. 컨피덴셜 VM에 대한 자세한 사항은 참고 문서[2]를 찾아보자.

사용 사례

웹사이트와 데이터베이스를 실행하는 것뿐 아니라 Compute Engine의 사용 사례는 매우 다양하다. Migrate for Compute Engine(Compute Engine으로 이전하기)을 통해 현행 시스템을 단 몇 분 만에 구글 클라우드에 이전해서 상태 저장 작업을 실행할 수 있다. 윈도우_{Windows}, 오라클_{Oracle}, VM웨어_{VMWare} 애플리케이션에서 제공하는 솔루션 세트_{solution set}를 사용하면 구글 클라우드로 원활하게 전환할 수 있다. 윈도우 애플리케이션을 실행하려면 단독 테넌트_{sole-tenant} 노드를 활용해 자체 라이선스를 가져오거나 라이선스를 가진 이미지를 사용하면 된다.

---

1   [옮긴이] https://cloud.google.com/compute/shielded-vm/docs/shielded-vm

2   [옮긴이] https://cloud.google.com/compute/confidential-vm/docs

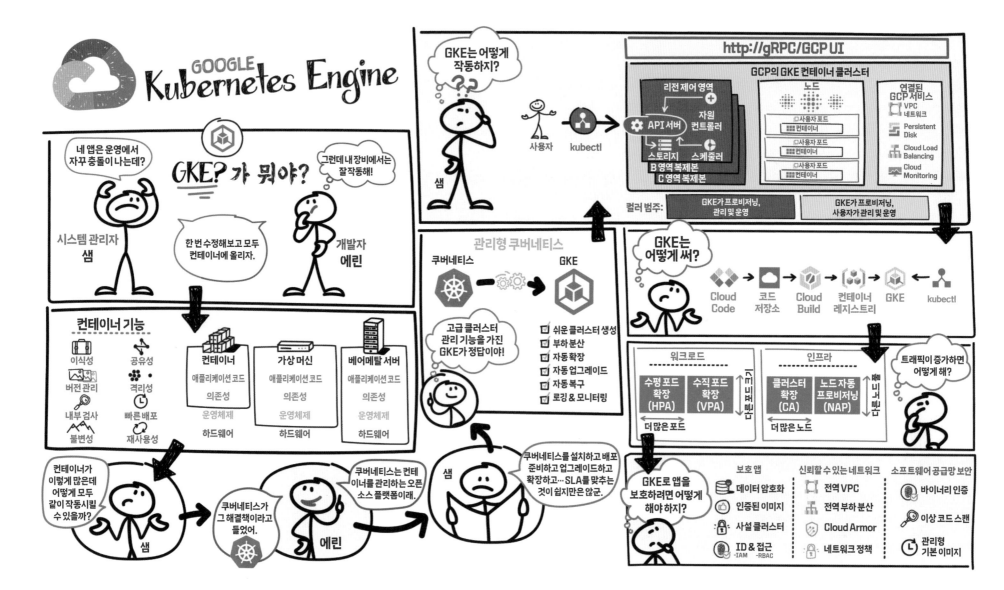

컨테이너를 사용하는 이유

컨테이너container는 가상 머신VM의 단골 비교 대상이다. 아마도 VM에는 이미 익숙해졌을 것이다. 리눅스 또는 윈도우와 같은 게스트 운영체제는 호스트 운영체제 위에서 실행돼 하부 하드웨어에 가상화된 접근을 한다. VM과 마찬가지로 컨테이너를 사용하면 애플리케이션, 라이브러리, 다른 의존성과 함께 패키지화함으로써 서비스형 소프트웨어를 실행할 수 있는 독립적인 환경을 제공한다. 그러나 컨테이너는 개발자와 IT 운영 팀이 함께 작업할 수 있는 훨씬 더 가벼운 유닛의 제공을 통해 수많은 이점을 제공한다는 차이가 있다.

VM 접근법으로 하드웨어 스택을 가상화하는 대신, 컨테이너는 운영 시스템 수준에서 가상화하므로 다중의 컨테이너가 OS 커널에서 직접 실행된다. 즉, 컨테이너가 훨씬 더 가볍다. OS 커널을 공유하고 전체 OS를 부팅하는 것에 비해 부팅 시간이 빠르고 메모리 일부만 사용한다.

컨테이너는 이식성portability, 공유성shareability, 배포 속도deployment speed, 재사용성reusability 등을 향상시키는 데 도움이 된다. 또한 '내 장비에서는 작동한다It works on my machine'는 문제를 해결할 수 있다.

쿠버네티스를 사용하는 이유

한 명 이상의 개발자를 관리하는 시스템 관리자는 소프트웨어를 출시할 때 다음과 같은 몇 가지 고려 사항을 염두에 두어야 한다.

- 모든 장비에서 작동하는가?
- 작동하지 않는다면 어떻게 해야 할까?
- 트래픽이 급증하면 어떻게 될까?(시스템 관리자는 이 때문에 과도한 프로비저닝over-provisioning을 결정하기도 한다.)

많은 개발자가 애플리케이션을 컨테이너화하면서 시스템 관리자는 개발자가 제공하는 모든 컨테이너를 조정orchestration할 수 있는 더 나은 방법을 강구하기 시작했는데, 그 해결책이 바로 쿠버네티스Kubernetes다.

쿠버네티스가 좋은 이유

여러 대의 서버를 보유한 마인드풀 컨테이너 팀Mindful container team은 같은 머신에서 여러 애플리케이션을 실행할 경우 충돌이 일어나면 각각의 애플리케이션을 수동으로 실행시키고자 했다. 운이 좋으면 소프트웨어 배포 시 스크립트 환경을 이용할 수 있었으나, 보통은 각 머신에 SSHsecure shell로 접근해야 했다. 다행히 이제는 컨테이너와 컨테이너가 제공하는 독립적인 환경 덕분에 두 애플리케이션이 같은 머신 자원을 공평하게 공유할 수 있다.

여기서 그치지 않고 더 나아가 쿠버네티스를 사용해 어디에 애플리케이션을 실행할지 결정하는 제어 영역control plane을 도입했다. 단순히 정적으로 배치하는 것이 아니라, 지속해서 머신의 상태를 모니터링하고 상태를 조정해 실제로 지정한 것과 같이 작동하는지 확인하는 것이 가능하다. 쿠버네티스는 제어 영역과 여러 노드node에서 실행된다. 각 노드에 쿠블릿kubelet이라고 부르는 작은 소프트웨어를 설치해 상태를 기본 노드에 보고한다.

작동 방식은 다음과 같다.

- 기본 노드primary node는 클러스터를 제어한다.
- 워커 노드worker node는 포드pod를 실행시킨다.
- 포드는 컨테이너 집합을 보유한다.
- 포드는 구성 정보와 하드웨어가 허용하는 한 효율적으로 바이너리를 실행한다.
- 컨트롤러는 포드가 사양에 따라 실행되도록 보호 기능safeguard을 제공한다(조정 루프reconciliation loop).
- 모든 컴포넌트는 고가용성 모드에 배포될 수 있고 데이터 센터나 영역에 골고루 분산될 수 있다.

쿠버네티스는 다음 기능을 지원하면서 여러 머신에 걸쳐 컨테이너를 조정한다.

- 자동화된 배포와 컨테이너의 복제
- 컨테이너 클러스터의 온라인 규모 축소와 규모 확장
- 컨테이너 그룹으로 부하 분산

- 애플리케이션 컨테이너의 롤링 업그레이드rolling upgrade[3]
- 실패한 컨테이너의 자동화된 재스케줄링을 통한 복원력resiliency(즉, 컨테이너 인스턴스의 자가 치유self-healing)
- 클러스터 외부 시스템에 네트워크 포트 노출 제어

쿠버네티스에 대해 알아야 하는 몇 가지 사항

- 포드를 실행하는 대신 오토파일럿autopilot을 프로그래밍한다면 원하는 상태를 선언 시 쿠버네티스는 이를 실현하고 계속 상태를 유지한다.
- 데이터 센터를 효율적으로 활용하는 구글 도구에서 영감을 받았다.
- 전례 없는 커뮤니티 활동을 통해 현재 깃허브GitHub에서 주축을 이루는 가장 큰 프로젝트 중 하나다. 구글은 최고의 기여자로 남아 있다.

쿠버네티스의 마법은 시스템 관리자가 결정을 내릴 필요가 없을 때 펼쳐진다. 빌드와 배포 파이프라인을 활성화함으로써 빌드가 성공하고, 모든 테스트를 통과하고, 운영 배포의 승인이 나면 클러스터에 서서히, 블루/그린 또는 즉시 자동 배포가 이루어진다.

쿠버네티스의 어려운 길

오늘날 쿠버네티스(k8s)[4]를 이용하는 데 있어 가장 큰 장애물은 자체 클러스터를 설치하고 관리하는 방법을 배우는 것이다. 쿠버네티스 클러스터 단계별 설치 가이드인 쿠버네티스의 어려운 길k8s the hard way[5]을 확인해보자. 먼저 다음과 같은 것들을 생각해봐야 한다.

- 클라우드 공급자 또는 베어메탈bare metal을 선택
- 머신 준비
- 운영체제와 컨테이너 런타임 선택
- 네트워크 구성(예: 포드 IP 범위, SDNsoftware defined network, 부하 분산기)
- 보안 구성(예: 인증서 생성과 암호화 구성)

- DNS, 로깅, 모니터링과 같은 클러스터 서비스 시작

이 모든 요소를 갖추면 드디어 쿠버네티스를 사용해 첫 번째 애플리케이션을 배포할 수 있다. 이제 쿠버네티스의 진정한 매력을 느낄 수 있을 것이다. 그러나 곧이어 업데이트를 배포해야 한다면…?

만약 마인드풀 컨테이너가 한 번의 클릭으로 클러스터를 시작하고, 모든 클러스터의 작업을 한 화면에서 볼 수 있으며 구글이 지속적으로 클러스터를 관리해 확장하고 유지할 수 있다면 정말 좋지 않을까?

GKE

GKE는 안전한 완전 관리형 쿠버네티스 서비스로, 구글 인프라를 이용해 컨테이너화된 애플리케이션을 배포, 관리하고 확장하기 쉬운 환경을 제공한다.

마인드풀 컨테이너는 개발자와 소프트웨어에 배포하는 권한을 위임해 개발 셀프서비스를 활성화하는 데 GKE를 사용한다.

왜 GKE인가?

- 손댈 필요 없이 무인 오토파일럿 모드로 프로덕션 레디
- 자사 및 타사 도구를 일관적으로 지원하는 동급 최고의 개발자 도구
- 고유한 BeyondProd 보안 접근 방식으로 컨테이너 고유 네트워킹 제공
- 가장 확장성이 뛰어난 쿠버네티스 서비스, GKE만이 1만 5000 노드 클러스터를 실행할 수 있으며, 이는 경쟁 제품 대비 15배 많음
- 업계 최초로 완벽히 관리되는 쿠버네티스 서비스를 제공, 모든 쿠버네티스 API 구현, 네 가지 방식의 오토스케일링, 배포 채널과 멀티 클러스터를 지원

---

3 옮긴이 무중단 순차적인 업그레이드

4 옮긴이 k8s는 k와 s와 그 사이에 있는 여덟 글자를 나타내는 약식 표기다.

5 옮긴이 https://github.com/kelseyhightower/kubernetes-the-hard-way

GKE의 작동 방식

GKE 제어 영역control plane은 가용성, 보안 패치 및 업그레이드를 관리하는 구글 사이트 안정성 엔지니어링site reliability engineering, SRE 팀이 전적으로 도맡아 운영한다. 구글 SRE 팀은 쿠버네티스 운영 지식이 뛰어날 뿐 아니라 수만 개의 클러스터를 관리해 온 경험을 바탕으로 잠재적인 문제에 대한 조기 인사이트를 얻을 수 있는 독보적인 위치를 차지하고 있다. 이는 자체 관리형 쿠버네티스로는 쉽게 얻을 수 없는 것들이다. 또한 GKE는 노드를 포괄적으로 관리하며 자동 프로비저닝, 보안 패치, 자동 업그레이드 선택, 복구, 확장을 포함한다. 그뿐 아니라 비공개 및 하이브리드 네트워킹을 포함해 단말 간의 컨테이너 보안을 제공한다.

GKE를 사용해 어떻게 확장을 쉽게 할까?

마인드풀 컨테이너의 수요 증가에 따라 서비스를 확장해야 한다. 가용성과 안정성을 위해 쿠버네티스 클러스터를 수동으로 확장하는 것은 복잡하고 시간이 오래 걸린다. GKE는 서비스의 자원 소비에 따라 노드와 포드 수를 자동으로 확장한다.

* 수직형 포드 자동 확장vertical pod autoscaler, VPA은 배포의 자원 사용률을 관찰해 부하에 맞게 필요한 CPU와 메모리 사용량을 조정한다.
* 노드 자동 프로비저닝node auto provisioning은 향상된 버전의 클러스터 오토스케일링으로 클러스터 자원을 최적화한다.

GKE가 전적으로 관리하는 제어 영역에 Autopilot 작동 모드를 사용하면, 업계 권장 사양이 자동으로 적용되는 것은 물론이거니와 모든 노드 관리 작업을 제거해 클러스터의 효율성을 극대화함으로써 더 강력한 보안 태세를 갖출 수 있다.

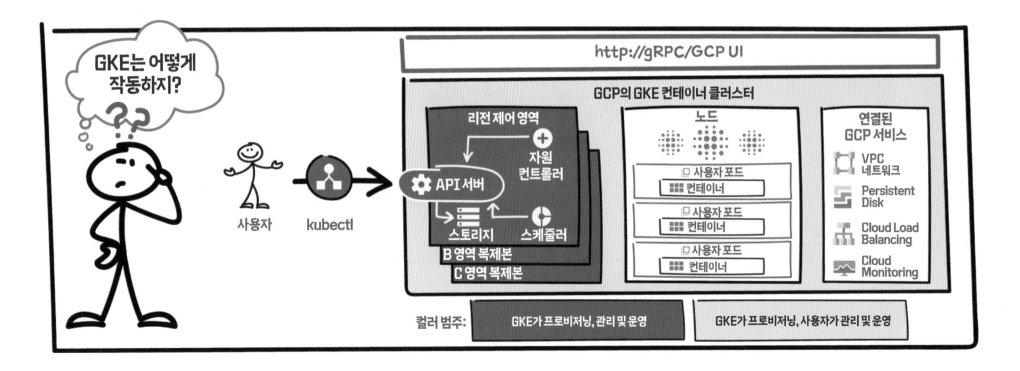

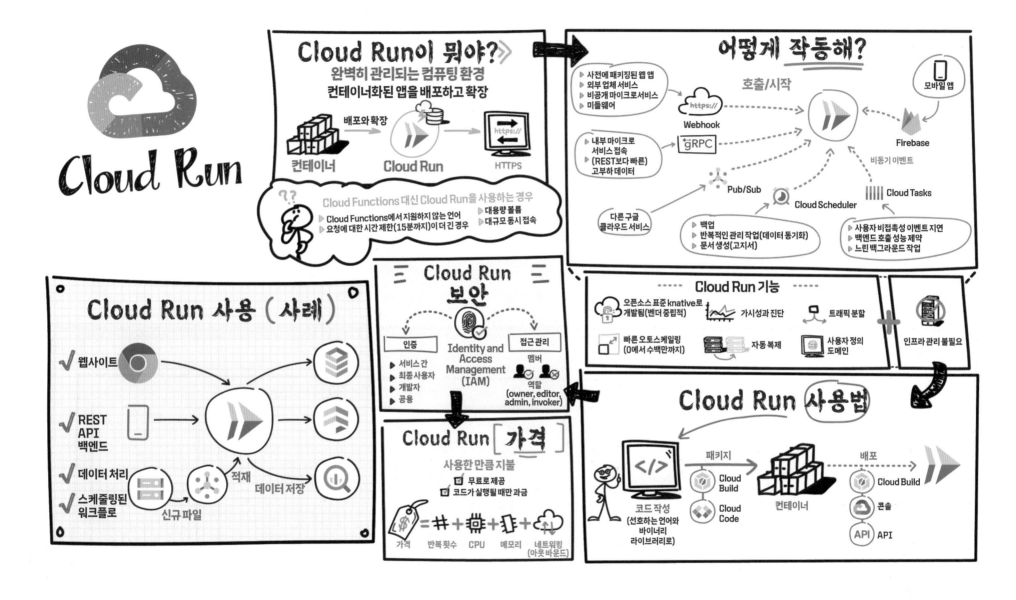

Cloud Run

Cloud Run은 머신 프로비저닝, 클러스터 구성 또는 오토스케일링에 대한 고민 없이 서버리스serverless HTTP 컨테이너 배포, 확장에 관리가 전반적으로 이루어지는 컴퓨팅 환경이다.

- **벤더 중립적**: Cloud Run은 표준 오픈 컨테이너 인터페이스open container interface, OCI 컨테이너를 사용하고 표준 Knative serving API[6]를 구현하므로 애플리케이션을 온프레미스 또는 기타 클라우드 환경으로 쉽게 이식할 수 있다.
- **빠른 오토스케일링**: Cloud Run에 배포된 마이크로서비스는 온전한 쿠버네티스 클러스터를 구성하거나 관리할 필요 없이 들어오는 요청 수에 따라 자동으로 확장된다. 요청이 없다면 Cloud Run은 0으로 축소된다. 즉, 아무 자원도 사용하지 않는다.
- **트래픽 분할**: Cloud Run은 여러 버전 간에 트래픽을 분할할 수 있으므로 카나리아canary 배포 또는 블루/그린 배포와 같이 순차적 배포를 실행할 수 있다.
- **사용자 정의 도메인**: Cloud Run에 사용자 정의 도메인을 설정할 수 있고 도메인에 대한 TLS 인증서certificate를 배포할 수 있다.
- **자동 복제**automatic redundancy: Cloud Run은 자동 복제를 제공하므로 고가용성을 위한 다중 인스턴스 생성은 걱정할 필요가 없다.

Cloud Run 사용법

Cloud Run은 선호하는 언어로 코딩하거나 선택한 바이너리 라이브러리를 사용한다. 그런 다음 Cloud Build로 코드를 푸시해 컨테이너 빌드를 생성한다. `gcloud run deploy`라는 간단한 명령어로 컨테이너 이미지를 이용해 요청량에 따라 자동으로 확장되는 완전히 관리되는 애플리케이션을 띄울 수 있으며, TLS 인증서가 있는 도메인을 사용할 수 있다.

Cloud Run의 작동 방식

Cloud Run 서비스는 다음과 같은 방식으로 호출할 수 있다.

- **HTTPS**: Cloud Run 호스트 서비스를 시작하도록 HTTPS 요청을 전송할 수 있다. 모든 Cloud Run 서비스는 고정된 HTTPS URL을 갖는다. 몇 가지 사례는 다음과 같다.
  - 사용자 정의 RESTful 웹 API
  - 비공개 마이크로서비스
  - 웹 애플리케이션의 HTTP 미들웨어 또는 리버스 프록시reverse proxy
  - 사전 패키징된 웹 애플리케이션
- **gRPC**: gRPC를 사용해 Cloud Run 서비스를 다른 서비스와 연결할 수 있다. 예를 들어, 내부 마이크로서비스 간의 간단하고도 빠른 성능의 통신을 제공하고 싶을 경우 아래 상황에서 gRPC는 좋은 선택지다.
  - 내부 마이크로서비스 간 통신의 경우
  - 빠른 데이터 적재 지원(gRPC는 프로토콜 버퍼protocol buffer를 사용하며 REST 호출보다 최대 7배 빠름)의 경우
  - 간단한 서비스 정의만 필요하고 전체 클라이언트 라이브러리 작성은 원치 않는 경우
  - gRPC 서버에서 스트리밍 gRPC를 사용해 응답성이 뛰어난 애플리케이션 및 API를 구축하는 경우
- **웹소켓**: 웹소켓web socket 애플리케이션은 추가적인 구성 없이 Cloud Run에서 지원한다. 사용 사례는 채팅 애플리케이션 같은 스트리밍 서비스가 필요한 모든 애플리케이션이다.
- **Pub/Sub에서 시작**: Pub/Sub(게시자/구독자)을 사용해 Cloud Run 서비스의 엔드포인트로 메시지를 푸시할 수 있다. 그러면 메시지는 이후에 HTTP 요청을 통해 컨테이너로 전달된다. 사용 사례는 다음과 같다.
  - Cloud Storage 버킷에 파일을 업로드 후 이벤트를 받고 데이터를 변환

---

6 [옮긴이] 쿠버네티스상의 서버리스를 구현하는 솔루션으로 istio와 함께 스테이트리스(stateless) 웹 서비스를 구성할 수 있다.

- Cloud Run으로 구글 클라우드 작업 제품군의 로그를 Pub/Sub으로 내보내기
- Cloud Run 서비스로 사용자 정의 이벤트를 배포하고 처리하기
- **스케줄에 따른 서비스 실행**: 일정에 따라 Cloud Run을 안전하게 호출하는 Cloud Scheduler를 사용할 수 있다. 크론cron 작업과 유사하다. 사용 사례는 다음과 같다.
  - 정기적인 백업 수행
  - 사이트맵 재생성, 과거 데이터, 콘텐츠, 구성 정보, 동기화, 버전 정보 삭제 등과 같은 반복적인 관리 작업 수행
  - 청구서 또는 다른 문서 생성
- **동기화 작업 수행**: Cloud Run 서비스로 비동기적으로 처리할 작업을 안전하게 대기 열에 넣는 Cloud Tasks를 사용할 수 있다. 사용 사례는 다음과 같다.
  - 예상치 못한 운영 시스템 사고에 따른 요청 처리

- 사용자 비접촉성 이벤트를 지연시켜 트래픽 급증 완화
- 데이터베이스 업데이트 또는 일괄 작업과 같이 느린 백그라운드 작업을 다른 서비스에 위임해 사용자 응답 시간 단축
- 데이터베이스 및 외부 API와 같은 백엔드 서비스의 호출 비율 제한
- **Eventarc의 이벤트**: 60개 이상의 구글 클라우드 원본의 이벤트로 Cloud Run을 시작시킬 수 있다. 예를 들면 다음과 같다.
  - Cloud Storage 이벤트(클라우드 감사 로그를 통해)를 사용해 데이터 처리 파이프라인을 시작
  - BigQuery 이벤트(클라우드 감사 로그를 통해)를 사용해 작업이 완료될 때마다 Cloud Run의 다운스트림downstream 처리를 시작

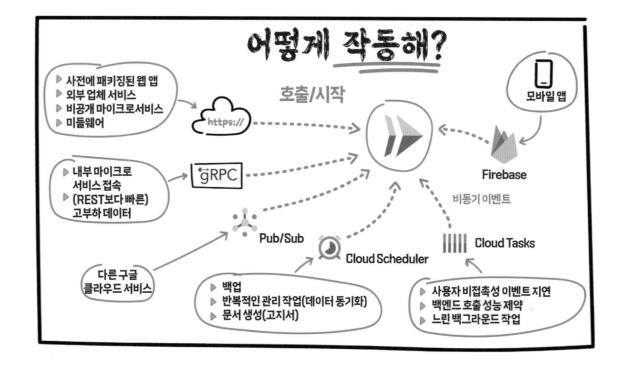

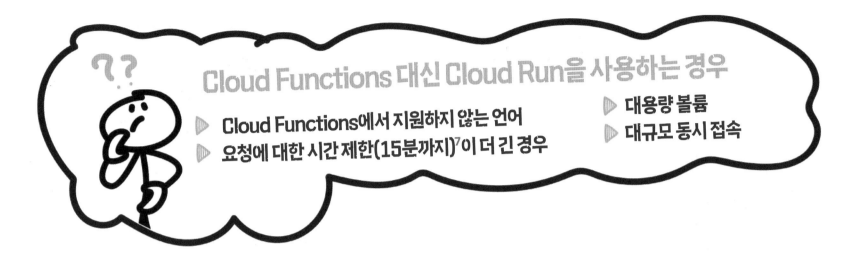

Cloud Run은 Cloud Functions과 어떻게 다를까?

Cloud Run과 Cloud Functions은 모두 완전 관리형 서비스로, 구글 클라우드 서버리스 인프라에서 실행되고 자동으로 확장되며 HTTP 요청 또는 이벤트를 처리한다. 그러나 이 두 서비스에는 다음과 같은 몇 가지 중요한 차이점이 있다.

- Cloud Functions에서는 제한된 프로그래밍 언어로 작성된 코드 조각snippet(함수)을 배포할 수 있다. 반면에 Cloud Run에서는 선호하는 프로그래밍 언어를 사용해 컨테이너 이미지를 배포할 수 있다.

- Cloud Run은 애플리케이션의 모든 도구 또는 시스템 라이브러리 사용도 지원한다. Cloud Functions에서는 사용자 정의 실행 파일을 사용할 수 없다.

- Cloud Run은 요청 시간 초과timeout를 최대 60분까지 길게 지정할 수 있다. 반면 Cloud Functions(1세대)의 요청 시간 초과는 최대 9분까지 지정할 수 있다.

- Cloud Functions에서는 각 함수 인스턴스에 한 번에 한 요청만 보낼 수 있다. 반면 Cloud Run은 기본적으로 각 컨테이너 인스턴스에 다중 동시 요청을 보내는 것이 가능하다. 이는 대규모 동시 접속이 필요할 때 응답 시간을 향상하고 비용을 줄이는 데 도움이 된다.

옮긴이 2세대는 60분까지 지원한다.

App Engine이 뭐야?

완전 관리형 서버리스 컴퓨팅

낮은 대기 시간, 고도로 확장 가능한 애플리케이션을 빌드하고 배포

App Engine 사용 사례

→ 웹 트래픽이 낮은 응답 시간을 요구할 때
→ 웹 프레임워크가 전달을 지원하는 경우
→ HTTP 메서드
→ 사용자 정의 도메인

기능

- 0-N 자동 확장
- </> 다중 언어 지원
- 사용자 정의 런타임에 대한 컨테이너 지원
- 정적 파일 제공
- 애플리케이션 버전 지원
- A/B 테스트를 위해 버전 간 트래픽 분할 지원
- 사용자 정의 도메인 및 관리형 TLS 인증서

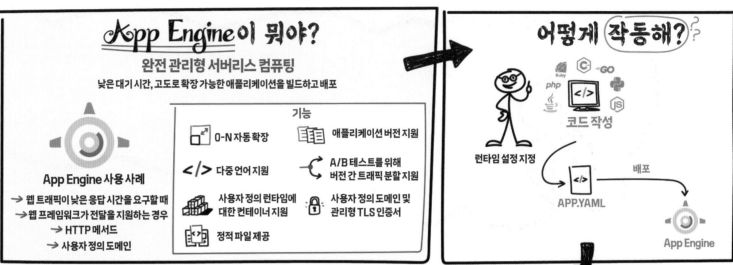

어떻게 작동해?

코드 작성

런타임 설정 지정

APP.YAML → 배포 → App Engine

현대적인 웹 애플리케이션과 모바일 백엔드

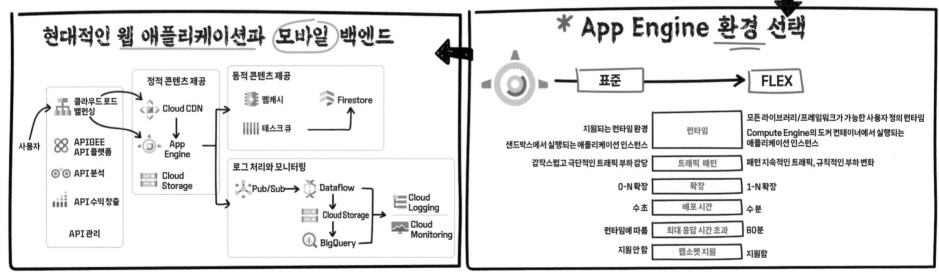

API 관리

사용자 → 클라우드 로드 밸런싱
- APIGEE API 플랫폼
- API 분석
- API 수익 창출

정적 콘텐츠 제공
- Cloud CDN
- App Engine
- Cloud Storage

동적 콘텐츠 제공
- 멤캐시
- 태스크 큐
- Firestore

로그 처리와 모니터링
- Pub/Sub → Dataflow → Cloud Storage → BigQuery → Cloud Logging / Cloud Monitoring

＊App Engine 환경 선택

표준 ────→ FLEX

지원되는 런타임 환경 샌드박스에서 실행되는 애플리케이션 인스턴스	런타임	모든 라이브러리/프레임워크가 가능한 사용자 정의 런타임 Compute Engine의 도커 컨테이너에서 실행되는 애플리케이션 인스턴스
갑작스럽고 극단적인 트래픽 부하 감당	트래픽 패턴	패턴 지속적인 트래픽, 규칙적인 부하 변화
0-N 확장	확장	1-N 확장
수초	배포 시간	수분
런타임에 따름	최대 응답 시간 초과	60분
지원 안함	웹소켓 지원	지원함

App Engine

App Engine은 구글 클라우드의 완전 관리형 서버리스 컴퓨팅 옵션으로, 대기 시간이 짧으며 고도로 확장 가능한 애플리케이션을 빌드하고 배포하는 데 사용할 수 있다. App Engine을 사용하면 애플리케이션을 쉽게 호스팅하고 실행할 수 있으며, 인프라를 관리하지 않고도 0부터 글로벌 규모로 확장할 수 있다. App Engine은 낮은 응답 시간을 필요로 하는 웹 트래픽, 전달을 지원하는 웹 프레임워크, HTTP 메서드와 API를 포함해 여러 애플리케이션에서 사용하길 권장한다.

제공 환경

App Engine은 두 가지 환경을 제공한다. 애플리케이션에서 맞는 환경을 선택하는 방법은 다음과 같다.

- **App Engine 표준 환경**: 애플리케이션이 샌드박스sandbox(테스트 환경)에서 실행되는 특정 런타임 환경을 지원한다. 요청에 따라 0부터 N까지 확장할 수 있으므로 급작스럽고 극단적인 트래픽 부하에 사용하기 적합하다. 애플리케이션은 몇 초 안에 배포된다. 필요한 런타임이 지원되고 HTTP 애플리케이션이면 App Engine 표준standard을 선택하는 것이 좋다.
- **App Engine 가변형flex 환경**: 애플리케이션 인스턴스가 Compute Engine의 도커 컨테이너에서 실행되므로 개방적이고 유연하며 사용자 정의 런타임을 지원한다. 인스턴스가 1에서 N까지 확장 가능하므로 트래픽이 일정하고 변동이 규칙일 때 사용하기 적합하다. HTTP 애플리케이션과 같이 웹소켓이 필요한 애플리케이션을 지원한다. 최대 요청 시간 초깃값은 60분이다.

작동 방식

어떤 App Engine 환경을 선택하든 앱 생성과 배포 절차는 같다. 먼저 코드를 작성하고, 런타임 구성으로 **_app.yaml_**을 지정한다. 끝으로 간단한 명령어 `gcloud app deploy`로 앱을 App Engine에 배포한다.

주목할 만한 기능

- **개발자 친화적**: 완전한 관리형 환경을 제공하므로 App Engine이 인프라를 관리하는 동안 코드에 집중할 수 있다.
- **빠른 응답**: App Engine은 Memorystore와 원활하게 통합돼 앱의 분산된 인메모리in-memory 데이터 캐시를 제공한다.
- **강력한 애플리케이션 진단**: Cloud Monitoring과 Cloud Logging은 앱의 성능과 상태를 모니터링하는 데 도움이 되고, 오류 리포팅은 버그를 빠르게 진단하고 수정할 수 있다.
- **애플리케이션 버전 지원**: 앱의 다른 버전을 쉽게 호스팅하고 개발, 테스트, 스테이징staging, 운영 환경을 쉽게 생성한다.
- **트래픽 분할**: A/B 테스트, 추가된 기능 배포와 같은 사례를 위해 들어오는 요청을 다른 앱 버전으로 전달한다.
- **애플리케이션 보안**: App Engine 방화벽으로 접근 규칙을 정의해 애플리케이션을 보호하고, 추가 비용 없이 기본적으로 사용자 정의 도메인에 관리형 SSL/TLS 인증서를 활용할 수 있다.

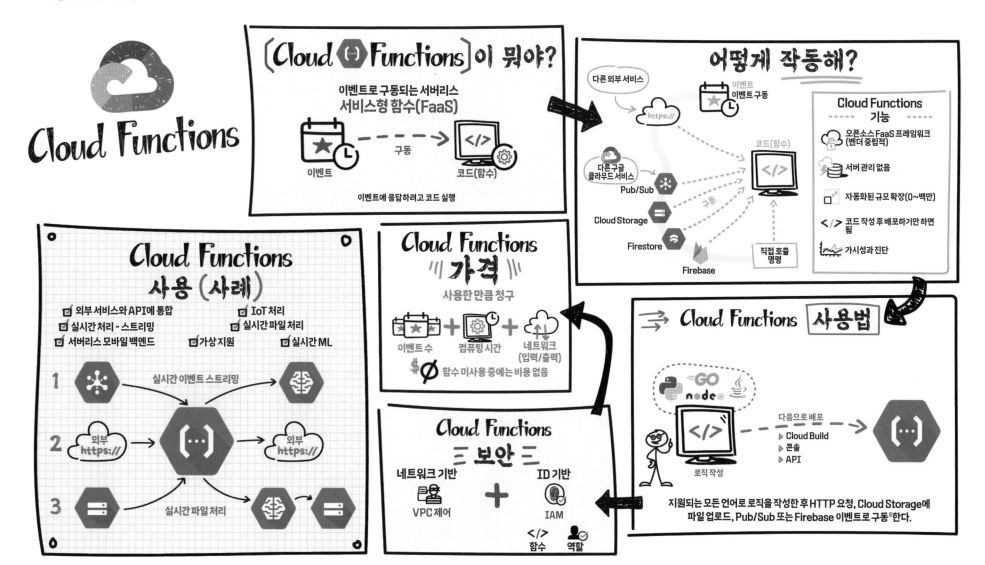

Cloud Functions

Cloud Functions은 완전 관리형 이벤트 기반 서버리스 서비스형 함수function as a service, FaaS로, 클라우드 서비스를 구축하고 연결하는 서버리스 실행 환경이다. Cloud Functions으로 클라우드 인프라와 서비스로부터 발생하는 이벤트에 연계된 단일 목적의 함수를 작성할 수 있다. 함수는 감시하고 있는 이벤트가 발생하면 실행되는 코드 조각이다. 코드는 완벽한 관리가 이루어지는 환경에서 실행된다. 트래픽이 늘거나 주는 경우, 인프라를 준비하거나 서버 관리를 걱정할 필요가 없다. 또한 Cloud Functions은 관측 가능성observability과 진단diagnosis을 위해 클라우드 오퍼레이션Cloud Operations에 완벽히 통합돼 있다. Cloud Functions은 오픈소스 FaaS 프레임워크를 기반으로 하므로 이전이 용이하다.

Cloud Functions 사용법

Cloud Functions을 사용하려면 지원되는 언어(고Go, 파이썬Python, 자바Java, 노드Node.js, PHP, 루비Ruby, .NET)로 로직을 작성하기만 하면 된다. 콘솔 API 또는 Cloud Build로 배포하고, 서비스로부터 들어오는 HTTP(S) 요청, Cloud Storage의 파일 업로드, Pub/Sub의 이벤트, Firebase 또는 명령 줄 인터페이스command-line interface, CLI의 직접 호출로 시작할 수 있다.[9]

Cloud Functions은 기존 클라우드 서비스를 보완하고, 임의의 프로그래밍 로직으로 증가하는 사용 사례를 처리할 수 있다. 클라우드 서비스에 연결하고 확장하는 코드를 작성할 수 있는 로직 연결 계층을 제공한다. Cloud Storage의 파일 업로드, 로그 변경 또는 Pub/Sub 토픽으로 들어오는 메시지를 수신하고 응답한다.

비용과 보안

비용은 이벤트 수, 실행 시간, 메모리, 들어오고/나가는 요청에 따르고, 함수가 실행되지 않으면 과금을 하지 않는다. 보안을 위해 IAM으로 어떤 서비스 또는 사용자가 함수에 접근할지 지정할 수 있다. VPC 채널로 네트워크 기반 접근을 정의할 수 있다.

Cloud Functions 사례

- **데이터 처리/ETL**: 파일 생성, 변경 또는 삭제와 같은 Cloud Storage 이벤트를 수신하고 응답한다. 이미지를 처리하고 Cloud Functions으로 비디오 트랜스코딩을 실행하는 것뿐 아니라, 데이터를 검증 및 변환하고 인터넷상의 모든 서비스를 호출한다.
- **웹훅**webhook: 간단한 HTTP 시작을 통해 깃허브, 슬랙Slack, 스트라이프Stripe 또는 HTTP 요청을 보낼 수 있는 모든 곳에서 발생하는 이벤트에 응답한다.
- **경량 API**lightweight API: 빠르게 빌드할 수 있고 즉시 확장할 수 있도록 가볍고 느슨하게 결합된 로직 코드로 애플리케이션을 구성한다.
- **모바일 백엔드**: 앱 개발자 또는 Firebase에 대해 구글 모바일 플랫폼을 사용하고 Cloud Functions으로 모바일 백엔드를 작성한다. Firebase 분석, 실시간 데이터베이스, 인증 및 저장소에서 이벤트를 수신하고 응답한다.
- **IoT**: Pub/Sub으로 데이터를 스트리밍해 데이터를 처리하고 변환하여 저장하기 위해 Cloud Functions을 띄우는 수만 또는 수십만 디바이스를 상상해보자. Cloud Functions은 이를 완전한 서버리스로 수행할 수 있다.

옮긴이 Cloud Functions 2세대는 Eventarc으로 광범위하게 수신 가능하다.

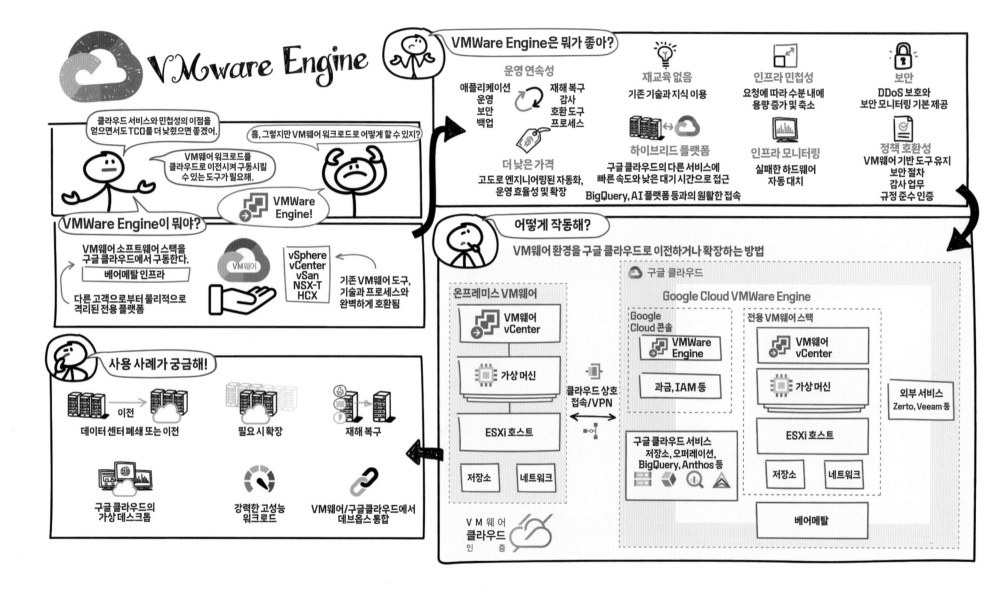

Google Cloud VMWare Engine

VM웨어 워크로드상의 애플리케이션을 현대화하기 위해 클라우드 서비스를 활용해 민첩성을 높이고 총소유비용total cost of ownership, TCO을 줄이려는 경우, Google Cloud VMWare Engine을 추천한다. Google Cloud VMWare Engine은 구글 클라우드에서 VM웨어 소프트웨어 스택을 실행하는 베어메탈 인프라에서 작동하는 관리형 VM웨어 서비스로, 다른 고객으로부터 격리된 전용dedicated 환경을 제공한다.

Google Cloud VMWare Engine의 이점

첫 번째 이점은 운영 연속성이다. 사용자의 팀은 기존 프로세스를 계속해서 이용할 수 있고, 기존 기술과 지식을 활용할 수 있다. 또한 필요 시 몇 분 안에 주문형on demand으로 인프라를 확장할 수 있다. DDoS 보호와 보안 모니터링을 기본으로 제공하며 VM웨어 기반의 규정 준수compliance 및 보안 정책을 계속 사용할 수 있다. 완전 이중화와 전용 100Gbps 네트워크를 기반으로 VM웨어 스택 요구를 충족하도록 99.99%의 가용성을 제공해 안정성이 뛰어나다. 인프라 모니터링도 제공해 실패한 하드웨어를 자동으로 교체한다. 하이브리드 플랫폼으로 빠른 속도, 적은 대기 시간과 BigQuery, AI 플랫폼, GCSGoogle Cloud Storage 등과 같은 구글 클라우드의 다른 자원에 접근하기도 좋다. 자동화, 운영 효율성과 확장성을 위해 고도로 엔지니어링되어 있으므로 비용적인 면에서 효율적이다.

Google Cloud VMWare Engine의 작동 방식

Google Cloud VMWare Engine으로 VM웨어 환경을 구글 클라우드로 쉽게 이전하거나 확장할 수 있다. 작동 원리는 다음과 같다. 클라우드 VPN 또는 상호 접속을 통해 HCX 라이선스[10]를 사용해 온프레미스 VM웨어 인스턴스를 구글 클라우드로 쉽게 이전할 수 있다. 서비스는 VM웨어 vCenter, 가상 머신, ESXi 호스트, 저장소와 베어메탈 네트워크로 구성된다. 서비스를 Cloud SQL, BigQuery, Memorystore와 같은 다른 구글 클라우드 서비스에 쉽게 연결할 수 있다. Google Cloud 콘솔에서 서비스 UI, 과금과 IAM 모두

에 접근할 수 있을 뿐 아니라 Zerto, Veeam과 같은 외부 재해 복구 및 저장소 서비스에 연결할 수 있다.

Google Cloud VMWare Engine 사용 사례

* **데이터 센터 중단 또는 이전**: 클라우드에서 데이터 센터를 확장하고 하드웨어 관리를 중단한다. 클라우드로 이전하되 익숙한 VM웨어 도구와 기술을 그대로 이용해 리스크를 줄이고 비용을 절감한다. 클라우드에서 구글 클라우드 서비스를 사용해 사용자의 수준에 맞춰 애플리케이션을 현대화한다.
* **주문형 확장**: 새로운 개발 환경 또는 계절에 따른 용량 폭증burst과 같은 예상치 못한 수요에 맞춰 용량을 확장하고 필요한 기간만큼만 유지한다. 온프레미스와 클라우드 양쪽에 걸쳐 동일한 아키텍처와 정책을 적용해 선행 투자를 줄이고, 프로비저닝 속도를 가속화하며, 복잡성을 낮춘다.
* **재해 복구**: 높은 대역폭 연결로 신속하게 데이터를 업로드하고 다운로드해 사고로부터 복구할 수 있다.
* **구글 클라우드의 가상 데스크톱**: 데이터, 애플리케이션, 데스크톱에 원격으로 접속하도록 구글 클라우드에 가상 데스크톱 인프라virtual desktops infrastructure, VDI를 생성한다. 지연 시간이 짧은 네트워크는 데스크톱 애플리케이션과 같이 빠른 응답 시간을 제공한다.
* **고성능 애플리케이션과 데이터베이스 구동**: 구글 클라우드에서는 오라클, 마이크로소프트 SQL Server, 미들웨어 시스템, 고성능 NoSQL 데이터베이스와 같이 최대한의 성능을 요구하는 VM웨어 워크로드를 실행시킬 수 있는 하이퍼컨버지드hyper-converged 아키텍처를 제공한다.
* **VM웨어와 구글 클라우드에서 데브옵스DevOps 통합**: 데이터 센터를 확장하거나 애플리케이션을 재설계하지 않고 모든 워크로드에 적용할 수 있는 구글 클라우드 서비스를 사용해 VM웨어 관리를 최적화한다. 구글 클라우드에서 VM웨어 애플리케이션의 계정, 접근 제어 정책, 로깅, 모니터링을 중앙화한다.

옮긴이 VM웨어를 데이터 센터에서 클라우드로 이전할 수 있는 라이선스

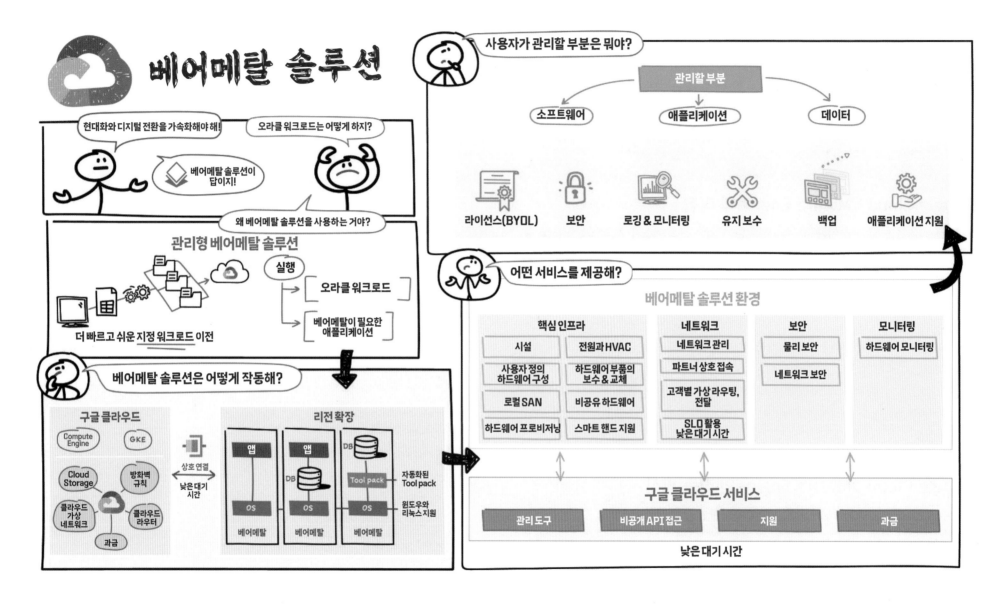

베어메탈 솔루션

대기업들은 관리의 오버헤드를 줄이고 비즈니스 민첩성을 향상하기 위해 클라우드로 이전 중이다. 클라우드로 쉽게 리프트 앤 시프트lift and shift[11]할 수 있는 워크로드가 많은 편이긴 하지만, 복잡한 라이선스, 하드웨어 및 요구 사항의 지원 때문에 클라우드 환경으로 이전하기 쉽지 않은 특별한 워크로드가 여전히 존재한다(오라클 같은[12]). 베어메탈 솔루션은 기존의 투자와 아키텍처를 유지하면서도 애플리케이션 인프라를 현대화할 수 있는 경로를 제공함으로써 더 쉽고 더 빠른 이전을 지원한다.

기능

베어메탈 솔루션은 오라클 워크로드에 대해 안정적이고 안전하며 고성능 데이터베이스 인프라를 제공한다.

1. **모든 오라클 기능에 원활하게 액세스**: 온프레미스와 동일한 방식으로 오라클 데이터베이스를 실행한다. HA에 인증된 하드웨어에 오라클 RACReal Application Cluster를 설치하고 재해 복구를 위해 오라클 Data Guard를 사용하고, 백업을 위해서는 오라클 RMANRecovery Manager을 사용한다. 구글 클라우드 서비스 카탈로그는 모든 오라클 Maximum Availability Architecture 템플릿과 유사한 토폴로지topology를 제공한다.

2. **통합 지원과 결제**: 초기 응답에 대한 SLA 정의, 인프라의 실행 시간과 상호 접속 가용성에 대한 엔터프라이즈급 SLA 정의, 우선순위 1 및 2 이슈에 대한 연중무휴 대응, 구글 클라우드와 오라클 베어메탈 솔루션에 대한 통합 결제를 포함한 인프라 지원에 대한 원활한 경험을 제공한다.

3. **데이터 보호**: ISO, PCI DSS, HIPPA에 해당되는 경우, 지역 인증을 통해 까다로운 규정 준수 요건을 충족하는 데 도움을 준다. 오라클용 베어메탈 솔루션에 완전히 통합된 Actifio에서 제공하는 데이터 관리 및 백업을 복사할 수 있다.

4. **운영 간소화를 위한 도구와 서비스**: 오픈소스 Ansible 기반 도구 키트 또는 Google Cloud의 오라클용 Kubernetes 연산자를 사용하여 일상적인 운영 데이터베이스 관리를 자동화한다. 이러한 도구를 기존에 선택한 자동화 프레임워크와 통합할 수 있다.

작동 방식

지연 시간이 짧은 네트워크 패브릭fabric을 가진 관리형 고성능 연결을 이용해 GCP 리전 확장에서 목적에 따라 제작된 베어메탈 머신을 제공하며, 윈도우와 리눅스 워크로드를 지원한다. 구글 클라우드는 모든 구글 클라우드 서비스에서 접근할 수 있는 환경에서 핵심 인프라, 네트워크, 물리 및 네트워크 보안, 제공하는 하드웨어 모니터링을 제공하고 관리한다.

베어메탈 솔루션 환경은 무엇을 포함하고 있을까?

핵심 인프라는 안전하고 통제된 환경 시설과 전력을 포함한다. 베어메탈 솔루션은 로컬 SAN 활용 맞춤형 단독 하드웨어의 관리와 프로비저닝뿐 아니라 스마트 핸드 지원도 포함하고 있다. 구글 클라우드가 관리하는 네트워크는 베어메탈 솔루션 환경에 대한 낮은 대기 시간 클라우드 상호 연결을 제공한다. 그리고 비공개 API 접근, 관리 도구, 지원, 과금과 같은 다른 구글 클라우드 서비스에 접근할 수 있다. 구글 클라우드 베어메탈 솔루션을 사용할 때 오라클과 같은 특정 소프트웨어의 자체 소유 라이선스를 가져올 수 있고bring your own license, BYOL 소프트웨어, 애플리케이션, 데이터에 대한 책임을 가진다. 이 책임의 범주에는 유지 보수, 보안, 백업, 소프트웨어 모니터링이 있다.

---

11 [옮긴이] 애플리케이션을 클라우드로 마이그레이션하는 여러 접근 방식 중 하나로, 다시 설계하지 않고 데이터를 클라우드 플랫폼으로 이동하는 것을 의미한다.

12 [옮긴이] 오라클의 경우 성능 및 보안 개선을 위한 전용 하드웨어를 사용하는 경우가 있어서 클라우드로 이전하는 것이 쉽지 않다.

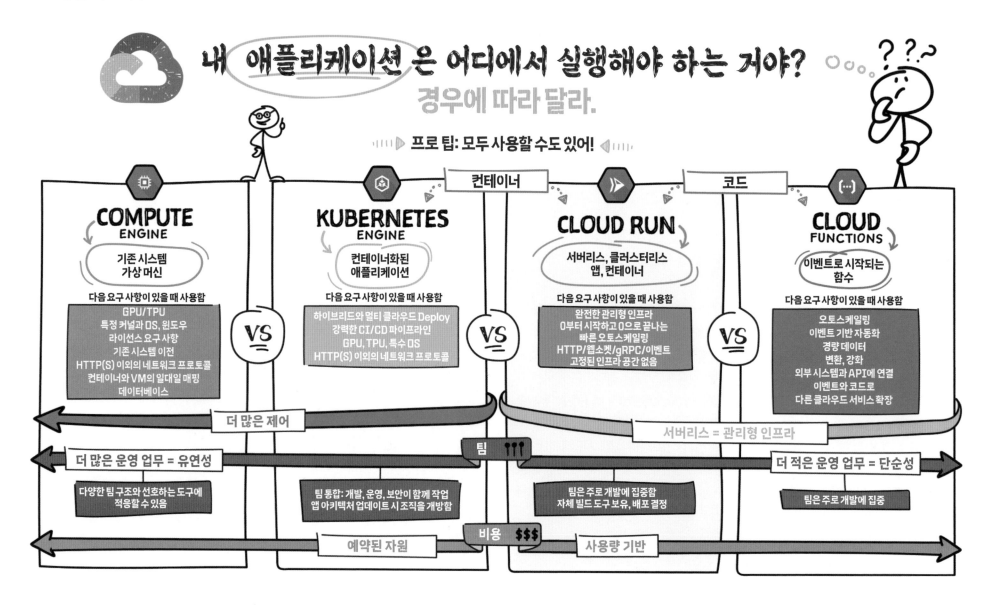

내 애플리케이션 은 어디에서 실행해야 하는 거야?

경우에 따라 달라.

▷ 프로 팁: 모두 사용할 수도 있어! ◁

컨테이너   코드

COMPUTE ENGINE

기존 시스템 가상 머신

다음 요구 사항이 있을 때 사용함

GPU/TPU
특정 커널과 OS, 윈도우
라이선스 요구 사항
기존 시스템 이전
HTTP(S) 이외의 네트워크 프로토콜
컨테이너와 VM의 일대일 매핑
데이터베이스

KUBERNETES ENGINE

컨테이너화된 애플리케이션

다음 요구 사항이 있을 때 사용함

하이브리드와 멀티 클라우드 Deploy
강력한 CI/CD 파이프라인
GPU, TPU, 특수 OS
HTTP(S) 이외의 네트워크 프로토콜

CLOUD RUN

서버리스, 클러스터리스 앱, 컨테이너

다음 요구 사항이 있을 때 사용함

완전한 관리형 인프라
0부터 시작하고 0으로 끝나는
빠른 오토스케일링
HTTP/웹소켓/gRPC/이벤트
고정된 인프라 공간 없음

CLOUD FUNCTIONS

이벤트로 시작되는 함수

다음 요구 사항이 있을 때 사용함

오토스케일링
이벤트 기반 자동화
경량 데이터
변환, 강화
외부 시스템과 API에 연결
이벤트와 코드로
다른 클라우드 서비스 확장

VS   VS   VS

← 더 많은 제어

서버리스 = 관리형 인프라

← 더 많은 운영 업무 = 유연성   팀 ⦙⦙⦙   더 적은 운영 업무 = 단순성 →

다양한 팀 구조와 선호하는 도구에
적응할 수 있음

팀 통합: 개발, 운영, 보안이 함께 작업
앱 아키텍처 업데이트 시 조직을 개방함

팀은 주로 개발에 집중함
자체 빌드 도구 보유, 배포 결정

팀은 주로 개발에 집중

← 예약된 자원   비용 $$$ 사용량 기반 →

애플리케이션을 실행하는 데 적합한 인프라 옵션을 선택하는 것은 애플리케이션의 성공과 더불어 애플리케이션을 관리하고 개발하는 팀 모두에게 아주 중요하다. 이 절에서는 사용자의 애플리케이션을 실행할 위치를 결정할 때 고려해야 하는 몇 가지 가장 중요한 요소를 알아본다. 어떤 결정도 최종적인 것이 아님을 반드시 명심하자. 항상 한 가지 옵션에서 다른 옵션으로 이동할 수 있지만, 모든 연관 요소를 고려하는 것이 무엇보다 중요하다.

필요한 추상화 수준은 어떻게 될까?

Compute Engine의 VM상에서 직접 애플리케이션을 실행하거나 Cloud Run 또는 Cloud Functions 기반 서버리스로 빌드하는 중간에는 GKE의 쿠버네티스가 있다. 원시 VM(모든 것을 관리해야 하는)에서 → 쿠버네티스(컨테이너 결합, 관리) → 서버리스(실행 코드/컨테이너 제공) 추상화 레이어로 이동하면서 관리할 항목이 줄어들고 운영 또한 더 쉬워졌다. 더불어 배포 선택과 유연성은 줄어들었다. 원하는 대로 배포할 수 있는 유연성과 모든 사용자 정의 구성을 관리해야 하는 필요성을 맞바꾼 셈이다.

- 하부 인프라(예를 들어, 운영 시스템/디스크 이미지, CPU, RAM, 디스크)를 좀 더 관리해야 한다면 Compute Engine을 사용하는 것이 적합하다. 이 방법은 하부 요구 사항과 특정 OS를 요구하는 기존 시스템과 애플리케이션 이전을 위한 일반적인 경로다.
- 컨테이너는 단일 OS 인스턴스에서 다중 워크로드를 실행할 수 있도록 OS를 가상화하는 방법을 제공한다. 이들은 빠르고 가벼우며 이식성이 뛰어나다. 애플리케이션이 컨테이너화돼 있다면 두 가지 주요 옵션을 적용할 수 있다. 첫 번째는 특정 OS, CPU, GPU, 디스크, 메모리, 네트워크를 가지고 있는 노드에서 컨테이너를 완전히 제어할 수 있는 GKE를 사용하는 것이다. 유연성과 제어가 필요하지만 제한된 운영, 엔지니어링 지원만 가능한 상태를 위해 GKE의 Autopilot도 제공한다. 반면 인프라 확장에 대한 고민 없이 컨테이너에 애플리케이션을 실행할 방법을 찾고 있다면 Cloud Run을 추천한다. 애플리케이션 코드의 작성을 통해 이를 선택적으로 컨테이너에 패키징하여 배포할 수 있다.

- 선택한 추상화와 관계없이 사용하는 Cloud Functions은 서비스의 동작 확장을 위해 간단하고 경량화된 솔루션을 제공하는데, 클라우드의 스크립트 엔진이라고 생각하면 이해하기 쉬울 것이다. 두 서비스를 연결하는 데 사용하거나 두 서비스 간의 데이터를 실시간으로 변환하는 데 사용할 수 있다.

사용 사례는 어떻게 될까?

- 윈도우 기반 애플리케이션, 유전자 지도 분석 또는 SAP HANA와 같은 특정 라이선스, OS, 커널이나 네트워크 요구 사항을 갖는 **레거시**legacy **애플리케이션**을 이전하는 경우 Compute Engine을 사용하자.
- **클라우드 네이티브, 마이크로서비스 기반 애플리케이션**을 구축하는 경우 GKE 또는 Cloud Run 모두 아주 좋은 선택지다. 중요시하는 것에 따라 적합한 것을 골라 사용한다. 개발자의 생산성이 중요하다면 Cloud Run으로 서버리스 컨테이너화를 추천한다. 자체 플랫폼을 구축하고 클라우드 네이티브 기반으로 도구를 사용한다면 GKE가 적합하다.
- 애플리케이션에 HTTP, HTTP/2 또는 gRPC 이외의 **네트워크 프로토콜이나 특정 OS**가 필요하다면 GKE를 사용하자.
- **하이브리드와 멀티 클라우드**에서 애플리케이션을 구축한다면 이식성이 가장 중요하다. 이런 경우에는 오픈소스 쿠버네티스 기반의 GKE를 추천한다. 온프레미스와 클라우드 환경 모두를 일관성 있게 유지하는 데 도움이 될 것이다. 추가적으로 Anthos는 하이브리드와 멀티 클라우드 Deploy를 위해 특별히 설계된 플랫폼이다. 인프라에서 애플리케이션 성능과 토폴로지까지 모든 클러스터에 걸쳐 단일 시각화(대시보드)를 제공한다.
- **웹사이트 또는 API**에 대해서는 Cloud Run을 사용한다. Cloud Run은 HTTP(S)나 웹소켓 지원을 통해 선택한 프로그래밍 언어로 컨테이너화된 배포, 애플리케이션 확장을 지원한다.

- **데이터 처리 앱과 웹훅**을 위해서라면 Cloud Run 또는 Cloud Functions이 적합하다. 가벼운 데이터가 도착하면 이를 변환하고 구조화된 데이터로 저장하는 애플리케이션을 고려해보자. 구글 클라우드 소스나 HTTP 요청에서 이 변환을 시작할 수 있다.
- 애플리케이션이 **이벤트**를 기반으로 작업을 한다면 Cloud Functions이 가장 좋은 선택이다. 콘텐츠가 Cloud Storage 버킷에 저장된 경우, 비디오 트랜스코딩이나 이미지 처리와 같은 사용 사례를 생각해보자. 이 경우에 코드는 Cloud Storage, Pub/Sub, Firebase, HTTP 등과 같은 이벤트/트리거 기반의 작업을 수행한다.

오픈소스와의 이식성이 필요한가?

요구 사항이 이식성과 오픈소스 지원에 기반한다면 GKE, Cloud Run, Cloud Functions을 살펴보자. 이들은 모두 오픈소스 프레임워크를 기반으로 벤더 종속성을 탈피하는 데 도움을 줄 뿐 아니라 인프라를 하이브리드와 멀티 클라우드 환경으로 확장할 수 있는 자유를 제공한다. GKE 클러스터는 쿠버네티스 오픈소스 클러스터 관리 시스템에 기반을 두고 클러스터와 상호작용하는 작동 방식을 제공한다. Cloud Run은 쿠버네티스에 서버리스 워크로드를 지원하는 오픈소스 프로젝트인 Knative를 지원한다. Cloud Functions은 다중 환경에 걸쳐 함수를 실행할 수 있는 오픈소스 프레임워크를 사용한다.

팀의 역량은 어느 정도인가?

팀원들이 코드에 집중하길 바란다면 Cloud Run과 Cloud Functions이 좋은 선택이다. 팀이 인프라, 확장, 운영을 할 필요가 없기 때문이다.

개발자가 사용할 자체 플랫폼을 구축하거나 개발자가 쿠버네티스에 이미 익숙하다면, 관리형 서비스를 제공해 쿠버네티스 운영의 많은 부분을 다루는 동시에 쿠버네티스에서 사용하는 전체 기능을 제공하는 GKE가 좋은 선택지다.

Cloud Run과 GKE 모두 컨테이너를 실행해 서로의 환경에서 자연스럽게 이식할 수 있다. 두 플랫폼을 조합해 사용하는 것도 일반적인 패턴이다.

선호하는 과금 모델 유형은 무엇인가?

Compute Engine과 GKE 과금 모델은 자원 기반이며, 자원의 공급 기간에 따라 비용을 지불하는 것을 의미한다. 사용 패턴에 따라 지속 사용, 약정 사용 할인을 골라 활용하는 것도 하나의 방법이다.

Cloud Run, Cloud Functions과 GKE Autopilot은 더 세분화된 가격 모델을 통해 사용한 만큼만 청구하는 '페이고pay as you go' 모델이다.

2장

스토리지

Cloud Storage는 간단하고 안정적이며 확장 가능한 방법으로 클라우드에서 데이터를 쉽게 저장, 추출, 공유할 수 있다. 클라우드 공급자는 자체적인 저장소 인프라를 구매하고 관리할 필요가 없는 관리형 데이터 저장소를 제공한다. Cloud Storage는 필요에 따라 전역적으로 내구성 있게 저장소 인프라를 확장하는 유연성을 제공한다.

Cloud Storage의 기본 특성은 다음과 같다.

- **보안**: 데이터를 안전하게 저장한다(저장at rest과 전송 중in transit 암호화).
- **내구성**durability: 데이터를 중복적으로 저장함으로써 중단 시에도 손실되지 않는다.
- **가용성**: 데이터는 필요할 때마다 항상 사용할 수 있다.

일반적인 Cloud Storage 사용 사례는 다음과 같다.

- **규정 준수와 비즈니스 연속성**: 규정 준수와 비즈니스 연속성 요구 사항을 지원하기 위해 Cloud Storage의 백업과 복구 기능을 사용할 수 있다.
- **데이터 레이크**: 선택적인 접근과 데이터 분석을 위해 메타데이터를 가진 원시raw/원천native 형태의 정보를 저장하는 Cloud Storage 기반의 데이터 레이크data lake로 사용할 수 있다.
- **애플리케이션 개발**: 저장소는 개발과 테스트를 하는 데 필수적이다. Cloud Storage를 사용하여 정적static 파일(웹사이트)을 저장하고 전 세계에 제공한다. 또한 애플리케이션을 빠르게 작성하여 팀 간 공유 파일 시스템을 배포할 수 있다.

이 장에서는 세 가지 유형(객체 스토리지, 파일 스토리지, 블록 스토리지)의 클라우드 데이터 저장소를 다룬다. 또한 각 유형에 대한 고유한 장점과 사용 사례뿐 아니라 이들을 지원하는 구글 Cloud Storage 옵션에 대해 알아본다.

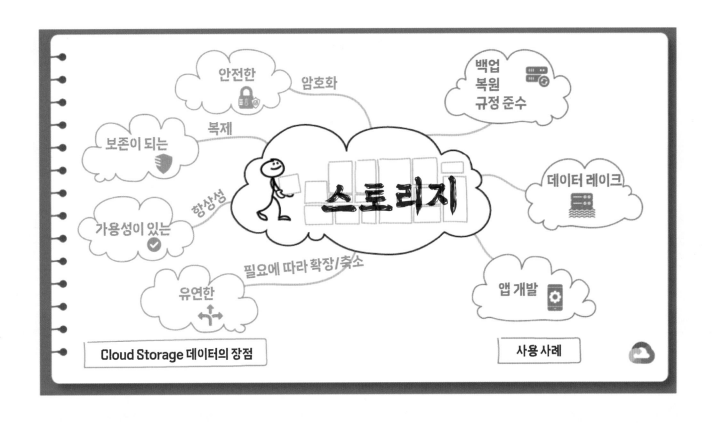

저장소 유형

각각 어떻게 달라?

객체	블록	Filestore

객체 스토리지

데이터 ↓ ↑ 메타데이터
객체 ID

블록 스토리지

블록# ↓ #↑ 블록#

정의

ID, 메타데이터, 속성, 실제 데이터를 가진 바이너리 객체	파일들이 각자 고유 주소를 갖는 동일 크기의 데이터 블록으로 분할되어 있음	네트워크 결합 스토리지(NAS)-비정형 데이터에 대한 공유 파일 스토리지

접속 방법

API와 URI를 이용한 HTTP(S) 접속	운영체제가 블록을 함께 읽어 들임	파일 경로

사례

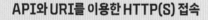

비디오, 이미지, 문서, 웹사이트	데이터베이스, 캐시, VM 디스크	사용자와 앱 간의 공유 데이터

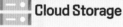

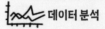 데이터 분석   웹 콘텐츠 관리

구글 클라우드 옵션?

 Cloud Storage   Persistent Disk   로컬 SSD   Filestore

저장소는 유형마다 어떻게 다른가?

애플리케이션에서 사용하는 저장소는 세 가지 유형(객체 스토리지, 블록 스토리지, 파일 스토리지)으로 나눌 수 있다.

객체 스토리지

객체object 스토리지는 바이너리, 객체 데이터, 미디어, 문서, 로그, 백업, 애플리케이션 바이너리, VM 이미지와 같은 비정형unstructured 데이터에 사용된다. 구조적으로 평평한 데이터 환경에 저장된 개별 데이터 단위인 객체는 ID, 메타데이터, 속성, 실제 데이터로 구성돼 있다. 메타데이터는 보안에 따른 파일 분류, 접근할 수 있는 애플리케이션과 유사한 정보를 포함하고 있다. 애플리케이션은 이 정보를 통해 객체를 찾고 접근한다. URI 또는 API를 사용하여 필요한 만큼 자유롭게 데이터를 추가하거나 가져올 수 있다. 객체 스토리지는 Cloud Storage처럼 일반적으로 클라우드를 기반으로 한다.

블록 스토리지

블록block 스토리지에서 파일은 자체 고유 주소를 갖는 동일한 크기의 데이터 블록으로 분할되지만, 파일 스토리지에서 사용하는 파일 구조 또는 객체 스토리지에서 사용하는 메타데이터와 같은 정보는 가지고 있지 않다. 모든 파일에 접근하기 위해 서버의 운영체제는 고유 주소를 사용하여 블록을 파일로 만드는데, 이 방법은 파일에 접근하기 위해 파일 계층구조와 디렉터리를 탐색하는 것보다 시간이 덜 걸린다. 블록 스토리지는 단일 경로의 데이터에 의존하지 않기 때문에 데이터를 빠르게 추출할 수 있다. 각각 자체적으로 존재하는 블록은 다른 운영체제에서 접근할 수 있도록 분할이 가능하여 사용자가 자유롭게 데이터를 구성할 수 있다. 블록 스토리지는 마운트mount된 볼륨으로 운영체제에서 직접 접근할 수 있으므로 더 높은 성능과 더 낮은 대기 시간을 요구하는 애플리케이션에 사용하는 것이 적합하다. 예시로는 데이터베이스, 실행 VM에 대한 백업, 캐시cache, 분석 등이 있다. Persistent Disk와 로컬 SSD는 구글 클라우드의 블록 스토리지 옵션이다.

파일 스토리지

공유 파일 시스템인 파일 스토리지는 데이터가 폴더 안에 단일 조각으로 저장된다. 파일 스토리지에서 데이터는 파일 형태로 저장되고, 파일은 폴더로 구성되며, 폴더는 디렉터리와 하부 디렉터리 계층구조 아래 존재한다. 데이터에 접근할 때 컴퓨터가 이 데이터를 찾기 위해서는 경로를 알고 있어야 한다. 파일 스토리지는 네트워크 결합 스토리지network attached storage, NAS로 다중 클라이언트가 단일 공유 폴더에 접근할 수 있는 비정형 데이터의 공유 파일 시스템이다. 파일 수가 늘어날수록 파일 스토리지를 관리하는 데 시간이 많이 걸리고 번거로워지는 것이 사실이다. Filestore와 같은 클라우드 기반의 파일 스토리지는 이런 문제를 완화하는 데 도움을 준다.

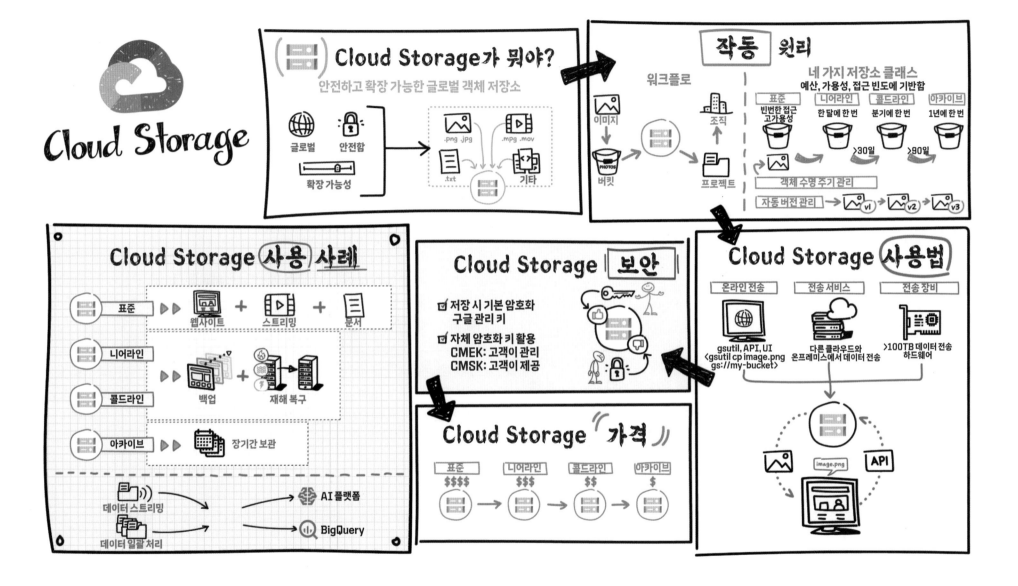

Cloud Storage 서비스는 이미지, 텍스트, 비디오, 다른 파일 형식과 같은 변경할 수 없는 데이터를 저장하는 안전하고 확장 가능한 글로벌 객체 스토리지다. 애플리케이션에서 필요한 만큼 자유롭게 데이터를 추가하거나 검색할 수 있다. 저장된 객체는 ID, 메타데이터, 속성, 실제 데이터로 구성돼 있다. 메타데이터는 파일의 보안 분류security classification, 파일에 접근할 수 있는 애플리케이션과 유사한 정보를 포함한 모든 종류의 항목을 아우른다. ID, 메타데이터, 속성, 실제 데이터로 이루어진 객체 스토리지는 웹 서비스에서 데이터 분석까지 다양한 애플리케이션을 위한 적합한 저장소다.

저장소 등급

객체를 프로젝트와 연관 있는 버킷에 저장하면, 이 버킷은 순차적으로 조직 아래에 그룹화된다. 저장소 등급은 예산, 가용성, 접근 빈도에 기반하여 네 가지로 나뉜다.

- **표준**Standard: 고성능, 빈번한 접근, 고가용성
  - 빈번하게 접근하거나 높은 대역폭이 필요한 데이터에 대한 리전 또는 이중 리전 위치
  - 전 세계에 콘텐츠를 제공하기 위한 다중 리전
- **니어라인**Nearline: 한 달에 한 번 미만 접근
- **콜드라인**Coldline: 대략 분기에 한 번 미만 접근
- **아카이브**Archive: 몇 년 동안 보관하고 싶은 데이터(1년에 한 번 미만 접근)

수명이 짧거나 자주 접근하는 데이터 용도인 표준 등급 사용 비용은 다른 것에 비해 상대적으로 비싼 편이다. 니어라인, 콜드라인, 아카이브 등급은 수명이 더 길거나 자주 접근하지 않는 데이터용으로, 월간 저장 비용이 표준 등급에 비해 저렴하다.

사용 사례에 따른 위치 선택

Cloud Storage에서는 데이터를 다음 세 가지 유형의 위치에 저장할 수 있다.

- **단일 리전**: 단일 리전에 중복적으로 데이터를 저장한다. 세 가지 유형 중 월간 저장소 비용이 가장 저렴하다. 동일 리전에서 컴퓨팅과 저장소를 함께 배치하는 것은, 중요한 고성능의 분석을 포함해 광범위한 사용처에 적합하다.

- **다중 리전**: 데이터가 전역적으로 중복 저장되기 때문에 가용성이 단일 리전보다 높지만 데이터가 어느 특정 리전에 있는지는 볼 수 없다. 인터넷을 통해 웹 콘텐츠를 제공하고 싶다면 탁월한 선택지다. 물론 단일 리전보다는 가격이 더 비싸다.
- **이중 리전**: 데이터의 특성에 따라 2개의 리전에 저장된다. 고가용성이 필요한 데이터에 대해 단일 리전을 지정하고 그 외의 데이터에 대해서는 다중 리전을 지정하는 기능을 제공한다. 고가용성과 리전 장애에 대한 보호는 물론이거니와 리전 저장소의 고성능 특성을 얻을 수 있다. 이 옵션은 비즈니스 크리티컬 워크로드, 스트리밍을 위한 데이터 레이크, 빅데이터, 머신러닝 프로젝트를 위한 데이터 일괄 업로드에 가장 적합하다.

선택하는 위치에 관계없이 네 가지 저장소 등급을 사용할 수 있다. 가장 활동적인 '핫hot' 데이터는 표준 저장소에 저장하고, 오래되거나 자주 접근하지 않는 데이터는 '콜드라인' 등급으로 이동시켜 비용을 최적화한다.

Cloud Storage 사용 방법

객체 수명 주기 관리를 사용하면 데이터가 특정 기간에 도달하거나 설정한 다른 수명 주기 규칙이 적용될 때 더 낮은 가격의 저장소 계층으로 자동 전환해준다. 또한 Cloud Storage는 자동화 객체 버전 관리를 통해 더 오래된 버전의 객체로 복원할 수 있다(우발적인 업데이트에 대한 보호적인 측면에서 유용한 기능이다).

콘솔, GSUTIL 도구, Storage Transfer Service, 전송 장치 또는 전송 온라인을 사용하여 객체를 다운로드하고 버킷에 객체를 업로드할 수 있다. 일단 데이터를 저장하면 모든 저장소 등급에 대해 단일 API로 데이터에 쉽게 접근할 수 있다.

보안

기본적으로 Cloud Storage의 데이터는 저장 시 자동으로 100% 암호화되고, 필요한 경우 고객은 자체 암호 키를 가질 수 있다. 특정 구성원 또는 팀에 접근 권한을 부여할 수 있으며, 웹사이트와 같은 특정 케이스를 위해 완전히 공개할 수도 있다.

데이터를 구글 클라우드로 어떻게 옮겨?

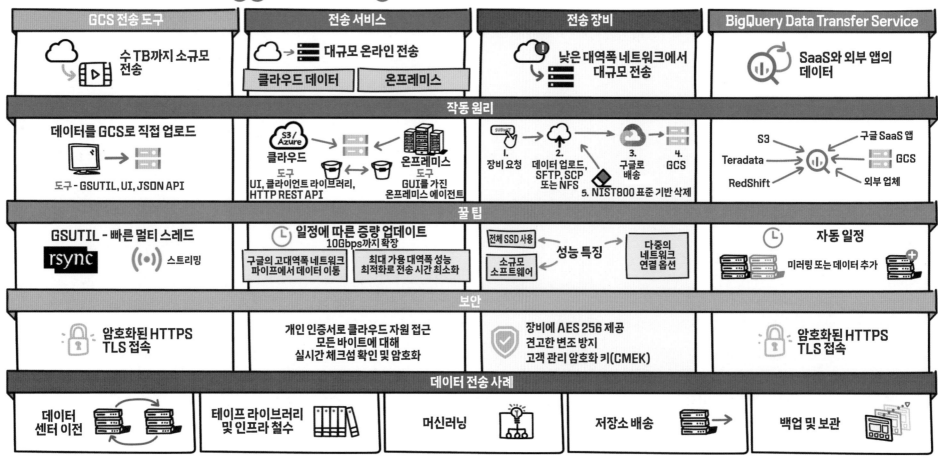

GCS 전송 도구	전송 서비스	전송 장비	BigQuery Data Transfer Service
수 TB까지 소규모 전송	대규모 온라인 전송 클라우드 데이터 / 온프레미스	낮은 대역폭 네트워크에서 대규모 전송	SaaS와 외부 앱의 데이터

작동 원리

데이터를 GCS로 직접 업로드 도구 - GSUTIL, UI, JSON API	클라우드 도구 UI, 클라이언트 라이브러리, HTTP REST API 온프레미스 도구 GUI를 가진 온프레미스 에이전트	1. 장비 요청 2. 데이터 업로드, SFTP, SCP 또는 NFS 3. 구글로 배송 4. GCS 5. NIST800 표준 기반 삭제	S3 Teradata RedShift 구글 SaaS 앱 GCS 외부 업체

꿀 팁

GSUTIL - 빠른 멀티 스레드 rsync 스트리밍	일정에 따른 증량 업데이트 10Gbps까지 확장 구글의 고대역폭 네트워크 파이프에서 데이터 이동 / 최대 가용 대역폭 성능 최적화로 전송 시간 최소화	전체 SSD 사용 소규모 소프트웨어 성능 특징 다중의 네트워크 연결 옵션	자동 일정 미러링 또는 데이터 추가

보안

암호화된 HTTPS TLS 접속	개인 인증서로 클라우드 자원 접근 모든 바이트에 대해 실시간 체크섬 확인 및 암호화	장비에 AES 256 제공 견고한 변조 방지 고객 관리 암호화 키(CMEK)	암호화된 HTTPS TLS 접속

데이터 전송 사례

데이터 센터 이전	테이프 라이브러리 및 인프라 철수	머신러닝	저장소 배송	백업 및 보관

데이터 전송의 이유와 요구 사항

데이터 센터 이전, 머신러닝, 콘텐츠 저장, 배포, 백업, 아카이빙 등 데이터를 구글 클라우드로 옮기는 데에는 여러 가지 이유가 있다. 데이터는 모든 애플리케이션의 기능에 중요한 부분이므로 리전 간에 데이터를 이동할 때 데이터 전송의 안정성, 예측 가능성, 확장성, 보안, 일관성에 대해 생각하는 것이 중요하기 때문이다. 구글 클라우드는 모든 요구 사항과 다양한 사용 사례에 맞는 네 가지 주요 전송 솔루션을 제공한다.

구글 클라우드 데이터 전송 옵션

다음 네 가지 주요 도구를 사용하여 데이터를 구글 클라우드로 가져올 수 있다.

1. **Cloud Storage 전송 도구**: 컴퓨터에서 Cloud Storage로 직접 데이터를 업로드하는 데 유용한 도구 세트다. 일반적으로 최대 테라바이트의 소규모 전송에 이 옵션을 사용한다. 이 도구는 Google Cloud 콘솔 UI, JSON API, GSUTIL 명령 줄 인터페이스를 포함하고 있다. GSUTIL은 셸에서 스크립트로 전송하는 오픈소스 명령 줄 도구로, GCS 버킷을 관리할 수 있다. 증가분 복사를 실행할 때는 rsync 모드에서 작동하고, 대규모 멀티 스레드/멀티 프로세싱 데이터 이동 시에는 스크립트 출력을 푸시하는 스트리밍stream 모드에서 작동한다. 멀티 스레드가 아닌 유닉스 cp(복사) 명령 대신 GSUTIL을 사용한다.

2. **Storage Transfer Service**: 이 서비스를 사용하면 다른 클라우드, 온프레미스 원본에서 Cloud Storage로 또는 구글 클라우드 내의 한 버킷에서 다른 버킷으로 온라인 데이터를 빠르게 가져올 수 있다. 반복 전송 작업을 설정하여 시간과 자원을 절약할 수 있으며, 10Gbps까지 확장 가능하다. 전송 작업의 생성과 관리를 자동화하기 위해 선호하는 언어로 클라이언트 라이브러리 또는 저장소 전송 API를 사용할 수 있다. 관리형 솔루션인 Storage Transfer Service는 재시도를 처리하고 자세한 전송 로깅을 제공한다. 또한 고대역폭의 네트워크 파이프를 통해 데이터를 전송하므로 속도가 빠르다. 온프레미스 전송 서비스는 최대 가용 대역폭을 사용하고 성능 최적화를 적용하여 전송 시간을 최소화한다.

3. **Transfer Appliance**: 대용량 데이터 세트dataset를 이전하고 싶지만 사용할 고대역폭이 없는 경우 사용할 수 있는 옵션이다. 전송 장비를 사용하면 구글 클라우드에 안전하고 빠르게 데이터를 전송할 수 있다. 낮은 대역폭을 사용하여 데이터를 전송하면 시간이 오래 걸리기 마련이다. 예를 들어, 전송 장비를 이용하면 1PB의 데이터를 전송하는 데 40일 정도 걸리는 반면 기존 네트워크(100MB)에서 온라인으로 데이터를 전송하려면 3년이 걸린다. 전송 장치는 두 가지 [TA100(90TB), TA480(300TB)] 폼 팩터form factor를 제공하는 하드웨어 박스다. 사용법은 간단하다. 먼저 Google Cloud 콘솔을 통해 장치를 주문하고 배송을 받는다. 그런 다음 NFS에서 파일 복사를 통해 데이터를 장치에 복사한다. 암호화 기능을 장착해 데이터는 안전하다. 끝으로 데이터를 GCS 버킷에 전송하기 위해 장치를 구글로 다시 배송한다. 작업이 끝나면 데이터는 장치에서 삭제된다. 전송 장치는 모두 SSD 타입이며 규모가 작은 소프트웨어[1]를 사용하고 다중의 네트워크 접속 옵션을 사용하는 고성능 장비다.

4. **BigQuery Data Transfer Service**: 이 옵션을 사용하면 분석 팀은 한 줄의 코딩조차 작성하지 않아도 BigQuery 데이터 웨어하우스warehouse의 기반을 마련할 수 있다. 이 서비스는 관리 기반에 따라 BigQuery로 데이터 이동을 자동화한다. 구글 SaaS 앱, 외부 Cloud Storage 제공 업체, 테라데이터Teradata, 아마존 레드시프트RedShift와 같은 데이터 웨어하우스로부터 전송을 포함한 여러 외부 전송을 지원한다. 데이터가 있으면 분석, 머신러닝 또는 웨어하우스에 바로 BigQuery를 사용할 수 있다.

---

1 [옮긴이] 단일 실행 파일을 갖는 소프트웨어 등

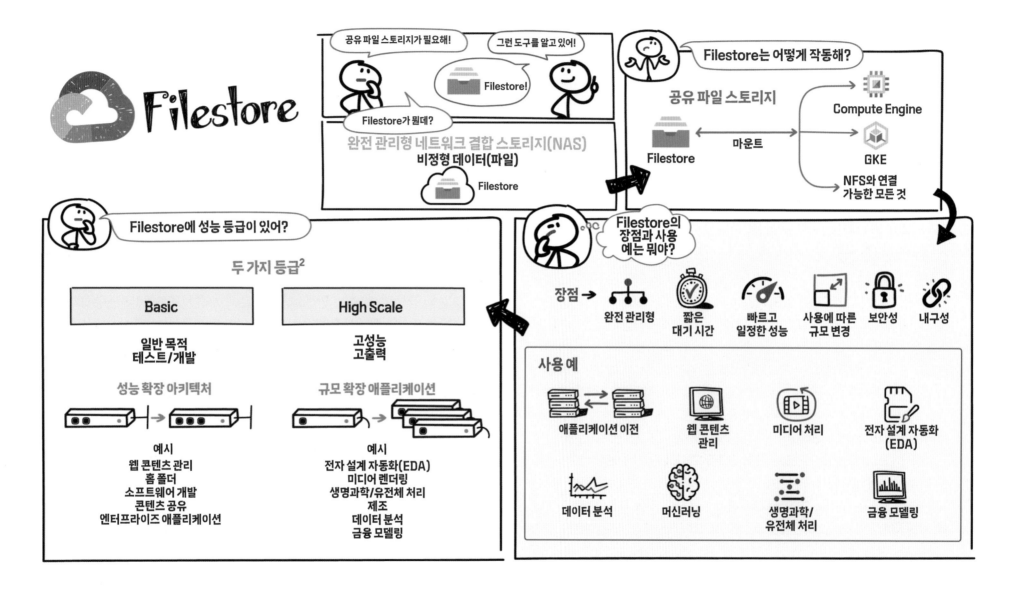

Filestore는 따로 운영이 필요 없는 완전 관리형 고성능 클라우드 공유 파일 스토리지다. 이름만 보아도 짐작할 수 있듯이 파일 또는 비정형 데이터에 사용된다. Compute Engine VM과 컨테이너가 동일한 공유 데이터를 참조하도록 GKE에 파일 공유를 쉽게 마운트할 수 있다. Filestore는 네트워크 파일 시스템network file system, NFS을 사용하는 모든 곳에 마운트할 수 있다. Filestore는 비즈니스에 가장 중요한business-critical 애플리케이션을 다시 작성하지 않아도 클라우드로의 이전을 가속화하고 단순화한다.

Filestore의 장점

Filestore는 아주 짧은 대기 시간을 제공하는 완전 관리형 고성능 파일 스토리지다. 요구에 기반해 규모를 확장하거나 축소하는 기능으로 확장 가능하고 예측 가능한 성능으로 수만의 클라이언트에 동시 접속을 제공한다. 저장 및 전송 중 데이터를 자동으로 암호화하여 데이터를 안전하게 보호한다.

Filestore의 사용 사례

Filestore는 파일 작업 시간이 짧다. 전자 설계 자동화electronic design automation, EDA, 미디어 렌더링, 데이터 분석 또는 메타데이터 집중적인 애플리케이션과 같은 응답 시간에 민감한 작업에 적합하다.

- **데이터 분석**: Filestore로 복잡한 금융 모델을 계산하거나 환경 데이터를 분석한다. 용량 또는 성능 요구가 변경되면 필요에 따라 쉽게 인스턴스를 확장하거나 축소할 수 있다. 영구 및 공유 저장소 계층인 Filestore를 사용하면 데이터를 클라이언트의 드라이브에 적재하고 제거하느라 시간을 낭비할 필요 없이 고성능 스마트 분석을 위해 데이터에 즉시 접근할 수 있다.
- **유전자 처리**: 유전자 시퀀싱genome sequencing에는 일인당 수십억 개의 데이터 포인터에 해당하는 엄청난 양의 원시 데이터가 필요하다. 이런 유형의 분석에는 속도, 확장성, 보안이 필수적이다. Filestore는 과학 연구를 수행하는 기업과 연구 기관의

요구 사항을 충족하는 동시에 성능에 대한 예측 가능한 가격도 제공한다.
- **전자 설계 자동화**: EDA는 데이터 관리에 대한 모든 것으로, 수천 개의 코어와 대용량의 메모리가 필요한 일괄 처리 워크로드의 기능을 요구한다. Filestore는 집중적인 EDA를 수행하는 제조업 고객의 요구를 충족하는 데 필요한 용량과 규모를 제공하고, 전역적으로 파일에 접근할 수 있는 기능을 지원한다.
- **웹 콘텐츠 관리**: 웹 개발자와 대규모 호스팅 제공 업체(워드프레스 호스팅과 같은)는 웹 콘텐츠를 제공하고 관리하는 Filestore에 의존한다.
- **미디어 렌더링**: 시각 효과 아티스트들이 동일한 파일을 공유해 공동 작업을 할 수 있도록 Compute Engine 인스턴스에 Filestore 파일 공유를 쉽게 마운트할 수 있다. 렌더링 워크플로는 컴퓨팅 머신의 집합(렌더 팜render farm)에서 실행되므로 모든 공유 파일 시스템에서 Filestore와 Compute Engine은 작업의 렌더링 요구에 맞게 확장할 수 있다.
- **애플리케이션 이전**: 많은 온프레미스 애플리케이션은 데이터에 대한 파일 시스템 인터페이스를 요구한다. 이들 애플리케이션이 지속적으로 클라우드로 이전migration하면서 Filestore는 공유 파일 시스템이 필요한 광범위한 엔터프라이즈 애플리케이션을 지원할 수 있다.

Filestore의 성능 등급

애플리케이션의 성능 요구 사항에 따라 Filestore를 선택할 수 있다. High Scale은 다중 클라이언트 시나리오에서 더 높은 전체 성능을 제공한다. 수평 확장 아키텍처를 사용하여 고성능을 제공한다. 워크로드의 성능이 중요하고 워크로드가 다중 클라이언트에 분산돼 있다면 성능 특성이 좋은 High Scale에 배포하도록 선택하는 것이 좋다. 테스트와 개발 환경과 같은 일반 용도의 애플리케이션은 Basic을 사용하는 것만으로도 충분하다.

Persistent Disk가 뭐야?

고성능 블록 스토리지

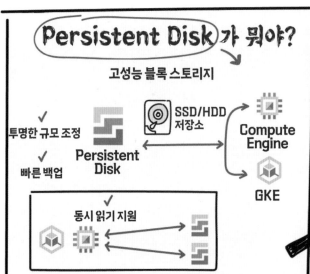

✓ 투명한 규모 조정

✓ 빠른 백업

✓ 동시 읽기 지원

SSD/HDD 저장소

Persistent Disk

Compute Engine

GKE

애플리케이션에는 어떤 블록 스토리지가 적합해?

저비용 ← → 성능

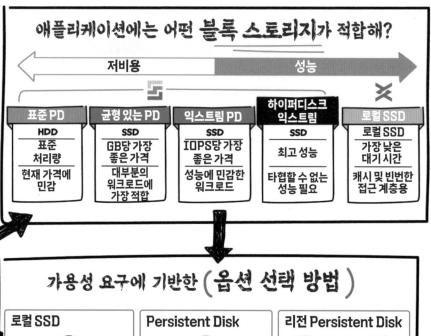

표준 PD	균형 있는 PD	익스트림 PD	하이퍼디스크 익스트림	로컬 SSD
HDD	**SSD**	**SSD**	**SSD**	로컬 SSD
표준 처리량	GB당 가장 좋은 가격	IOPS당 가장 좋은 가격	최고 성능	가장 낮은 대기 시간
현재 가격에 민감	대부분의 워크로드에 가장 적합	성능에 민감한 워크로드	타협할 수 없는 성능 필요	캐시 및 빈번한 접근 계층용

가용성 요구에 기반한 (옵션 선택 방법)

로컬 SSD

✓ 임시적

✓ 스테이트리스 워크로드, 앱이나 데이터베이스 계층에서 관리하는 복제

Persistent Disk

✓ 내구성, 스냅숏 지원

✓ 대부분의 워크로드

리전 Persistent Disk

존 A · 존 B

✓ 내구성, 고가용성

✓ RPO/RTO가 거의 0인 미션 크리티컬 워크로드

≪Persistent Disk 사용 사례≫

표준 PD	균형 있는 PD	익스트림 PD	하이퍼디스크 익스트림	로컬 SSD
비용이 민감한 워크로드	대부분의 엔터프라이즈 앱	대부분의 데이터베이스	SAP HANA	분석 확장
규모 확장 분석 (하둡, 카프카)	기간 업무 앱	영구 캐시	오라클	미디어 렌더링
	부팅 디스크	규모 확장 분석	대규모 메모리 내장형 DB	임시 저장 공간이 필요한 다른 사례
	웹 제공			

가상 머신이 다시 시작할 때
접근할 데이터는 어디에 저장할까?

본질적으로 영구 저장소가 필요하다. 이로 인해 Persistent Disk가 등장했다. Persistent Disk는 고성능 블록 스토리지 서비스로 SSDsolid state drive 또는 HDDhard disk drive를 사용한다. 가상 머신에 연결돼 있는 이들 디스크는 데이터를 블록에 저장한다. 구글 클라우드에서는 Compute Engine 또는 GKE에 연결돼 있음을 의미한다. 다중 Persistent Disk를 Compute Engine이나 GKE에 동시에 연결할 수 있으며, 애플리케이션을 중단시키지 않고도 신속하게 자동 증분incremental 백업을 구성하거나 저장소 크기를 조정할 수 있다.

블록 스토리지의 유형

비용과 성능 요구 사항에 기반하여 적합한 Persistent Disk 옵션을 선택할 수 있다.

- **표준 영구 디스크**: 표준 처리 용량을 제공하는 HDD다. 비용적인 면에서 가장 효율적인 옵션이므로 비용에 민감한 애플리케이션과 하둡Hadoop, 카프카Kafka를 통한 분석 확장에 가장 적합하다.
- **균형 있는 영구 디스크**: GB당 가격이 가장 좋은 SSD다. 기간 업무line-of-business, LOB 앱, 부팅 디스크, 웹 서비스와 같은 일반 워크로드에 적합하다.
- **익스트림 영구 디스크**: 초당 입력/출력 작업input/output operations per second, IOPS

가격이 가장 좋은 옵션의 SSD다. 데이터베이스, 캐시, 확장 분석과 같은 성능에 민감한 애플리케이션에 가장 적합하다.
- **하이퍼디스크 익스트림**: 최고의 성능을 요구하는 애플리케이션에 최적화된 SSD다. 이러한 애플리케이션에는 SAP HANA, 오라클, 대규모 인메모리in-memory 데이터베이스가 있다.
- **로컬 SSD**: 아주 짧은 대기 시간을 요구하는 애플리케이션에 추천한다. 분석, 미디어 렌더링, 작업 공간을 필요로 하는 다른 사례에 대해 최고 성능을 제공하는 핫 캐시에 가장 적합하다.

블록 스토리지 기반 선택 방법

애플리케이션의 가용성 요구 사항에 기반해 Persistent Disk를 선택할 수도 있다. 데이터베이스 계층 또는 애플리케이션에서 복제를 관리하는 스테이트리스stateless 애플리케이션을 위한 임시ephemeral 저장소가 필요한 경우라면 로컬 SSD를 사용한다. 대부분의 워크로드에서는 내구성이 있고 자동화된 스냅숏snapshot을 지원하는 Persistent Disk를 사용하는 것이 좋다. 애플리케이션이 더 높은 가용성과 미션 크리티컬mission critical을 요구한다면 0에 가까운 복구 시점 목표recovery point objective, RPO와 복구 시간 목표recovery time objective, RTO 값을 위해 영역 간에 복제되는 리전 Persistent Disk 옵션을 사용할 수 있다.

어떤 저장소를 선택해야 해?

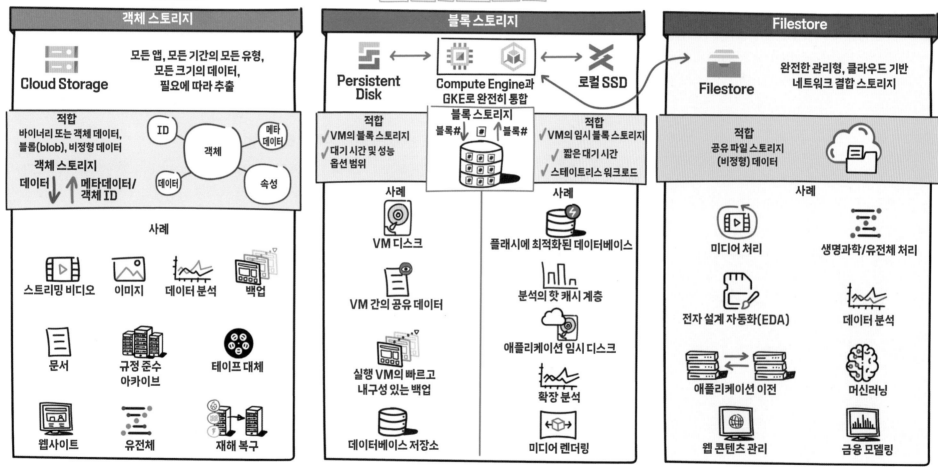

객체 스토리지

Cloud Storage

모든 앱, 모든 기간의 모든 유형,
모든 크기의 데이터,
필요에 따라 추출

적합
바이너리 또는 객체 데이터,
블롭(blob), 비정형 데이터

객체 스토리지
데이터 ↓ ↑ 메타데이터/ 객체 ID

ID / 객체 / 메타데이터 / 데이터 / 속성

사례

스트리밍 비디오 / 이미지 / 데이터 분석 / 백업

문서 / 규정 준수 아카이브 / 테이프 대체

웹사이트 / 유전체 / 재해 복구

블록 스토리지

Persistent Disk ↔ **Compute Engine과 GKE로 완전히 통합** ↔ **로컬 SSD**

블록 스토리지
블록# ↓ # ↑ 블록#

적합
✓ VM의 블록 스토리지
✓ 대기 시간 및 성능 옵션 범위

적합
✓ VM의 임시 블록 스토리지
✓ 짧은 대기 시간
✓ 스테이트리스 워크로드

사례

VM 디스크

VM 간의 공유 데이터

실행 VM의 빠르고 내구성 있는 백업

데이터베이스 저장소

사례

플래시에 최적화된 데이터베이스

분석의 핫 캐시 계층

애플리케이션 임시 디스크

확장 분석

미디어 렌더링

Filestore

Filestore

완전한 관리형, 클라우드 기반 네트워크 결합 스토리지

적합
공유 파일 스토리지 (비정형) 데이터

사례

미디어 처리 / 생명과학/유전체 처리

전자 설계 자동화(EDA) / 데이터 분석

애플리케이션 이전 / 머신러닝

웹 콘텐츠 관리 / 금융 모델링

애플리케이션은 데이터를 어디에 저장할까?

물론 선택은 사용 사례에 따라 다르다. 세 가지(객체 스토리지, 블록 스토리지, 파일 스토리지) 저장소 유형에 따라 구글 클라우드에서 각기 다른 저장소 옵션을 사용한다. 각 저장소 옵션에 가장 적합한 사례를 알아보자.

객체 스토리지: Cloud Storage

Cloud Storage는 바이너리, 객체 데이터, 블롭blob, 비정형 데이터에 대한 객체 스토리지다. 어떤 기간 동안 저장하는 모든 애플리케이션, 저장해야 하는 모든 데이터 유형에 사용한다. 필요할 때마다 데이터를 추가하거나 검색할 수 있다. 저장된 객체는 ID, 메타데이터, 속성, 실제 데이터를 가진다. 메타데이터는 파일의 보안 등급, 접근할 수 있는 애플리케이션 및 유사한 정보를 포함할 수 있다.

객체 스토리지는 비디오 스트리밍, 이미지와 문서 제공, 웹사이트와 같이 데이터의 고가용성과 내구성을 요구하는 애플리케이션에서 많이 사용한다. 유전체와 데이터 분석 사례 같은 대규모 용량의 데이터를 저장하는 데도 적합하다. 규제regulatory 요구 사항에 대한 준수를 위해 데이터를 백업하고 아카이빙하는 데 객체 스토리지를 사용할 수도 있다. 또는 오래된 물리적 테이프 기록을 Cloud Storage로 이동하는 데 사용하기도 한다. 객체 스토리지는 재해 복구disaster recovery를 위해 백업 버킷으로 전환하는 데 실질적으로 시간이 거의 들지 않으므로 재해 복구에도 적합하다.

비용, 가용성, 접근 빈도에 기반해 네 가지의 저장소 계층으로 구분할 수 있다.

- **표준**: 고성능, 빈번한 접근, 가장 높은 가용성
  - 단일 리전 또는 이중 리전 위치, 자주 접근하는 데이터 또는 높은 처리량이 필요한 경우
  - 다중 리전, 콘텐츠를 전 세계에 제공하는 하는 경우
- **니어라인**: 한 달에 한 번 미만으로 접근하는 데이터의 경우
- **콜드라인**: 대략 분기에 한 번 미만으로 접근하는 데이터의 경우
- **아카이브**: 몇 년 동안 보관하고 싶은 데이터의 경우

표준 등급을 사용하면 비용이 더 드는데, 이는 자동화된 복제와 빈번한 접근 옵션 때문이다. 니어라인, 콜드라인, 아카이브 등급은 99%의 가용성을 제공하고 비용 또한 훨씬 저렴하다.

블록 스토리지: Persistent Disk와 로컬 SSD

Persistent Disk와 로컬 SSD는 블록 스토리지 옵션으로, Compute Engine의 가상 머신과 GKE에 통합돼 있다. 블록 스토리지의 파일들은 동일한 크기의 데이터 블록으로 분할돼 있으며, 각 파일은 자체 주소를 가지고 있으나 데이터 블록이 무엇인지 알 수 있는 더 많은 콘텍스트를 제공하는 추가 정보(메타데이터)는 없다. 블록 스토리지는 운영체제에 마운트된 드라이브 볼륨으로 직접 접근할 수 있다.

Persistent Disk는 다양한 대기 시간 범위와 성능 옵션을 제공하는 VM용 블록 스토어다. Persistent Disk의 사용 예시로는 VM용 디스크와 다중 VM에서 사용하는 읽기 전용 공유 데이터가 있다. 또한 실행 중인 VM의 빠르고 내구성 있는 백업 작업에도 적합하다. 고성능 옵션을 사용할 수 있으므로 Persistent Disk는 데이터베이스에 대한 좋은 저장소 옵션이기도 하다.

로컬 SSD가 블록 스토리지이긴 해도 본질적으로는 임시 저장소이므로 일반적으로 대기 시간이 가장 낮은 상태 비저장 워크로드에서 사용된다. 사용 예시로는 플래시flash 최적화 데이터베이스, 분석용 호스트 캐싱 계층 또는 모든 애플리케이션의 초기 개발용 디스크뿐만 아니라 규모 확장 분석과 미디어 렌더링 등이 있다.

파일 스토리지와 Filestore

완전 관리형 네트워크 결합 스토리지인 Filestore는 비정형 데이터의 클라우드 기반 공유 파일 시스템을 제공한다. 아주 짧은 대기 시간, 최대 수십만 IOPS, 수만 GB/s의 처리량, 수백 TB의 확장 기능뿐 아니라 예측 가능한 성능으로 수만 개의 클라이언트에 대한 동시 접속을 지원한다. 필요에 따라 용량을 확장하고 축소할 수 있다. Filestore의 일반적인 사용 사례에는 고성능 컴퓨팅high performance computing, HPC, 미디어 처리, 전자 설계 자동화electronic design automation, EDA, 애플리케이션 이전, 웹 콘텐츠 관리, 생명과학/유전체 처리, 데이터 분석 등이 있다.

3장

데이터베이스

클 라우드 데이터베이스는 클라우드 인프라에 구축하고 배포하는 데이터베이스 서비스다. 인터넷을 통해 쉽게 접근할 수 있는 클라우드 데이터베이스는 다른 최신의 관계형relational 또는 비관계형nonrelational 데이터베이스와 동일한 기능을 하며, 클라우드 컴퓨팅이 제공하는 유연성이 추가돼 있다. 클라우드 데이터베이스를 사용하면 전용 하드웨어를 구입할 필요가 없다. 또한 데이터베이스를 실행하고 확장하는 인프라에 대해 신경 쓸 필요도 없다. 필요성과 팀의 역량에 따라 완전 관리형 또는 는 자체 관리형 서비스를 선택할 수 있다.

클라우드 기반 데이터베이스의 장점은 다음과 같다.

- **관리형**: 클라우드 데이터베이스는 데이터베이스 프로비저닝, 저장소 용량 관리, 기타 시간이 걸리는 관리 작업을 자동화하는 옵션을 제공한다.
- **확장 가능**: 클라우드 데이터베이스에 저장된 데이터양이 늘거나 줄면 변경 사항을 수용하기 위해 런타임runtime에 저장소 용량을 조절할 수 있다.
- **접근 용이**: 클라우드 데이터베이스는 API 또는 웹 콘솔을 통해 인터넷으로 쉽게 접근할 수 있다.
- **재해 복구**: 관리형 데이터베이스 자동화 백업과 이전 상태로 인스턴스를 되돌리는 복원recovery을 제공한다.
- **보안**: 클라우드 데이터베이스는 저장과 전송 시 데이터 암호화를 제공하므로 안전할 뿐 아니라 애플리케이션에 비공개 연결이 가능하다.

이 장에서는 클라우드 데이터베이스의 두 가지 큰 유형(관계형 및 비관계형), 장점, 일반적인 사용 사례, GCP에서 실행 시 사용할 수 있는 옵션을 다룬다.

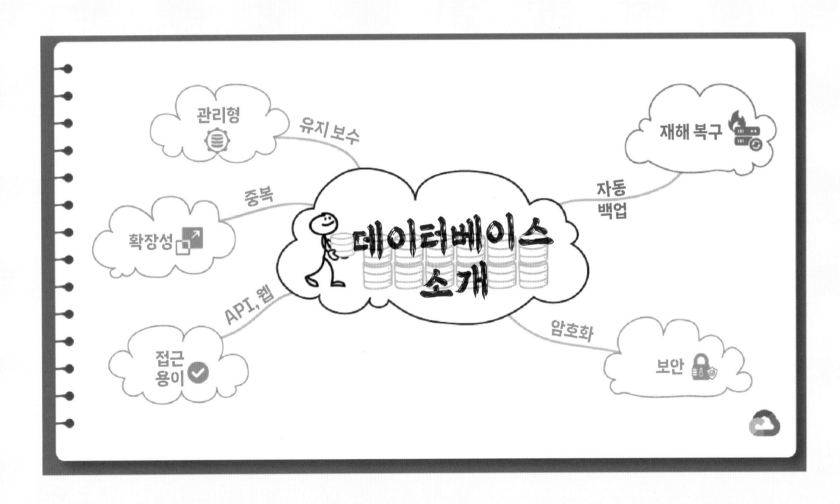

데이터베이스 소개

관계형 데이터베이스

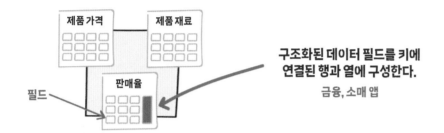

제품 가격

제품 재료

판매율

필드

구조화된 데이터 필드를 키에
연결된 행과 열에 구성한다.

금융, 소매 앱

A 원자성
트랜잭션이
성공하거나
실패함

C 일관성
유효한 데이터만
저장됨

I 격리
트랜잭션끼리
서로 영향을
주지 않음

D 내구성
저장된 데이터는
영구적임

수직 확장
(서버 업그레이드)

사용 사례

 데이터가 자주 바뀌지 않음

정확도는 필수적임

 트랜잭션 사례(OLTP)와 일반 목적

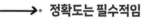 Cloud SQL

Cloud Spanner

AlloyDB

비관계형 데이터베이스

비정형 데이터를 아래 형식으로 구성

키-값	문서	그래프	인메모리	와이드 칼럼

간단한 찾기를 갖는 대규모 데이터	일반 목적	관계	데이터베이스 캐시	대규모 데이터 세트 시계열

BA 기본적으로
사용 가능

S 소프트
상태

E 최종
일관성

수평 확장
(규모 확장)

사용 사례

 데이터가 자주 변경됨

 규모와 가용성이 더 중요함

 분석 사용 사례(OLAP)와 일반 목적

 Memorystore

 Firestore

 Cloud Bigtable

데이터베이스는 애플리케이션의 중요한 부분이다. 필요할 때 애플리케이션이 쉽게 접근할 수 있도록 데이터를 저장한다. 예를 들어, 소매 웹사이트에서 구매할 제품을 검색하고 있다고 가정하자. 이들 제품들은 데이터베이스에 저장돼 있고 요청 시 해당 페이지에 렌더링한다. 데이터에는 관계형과 비관계형 데이터베이스의 두 가지 큰 범주가 있다.

관계형 데이터베이스

관계형(SQL) 데이터베이스에서 정보는 구조화된 데이터에서 일반적으로 잘 작동하는 배열인 테이블, 열, 행에 저장된다. 결과적으로 데이터 구조가 자주 바뀌지 않는 애플리케이션에 사용된다. SQL(구조화된 쿼리 언어)은 대부분의 관계형 데이터베이스와 상호작용할 때 사용된다. 관계형 데이터베이스는 데이터에 대한 ACID 일관성 모드를 제공하는데, 각각의 의미는 다음과 같다.

- **원자성**atomic: 트랜잭션의 모든 작업이 성공하거나 그렇지 않으면 작업의 원상복구가 이루어진다.
- **일관성**consistent: 트랜잭션을 완료하면 데이터베이스는 구조적으로 건전해진다.
- **격리성**isolated: 트랜잭션은 서로 경합하지 않는다. 데이터 접근에 대한 경합contend은 트랜잭션이 순차적으로sequentially 실행되는 것처럼 보이도록 데이터베이스가 조절한다.
- **내구성**durable: 트랜잭션이 적용된 결과는 오류가 있더라도 영구적이다.

이런 속성 때문에 관계형 데이터베이스는 높은 정확도를 요구하는 애플리케이션과 금융 및 소매 거래와 같은 트랜잭션 쿼리에 사용된다. 예를 들어, 은행에서 고객이 자금 이체를 요청할 때 최신 계좌 잔고에서 거래가 이루어지는지 확인하고자 한다. 이런 경우 오류 요청이나 다시 제출해달라는 요청은 문제가 없지만 오래된 응답은 무효다.

비관계형 데이터베이스

비관계형(NoSQL) 데이터베이스는 복잡하고 테이블 형식이 아닌 비정형 데이터를 저장한다. 비관계형 데이터베이스는 복잡하고 다양한 대량의 데이터를 구성하거나 데이터 구조가 신규 비즈니스 요구 사항에 적합하도록 정기적으로 진화하는 경우 적합한 모델이다.

관계형 데이터베이스와 달리 쿼리가 결과를 얻는 데 여러 테이블을 접근할 필요가 없으므로 수행 속도가 빠르다. 자주 변경되는 데이터를 저장하거나 종류가 다른 대량의 데이터를 다루는 애플리케이션에 이상적이다. 예를 들어, 의류 매장은 사이즈, 브랜드, 컬러color를 포함하는 자체 문서를 갖고 소매 크기나 칼라collar와 같은 매개변수를 나중에 추가할 수 있는 공간을 보유한 데이터베이스가 필요할 수 있다.

NoSQL 데이터베이스를 빠르게 만드는 특성은 다음과 같다.

- **최적화**: 일반적으로 특정 워크로드 패턴에 최적화돼 있다(예를 들어 키-값key-value, 그래프, 와이드wide 칼럼)
- **수평 확장**: 수평 확장을 제공하기 위해 범위range 또는 해시hashed 분포를 사용한다.
- **최종 일관성**: 많은 NoSQL은 일반적으로 일정 시간 경과 후 일관성이 보장된다(예를 들어, 읽기 시간 지연). 그러나 Firestore는 강한 전역 일관성을 제공한다.
- **트랜잭션**: 주요 NoSQL 저장소는 샤드shard 간 트랜잭션 또는 유연한flexible 격리isolation 모드를 지원하지 않는다. 그러나 Firestore는 직렬화된 격리를 통해 샤드 간 ACID 트랜잭션을 제공한다.

이런 속성 때문에 비관계형 데이터베이스는 신뢰성, 가용성, 대규모, 빈번한 데이터 변경이 요구되는 애플리케이션에 적합하다. (수평 확장과 엄격한 일관성strict consistency을 제공하는 Cloud Spanner와 같은 일부 관계형 데이터베이스에도 불구하고) 데이터가 늘어날수록 머신 크기를 키워 수직적으로 확장하는 몇몇 관계형 데이터베이스와 달리 더 많은 서버를 추가함으로써 쉽게 수평 확장을 할 수 있다. 비관계형 데이터베이스는 문서, 키-값, 그래프, 와이드 칼럼 등과 같은 다양한 비정형 데이터를 저장할 수 있다.

어떤 것이 가장 좋은가?

관계형 데이터베이스 또는 비관계형 데이터베이스를 선택하는 것은 주로 사용 사례에 달려 있다. 일반적으로 애플리케이션이 ACID 트랜잭션을 요구하고 데이터의 변경이 자주 일어나지 않는다면 관계형 데이터베이스를 선택하는 것이 좋다. 데이터 변경을 염두에 두고 있으며 일관성보다 확장성과 가용성이 더 필요하다면 비관계형 데이터베이스가 적절한 선택이다.

이 장에서는 구글 클라우드에서 사용할 수 있는 여러 유형의 데이터베이스와 그들의 사용 사례를 살펴볼 것이다.

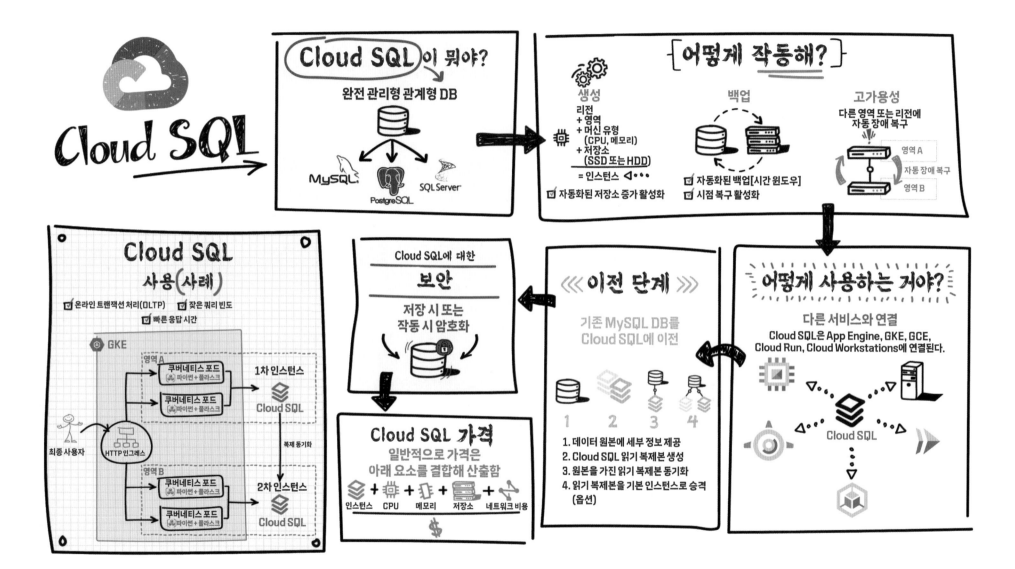

Cloud SQL

Cloud SQL이 뭐야?

완전 관리형 관계형 DB

MySQL · PostgreSQL · SQL Server

[어떻게 작동해?]

생성
리전
+ 영역
+ 머신 유형
  (CPU, 메모리)
+ 저장소
  (SSD 또는 HDD)
= 인스턴스
☑ 자동화된 저장소 증가 활성화

백업
☑ 자동화된 백업[시간 윈도우]
☑ 시점 복구 활성화

고가용성
다른 영역 또는 리전에
자동 장애 복구
영역 A
자동 장애 복구
영역 B

Cloud SQL 사용(사례)

☑ 온라인 트랜잭션 처리(OLTP)   ☑ 잦은 쿼리 빈도
☑ 빠른 응답 시간

GKE
영역 A
쿠버네티스 포드 파이썬+플라스크
쿠버네티스 포드 파이썬+플라스크
1차 인스턴스
Cloud SQL

최종 사용자
HTTP 인그레스

복제 동기화

영역 B
쿠버네티스 포드 파이썬+플라스크
쿠버네티스 포드 파이썬+플라스크
2차 인스턴스
Cloud SQL

Cloud SQL에 대한 보안

저장 시 또는
작동 시 암호화

Cloud SQL 가격

일반적으로 가격은
아래 요소를 결합해 산출함

인스턴스 + CPU + 메모리 + 저장소 + 네트워크 비용
$

《 이전 단계 》

기존 MySQL DB를
Cloud SQL에 이전

1   2   3   4

1. 데이터 원본에 세부 정보 제공
2. Cloud SQL 읽기 복제본 생성
3. 원본을 가진 읽기 복제본 동기화
4. 읽기 복제본을 기본 인스턴스로 승격
   (옵션)

어떻게 사용하는 거야?

다른 서비스와 연결
Cloud SQL은 App Engine, GKE, GCE,
Cloud Run, Cloud Workstations에 연결된다.

Cloud SQL

애플리케이션을 구축할 때 트랜잭션 처리를 위해 관계형 데이터베이스가 필요한 경우가 있다. 바로 여기서 Cloud SQL이 등장한다. Cloud SQL은 MySQL, PostgreSQL, SQL Server에 대한 완전 관리형 데이터베이스로, 관리 비용 절감, 데이터베이스 프로비저닝, 저장소 용량 관리, 백업 등을 제공한다. 사용한 만큼 과금되는 주문형으로 사용할 수 있고, 고가용성으로 재해 복구/장애 조치를 자동화한다. Cloud SQL은 표준 접속 드라이버와 내장형 이전migration 도구로 빠른 설정을 제공한다.

Cloud SQL 설정 방법

Cloud SQL은 설정이 용이하다.

- 인스턴스를 만들고 생성할 리전과 영역을 선택한다.
- 애플리케이션이 필요한 정확한 수의 CPU와 메모리양을 갖는 머신 유형을 구성한다.
- 응답 시간, 초당 쿼리 수(QPS), 비용 요구 사항에 따른 저장소 유형, SSD 또는 HDD 를 선택한다.

신뢰성과 가용성

Cloud SQL은 자동화된 백업과 특정 시점 복구 옵션을 제공한다. 백업에 대한 시간 슬롯과 위치를 지정할 수 있다. 운영 애플리케이션용으로는 99.95% SLA를 지원하는 고가용성high availability, HA 옵션을 활성화하도록 권고한다. 이 옵션을 통해 구글 클라우드는 하트비트heartbeat 신호로 Cloud SQL 인스턴스를 지속적으로 감시하고, 정전이 발생해 첫 번째 인스턴스가 실패하면 자동 장애 복구가 선택한 리전의 다른 영역에서 인스턴스를 시작한다. 리전 오류로부터 보호하도록 다중 리전에 복제본을 생성할 수도 있다. 그리고 용량이 거의 다 채워지면 더 많은 저장소를 추가할 수 있도록 자동 저장소 증가 옵션을 활성화할 수 있다.

무료로 제공하는 Cloud SQL 인사이트Insights는 Cloud SQL 데이터베이스의 쿼리 문제를 식별, 진단, 감지하는 데 유용하다. 성능 문제의 근본 원인을 식별하는 데 도움이 되도록 탐지를 넘어 자체 서비스, 직관적인 모니터링, 진단 정보를 제공한다.

기존 MySQL 데이터베이스를 Cloud SQL로 이전하기

기존의 애플리케이션을 클라우드로 이전한다면 기존의 SQL 데이터베이스 또한 Cloud SQL로 이전할 가능성이 크다. Database Migration Service(DMS)를 사용하면 온프레미스, 구글 클라우드 엔진, 다른 클라우드의 MySQL과 PostgreSQL의 데이터베이스를 Cloud SQL로 쉽게 이전할 수 있다. DMS는 서버리스로 추가 비용 없이 사용할 수 있다. 최소 다운타임 이전을 통해 연속적으로 데이터를 복제할 수 있다.

작동 방식은 다음과 같다.

- 데이터 원본 상세 정보(MySQL, PostgreSQL, 아마존 RDS 또는 다른 데이터베이스와 같은 데이터베이스 엔진 유형)를 제공한다. 가동 중지 시간을 최소화하려면 1회 또는 지속적인 복제를 선택한다.
- 목적에 따른 Cloud SQL 인스턴스를 생성한다.
- DMS에서 제공하는 여러 가지 옵션을 사용해 원본 인스턴스에 쉽게 연결할 수 있다. IP 주소를 허용 목록에 추가하고 클라우드 호스트 가상 머신을 통해 리버스reverse SSH 터널링tunneling을 생성하거나 VPC 피어링peering을 구성할 수 있다.
- 끝으로 이전된 인스턴스를 테스트하고 기본 Cloud SQL 인스턴스로 승격시킨다.

보안과 규정 준수

Cloud SQL의 데이터는 저장과 전송 시 자동으로 암호화된다. SSL로만 외부와 연결하도록 강제할 수 있다. 안전한 접속을 위해 로컬 머신에서 Cloud SQL 인스턴스를 접속하는 데 도움을 주는 도구인 Cloud SQL 프록시Proxy도 사용할 수 있다. 방화벽 보호로 네트워크 접속 제어를 할 수 있다.

Cloud Spanner 가 뭐야?

- ✓ 완전 관리형
- ✓ 글로벌 일관성 관계형
- ✓ 수평 확장
- ✓ 데이터베이스
- ✓ 다중 버전 데이터베이스

관계형 구조
스키마, ACID, 트랜잭션, SQL

수평 확장
99.99%SLA, 완전 관리형, 확장 가능

| 관계형 | | 비관계형 |

Cloud Spanner는 어떻게 작동해?

Spanner 인스턴스는 노드 4개를 포함한다.

리전 인스턴스

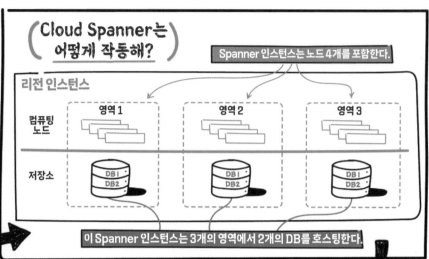

컴퓨팅 노드 — 영역 1 / 영역 2 / 영역 3

저장소 — DB1 DB2 / DB1 DB2 / DB1 DB2

이 Spanner 인스턴스는 3개의 영역에서 2개의 DB를 호스팅한다.

Cloud Spanner는 어떻게 글로벌 일관성을 제공해?

Spanner 글로벌 일관성

TrueTime
데이터 센터의 모든 머신의 시간을 동기화

+

구글 글로벌 네트워크
빠르고 중복됨

Cloud Spanner는 어떻게 고가용성* 과 확장성* 을 제공하지?

계획된 유지 보수 또는 스키마 변경에 대해 서비스 중단 없음

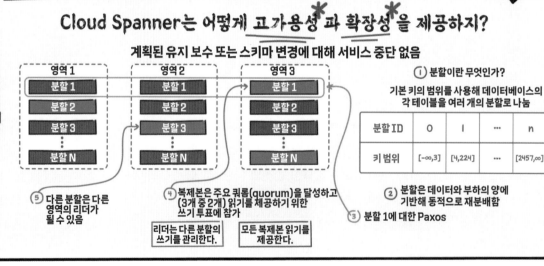

영역 1 / 영역 2 / 영역 3

분할 1, 분할 2, 분할 3 ... 분할 N

① 분할이란 무엇인가?
기본 키의 범위를 사용해 데이터베이스의 각 테이블을 여러 개의 분할로 나눔

분할 ID	0	1	...	n
키 범위	$[-\infty, 3]$	$[4, 224]$	...	$[2457, \infty]$

⑤ 다른 분할은 다른 영역의 리더가 될 수 있음

④ 복제본은 주요 쿼룸(quorum)을 달성하고 (3개 중 2개) 읽기를 제공하기 위한 쓰기 투표에 참가

② 분할은 데이터와 부하의 양에 기반해 동적으로 재분배함

③ 분할 1에 대한 Paxos

리더는 다른 분할의 쓰기를 관리한다.

모든 복제본 읽기를 제공한다.

작동 중인 Cloud SQL

Cloud SQL은 다양한 컴퓨팅 옵션과 함께 여러 사용 사례에서 사용할 수 있다. 트랜잭션 데이터베이스, BigQuery를 통한 장기 분석 백엔드, Vertex AI를 통한 예측 분석, Pub/Sub을 통한 이벤트 기반 메시징으로 모든 애플리케이션에서 사용할 수 있다. Cloud SQL은 Datastream(데이터 변경 포착change data capture, CDC)과 결합해 모든 입력 데이터를 실시간으로 완벽하게 분석하는 솔루션이다. 몇 가지 예시에는 웹/모바일 앱, 게임, 예측 분석, 재고inventory 추적 등이 있다.

데이터베이스는 조직에서 실행하는 거의 모든 애플리케이션의 일부다. 당연한 얘기지만 훌륭한 앱은 훌륭한 데이터베이스를 요구한다. 이 절에서는 훌륭한 데이터베이스 중 하나인 Cloud Spanner에 대해 집중적으로 알아본다.

Cloud Spanner는 관계형 데이터베이스의 구조와 비관계형 데이터베이스의 수평 규모의 이점을 결합하기 위해 클라우드용으로 구축한 것으로, 전 세계적으로 분산된 엔터프라이즈급의 강력한 일관성을 갖는 데이터베이스 서비스다. 트랜잭션, SQL 쿼리, 관계형 구조를 일반적으로 비관계형 또는 NoSQL 데이터베이스와 연결하는 확장성과 결합하는 고유한 데이터베이스다.

Spanner의 작동 원리

지정 노드 수, 데이터베이스, 영역을 사용해 원하는 구성으로 Cloud Spanner 인스턴스를 배포할 수 있다. 앞 장의 삽화에서 두 데이터베이스를 호스팅하는 4 노드의 리전 Cloud Spanner 인스턴스를 볼 수 있다. Spanner는 노드에서 컴퓨팅을 처리한다.

하나의 노드 서버는 읽기, 쓰기/커밋 트랜잭션 요청을 제공하지만 데이터를 저장하지는 않는다. 데이터베이스 저장소는 세 영역에 걸쳐 복제가 된다. 한 영역의 노드는 해당 영역의 저장소의 읽기와 쓰기를 담당한다. 데이터는 구글의 하부에 있는 콜로서스Colossus 분산 복제 파일 시스템에 저장된다. 이는 데이터가 개별 노드에 연결돼 있지 않기 때문에 부하를 재분배할 때 커다란 이점을 제공한다. 노드나 영역이 실패해도 데이터베이스는 남은 노드에서 계속 사용 가능하다. 가용성 유지는 자동으로 이루어진다.

Spanner는 고가용성과 확장성을 어떻게 제공할까?

데이터베이스에는 기본 키primary key로 정렬된 각 테이블이 저장돼 있는데, 이러한 구분을 분할split이라고 한다. 각 분할은 각각의 Spanner 노드가 완전히 독립적으로 관리한다. 테이블의 분할 수는 데이터양에 따라 다르다. 빈 테이블은 단 하나의 분할을 가지고 있다. 분할은 부하와 데이터양에 따라 동적으로 재조정된다(동적 재샤딩). 그러나 테이블과 노드는 세 영역에 걸쳐 복제된다는 것을 기억하자. 어떻게 작동할까?

모든 것이 세 영역에 걸쳐 복제된다. 분할 관리도 마찬가지다. 분할 복제는 영역에 걸쳐 있는 그룹(Paxos)과 연결된다. Paxos 합의consensus 프로토콜을 통해 영역 중 하나가 리더leader로 결정된다. 리더는 분할의 쓰기 트랜잭션 관리를 담당하고 다른 복제본은 읽기에 사용된다. 리더가 실패하면 또다시 합의 과정을 거쳐 새로운 리더를 선출한다. 각 분할마다 다른 영역이 리더가 될 수 있으므로 Cloud Spanner의 모든 컴퓨팅 노드에 리더 역할이 분산된다. 노드는 일부 분할에서는 리더가 되고, 다른 분할에서는 복제본이 될 수 있다. Cloud Spanner는 이러한 분할, 리더, 복제본의 분산 메커니즘을 사용해 고가용성과 확장성 모두를 달성한다.

Spanner에서 읽기와 쓰기는 어떻게 작동해?

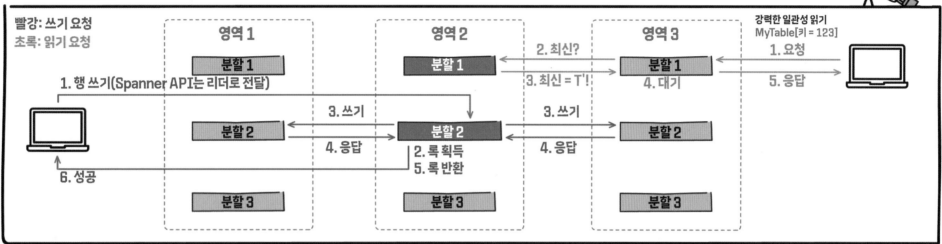

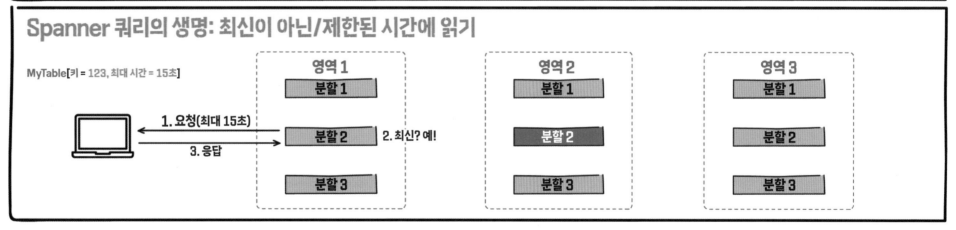

읽기와 쓰기는 어떻게 작동할까?

Cloud Spanner에는 두 가지 유형의 읽기가 있다.

강력한 읽기strong read는 절대적으로 최신 값을 읽어야 할 때 사용한다. 작동 원리는 다음과 같다.

1. Cloud Spanner API는 분할을 식별하고 Paxos 그룹이 분할에 사용되는지 살펴보고 요청을 복제본 중 하나로 전달한다(일반적으로 클라이언트와 같은 영역에 있음). 이 예시에서 요청은 영역 1에 있는 읽기 전용 복제본으로 전달된다.
2. 복제본은 읽기가 가능한지 리더에게 요청하고 이 행에 있는 최신 트랜잭션의 TrueTime 타임스탬프를 요청한다.
3. 리더가 응답하고 복제본은 자신의 상태와 응답을 비교한다.
4. 행이 최신이면 결과를 반환할 수 있으나 리더가 업데이트를 보낼 때까지 기다려야 한다.
5. 응답이 클라이언트로 다시 전송된다.

예를 들어, 읽기 요청의 전송이 이루어지는 동안 행이 직전에 업데이트된 경우 복제본의 상태는 리더에 최신 트랜잭션을 요구할 필요조차 없는 완전 최신 상태다.

부실 읽기stale read는 최신 값을 얻는 것보다 더 짧은 읽기 지연 시간이 더 중요할 때 사용하며 일부 데이터 부실을 허용한다. 부실 읽기에서 클라이언트는 가장 최신 버전을 요구하지 않고 거의 최근의 데이터만 요구한다(예를 들어, 최대 n초 지연). 부실 인수가 적어도 15초 이내인 경우 내부 상태는 데이터가 충분히 최신 상태임을 나타내므로 대부분의 경우 복제본은 리더를 쿼리하지 않고 데이터를 반환한다. 이러한 각 읽기 요청에서 행 잠금이 필요하지 않음을 설정할 수 있다(모든 노드에서 읽기에 응답할 수 있는 기능은 Cloud Spanner의 신속함과 확장 가능성을 열어준다).

Spanner는 전역 일관성을 어떻게 제공할까?

TrueTime은 Spanner가 제대로 작동하게 하는 데 필수적인 요소다. 그럼 TrueTime이 무엇이고 어떻게 작동하는지 알아보자.

TrueTime은 다중 데이터 센터에 있는 모든 머신의 시간을 동기화하는 방식을 의미한다. 이 시스템은 GPS와 원자 시계atomic clock를 조합해 사용하며, 각각 다른 시계의 오류 모드를 수정한다. 2개의 원본(다중 중복성을 이용하는)을 조합해 모든 구글 애플리케이션에 정확한 시간 원본을 제공한다. 그러나 각 머신의 시간 밀림drift 현상은 여전히 발생한다. 매 30초마다 동기화를 해도 서버 시계와 참고 시계의 차이는 2ms 정도 난다. 이 밀림 현상은 톱니 그래프처럼 보이는데, 시계 동기화로 보정이 이루어질 때까지 불확실성이 증가한다. 2ms는 꽤 긴 기간이므로(적어도 컴퓨팅 측면에서는), TrueTime은 시간 신호의 일부로 불확실성uncertainty을 포함한다.

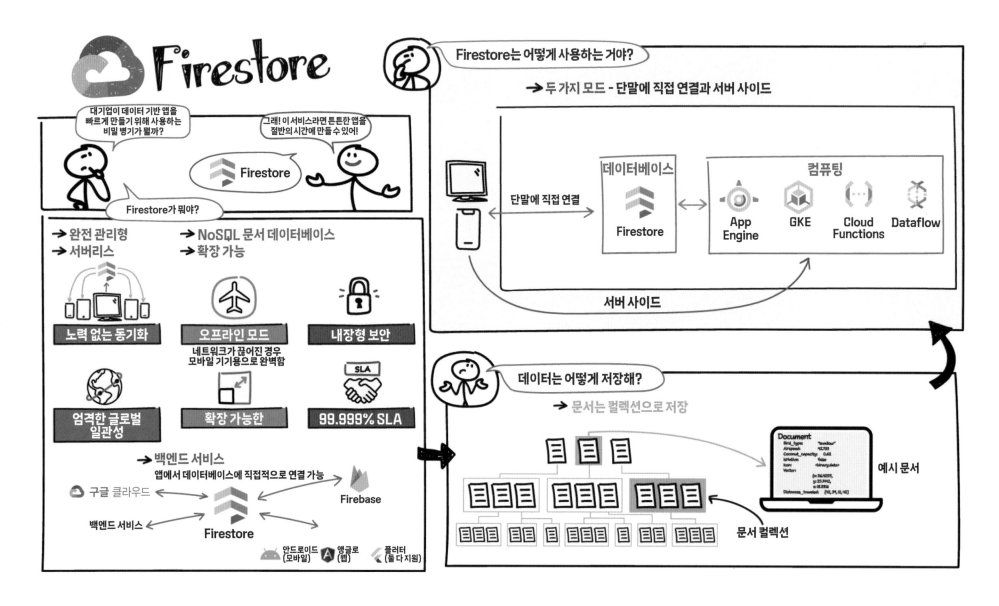

제품 팀은 신규 기능 또는 애플리케이션을 구축하는 것이 왜 그렇게 오래 걸리는지 이해하지 못하고 의아해할 것이다. 애플리케이션을 구축하는 것이 어려운 이유 중 하나는 데이터를 저장하고 관리하는 데 사용되는 백엔드 서비스의 복잡성을 포함하는 기술적 복잡성 때문이다. 이러한 기술적 복잡성을 다루는 데 소비하는 시간은 핵심 비즈니스 가치를 제공하는 데 방해가 된다. Firestore는 완벽한 백엔드 서비스로, 백엔드 복잡성을 관리하는 구글 클라우드를 통해 이 방해 요소를 제거할 수 있다! Firestore는 전체 구글 클라우드 백엔드 생태계, Firebase로부터의 인앱in-app 서비스, 핵심 UI 프레임워크, 구글 OS 모두를 지능적으로 통합하는 접착제glue 역할을 한다.

Firestore

Firestore는 구성이나 중단 시간 없이 무(無)에서 전역 규모로 확장할 수 있는 서버리스, 완전 관리형 NoSQL 문서 데이터베이스다. Firestore가 특별한 이유는 다음과 같다.

- 데이터베이스에 직접 연결해 빠르고 유연하며 확장 가능한 웹과 모바일 개발에 이상적임
- 데이터베이스에 변경 사항이 발생하는 즉시 손쉽게 실시간 데이터 동기화 지원
- 오프라인 모드에 대한 강력한 지원으로 인터넷을 사용할 수 없거나 신뢰할 수 없는 경우라도 사용자는 앱과 상호작용 가능
- 데이터가 항상 보호되도록 하는 완전한 사용자 정의 보안과 데이터 유효성 규칙
- 내장된 강력한 일관성, 탄력적 확장성, 고성능, 동급 최강의 99.999% 가용성
- Cloud Functions, BigQuery와 같은 구글 클라우드 서비스와 Firebase의 통합
- 다양한 구글 클라우드 서비스와의 통합 외에도 Firestore는 Firebase 확장을 통해 늘어나는 외부 파트너와의 긴밀한 원클릭 통합을 제공해 애플리케이션을 훨씬 더 빠르게 구축할 수 있도록 지원

문서 모델 데이터베이스

Firestore는 문서 모델document-model 데이터베이스다. 모든 데이터는 먼저 문서에 저장된 후 컬렉션에 저장되는데, 문서를 JSON 객체로 생각할 수 있다. 키-값의 매핑을 가진 사전dictionary으로, 값은 문자열, 숫자, 이진값을 포함해 다양한 데이터 유형이 될 수 있다.

문서는 컬렉션에 저장된다. 문서는 다른 문서를 직접 포함할 수 없으나 다른 문서를 포함하는 하부 컬렉션을 가리킬 수 있으며, 다른 문서들도 하부 컬렉션 등을 가리킬 수 있다. 이 구조는 많은 이점을 제공한다. 먼저 모든 쿼리는 얕은shallow 쿼리를 수행하며 하부에 있는 모든 데이터를 가져오는 것에 대해 걱정할 필요 없이 문서를 가져올 수 있다. 그 말인즉 불필요한 데이터를 모두 가져오는 것에 대해 고민할 필요 없이 논리적으로 의미가 있는 방식으로 데이터를 계층적으로 구조화할 수 있음을 의미한다.

Firestore를 어떻게 활용할까?

Firestore는 두 가지 방식으로 활용할 수 있다.

- **기본 방식의 Firestore**: 이 방식은 웹과 모바일 앱을 Firestore에 직접 연결할 수 있다는 점에서 차별화된다. 기본 방식은 초당 10K의 쓰기와 100만 개 이상의 연결을 제공한다.
- **데이터스토어**Datastore **방식의 Firestore**: 이 방식은 Firestore의 서버 측 사용만 제공하지만 쓰기를 포함해 무제한 확장을 제공한다.

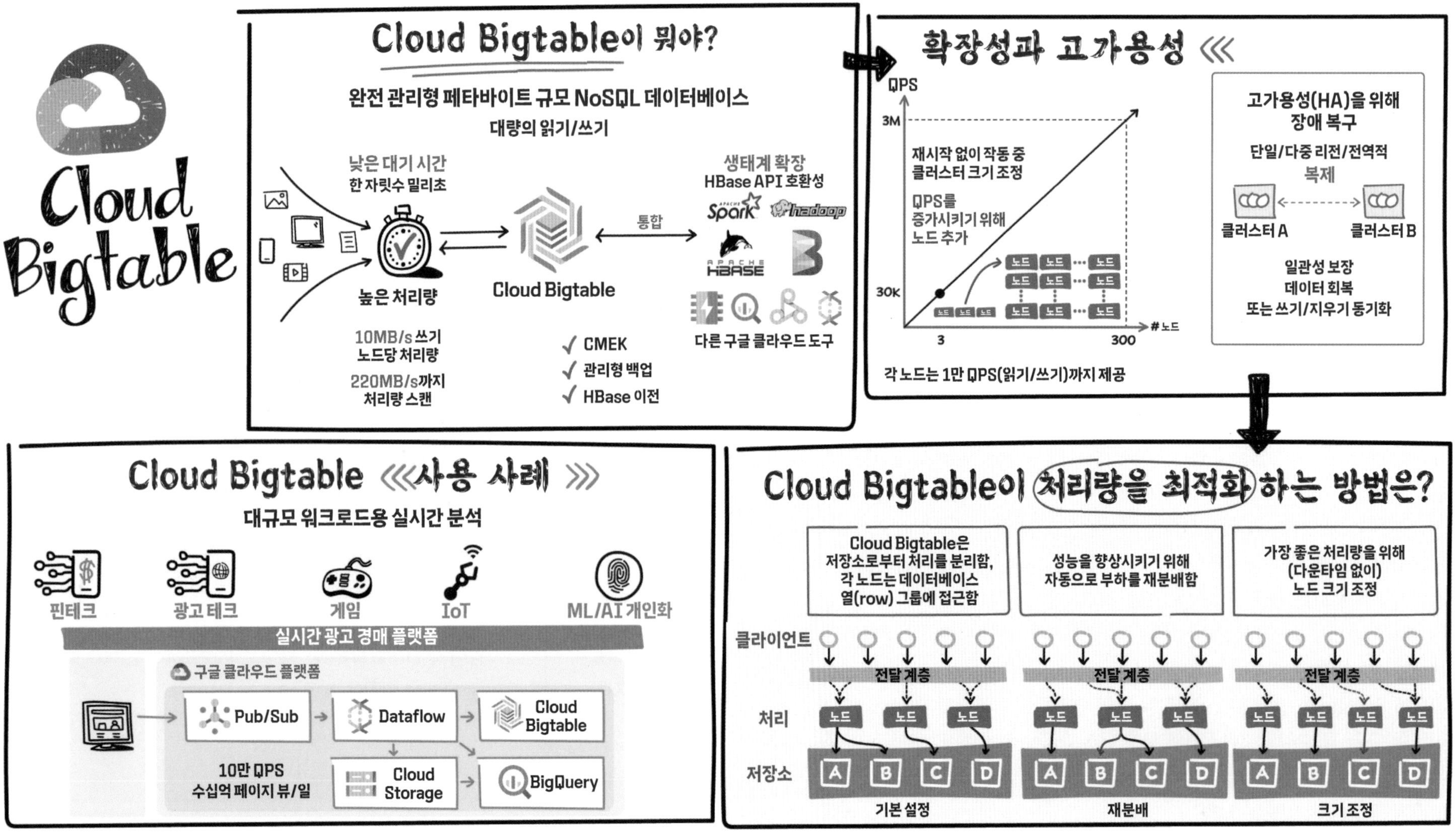

Cloud Bigtable

Cloud Bigtable이 뭐야?

완전 관리형 페타바이트 규모 NoSQL 데이터베이스

대량의 읽기/쓰기

낮은 대기 시간
한 자릿수 밀리초

높은 처리량

10MB/s 쓰기
노드당 처리량

220MB/s까지
처리량 스캔

통합

생태계 확장
HBase API 호환성

Apache Spark   hadoop

APACHE HBASE   B

다른 구글 클라우드 도구

✓ CMEK
✓ 관리형 백업
✓ HBase 이전

확장성과 고가용성 《

QPS

3M

재시작 없이 작동 중
클러스터 크기 조정

QPS를
증가시키기 위해
노드 추가

30k

3   300   #노드

각 노드는 1만 QPS(읽기/쓰기)까지 제공

**고가용성(HA)을 위해
장애 복구**

단일/다중 리전/전역적
복제

클러스터 A   클러스터 B

일관성 보장
데이터 회복
또는 쓰기/지우기 동기화

Cloud Bigtable 《《사용 사례 》》

대규모 워크로드용 실시간 분석

핀테크   광고 테크   게임   IoT   ML/AI 개인화

실시간 광고 경매 플랫폼

구글 클라우드 플랫폼

Pub/Sub → Dataflow → Cloud Bigtable

10만 QPS
수십억 페이지 뷰/일

Cloud Storage → BigQuery

Cloud Bigtable이 처리량을 최적화 하는 방법은?

Cloud Bigtable은
저장소로부터 처리를 분리함,
각 노드는 데이터베이스
열(row) 그룹에 접근함

성능을 향상시키기 위해
자동으로 부하를 재분배함

가장 좋은 처리량을 위해
(다운타임 없이)
노드 크기 조정

클라이언트

전달 계층

처리   노드 노드 노드

저장소   A B C D

기본 설정

전달 계층

노드 노드 노드

A B C D

재분배

전달 계층

노드 노드 노드 노드

A B C D

크기 조정

짧은 대기 시간과 높은 처리량이 필요한 애플리케이션을 구축하는 데는 많은 수의 읽기/쓰기에 맞춰 확장할 수 있는 데이터베이스가 필요하다. Cloud Bigtable은 이를 처리하도록 설계됐다.

Cloud Bigtable은 완전 관리형 와이드 칼럼 NoSQL 데이터베이스로, 페타바이트 규모로 확장할 수 있다. 짧은 대기 시간, 많은 수의 읽기/쓰기, 규모에 따라 성능 유지에 맞게 최적화돼 있다. 한 자릿수 밀리초 정도의 매우 짧은 대기 시간을 제공한다. 시계열 시리즈

와 맵리듀스MapReduce 유형의 작동에 있어 이상적인 데이터 원본이다. Bigtable은 오픈소스 HBase API 표준을 제공해 HBase, 빔Beam, 하둡Hadoop, 스파크Spark를 포함한 아파치Apache 생태계와 쉽게 통합할 수 있다. Memorystore, BigQuery, Dataproc, Dataflow 등을 포함한 구글 클라우드 생태계와도 통합할 수 있다.

Cloud Bigtable의 주요 특징

- 데이터는 기본적으로 구글이 관리하는 암호화 키로 암호화돼 있으나 특정 규정 준수 및 규제 요구 사항에 따라 고객이 자체적으로 키를 관리해야 한다면 고객 관리 암호화 키customer managed encryption key, CMEK도 제공한다.
- Bigtable 백업은 테이블의 스키마와 데이터의 복사본을 저장하고 나중에 백업으로부터 신규 테이블을 복구한다. 백업은 애플리케이션 수준의 데이터 손상 또는 실수로 테이블을 제거하는 것과 같은 운영자의 실수를 복구하는 데 도움을 준다.

확장과 고가용성

Bigtable은 얼마가 클까? Bigtable은 거의 10엑사바이트exabytes, EB의 데이터를 관리할 수 있다.

Bigtable은 선형으로 확장할 수 있는 예측 가능한 성능을 제공한다. 처리량은 노드를 추가하거나 제거해 조정할 수 있다(각 노드는 초당 1만 개의 작업까지 제공한다). 대기 시간이 짧은 대규모의 애플리케이션뿐 아니라 처리량 집중 데이터 처리와 분석에 대한 저장소 엔진으로 Bigtable을 사용할 수 있다. 영역별 인스턴스에 대해 99.9% SLA의 고가용성을 제공하고, 단일 클러스터에서 강력한 일관성을 제공한다. 클러스터 간의 복제본은 최종 일관성을 추가한다. 두 클러스터를 걸친 Bigtable의 멀티 클러스터 전달을 사용한다면 SLA는 99.99%까지 증가하고, 전달 규칙이 3개의 다른 리전의 클러스터에 걸쳐 활용된다면 가동 시간 99.999%의 SLA를 얻는다.

Cloud Bigtable의 복제는 동일 리전에서 다중 영역 또는 다중 리전에 걸쳐 데이터를 복제함으로써 데이터의 가용성과 신뢰성을 증가시킨다. Bigtable 인스턴스에서 복제를 사용하기 위해서는 하나 이상의 클러스터를 가지고 인스턴스를 생성하거나 현행 인스턴스에 클러스터를 추가한다. Bigtable은 Bigtable을 사용할 수 있는 구글 클라우드 영역에 위치한 복제 클러스터를 4개까지 지원한다. 다른 영역 또는 리전에 클러스터를 두면 하나의 영역 또는 리전이 작동하지 않을 때도 데이터에 접근할 수 있다. Bigtable은 인스턴스에 있는 각 클러스터를 기본 클러스터로 취급해 각 클러스터에서 읽기와 쓰기를 수행할 수 있다. 물론 다른 유형의 애플리케이션의 요청을 다른 클러스터로 전달하도록 인스턴스를 설정할 수도 있다. 데이터와 데이터의 변경은 클러스터에 걸쳐 자동으로 동기화된다.

처리량은 어떻게 최적화할까?

Cloud Bigtable은 처리와 저장소의 분리를 통해 노드와 데이터의 연관성을 조정하므로 처리량throughput을 자동으로 구성할 수 있다. 재조정의 예에서 노드 A가 과부하 상태가 되면 전달 계층은 일부 트래픽을 부하가 덜 걸린 노드로 이동시킬 수 있다. 노드가 추가될 때 크기 조정이 작동해 노드 간의 부하가 다시 균형을 유지해 최대 전체 처리량을 보장할 수 있도록 한다.

앱 프로파일과 트래픽 전달의 선택 또한 성능에 영향을 미칠 수 있다. 멀티 클러스터 전달을 가진 앱 프로파일은 요청을 애플리케이션의 관점으로 인스턴스에서 가장 가까운 클러스터로 자동으로 전달하고 쓰기는 인스턴스의 다른 클러스터에 복제된다. 자동으로 최단 거리를 선택하여 가장 짧은 대기 시간이 가능해진다. 단일 클러스터 전달을 사용하는 앱 프로파일은 분할된 워크로드 또는 단일 클러스터에서 읽은 후 쓰는 체계와 같은 특정 사용 사례에 최적화되어 있으나 멀티 클러스터와 같이 대기 시간을 줄일 수는 없다.

복제는 특히 멀티 클러스터 전달을 사용할 때 읽기 처리량을 향상시킬 수 있다. 사용자와 지리적으로 가까운 곳에 데이터를 유지함으로써 읽기 대기 시간을 줄일 수 있다. 한 클러스터에 대한 쓰기는 인스턴스의 다른 모든 클러스터에 복제돼야 하므로 쓰기 처리량은 복제로 증가하지 않는다. 그 결과 각 클러스터가 다른 클러스터에서 변경 사항을 가져오기 위해 CPU 자원을 소비한다.

Memorystore

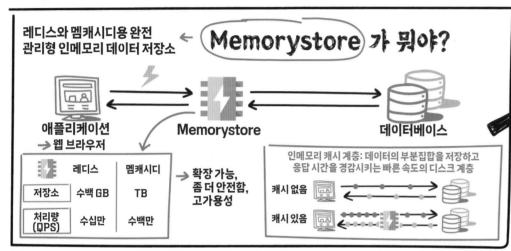

Memorystore 가 뭐야?

레디스와 멤캐시디용 완전 관리형 인메모리 데이터 저장소

애플리케이션
→ 웹 브라우저

Memorystore

데이터베이스

레디스	멤캐시디
저장소	수백 GB	TB
처리량 (QPS)	수십만	수백만

→ 확장 가능, 좀 더 안전함, 고가용성

인메모리 캐시 계층: 데이터의 부분집합을 저장하고 응답 시간을 경감시키는 빠른 속도의 디스크 계층

캐시 없음

캐시 있음

Memorystore 사용 사례

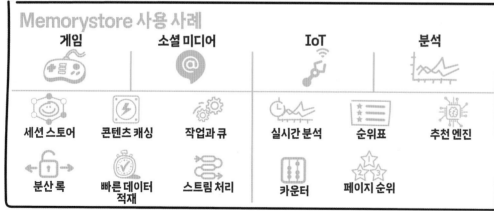

게임	소셜 미디어	IoT	분석
세션 스토어	콘텐츠 캐싱 · 작업과 큐	실시간 분석 · 순위표 · 추천 엔진	
분산 록	빠른 데이터 적재 · 스트림 처리	카운터 · 페이지 순위	

애플리케이션의 가용성 요구 사항이 뭐지?

레디스용 Memorystore

기본 계층

단일 레디스 인스턴스, 캐시 사용 사례에 이상적

→ 인스턴스 상태 모니터링과 장애로부터 자동 복구

→ SLA 없음

표준 계층

복제 레디스 인스턴스, 가용성 증가

→ 영역에 걸쳐 배포된 하나의 2차 복제본, 영역 실패로부터 보호

→ 이음매 없는 규모 확장/축소

→ 99.9% 가용성 SLA

특징과 기능

기본 보안 · 이음매 없는 확장과 고가용성 · 깊은 통찰력 · 데이터 백업 · 코드 변경 없음

IAM
비공개 IP

VPC 네트워크, 비공개 IP를 이용해 인터넷으로부터 데이터 보호, IAM 통합

인스턴스 인증, 전송 중 데이터 보호

표준 고가용성 인스턴스는 영역에 걸쳐 복제됨

클라우드 오퍼레이션으로 인스턴스 모니터링

쉬운 인스턴스 데이터 백업 또는 RDB 파일을 사용해 GCS 버킷에서 Memorystore로 데이터 임포트

코드 변경 없는 Memorystore를 사용해 OSS 규정 준수 허용

게임에서 사이버 보안, 소셜 미디어까지 현대의 많은 애플리케이션은 실시간 경험을 제공하기 위해 밀리초 미만의 대기 시간으로 데이터를 처리해야 한다. 확장된 규모와 줄어든 비용으로 낮은 대기 시간 요구를 충족하려면 인메모리 데이터스토어가 필요한데, 레디스Redis와 멤캐시디Memcached를 가장 많이 사용한다. Memorystore는 구글 클라우드의 레디스와 멤캐시디에 대한 완전 관리형 인메모리 데이터스토어 서비스다. 다른 구글 클라우드 서비스와 같이 빠르고 확장 가능하고 가용성이 높으며 안전하다. 다른 작업에 더 많은 시간을 할애할 수 있도록 프로비저닝, 복제, 장애 복구, 패치와 같은 복잡한 작업을 자동화한다. 99.9% SLA를 제공하고 구글 클라우드 내에서 애플리케이션과 원활하게 통합된다.

Memorystore는 다양한 유형의 인메모리 캐시와 임시 저장소로 사용된다. 레디스용 Memorystore는 고가용성 키-값 저장소로도 사용된다. Memorystore는 웹 콘텐츠 캐시, 세션 저장소, 분산 잠금distributed lock, 스트리밍 처리, 추천, 용량 캐시, 게임 순위표gaming leaderboard, 사기fraud/위협 탐지, 개인화, 광고 기술AdTech을 포함한 다양한 사용 사례를 제공한다.

애플리케이션의 가용성 요구 사항은 무엇인가?

레디스용 Memorystore는 기본 계층과 표준 계층을 제공한다. 기본 계층은 레디스를 캐시로 사용하고 콜드 재시작과 전체 데이터 플러시flush를 견딜 수 있는 애플리케이션에 가장 적합하다. 표준 계층 인스턴스는 복제 및 자동 장애 복구를 사용해 고가용성을 제공한다.

멤캐시디용 Memorystore 인스턴스는 각 노어의 코어당 메모리와 vCPU를 가진 노드를 기반으로 프로비저닝되므로 특정 애플리케이션의 요구 사항에 따라 노드 크기를 선택할 수 있다.

특징과 기능

- **안전**: Memorystore는 VPC 네트워크와 비공개 IP를 통해 인터넷으로부터 보호를 받으며, 데이터를 보호하기 위해 IAM 통합을 함께 제공한다. 레디스용 Memorystore는 인스턴스 수준의 인증과 전송 중 암호화도 제공한다. 주요 인증 규격도 준수한다(예를 들어 HIPAA, FedRAMP, SOC2).
- **가시성**: 인스턴스를 모니터링할 수 있고 Cloud Monitoring으로 사용자 정의 경고를 설정할 수 있다. 클라이언트 사이드 메트릭으로 더 많은 인사이트를 얻을 수 있도록 OpenCensus와도 통합할 수 있다.
- **확장성**: 가장 낮은 수준과 가장 작은 크기로 시작한 후 필요에 따라 인스턴스를 확장할 수 있다. Memorystore는 API를 이용한 자동화된 확장을 제공하고, 복제를 위해 영역에 걸쳐 최적화된 노드 교체를 제공한다. 멤캐시디용 Memorystore는 5TB 규모의 큰 클러스터를 지원할 수 있으며, 아주 짧은 대기 시간으로 수백만 개의 QPS를 지원한다.
- **고가용성**: 레디스용 Memorystore 인스턴스는 두 영역에 복제되고 99.9%의 가용성 SLA를 제공한다. 인스턴스는 연속적으로 모니터링되고 자동으로 장애 복구가 이루어진다(애플리케이션의 중단을 최소화한다).
- **코드 변경 없이 이전**: Memorystore는 오픈소스 소프트웨어와 호환되므로 코드 변경 없이 애플리케이션을 교체할 수 있다.
- **백업**: 레디스용 Memorystore는 RDS 스냅숏을 사용해 구글 클라우드에 레디스 인스턴스를 이전할 수 있는 임포트와 익스포트import&export 기능을 제공한다.

사용 사례

Memorystore는 실시간의 고속 데이터 처리를 요구하는 사용 사례에 적합하다. 단순한 캐싱, 게임 순위표, 실시간 분석이 예시에 해당한다.

- **캐싱**: 캐싱은 오늘날 애플리케이션 아키텍처의 필수적인 부분이다. Memorystore는 세션 관리, 자주 접근하는 쿼리, 스크립트, 페이지와 같은 사례에서 사용된다.
- **게임**: Memorystore를 사용하면 정렬 집합과 같은 데이터 구조를 사용해 요소들의 고유성을 제공하는 동시에 순위표에 정렬된 점수 목록을 쉽게 유지할 수 있다. 레디스 해시를 사용하면 플레이어의 프로파일을 빠르고 쉽게 저장하고 접근할 수 있다.
- **스트리밍 처리**: IoT 디바이스로부터 스트리밍 데이터를 처리하든 트위터 피드feed를 처리하든, Memorystore는 Dataflow와 Pub/Sub이 결합된 스트리밍 솔루션에 매우 적합하다.

어떤 데이터베이스를 사용해야 하지?

관계형		
Cloud SQL	**Cloud Spanner**	**베어메탈**
관리형 MySQL PostgreSQL SQL Server	대규모, 일관성, 99.999% 가용성을 가진 클라우드 네이티브	오라클 워크로드를 구글 클라우드로 이전
적합한 DB		
일반 목적 SQL DB	RDBMS + 확장, HA, HTAP	RDBMS + 확장, HA, HTAP
사용 사례		
웹 프레임워크	게임	기존 응용 프로그램
ERP	글로벌 재무 원장	데이터 센터 폐기
CRM	공급망 체인/ 재고 관리	
전자 상거래와 웹		
SaaS 응용 프로그램		

비관계형(NoSQL)		
문서	키-값	인메모리
Firestore	**Cloud Bigtable**	**Memorystore**
클라우드 네이티브, 서버리스, NoSQL 문서 데이터베이스, 백엔드 서비스, 강력한 글로벌 일관성, 99.999% SLA	클라우드 네이티브 NoSQL 대규모용 와이드 칼럼 스토어, 짧은 대기 시간 워크로드	밀리초 미만 데이터 접근용 완전 관리형 레디스와 멤캐시디
적합한 DB		
대규모, 복잡한 계층형 데이터	대용량 읽기 + 쓰기, 이벤트	인메모리와 키-값 스토어
사용 사례		
모바일/웹/ IoT 애플리케이션	개인화	캐싱 / 세션 스토어
실시간 동기화	광고 기술	게임 / 개인화
오프라인 동기화	추천 엔진	순위표 / 광고 기술
개인화된 앱	사기 탐지	소셜 채팅 또는 뉴스 피드

애플리케이션과 꼭 맞는 데이터베이스를 선택하는 것은 쉽지 않다. 선택 요인(트랜잭션 처리, 분석 처리, 인메모리 데이터베이스 등)은 사용 사례에 따라 다르다. 이 장의 첫 부분에서 언제 관계형(SQL)이나 비관계형(NoSQL) 데이터베이스를 사용할 것인지에 대해 설명하고, 지금까지 구글 클라우드에 있는 각 데이터베이스를 살펴보았다. 여기에서 각 데이터베이스들이 지원하는 사용 사례를 명확히 이해하기 위해 하나씩 나열해보자.

관계형 데이터베이스에는 다음과 같이 세 가지 옵션이 있다.

- **Cloud SQL**: 구글 클라우드에서는 관리형 MySQL, PostgreSQL, SQL Server 데이터베이스를 제공한다. 유지 보수 비용을 절감하고 데이터베이스 프로비저닝, 저장소 용량 관리, 백업, 즉시 사용할 수 있는 고가용성과 재해 복구/장애 복구를 자동화한다. 이런 이유로 일반 목적의 웹 프레임워크, CRM, ERP, SaaS, 전자 상거래 애플리케이션에 적합하다.

- **Cloud Spanner**: Cloud Spanner는 99.999%의 가용성을 제공하는 강력한 일관성을 갖춘 엔터프라이즈급 글로벌 분산 데이터베이스로, 관계형 데이터베이스 구조와 비관계형 수평 확장 이점을 결합하기 위해 특별히 구축한 것이다. ACID 트랜잭션, SQL 쿼리, 관계형 구조를 비관계형 또는 NoSQL 데이터베이스에 연결하는 확장성과 결합한 고유한 데이터베이스다. 결과적으로 Colud Spanner는 강력한 일관성과 고가용성으로 제한 없이 확장할 수 있는 기능이 필요한 게임, 과금 솔루션, 글로벌 재무 원장, 시중 은행 업무, 재고 관리와 같은 애플리케이션에 가장 적합하다.

- **베어메탈 솔루션**: 구글 클라우드에서는 짧은 대기 시간을 갖는 특별한 워크로드를 실행시키는 하드웨어를 제공한다. 오라클 데이터베이스를 구글 클라우드로 옮기는 경우에 특히 유용하다. 이를 통해 데이터 센터를 폐기하고 기존 애플리케이션을 현대화할 수 있는 길을 열 수 있다. 베어메탈 솔루션에 대한 자세한 내용은 1장을 참고하자.

구글 클라우드에는 세 가지 비관계형 데이터베이스가 있다.

- **Firestore**: Firestore는 필요에 따라 확장할 수 있는 서버리스 문서 데이터베이스로, 강력한 일관성을 유지하는 것과 더불어 ACID 트랜잭션을 지원하고 99.999%의 가용성을 제공하며 백엔드 서비스로 작동한다. 애플리케이션을 작성하는 데 최적화된 DBaas(database-as-a-service)다. 전자 상거래, 게임, IoT, 실시간 대시보드와 같은 일반적인 목적의 사례에 적합하다. 사용자는 Firestore로 온라인 및 오프라인 데이터와 상호작용하고 협업할 수 있다. 실시간 애플리케이션과 모바일 앱에 적합하다.

- **Cloud Bigtable**: Cloud Bigtable은 수십억 개의 열과 수천 개의 행으로 확장할 수 있는 밀도가 낮은 테이블로, 테라바이트 또는 심지어 페타바이트의 데이터를 저장할 수 있다. 한 자릿수의 밀리초 응답 시간의 빠른 읽기/쓰기 처리량을 제공하므로 이상적인 맵리듀스 작업의 데이터 원본이다. 오픈소스 HBase API 표준도 제공하므로 HBase, 빔, 하둡, 스파크를 포함하는 아파치 생태계와 구글 클라우드 생태계를 쉽게 통합시킬 수 있다.

- **Memorystore**: Memorystore는 구글 클라우드의 완전 관리형 레디스와 멤캐시디용 인메모리 데이터스토어 서비스로, 인메모리와 임시 데이터에 가장 적합하다. 코딩에 더 많은 시간을 할애할 수 있도록 프로비저닝, 복제, 장애 복구, 패치와 같은 복잡한 작업을 자동화해준다. 극단적으로 낮은 대기 시간과 고성능을 제공하므로 웹, 모바일, 게임, 순위표, 소셜, 채팅, 뉴스피드 등의 애플리케이션에 적합하다.

4장

데이터 분석

수 집되는 데이터의 양과 데이터 분석에 사용되는 데이터의 양은 빠르게 증가하고 있다. 그리고 수집된 모든 데이터를 의미 있는 인사이트로 변환할 수 있는 효과적인 파이프라인을 채택할 필요성도 마찬가지다. 클라우드에 이런 파이프라인을 구축하면 이점이 상당히 많다. 사실상 무제한 확장성에 더해 클라우드는 자체 인프라와 하드웨어 관리의 위험과 번거로움을 제거할 수 있는 관리형 서비스를 제공한다.

일반적인 데이터 분석 파이프라인은 데이터 레이크(모든 정형 데이터와 비정형 데이터를 원시 형태로 저장하는 중앙 집중식 저장소)에서 시작된다. 파이프라인은 데이터를 처리해 다운스트림 애플리케이션에 유용하도록 정리하고 강화하고 변환한다. 데이터 웨어하우스는 처리된 데이터를 SQL로 접근할 수 있도록 관계형 형식으로 저장한다. 분석, 비즈

니스 인텔리전스, 데이터 과학 팀은 데이터 웨어하우스에서 데이터에 접근해 대시보드, 예측을 위한 머신러닝 모델 등을 생성한다.

이 장에서는 일반적인 데이터 분석 파이프라인과 관련된 다양한 단계와 더불어 이들을 구글 클라우드에서 확장 가능한 방식으로 실행시키는 데 사용할 수 있는 옵션들을 다룬다.

데이터 분석 파이프라인

캡처		처리		저장		분석		사용
다양한 규모의 데이터 적재		신뢰할 수 있는 스트리밍 데이터 파이프라인		데이터 레이크와 데이터 웨어하우스		데이터 웨어하우스		고급 분석

모든 애플리케이션은 데이터를 생성한다. 그렇다면 데이터는 무엇을 의미하는가? 데이터에서 의미 있는 정보를 찾기 위해 고용된 모든 데이터 과학자에게 던지는 주요 질문이다. 이 정보는 사업을 영위하는 데 필수적인 요소다. 그러나 데이터를 이해하고 인사이트를 발휘하여 이를 의사결정으로 전환하는 것은 훨씬 더 중요하다. 데이터양의 증가에 따라 데이터 분석 파이프라인은 변화 속도에 적응할 수 있도록 확장을 지원해야 한다. 이런 이유로 클라우드에 파이프라인을 구성하는 것은 정말 바람직하다. 왜냐하면 클라우드는 필요에 따른 확장과 유연성을 제공하기 때문이다.

이 장에서는 구글 클라우드에 확장 가능하고 적용 가능한 데이터 처리 파이프라인 구축 방법을 설명한다. 모든 클라우드 또는 온프레미스 데이터 파이프라인에서 사용할 수 있는 데이터 파이프라인의 일반 개념을 알아보는 것부터 시작해보자.

데이터 분석 파이프라인을 생성하기 위한 5단계

1. **캡처**capture: 먼저 다양한 데이터 원본에서 데이터를 적재한다. 이 데이터 원본은 일괄 또는 실시간 데이터다.

    a. 일괄 데이터는 정기적으로 저장되고 대량으로 추가되는 데이터다.

    b. 실시간 데이터는 클릭click 데이터와 같은 웹사이트 또는 처리를 위한 Datastream을 전송하는 IoT 장비에서 생성된다.

2. **처리**: 데이터가 적재되면 다운스트림 시스템이 가장 잘 이해할 수 있는 형식으로 활용할 수 있도록 데이터를 처리하고 보강한다. 처리 단계에서 데이터에 비즈니스 로직을 적용한 후 싱크sink에 데이터를 저장한다. 싱크는 보강되고enriched 처리된 데이터의 저장장치다. 예를 들어, 보안상의 이유로 입력 데이터를 마킹하고 토큰화하는 비즈니스 로직을 요청받으면 토큰화된 데이터가 저장장치에 덤프dump된다.

3. **저장**: 데이터 처리 후 분석 프로젝트를 활성화할 수 있도록 저장해야 한다. 이 파이프라인 단계에서 사용할 수 있는 저장소 옵션은 두 가지가 있다.

   a. **데이터 웨어하우스**: 특정 목적으로 이미 처리되어 구조화되고 필터링된 데이터 저장소repository다. 예를 들어 지정 리포트, 분석, 데이터 마트, 머신러닝이 있다.

   b. **데이터 레이크**: 원시 데이터의 대규모 저장소로 아직 정의되지 않았거나 중간 형태의 저장 목적으로 사용된다. 데이터 레이크는 대규모의 정형, 반정형, 비정형 데이터를 안전하게 저장하기 위한 중앙 집중화 저장소다. 크기 제한을 무시하고 원래 형식으로 데이터를 저장할 수 있으며, 다양한 형식으로 처리할 수 있다.

4. **분석**: 데이터 웨어하우스에 저장된 데이터는 분석을 위한 다운스트림 시스템에서 사용할 수 있다. 이 단계에서는 데이터 분석가와 데이터 과학자가 그들의 목적에 따라 탐색한 데이터에서 쿼리를 실행한다.

5. **사용**: 데이터가 데이터 웨어하우스에 존재하면 데이터 분석가나 데이터 과학자와 같은 여러 다른 내부 고객이 사용할 수 있다. 분석가는 데이터를 분석할 수 있고, 데이터 과학자는 동일 데이터를 주피터 노트북Jupyter Notebook으로 불러들여서 머신러닝 모델을 학습시킬 수 있다. 그들은 데이터 마트, 대시보드, 사업 목적의 보고서를 작성할 수 있으며, 외부 데이터와 리포팅 시스템을 통합시킬 수 있다.

데이터 분석 파이프라인의 모든 단계에 걸쳐 몇 가지 요소가 적용된다.

- **데이터 통합**: 데이터는 항상 서로 다른 여러 위치에 있다. 어떤 단계에서든 데이터 레이크와 같은 한 곳에서 다른 시스템의 데이터를 가져오는 데이터 통합 서비스가 필요할 수 있다.
- **메타데이터 관리**: 데이터 과학자와 데이터 분석가는 모든 데이터를 한 곳에서 빠르게 찾고 이해하고 관리할 수 있기를 요구한다. 메타데이터 관리 시스템을 통해 기술자와 사업가 모두에게 데이터와 인사이트를 공유할 수 있다
- **워크플로 오케스트레이션**: 데이터 파이프라인은 단지 한 번만 실행되지 않는다. 대부분의 파이프라인은 일정을 잡고 일정 기간 동안 실행되고 작업을 정의해야 한다. 이런 작업들을 위해 작성하기 쉬우며 일정에 따라 파이프라인을 모니터링하는 워크플로 오케스트레이션 도구가 필요하다.

추출, 변환, 적재

데이터 파이프라인의 콘텍스트 속에서 ETL(추출extract, 변환transform, 적재load) 용어와 마주쳤을 것이다. ETL은 본질적으로 데이터 일괄 작업에서 작동하는 데이터 처리 파이프라인이다. 데이터 파이프라인은 반드시 저장소 또는 분석 시스템에 데이터를 적재하므로 종료할 필요는 없다. 웹훅을 통해 비즈니스 처리를 시작하는 데 사용할 수 있다.

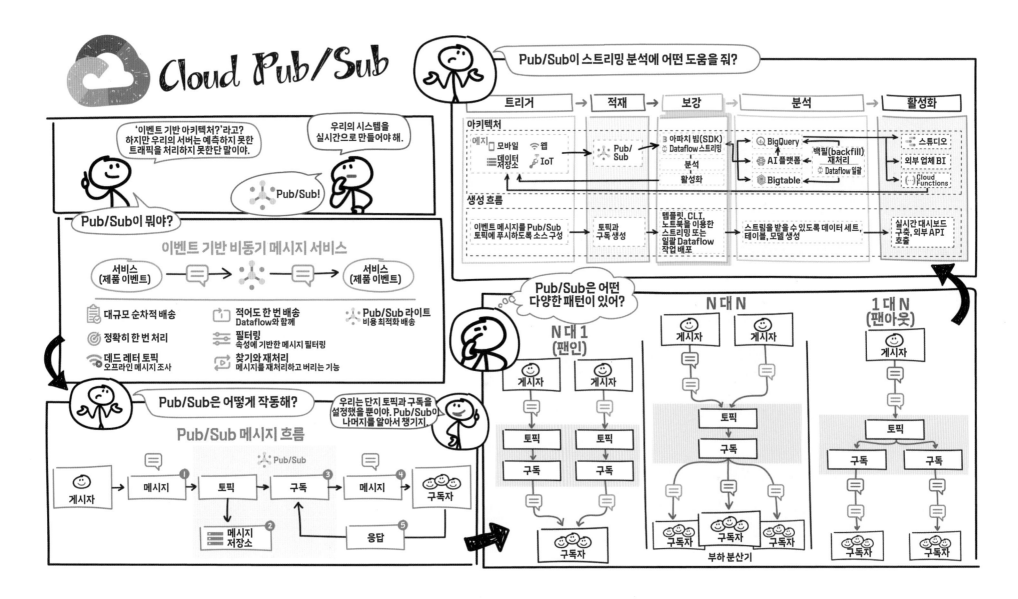

모놀리식monolithic 애플리케이션과 작별 인사를 고하고 이를 서비스로 리팩터링refactoring 한 후 빠르게 적재했다. 코드는 한결 단정해졌으나 서비스 간 소통의 복잡성은 성능 문제를 야기한다. 그래서 신규 팀이 통합해야 할 때마다 수많은 회의를 필요로 한다. 이제 서비스는 메시징 시스템을 통해 이벤트를 발생시키고 수신하는 비동기 소통을 고려할 때가 왔다. 서비스는 상호 간 분리되고 규모를 계속 확장할 수 있다. 이것이 Pub/Sub이 등장한 이유다–완전 관리형 메시징 서비스 세트. Pub/Sub을 메시지 지향 미들웨어 또는 스트리밍 분석 파이프라인에 대한 이벤트 적재와 전달로 사용할 수 있다. Pub/Sub은 두 가지 형태로 제공된다.

Pub/Sub:

- 실시간 분석용 이벤트 적재, 메시지를 제공한다.
- 서버리스, 자동 확장, 필요에 따른 자동 프로비저닝을 제공한다.
- 위치에 관계없이 이벤트를 게시하고 구독할 수 있는 기능을 제공한다.
- 토픽topic당 1만 개의 구독자 앱을 생성할 수 있다. 게시자publisher와 구독자subscriber에게 독립적인 용량과 과금을 제공한다.
- 푸시 전송 모델을 지원한다. 특히 마이크로서비스 간 통신 시 유용하다.

Pub/Sub 라이트:

- 신뢰성보다 비용 최적화를 지향한다.
- Pub/Sub보다 90%까지 더 저렴하다.
- Pub/Sub보다 가용성이 낮은 저장소를 제공하고 용량 관리를 스스로 해야 한다.

Pub/Sub의 작동 원리

게시자 애플리케이션은 메시지를 생성해 토픽에 전송한다. 구독자 애플리케이션은 토픽에 대한 구독을 생성하고 토픽으로부터 메시지를 수신한다. 통신은 1 대 N(팬아웃fan-out), N 대 1(팬인fan-in), N 대 N 중 하나가 될 수 있다.

1. 게시자 애플리케이션은 Pub/Sub 서비스에 토픽을 생성하고 토픽에 메시지를 전송한다. 메시지는 페이로드payload와 페이로드 내용을 기술하는 옵션 속성을 포함한다.
2. Pub/Sub은 게시된 메시지가 구독을 위해 유지되도록 보장한다. 게시된 메시지는 구독자가 구독으로부터 메시지를 소비했다고 확인해줄 때까지 구독에 유지된다.
3. Pub/Sub은 토픽으로부터의 메시지를 모든 구독에 개별적으로 전달한다.
4. 구독자는 구독자가 선택한 엔드포인트로 Pub/Sub이 메시지를 푸시하거나 구독자가 Pub/Sub으로부터 가져온 것으로 메시지를 수신한다.
5. 구독자는 각 수신된 메시지에 대해 Pub/Sub 서비스에 확인acknowledgment을 전송한다.
6. Pub/Sub은 구독의 메시지 큐에서 확인된 메시지를 제거한다.

Pub/Sub 기능

- **전역 전달**: 전 세계의 어디서나 토픽에 메시지를 게시할 수 있다. 짧은 대기 시간을 위해 로컬 상태를 유지한다. 반면에 구독자는 아무 리전에 배포되며 뭔가 특별한 일을 하지 않고도 모든 게시 위치로부터 메시지를 수신한다.

- **파티셔닝 없는 순차 전송**: 메시지가 동일한 순서 키를 가지고 있고 동일한 리전에 있다면 메시지 순서를 활성화시킬 수 있고, Pub/Sub 서비스가 수신하는 순서로 메시지를 받는다.
- **데드 레터 토픽**: Pub/Sub 서비스가 메시지를 전달하려고 시도하나 구독자가 확인할 수 없다면 Pub/Sub은 전달되지 않은 메시지를 우선 데드 레터dead letter 토픽에 전달해두었다가 나중에 전달한다.
- **찾기와 재처리**: 대량의 메시지의 확인 단계를 변경해야 할 때 찾기와 재처리 기능으로 이를 처리할 수 있다.
- **필터링**: 메시지 속성으로 메시지를 필터링할 수 있고, 필터를 가진 구독으로부터 메시지를 수신할 때 필터에 일치하는 메시지만 받는다. Pub/Sub은 필터와 일치하지 않는 메시지를 자동으로 확인한다.

이벤트 기반 시스템
Pub/Sub 예시

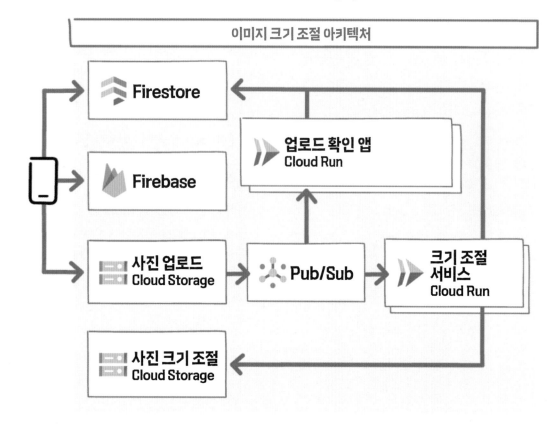

Pub/Sub 사용 사례

- **비동기 서비스 통합**: Pub/Sub은 기존의 서비스 통합을 위한 메시징 미들웨어 또는 오늘날의 마이크로서비스를 위한 간단한 통신 매체로 작동한다. 푸시 구독은 Cloud Functions, App Engine, Cloud Run, Compute Engine 또는 GKE상의 사용자 정의 환경의 서버리스 웹훅으로 이벤트를 전달한다. 웹훅을 노출하는 것이 옵션이 아니거나 더 높은 처리량의 스트림을 효율적으로 처리하기 위해 짧은 지연 시간 풀 전달을 사용할 수 있다.

- **스트림 분석**: 스트림을 구축하든 일괄 또는 통합 파이프라인을 구축하든 데이터 수집은 분석과 머신러닝을 위한 원천이다. Pub/Sub은 처리, 저장, 분석 과정에서 이벤트 데이터를 위한 간단하고 신뢰성 있는 스테이징 위치를 제공한다. 이벤트의 보강, 중복 제거, 정렬, 집계, 처리하는 데 Pub/Sub과 함께 Dataflow를 사용하자. Pub/Sub의 내구성 있는 저장소를 통해 실시간과 일괄 처리를 혼합한다.

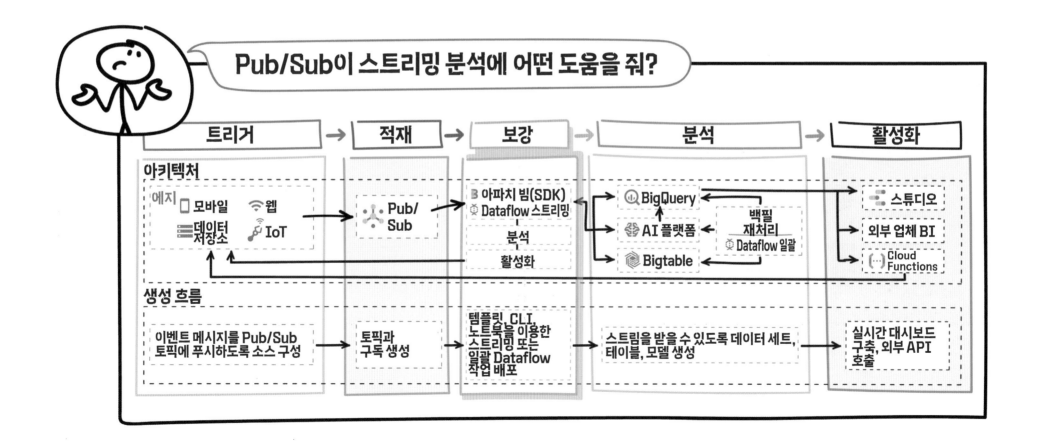

클라우드 IoT 코어

클라우드 IoT 코어 가 뭐야?

완전 관리형 서비스

프로토콜 브리지
- 양방향 메시징
- MQTT와 HTTP 프로토콜 엔드포인트
- 자동화된 부하 분산
- Pub/Sub으로 전 세계 데이터 접근

클라우드 IoT 코어
전 세계로 퍼져 있는 장비로부터 쉽고 안전하게 데이터 연결, 관리, 적재

장비 관리자
- 장비 식별
- 역할 수준 접근 제어
- 개인 장비 구성, 업데이트, 제어
- 장비 배포와 모니터링을 위한 콘솔과 API

클라우드 IoT 코어는 어떻게 작동해?

에지에 비즈니스 로직 구현

에지 게이트웨이

에지 소프트웨어
드라이버와 프로토콜
(예: OPC-UA)
데이터 필터링과 처리
규칙, 버퍼링, 로컬 이벤트 처리

에지 ML 추론
텐서플로 라이트

에지 모델 관리
쿠버네티스

리눅스 OS

CPU GPU 코럴/에지 TPU

제어 ← 데이터

설정 업데이트
데이터
ML 모델 배포

장비 구성 업데이트

클라우드 IoT 코어

Cloud Functions
Pub/Sub
Dataflow

ML용 에지 관리자

데이터 분석 및 ML
장비 구성 업데이트
Cloud Bigtable
BigQuery
Looker
인사이트
훈련
Looker Studio
제공
Vertex AI

IoT 코어에 장비를 직접 연결할 수도 있음

일반적 IoT 코어의 사용 사례

애셋 추적
소매
자동차
산업
소비자
물류 & 선적 관리

원격 감시
오일과 가스
유틸리티
제조업
교통

예측 관리
오일과 가스
유틸리티
제조업
교통

시각 지능화
소매
제조업
공장
보안

스마트 리빙
상업
주거공간/MDU
스마트 스페이스

클라우드 IoT 코어의 기둥

IoT 필수

유연한 장비 식별
장비 ID를 쉽게 프로비저닝하고 대부분의 GCP에서 접근하도록 하기

확장성
IoT 확장성과 성능 면에서 업계 리더

상호 운용성
산업 프로토콜의 지원

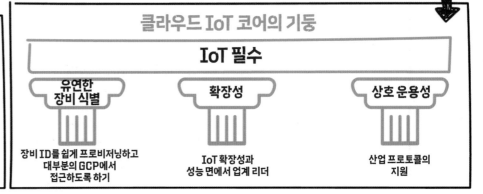

IoT 데이터로부터 실시간으로 인사이트를 얻는 능력은 비즈니스의 경쟁력을 다시 제고 시킬 수 있다. 인텔리전스를 통해 연결된 장비와 애셋이 직관적이고 중단 없는 방식으로 애플리케이션과 사용자가 효율적으로 상호작용할 수 있게 한다. IoT 프로젝트가 실행되면 많은 장비에서 많은 데이터를 생성하는데, 이러한 장비를 관리하고 모든 정보를 처리할 수 있는 경제적이며 효율적이고 확장 가능한 방법이 필요하다.

IoT 코어Core는 IoT 장비를 관리하는 완전 관리형 서비스다. 클라우드에 저장된 장비 메타데이터뿐 아니라 구글 클라우드 자원 계층 내부에서 등록, 인증, 인가를 지원하고, 다른 GCP 또는 장비에 대한 외부 서비스로부터 장비 구성 정보를 보내는 기능을 제공한다.

주요 컴포넌트

클라우드 IoT 코어의 주요 컴포넌트는 장비 관리자와 프로토콜 브리지bridge다.

- 장비 관리자는 서비스를 가진 장비를 등록한 후 장비를 모니터링하고 구성할 수 있다. 장비 관리자가 제공하는 것은 다음과 같다.
  - 장비 식별 관리자
  - 개별 장비 구성, 업데이트, 제어 지원
  - 역할 수준 접근 제어
  - 장비 배포와 모니터링을 위한 콘솔과 API
- 2개의 프로토콜 브리지(MQTT, HTTP)는 장비에서 다음을 위해 구글 클라우드 플랫폼에 접속하는 데 사용할 수 있다.
  - 양방향bi-directional 메시징
  - 자동 부하 분산
  - Pub/Sub으로 전역 데이터 접근

클라우드 IoT 코어 작동 원리

장비의 원격 분석 데이터는 Pub/Sub 토픽으로 전달되며, 이후 Cloud Functions의 시작뿐 아니라 데이터를 소비하는 외부 앱에 사용될 수 있다. Dataflow와 스트리밍 분석 또는 자체 구독자를 통한 사용자 정의 분석을 수행할 수도 있다.

클라우드 IoT 코어는 장비 직접 연결뿐 아니라 게이트웨이 기반 아키텍처도 지원한다. 두 경우 모두 장비의 실시간 상태와 운영 데이터는 클라우드 IoT 코어로 수집되고, 에지edge의 키와 인증서도 클라우드 IoT 코어가 관리한다. Pub/Sub으로부터의 원시 입력은 변환을 위해 Dataflow에 공급되고 정제된 출력은 실시간 모니터링용으로 Cloud Bigtable에 전달되거나 머신러닝과 웨어하우스용으로 BigQuery에 전달된다. BigQuery에서 데이터는 Looker 또는 Looker Studio에서 시각화를 하는 데 사용할 수 있고, 머신러닝 모델을 생성하기 위한 Vertex AI에도 사용할 수 있다. 생성된 모델은 에지 관리를 사용해 에지에 배포할 수 있다(실험 단계). 장비 설정 업데이트 또는 장비 명령은 클라우드 IoT 코어에 Cloud Functions 또는 Dataflow에 의해 시작되고 장비를 업데이트한다.

클라우드 IoT 코어의 설계 원칙

글로벌 장비 플릿fleet의 데이터를 안전하게 접속하고 관리하고 수집하는 관리형 서비스인 클라우드 IoT 코어는 다음과 같이 설계돼 있다.

- 유연하고 장비 식별자를 쉽게 프로비저닝하며 장비에서 대부분의 구글 클라우드에 접속 가능
- IoT 확장성과 성능의 업계 리더
- 상호 운영 가능한 가장 일반적인 산업 표준 IoT 프로토콜을 지원

사용 사례

IoT 사용 사례는 다양한 산업 분야에 걸쳐 있다. 다음은 일부 일반적인 예시다.

- 소매, 자동차, 산업, 공급망의 자원 추적, 시각적 검사, 품질 관리
- 오일, 가스, 유틸리티, 제조, 교통에 대한 원격 모니터링과 예측 유지 보수
- 커넥티드 홈과 소비자 기술
- 소매, 보안, 제조, 산업 부문의 시각 지능화
- 상업, 주거 공간, 스마트 스페이스의 스마트 리빙
- 예측 유지 보수와 실시간 생산 현장 분석을 갖춘 스마트 공장

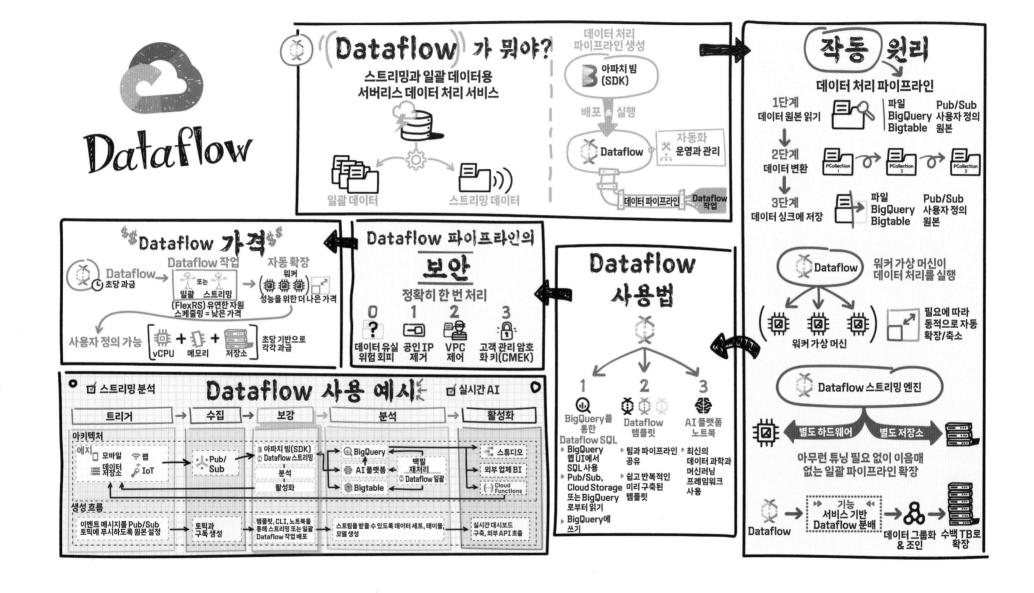

Dataflow

Dataflow 가 뭐야?

스트리밍과 일괄 데이터용
서버리스 데이터 처리 서비스

일괄 데이터   스트리밍 데이터

데이터 처리 파이프라인 생성

아파치 빔 (SDK)

배포 & 실행

Dataflow   자동화
             운영과 관리

데이터 파이프라인   Dataflow 작업

작동 원리

데이터 처리 파이프라인

1단계
데이터 원본 읽기

파일 / BigQuery / Bigtable   Pub/Sub / 사용자 정의 원본

2단계
데이터 변환

PCollection 1 → PCollection 2 → PCollection 3

3단계
데이터 싱크에 저장

파일 / BigQuery / Bigtable   Pub/Sub / 사용자 정의 원본

Dataflow   워커 가상 머신이 데이터 처리를 실행

워커 가상 머신   필요에 따라 동적으로 자동 확장/축소

Dataflow 스트리밍 엔진

별도 하드웨어 ← → 별도 저장소

아무런 튜닝 필요 없이 이음매 없는 일괄 파이프라인 확장

Dataflow → 기능 서비스 기반 Dataflow 분배 → 데이터 그룹화 & 조인 → 수백 TB로 확장

$$ Dataflow 가격 $$

Dataflow
초당 과금

Dataflow 작업
또는
일괄   스트리밍
(FlexRS) 유연한 자원
스케줄링 = 낮은 가격

자동 확장
워커
성능을 위한 더 나은 가격

사용자 정의 가능
vCPU + 메모리 + 저장소
초당 기반으로 각각 과금

Dataflow 파이프라인의 보안

정확히 한 번 처리

0	1	2	3
?			
데이터 유실 위험 회피	공인 IP 제거	VPC 제어	고객 관리 암호화 키(CMEK)

Dataflow 사용법

1
BigQuery를 통한 Dataflow SQL
▸ BigQuery 웹 UI에서 SQL 사용
▸ Pub/Sub, Cloud Storage 또는 BigQuery 로부터 읽기
▸ BigQuery에 쓰기

2
Dataflow 템플릿
▸ 팀과 파이프라인 공유
▸ 쉽고 반복적인 미리 구축된 템플릿

3
AI 플랫폼 노트북
▸ 최신의 데이터 과학과 머신러닝 프레임워크 사용

Dataflow 사용 예시

☑ 스트리밍 분석   ☑ 실시간 AI

트리거 → 수집 → 보강 → 분석 → 활성화

아키텍처

에지
📱 모바일   📶 웹
🗄 데이터 저장소   🔌 IoT

→ Pub/Sub →

아파치 빔(SDK)
Dataflow 스트리밍
분석
활성화

→ BigQuery
→ AI 플랫폼
→ Bigtable

백필 재처리
Dataflow 일괄

→ 스튜디오
→ 외부 업체 BI
→ Cloud Functions

생성 흐름

이벤트 메시지를 Pub/Sub 토픽에 푸시하도록 원본 설정 → 토픽과 구독 생성 → 템플릿, CLI, 노트북을 통해 스트리밍 또는 일괄 Dataflow 작업 배포 → 스트림을 받을 수 있도록 데이터 세트, 테이블, 모델 생성 → 실시간 대시보드 구축, 외부 API 호출

데이터는 웹사이트, 모바일 앱, IoT 장비, 다른 워크로드로부터 실시간으로 생성된다. 이 데이터를 캡처하고 처리하고 분석하는 것은 모든 비즈니스의 우선순위다. 그러나 이들 시스템의 데이터는 다운스트림 시스템에서 효과적으로 사용되거나 분석에 도움이 되는 형식이 아닌 경우가 많다. 이런 문제를 해결하기 위해 Dataflow가 등장했다. Dataflow는 분석, 머신러닝, 데이터 웨어하우스와 같은 사용 사례를 위해 일괄 또는 스트리밍 데이터를 처리하고 보강하는 데 효과적이다.

Dataflow는 스트리밍과 일괄 처리 모두를 지원하는 신속하고 비용 효율적인 서버리스 서비스다. Dataflow는 오픈소스 아파치 빔beam 라이브러리를 사용해 작성한 처리 작업으로 이식성을 제공하고 인프라 프로비저닝과 클러스터 관리를 자동화함으로써 데이터 엔지니어링 팀의 운영 오버헤드를 제거한다.

데이터 처리 작업의 작동 원리

일반적으로 데이터 처리 파이프라인은 세 가지 단계를 거친다. 원본의 데이터를 읽고, 이를 변환하고, 데이터를 싱크에 저장하는 것이다.

- 원본으로부터 데이터를 읽어 PCollection에 넣는다. P는 병렬 처리를 의미하며, PCollection은 다중 머신에 분산되도록 설계돼 있다.
- 두 번째 단계로 PCollection에서 한 가지 또는 다중 연산을 수행하는데, 이를 변환이라고 부른다. 변환을 실행할 때마다 새로운 PCollection이 생긴다. 이런 이유로 PCollection은 변경시킬 수 없다.
- 모든 변환이 끝난 후 파이프라인은 마지막 PCollection을 외부 싱크에 기록한다.

자바 또는 파이썬 중 선호하는 언어를 선택하여 아파치 빔 SDK로 파이프라인을 작성한 후 Dataflow를 사용해 파이프라인을 배포하고 실행시킬 수 있다. 이 과정을 Dataflow 작업이라고 부른다. 그런 다음 Dataflow는 데이터 처리를 수행할 워커 가상 머신을 할당한다. 이들 머신의 형태와 크기를 사용자가 정의할 수 있다. 트래픽 패턴이 급증하는 경우, Dataflow 오토스케일링은 작업을 실행시키는 데 필요한 워커 인스턴스 수를 자동으로 늘리거나 줄인다. Dataflow 스트리밍 엔진은 저장소로부터 컴퓨팅을 분리시키고 파이프라인 실행의 일부를 워커 VM에서 Dataflow 서비스 백엔드로 이전시킨다. 이것은 자동 확장과 데이터 응답 시간을 향상시킨다.

Dataflow 사용 방법

Dataflow 작업은 Google Cloud 콘솔 UI, gcloud CLI 또는 API로 생성할 수 있으며, 생성 옵션은 여러 가지다.

- Dataflow 템플릿은 사용자 소유의 사용자 지정 템플릿을 생성하는 옵션과 함께 사전에 작성된 템플릿 모음을 제공한다. 조직의 다른 사람들과 쉽게 이를 공유할 수 있다.
- Dataflow SQL을 사용하면 SQL 기술을 사용해 BigQuery 웹 UI에서 바로 스트리밍 파이프라인을 개발할 수 있다. Pub/Sub의 스트리밍 데이터를 Cloud Storage에 있는 파일 또는 BigQuery 테이블과 결합시켜 결과를 BigQuery에 기록하고 시각화를 위한 실시간 대시보드를 구축할 수 있다.
- Dataflow 인터페이스로부터 Vertex AI 노트북을 사용해 최신의 데이터 과학과 머신러닝 프레임워크를 사용한 데이터 파이프라인을 구축하고 배포할 수 있다.

Dataflow의 인라인 모니터링을 사용하면 각 단계와 워커 수준의 파이프라인의 문제 해결을 돕는 작업 메트릭에 직접 접근할 수 있다.

Dataflow 거버넌스

Dataflow를 사용할 때 모든 데이터는 전송과 저장 시 암호화된다. 더욱 안전한 데이터 처리 환경을 위한 방법에는 다음과 같은 것이 있다.

- 공인 IP를 제거해 내부 시스템에서만 접속하도록 제한
- 데이터 유출 위험을 완화하는 데 도움을 주는 VPC 서비스 제어를 사용
- 자체 암호화 키를 사용하거나 사용자 관리형 암호화 키를 사용

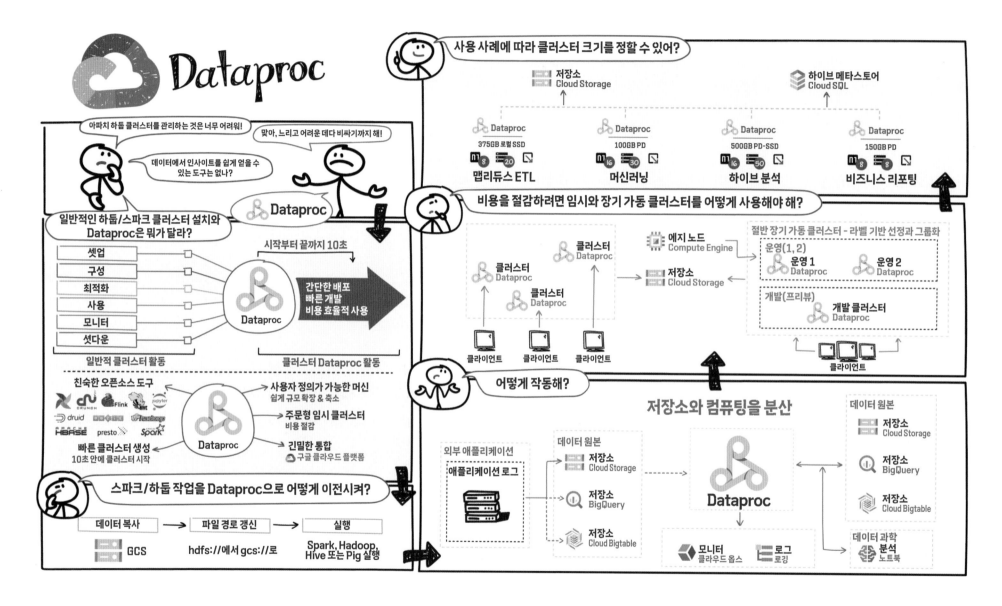

온프레미스 하둡과 스파크 에코 시스템에서 데이터를 분석하고 있다면, 이 작업에 비용과 시간이 많이 들어가고 엄청난 관리가 필요하다는 것을 절감할 것이다. Dataproc은 이런 문제를 해결하기 위해 등장한 것으로, 완전 관리형 아파치 스파크와 하둡 서비스다.

Dataproc 기능

- Dataproc 클러스터는 시작하고 확장하고 셧다운하는 데 평균적으로 90초 미만의 시간이 걸린다. 전통적인 클러스터 관리 작업에 비해 간단하고 빠르며 경제적으로 인사이트를 얻을 수 있다

Dataproc은 온프레미스 데이터 레이크보다 훨씬 더 경제적이다. 이는 클러스터 생성과 관리 책임 등 인프라에 대한 걱정에서 벗어나 데이터에 좀 더 집중할 수 있는 효과를 가져온다.

- Dataproc 클러스터는 컴퓨팅 가격이 더 저렴한 주문형 임시 선점형 인스턴스를 포함하므로 비용을 절약할 수 있다.
- 친숙한 오픈소스 도구와 데이터 분석(하둡, 스파크, 하이브Hive, 프레스토Presto, 플링크Flink) 에코 시스템을 지원한다.
- BigQuery, Bigtable, Cloud Storage를 포함해 구글 클라우드 서비스와 긴밀히 통합돼 있다.
- Dataproc 클러스터를 생성할 때 커버로스Kerberos를 통한 하둡 보안 모드를 활성화시켜 Dataproc 클러스터 내에서 사용자 인증, 격리, 암호화를 통해 멀티 테넌시multi-tenancy를 제공한다.
- Dataproc을 사용하기 위한 API 또는 새로운 도구를 배울 필요가 없으며, 재개발 없이 쉽게 기존 프로젝트를 Dataproc으로 이전할 수 있다. 또한 노트북, Looker 또는 다른 BI 도구를 사용해 데이터와 상호작용할 수 있다.
  - Dataproc은 Vertex AI, BigQuery, Dataplex의 통합을 통해 데이터 과학 사용자를 지원한다.
- 기존의 하둡, 스파크 작업을 이전하기 위해 할 일은 데이터를 Cloud Storage에 복사하고 하둡 파일 시스템Hadoop File System, HDFS을 Cloud Storage로 바꾸는 것이다. 자, 이로써 준비가 끝났다!

Dataproc 작동 원리

Dataproc은 저장소와 컴퓨팅을 세분화해 비용을 관리하고 워크로드를 보다 유연하게 확장하도록 도움을 준다. 외부 애플리케이션이 분석을 위해 로그를 보내는 사용 사례를 가정해보자. Cloud Storage, BigQuery, Bigtable과 같은 데이터 저장소에 데이터를 저장한다. 그런 다음 Dataproc에서 처리된 데이터는 다시 Cloud Storage, BigQuery 또는 Bigtable에 저장된다. 또한 데이터를 노트북에서 분석하기 위해 사용하고 로그를 Cloud Monitoring에 보낼 수 있다. 저장소가 분리돼 있으므로 길게 유지하는 클러스터에는 작업당 하나의 클러스터를 할당하지만, 비용을 절약하기 위해 라벨별로 그룹화하여 선택한 임시 클러스터만 사용할 수 있다. 또한 애플리케이션의 요구에 맞게 정확한 양의 메모리, CPU, 디스크 공간을 사용할 수 있다.

온프레미스 HDFS 데이터의 구글 클라우드 이전

데이터의 점진적인 이전 계획 후 작업 이전, 실험을 거쳐 각 데이터 내용을 이전한다. 그런 다음 찬찬히 검증해본다.

HDFS 데이터를 클라우드로 전송하는 데 두 가지 모델(푸시와 풀)을 고려해볼 수 있다. 푸시 모델은 가장 간단한 모델로, 온프레미스 원본 클러스터에서 distcp 작업을 데이터 노드에 실행시키고 파일을 직접 Cloud Storage로 보내는 방법이다. 풀 모델은 푸시 모델보다 좀 복잡하긴 하지만 몇 가지 이점이 있다. 풀 모델은 임시 Dataproc 클러스터에서 데이터 노드에 distcp 작업을 실행시키고 온프레미스 원본 클러스터에서 파일을 복사한 후 이를 Cloud Storage에 저장한다. 아파치 하둡 클러스터에서 구글 클라우드로 이전하는 방법을 결정하는 데 유용한 방법 네 가지를 소개한다.

- NoSQL 워크로드를 이전하고 HBase를 사용한다면 코프로세서 또는 피닉스Phoenix SQL이 필요한지 확인한다. 이 경우에 Dataproc은 가장 좋은 옵션이다. 그렇지 않다면 Bigtable이 좋은 선택지다. 왜냐하면 Bigtable은 관리형 와이드 칼럼 NoSQL 데이터베이스이기 때문이다.

- 스트리밍 데이터를 처리하고 아파치 빔을 사용한다면 아파치 빔 SDK를 기반으로 하는 Dataflow를 사용하는 것이 바람직하다. 스파크 또는 카프카를 사용하고 있다면 모든 스파크와 하둡을 관리하는 Dataproc이 최선이다.
- 대화형 데이터 분석을 하고 있거나 대화형 노트북에서 스파크로 임의의 쿼리를 한다면 Vertex AI의 관리형 주피터 노트북 또는 제플린Zeppelin을 조합한 Dataproc이 최선이다. 하이브 또는 프레스토에서 SQL로 데이터 분석을 하거나 그대로 사용

하길 원하는 경우에도 역시 Dataproc이 가장 좋다. 그러나 이런 대화형 데이터 분석용 관리형 솔루션에 관심이 있다면 BigQuery를 사용한다. BigQuery는 완전 관리형 데이터 분석과 데이터 웨어하우징 솔루션이다.

- 맵리듀스, 피그Pig, 스파크, 하이브를 사용해 ETL 또는 일괄 처리를 하고 있다면 Dataproc을 사용한다. 유사하게 아파치 에어플로Airflow 또는 우지Oozie와 같은 워크플로 오케스트레이션 도구를 사용하고, 워크플로 작업이 유지되길 원한

다면 Dataproc이 적합하다. 만약 관리형 솔루션을 원한다면 Cloud Composer를 추천한다. Cloud Composer는 관리형 아파치 에어플로 서비스다.

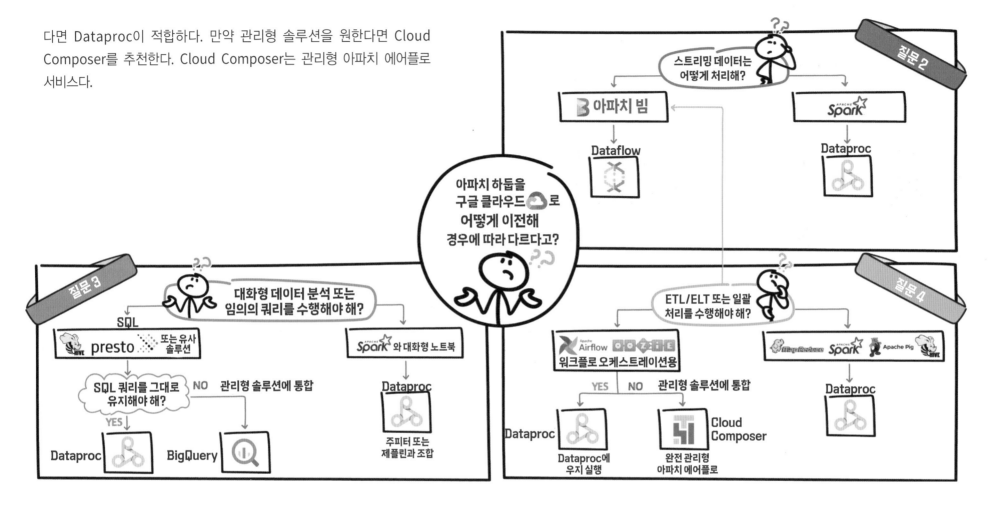

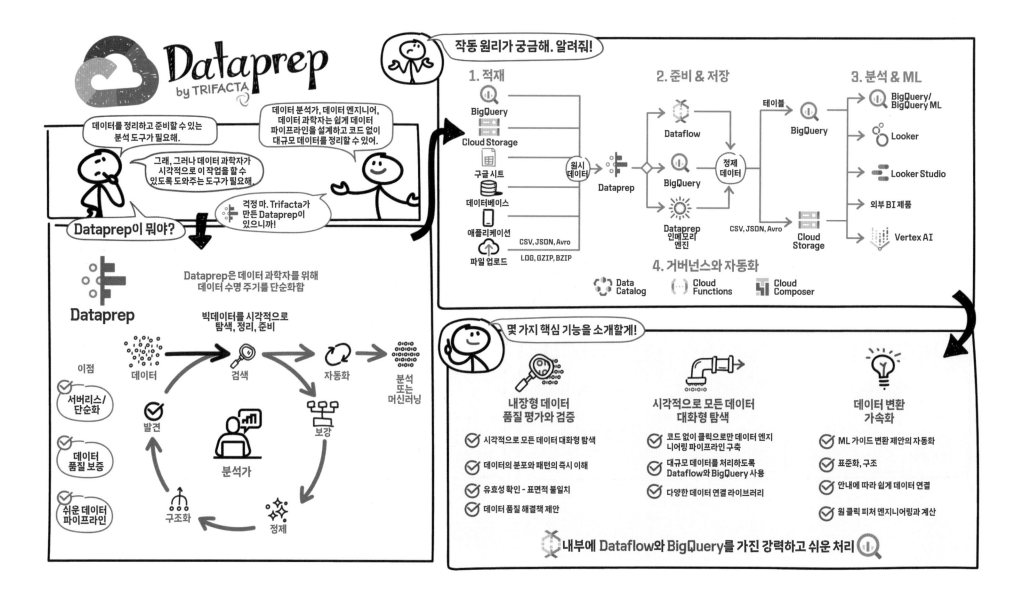

의사결정을 위해 데이터를 사용하는 리더의 위치에 있든, 깔끔하고 신뢰성 있는 데이터를 제공하는 지원 역할을 하든지 간에 상관없이, 데이터를 준비하고 처리하는 데 얼마나 많은 노력이 필요한지(종종 좌절 모드) 잘 알 것이다. 데이터가 어디에 있는지? 어떻게 접근하는지? 데이터에 무엇이 들어 있는지? 데이터를 신뢰할 수 있는지? 사용할 수 있는 형식으로 바꾸려면 어떻게 해야 하는지? 이 데이터를 다른 데이터와 어떻게 결합해야 하는지? 이 모든 절차를 어떻게 자동화하는지? Dataprep을 사용해 이 번거롭고 고통스러운 절차를 원활하고 재미있는 환경으로 바꾸는 방법을 알아보자!

트리팩타Trifacta가 제공하는 Dataprep은 서버리스의 네이티브 구글 데이터 준비preparation 솔루션으로 광범위한 구글 클라우드 스마트 분석 포트폴리오의 일부다. Dataprep을 사용하면 데이터 분석가, 비즈니스 분석가, 데이터 엔지니어, 데이터 과학자가 빅데이터를 시각적으로 탐색하고 정리하고 준비할 수 있다.

데이터 준비

데이터 랭글링wrangling으로도 알려져 있는 데이터 준비는 다양하고 원시적이며 지저분한 데이터에 접근하여 평가, 변환을 거쳐 분석하고 데이터 과학의 요구 사항에 따라 깨끗하고 일관된 뷰로 정제하는 셀프서비스 활동을 가리킨다. 데이터를 준비하는 것은 필수적인 사항이나 시간을 많이 잡아먹는다. 데이터 팀은 그들의 시간의 80%를 투자해 원시 데이터를 고품질의 분석을 곁들인 출력물로 변환시킨다.

원시 데이터를 정제된 데이터로 준비하는 작업은 다섯 가지 단계를 거친다.

발견

어떻게 데이터에 접근하는지? 데이터에 무엇이 들어 있는지? 신뢰할 수 있는지? Dataprep은 다양한 데이터 원본에 접근하고 데이터의 특성을 발견해 빠르게 가치를 결정할 수 있도록 도와준다.

구조화

현재의 형식으로 데이터를 사용할 수 있는지? 구조화는 데이터의 형태 또는 스키마를 변환시키는 작업을 의미한다. 칼럼 분리, 행 피보팅pivoting, 필드 삭제는 구조화의 모든 형태다. Dataprep은 현재 작업하고 있는 데이터와 데이터에 적용한 상호작용 유형을 기반으로 최상의 다음 변환을 예측하고 제안한다.

정제

모든 데이터가 유효한가? 카테고리는 올바른가? SKU가 누락되지는 않았나? 정제 단계 동안 Dataprep은 누락되거나 불일치하는 값과 같은 데이터 품질 문제를 표시하고 적절한 변환을 제안한다.

보강

데이터를 단독으로 유지하거나 공개 또는 내부 저장소의 다른 데이터 세트를 가지고 와서 확장하길 원하는가? 필요한 데이터는 다중 파일, 애플리케이션, 데이터베이스에 분산돼 있을 수 있다. Dataprep으로 데이터 딕셔너리 조회를 빠르게 훑어보거나 다양한 데이터 세트를 이용해 조인과 통합을 수행할 수 있다.

검증

데이터에 적용한 변환을 신뢰하고 있는지? 정확한 결과인자? Dataprep은 변환된 데이터 세트 전체에 걸쳐 데이터 품질 지표를 프로파일링하고 제공한다. 여기서 초기에 식별되지 않았던 데이터 부정확성에 대한 최종 확인을 할 수 있다.

데이터를 성공적으로 구조화하고 정제하고 보강하고 검증까지 하면 다운스트림 분석 처리에서 사용할 수 있도록 랭글링된 출력을 게시한다.

Dataprep의 작동 원리

Dataprep은 BigQuery, Cloud Storage, 구글 시트Google Sheets, 수많은 클라우드 애플리케이션과 전통 데이터베이스에 연결해 필요한 모든 데이터를 변환하고 정제할 수 있다.

Dataprep은 Dataflow와 BigQuery의 상단에 구축된다. 이것은 설계한 모든 데이터 변환과 정제 규칙이 Dataprep의 데이터 변환 레시피를 Dataflow 작업 또는 BigQuery SQL 구문으로 해석함으로써 크든 작든 모든 데이터를 변환하도록 쉽게 확장할 수 있다는 것을 의미한다.

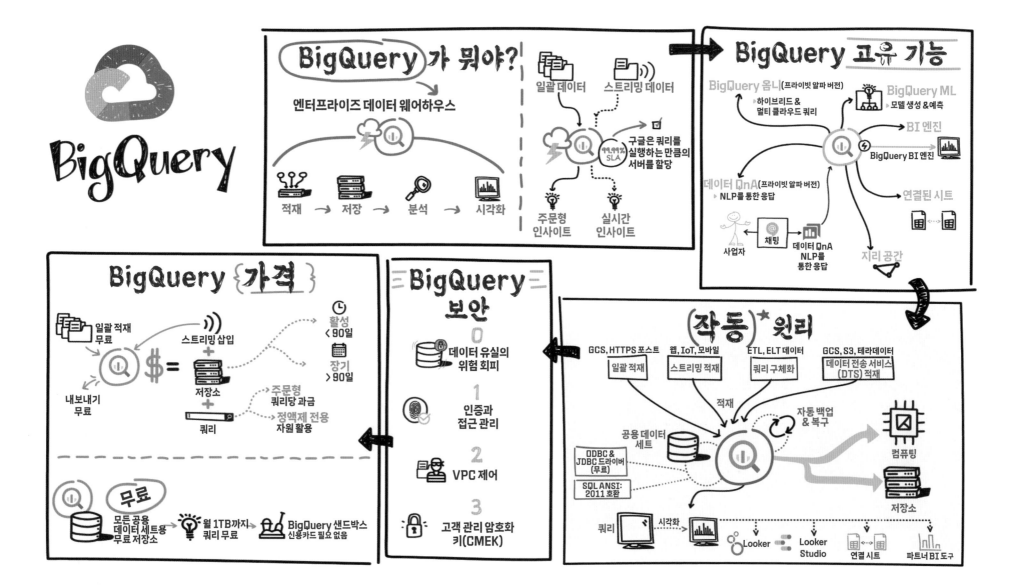

BigQuery가 뭐야?

엔터프라이즈 데이터 웨어하우스

적재 → 저장 → 분석 → 시각화

일괄 데이터 / 스트리밍 데이터

99.99% SLA

구글은 쿼리를 실행하는 만큼의 서버를 할당

주문형 인사이트 / 실시간 인사이트

BigQuery 고유 기능

BigQuery 옴니 (프라이빗 알파 버전)
▸ 하이브리드 & 멀티 클라우드 쿼리

BigQuery ML
▸ 모델 생성 & 예측

데이터 QnA (프라이빗 알파 버전)
▸ NLP를 통한 응답

BI 엔진
BigQuery BI 엔진

연결된 시트

사업자 → 채팅 → 데이터 QnA NLP를 통한 응답

지리 공간

BigQuery 가격

일괄 적재 무료
스트리밍 삽입
+ 저장소 + 쿼리

활성 < 90일
장기 > 90일

내보내기 무료

주문형 쿼리당 과금
정액제 전용 자원 활용

무료
모든 공용 데이터 세트용 무료 저장소
월 1TB까지 쿼리 무료
BigQuery 샌드박스 신용카드 필요 없음

BigQuery 보안

0 데이터 유실의 위험 회피

1 인증과 접근 관리

2 VPC 제어

3 고객 관리 암호화 키(CMEK)

(작동)* 원리

GCS, HTTPS 포스트
일괄 적재

웹, IoT, 모바일
스트리밍 적재

ETL, ELT 데이터
쿼리 구체화

GCS, S3, 테라데이터
데이터 전송 서비스 (DTS) 적재

적재

공용 데이터 세트

ODBC & JDBC 드라이버 (무료)
SQL ANSI: 2011 호환

자동 백업 & 복구

컴퓨팅

저장소

쿼리 → 시각화 → Looker / Looker Studio / 연결 시트 / 파트너 BI 도구

데이터가 이미 BigQuery 또는 Cloud Storage에 있다면 Looker Studio 또는 Looker로 분석할 수 있고, Vertex AI 서비스로 ML 모델을 학습시키거나 Qlik 또는 태블로Tableau와 같은 외부 분석 타사 솔루션으로 인사이트를 얻을 수 있다.

구글 클라우드의 네이티브 서비스인 Dataprep은 예를 들어 Cloud Composer, Cloud Functions으로 제어할 수 있는 API를 통해 통제와 자동화가 이루어진다.

조직은 데이터 웨어하우스에 의존해 다양한 원본으로부터 데이터를 집계하고 처리하여 데이터 분석을 도와주고 전략적 의사결정을 지원한다. BigQuery는 손쉬운 대규모 분석을 통해 실행 가능한 인사이트를 빠르게 제공해주는 구글 클라우드의 엔터프라이즈 데이터 웨어하우스다. 일괄 업로드 또는 스트리밍 데이터를 통해 BigQuery에 데이터를 직접 적재해 실시간의 인사이트를 얻을 수 있다. 완전 관리형 데이터 웨어하우스로 구글이 인프라를 관리하므로 페타바이트 규모의 데이터를 분석하는 데만 집중할 수 있다. BigQuery는 데이터의 분석을 위해 SQL을 지원하므로 ANSI와 호환되는 관계형 데이터베이스를 사용한 경험이 있다면 익숙할 것이다.

BigQuery 고유 기능

- **BI 엔진**: BigQuery BI 엔진은 높은 실시간성을 바탕으로 수 초 내의 쿼리 응답 시간을 지원하는 빠른 인메모리 분석 서비스로, 구글 Looker Studio와 Looker를 쿼리의 시각화용으로 통합할 뿐 아니라, 다른 인기 있는 비즈니스 인텔리전스(BI) 도구와도 통합할 수 있다.
- **BigQuery ML**: BigQuery ML은 수백만 데이터 분석가를 위한 머신러닝을 제공한다. 데이터 분석가 또는 데이터 과학자가 BigQuery 내에서 간단한 SQL로 머신러닝 모델을 직접 구축해 운영할 수 있다.
- **BigQuery 옴니**: BigQuery 옴니Omni는 Anthos에 의해 보강된 유연한 멀티 클라우드 분석 솔루션으로, BigQuery UI를 그대로 사용하면서도 구글 클라우드, 아마존 웹 서비스Amazon Web Service, AWS, 애저Azure에서 경제적이면서도 안전하게 데이터에 접속할 수 있게 해준다. 표준 SQL과 동일한 BigQuery API를 이용해 데이터 사일로silo를 해체하고 단일한 화면으로 중요한 비즈니스 인사이트를 얻을 수 있다.

- **데이터 QnA**: 데이터 QnA를 사용하면 Cloud Storage, Bigtable, Cloud SQL, 구글 드라이브와 연결된 데이터뿐 아니라 BigQuery 데이터상의 비즈니스 사용자를 위한 셀프서비스 분석이 가능하다. Dialogflow를 통해 사용자가 질문을 입력하는 동안 자동 추천 항목으로 자유 형식의 텍스트 분석 관련 질문을 형식화할 수 있다.
- **연결 시트**: 시트와 BigQuery의 기본적인 통합으로 스프레드 시트 도구에 이미 익숙한 모든 비즈니스 당사자가 요구할 때마다 최신의 인사이트를 제공해준다.
- **지리 공간geospatial 데이터**: BigQuery는 GeoJSON과 WKT 형식의 지리 데이터 유형으로 정확한 공간 분석을 제공한다. 친숙한 SQL을 사용해 핵심 GIS 기능을 지원한다(측정, 변환, 생성자 등).

작동 원리

BigQuery는 어떻게 작동할까? 소유한 데이터를 BigQuery에 적재하거나 공개 데이터 세트의 데이터를 이용한다. 분리되어 있는 저장소와 컴퓨팅은 요청에 따라 독립적으로 확장할 수 있다. 이것은 비싼 컴퓨팅 자원을 항상 가동하고 실행할 필요가 없으므로 비즈니스에 엄청난 유연성과 비용 절감 효과를 가져온다. 이것이 바로 전통적인 노드 기반의 클라우드 데이터 웨어하우스 솔루션 또는 온프레미스 시스템과 매우 다른 점이다. 데이터의 백업과 복원은 자동으로 이루어지므로 따로 작업할 필요가 없다.

일괄 방식으로 데이터를 BigQuery에 적재하거나 Pub/Sub을 통해 웹, IoT, 모바일 장비에서 실시간 데이터를 스트리밍 방식으로 적재할 수 있다. 또한 다른 클라우드, 온프레미스 시스템 또는 외부 서비스의 데이터를 수집하는 데이터 전송 서비스를 사용할 수 있다. ODBC와 JDBC 드라이버를 지원하므로 기존의 도구로 인프라에 접근하는 것이 가능하다.

BigQuery와의 상호작용을 통해 데이터를 적재하고 쿼리를 실행하거나 ML 모델을 만드는 방법에는 세 가지가 있다. Google Cloud 콘솔 UI의 사용, BigQuery 커맨드 라인 도구를 이용하는 것, 여러 가지 언어로 제공되는 클라이언트 라이브러리의 API를 사용하는 것이다.

데이터를 시각화해야 할 때 BigQuery는 Looker뿐 아니라 타사 생태계에 걸친 여러 가지 다른 비즈니스 인텔리전스 도구와 통합된다.

BigQuery 저장소 내부

BigQuery는 완전 관리형 저장소를 제공하며 이는 서버를 프로비저닝할 필요가 없음을 의미한다. 크기 조절이 자동으로 이루어지고 사용한 만큼만 지불하면 된다. BigQuery는 칼럼 형식으로 저장되는 대규모 데이터 분석용으로 적합하다.

PostgreSQL과 MySQL과 같이 전통적인 관계형 데이터베이스는 레코드 지향 저장소에 한 행씩 데이터를 저장한다. 이 같은 방식은 데이터를 읽거나 쓰는 데 단일 칼럼만 필요한 트랜잭션 업데이트와 온라인 거래 처리online transaction processing, OLTP 사용 사례에 적합하다. 그러나 모든 칼럼의 합계와 같은 집계를 수행하길 원한다면 모든 테이블을 메모리에 읽어 들여야 한다.

BigQuery는 각 칼럼이 별도의 파일 블록에 저장되어 있는 칼럼형 저장소를 사용한다. 이러한 특성상 BigQuery는 온라인 분석 처리online analytical processing, OLAP 사용 사례에 이상적인 솔루션이다. 집계를 수행하려면 집계할 칼럼만 읽으면 된다.

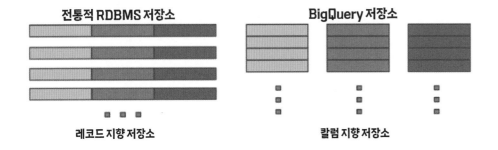

드레멜: BigQuery의 쿼리 엔진

드레멜Dremel은 워커의 클러스터로 구성되어 있다. 각 워커는 작업의 일부를 독립적이고 병렬로 실행한다. BigQuery는 분산 셔플shuffle 메모리 계층을 사용해 다양한 실행 단계에서 워커가 생성한 임시 데이터를 저장한다. 셔플은 매우 빠른 페타비트 네트워크 기술과 어디서나 사용할 수 있는 램과 같은 몇 가지 아주 흥미로운 구글 기술을 사용한다. 셔플된 각 열들은 생성되자마자 워커가 바로 처리할 수 있다.

이것을 통해 파이프라인에서 분산 작업을 수행할 수 있다. 추가적으로 하나의 워커가 부분적으로 일부 출력을 기록하고 종료되면(예를 들어, 하부 하드웨어가 전원 문제를 겪는) 작업의 일부가 간단히 다시 큐에 추가돼 다른 워커로 전송된다. 이 말인즉 한 스테이지에 있는 단일 워커가 실패했다손 쳐도 모든 워커의 재실행이 요구되지 않는다는 걸 의미한다.

쿼리를 완료하면 결과는 영구 저장소에 기록되고 사용자에 반환된다. 또한 캐싱된 결과를 활성화해 쿼리가 다시 실행될 때 동일 결과를 제공한다.

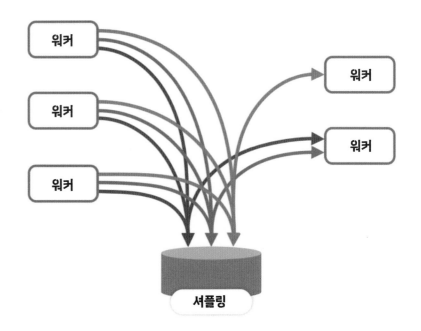

보안

BigQuery는 대규모의 내장형 데이터 보호를 제공한다. 조직 내의 데이터를 효과적으로 관리하고 인사이트를 대중화할 수 있는 보안과 거버넌스 도구를 제공한다.

- BigQuery 내에서 사용자는 데이터 세트 수준과 프로젝트 수준의 권한을 할당하여 데이터 접근을 관리할 수 있다. 안전한 데이터를 공유함으로써 신뢰를 기반으로 비즈니스를 운영하고 협업할 수 있다.
- 데이터는 전송과 저장 시 자동으로 암호화가 이루어지며 침입, 도난, 공격으로부터 보호를 받는다.
- Cloud DLP는 민감성 데이터 애셋을 탐색하고 분류하는 데 도움을 준다..
- Cloud IAM은 보안 정책에 대한 접근 제어와 가시성을 제공한다.
- Data Catalog는 데이터를 검색하고 관리하도록 돕는다.

가격

BigQuery 샌드박스는 BigQuery 기능의 무료 탐색을 통해 필요에 맞는지 확인하도록 한다. 이를 통해 유연하고 예측 가능한 가격 대비 성능으로 데이터 분석가의 생산성을 좀 더 높일 수 있다. BigQuery를 사용하면 데이터 쿼리, 저장, 스트리밍 삽입에 대한 비용을 지불한다. 데이터를 적재하고 내보내는 것은 무료다. 저장소 비용은 저장된 데이터 양을 기반으로 과금하는데, 데이터의 변경 빈도에 기반해 두 가지 요금을 부과한다. 쿼리 요금 체계는 다음 중 하나다.

- **정량제**: 처리되는 데이터의 양에 따라 쿼리당 비용을 청구한다.
- **정액제**: 전용 자원을 구매한 경우에 해당한다.

선제적이든, 계획된 기간 동안 확장이든, EDW의 완전한 이전 수행이든 가장 적합한 모델을 선택하는 것이 좋다.

- 쓴 만큼 과금하는 것으로 시작해 정액제로 이동
- 정액제로 시작하고 사용법을 이해한 후 추가 워크로드에 대해 쓴 만큼 과금하는 모델로 이동
- 고정된 월 비용으로 데이터 웨어하우스 번들 사용

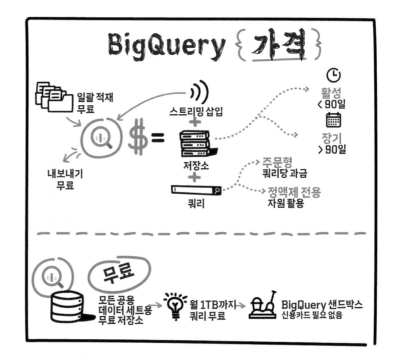

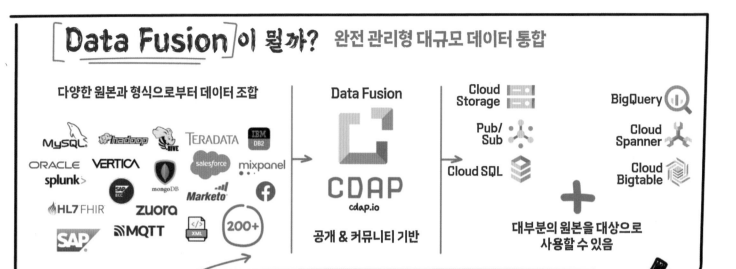

Data Fusion이 뭘까?   완전 관리형 대규모 데이터 통합

다양한 원본과 형식으로부터 데이터 조합

MySQL · hadoop · HIVE · TERADATA · IBM DB2
ORACLE · VERTICA · salesforce · mixpanel
splunk> · SAP ECC · mongoDB · Marketo · f
HL7 FHIR · ZUORA
SAP · MQTT · XML · 200+

Data Fusion

CDAP
cdap.io

공개 & 커뮤니티 기반

Cloud Storage
Pub/Sub
Cloud SQL

BigQuery
Cloud Spanner
Cloud Bigtable

+

대부분의 원본을 대상으로
사용할 수 있음

페르소나 기반 기능

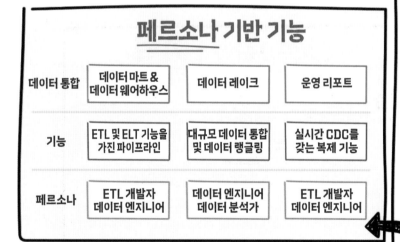

데이터 통합	데이터 마트 & 데이터 웨어하우스	데이터 레이크	운영 리포트
기능	ETL 및 ELT 기능을 가진 파이프라인	대규모 데이터 통합 및 데이터 랭글링	실시간 CDC를 갖는 복제 기능
페르소나	ETL 개발자 데이터 엔지니어	데이터 엔지니어 데이터 분석가	ETL 개발자 데이터 엔지니어

Data Fusion의 데이터 통합 기능

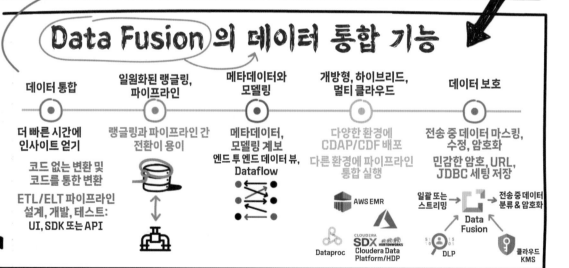

데이터 통합
더 빠른 시간에
인사이트 얻기

코드 없는 변환 및
코드를 통한 변환

ETL/ELT 파이프라인
설계, 개발, 테스트:
UI, SDK 또는 API

**일원화된 랭글링,
파이프라인**
랭글링과 파이프라인 간
전환이 용이

**메타데이터와
모델링**
메타데이터,
모델링 계보
엔드 투 엔드 데이터 뷰,
Dataflow

**개방형, 하이브리드,
멀티 클라우드**
다양한 환경에
CDAP/CDF 배포
다른 환경에 파이프라인
통합 실행

AWS EMR · Dataproc · SDX CLOUDERA HORTONWORKS Cloudera Data Platform/HDP

데이터 보호
전송 중 데이터 마스킹,
수정, 암호화

민감한 암호, URL,
JDBC 세팅 저장

일괄 또는 스트리밍 → Data Fusion → 전송 중 데이터 분류 & 암호화
DLP · 클라우드 KMS

데이터 분석가가 봉착하는 가장 큰 난제는 데이터가 도처에 존재하고 형식이 서로 다르다는 점이다. 결과적으로 데이터로부터 통찰을 얻기도 전에 수많은 통합 활동을 수시로 수행해야 한다. Data Fusion은 수집, 추출/변환/적재(ETL), 스트리밍을 포함한 모든 엔터프라이즈의 데이터 통합 활동을 SLA와 비용에 최적화된 실행 엔진으로 제공해주는 원스톱 쇼핑 서비스다. 이것은 ETL 개발자, 데이터 분석가, 데이터 엔지니어의 편의성을 지향한다.

Data Fusion은 구글의 클라우드 네이티브, 완전 관리형, 확장형 엔터프라이즈 데이터 통합 플랫폼이다. 데이터베이스, 애플리케이션, 메시징 시스템, 메인프레임, 파일, SaaS, IoT 장비로부터 다양한 형식의 거래형, 소셜 또는 머신 데이터를 가져올 수 있다. 임시 또는 전용 Dataproc 스파크 클러스터에 데이터 파이프라인을 실행시키기 위한 배포 기능과 가상 인터페이스를 쉽게 사용할 수 있는 기능을 제공한다. Cloud Data Fusion은 오픈소스 CDAP를 기반으로 한다. CDAP는 구글 클라우드 또는 하이브리드와 멀티 클라우드 환경에 이식할 수 있는 파이프라인을 만들 수 있다.

데이터 통합 기능

Data Fusion 통합 기능은 데이터 통합, 일원화된 랭글링과 파이프라인, 메타데이터와 및 모델링, 데이터 보호와 개방형, 하이브리드, 멀티 클라우드 기능을 포함한다.

데이터 통합

Data Fusion은 최적화된 분석과 가속화된 데이터 변환을 위한 데이터 통합을 제공한다. 200개 이상의 연결과 형식의 광범위한 세트의 지원을 통해 데이터를 추출하고 랭글링을 할 수 있도록 도와준다. 가상 환경에서 생산성을 향상시켜주는 데이터 파이프라인을 개발할 수 있다. 데이터 파이프라인의 수명 주기를 설계하고 자동화하고 오케스트레이션하고 관리하는 확장 REST API를 제공한다. 일괄, 스트리밍 또는 실시간을 포함한 모든 데이터 배포 모드를 지원한다. 데이터 통합 절차 모니터링, SLA 관리, 통합 작업의 최적화를 돕는 운영 인사이트를 제공한다. 음원 파일을 텍스트로 변환하고 이미지, 문서에서 특성을 추출하는 등과 같이 Vertex AI를 사용하는 비정형 데이터를 파싱parsing 하고 보강하는 기능도 지원한다.

일원화된 랭글링과 파이프라인

Data Fusion은 고급 데이터 일관성 기능으로 비즈니스 의사결정을 돕는다. 변환, 데이터 품질 확인, 사전 정의 지침에 따른 구조화된 방식으로 오류 발생 위험을 최소화한다. 데이터 형식은 시간이 지나면서 변하므로 Data Fusion은 변경을 식별하고 사용자가 오류 처리를 정의해 데이터의 밀림drift을 다루도록 돕는다.

메타데이터와 모델링

메타데이터를 통해 인사이트를 얻을 수 있다. 데이터 세트와 파이프라인의 기술, 비즈니스, 운영 메타데이터를 수집할 수 있고, 검색으로 쉽게 메타데이터를 찾을 수 있다. 데이터 모델을 이해하고 데이터, 흐름, 데이터 세트의 관계를 이해하는 데 도움을 주는 엔드 투 엔드 데이터 뷰를 제공한다. 카탈로그 간 메타데이터를 교환하고 REST API를 사용해 최종 사용자 Workbench와 통합할 수 있다. Data Fusion의 데이터 계보data lineage 기능을 활용하면 데이터의 흐름과 비즈니스 의사결정 방법을 이해할 수 있다.

개방형, 하이브리드형, 멀티 클라우드

CDAP를 기반으로 한다. 온프레미스와 클라우드의 데이터 분석 애플리케이션인 CDAP는 100% 오픈소스 프레임워크로, 비즈니스 요구 사항에 맞게 변경하지 않고도 다른 환경에서 통합 파이프라인을 실행하고 배포할 수 있다.

데이터 보호

- 비공개 IP로 온프레미스 데이터에 대한 안전한 접근을 제공
- 저장 시스템의 모든 사용자 데이터를 제어하기 위해 기본적으로 저장된 데이터를 암호화하거나 사용자 관리형 암호화 키로 암호화
- 플랫폼 자원 주변의 보안 경계인 VPC 서비스 제어를 통해 데이터 유출 방지
- 클라우드 KMS에 민감한 암호, URL, JDBC 문자열 저장 및 외부 KMS 시스템과 통합 가능
- 전송 중 마스킹, 수정, 암호화를 위해 Cloud Data Loss Prevention과 통합 가능

왜 [Data Catalog] 가 필요해?

애셋을 찾을 수 없어서 사용이 어려움 | 로컬 데이터와 의미 차이가 있음 | 의사결정을 하기에 데이터를 신뢰할 수 없음

 엔터프라이즈 사일로 = 데이터 기반 조직에 대한 장애 요소

 데이터에 대한 규칙 없음, 데이터의 흐름에 대한 이해 없음 = 제한된 데이터 이용

Data Catalog 가 뭐야?

✓ 클라우드 네이티브 검색과 메타데이터 관리

자동 수집
메타데이터의 실시간, 일괄 동기화

데이터 찾기
간단하고 확장 가능한 키워드 검색

자동 태깅
DLP에 의해 강화된 BigQuery에 있는 민감성 데이터의 통합된 자동 태깅

태그
데이터 애셋을 위한 사전 준비 실제 태그 템플릿

접근 제어
IAM으로 일원화되고 통합된 보안

오픈 API
파이썬, 자바, Go, 루비, C#, PHP를 지원하는 API의 메타데이터 읽기, 쓰기, 검색 기능

Data Catalog 아키텍처 *

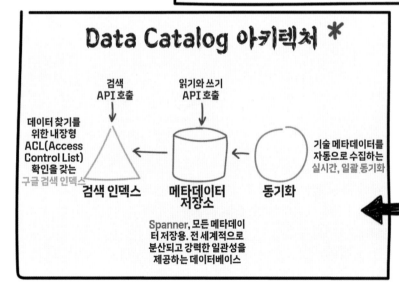

검색 API 호출

읽기와 쓰기 API 호출

데이터 찾기를 위한 내장형 ACL(Access Control List) 확인을 갖는 구글 검색 인덱스

기술 메타데이터를 자동으로 수집하는 실시간, 일괄 동기화

검색 인덱스 ← 메타데이터 저장소 ← 동기화

Spanner, 모든 메타데이터 저장용. 전 세계적으로 분산되고 강력한 일관성을 제공하는 데이터베이스

Data Catalog 원리

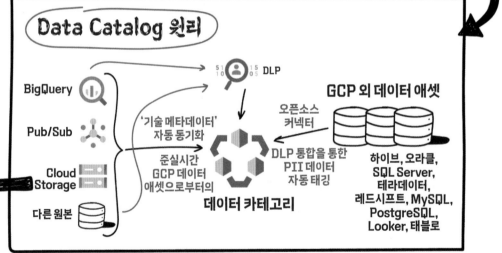

BigQuery

Pub/Sub

Cloud Storage

다른 원본

DLP

'기술 메타데이터' 자동 동기화

준실시간 GCP 데이터 애셋으로부터의

오픈소스 커넥터

DLP 통합을 통한 PII 데이터 자동 태깅

데이터 카테고리

GCP 외 데이터 애셋

하이브, 오라클, SQL Server, 테라데이터, 레드시프트, MySQL, PostgreSQL, Looker, 태블로

사람들은 분석 콘텐츠를 찾느라 고군분투한다. 콘텐츠를 찾는 것이 어려울수록 비즈니스의 초기 목표가 실패할 가능성은 더 높아진다. 이것이 바로 사용자의 회사를 포함한 모든 회사가 데이터를 찾기 용이하도록 데이터와 인사이트를 대중화하려는 이유다. 엔터프라이즈 사일로silo 때문에 필요한 애셋을 찾기가 어려워 편중된 의미 체계를 구성하느라 나머지 조직과 통합하기 어렵고 데이터 품질에 대한 신뢰가 떨어진다. 이는 데이터 분석 여정을 방해하는 요인 중 하나다. 그러면 어떻게 해야 데이터를 쉽게 찾을 수 있을까? Data Catalog를 사용하면 된다.

Data Catalog는 확장 가능한 완전 관리형 메타데이터 관리 서비스로, 한곳에서 모든 데이터를 빠르게 찾고 이해하고 관리하도록 강화해주는 서비스다. 이 서비스는 데이터 검색 기능을 제공하고, 기술적이고 비즈니스적인 사용자를 위해 데이터와 인사이트를 대중화함으로써 데이터 기반 의사결정의 문화를 조성한다. Data Catalog는 다음을 제공한다.

* 구글 클라우드와 외부 시스템에 있는 데이터 애셋에 대한 통합된 뷰
* 지메일과 동일한 검색 기술을 사용해 데이터 애셋을 쉽고 빠르게 찾을 수 있는, 사용하기 용이하고 간단한 검색 인터페이스
* (자동화된) 기술 메타데이터와 (태그 기반) 비즈니스 메타데이터 모두를 정형화된 형식으로 캡처하는 유연하고 강력한 시스템
* 강화되고 조직화된 비즈니스 메타데이터를 제공하는 스키마화된 태그. 태그 구조는 태그와 안에 포함된 모든 키-값 쌍 사이의 암시적인 관계를 정의하는 데 도움을 주므로 구조화된 형태에서 모든 연관 정보를 한 번에 얻는 것이 가능. 그렇지 않다면 다중 태그를 살펴보고 그들 사이의 관계를 분석하는 과정이 필요함
* 비즈니스 메타데이터 태그를 원활하게 생성하고 적용하는 UI
* 메타데이터의 검색, 읽고 쓰기, 대량 업로드를 위한 전체 API 접근과 다른 시스템과의 통합

Data Catalog 작동 원리

Data Catalog는 모든 프로젝트, 시스템, 리전에서 접근할 수 있는 통합 검색을 제공하며 다음과 같이 작동한다.

* Cloud Storage, Pub/Sub, BigQuery, 다른 구글 클라우드 원본으로부터 기술적 메타데이터 자동 동기화
* 외부 데이터 원본으로부터 메타데이터를 가져오는 오픈소스 커넥터 제공
* DLP 통합을 통해 개인 식별 정보personally identifiable information, PII를 자동 태깅

Data Catalog 아키텍처

* **동기화**: 여러 곳에 복사된 기술 메타데이터를 동시에 일치시킨다.
* **메타데이터 저장소**: 실시간으로 동기화되는 데이터베이스로, 전역 분산되어 메타데이터를 저장한다.
* **검색 인덱스**: 구글 검색 인덱스는 지메일과 구글 드라이브에 적용된 동일한 기술을 이용해 데이터 검색에 내장형 ACL을 확인한다.

데이터 거버넌스

Data Catalog는 데이터 보안 정책을 강화하고 IAM과 Cloud DLP 통합을 통한 규정 준수를 유지하는 데 도움을 줌으로써 적합한 사람만 정확한 데이터에 접근하도록 지원하고 민감성 데이터를 보호해준다. 구글 클라우드 자원의 검색, 찾기 또는 표시 전에 Data Catalog는 BigQuery, Pub/Sub, Dataproc 메타스토어Metastore 또는 자원에 접근하는 다른 원본 시스템이 요구하는 메타데이터 읽기 권한에 사용자가 IAM 역할을 부여받았는지 확인한다.

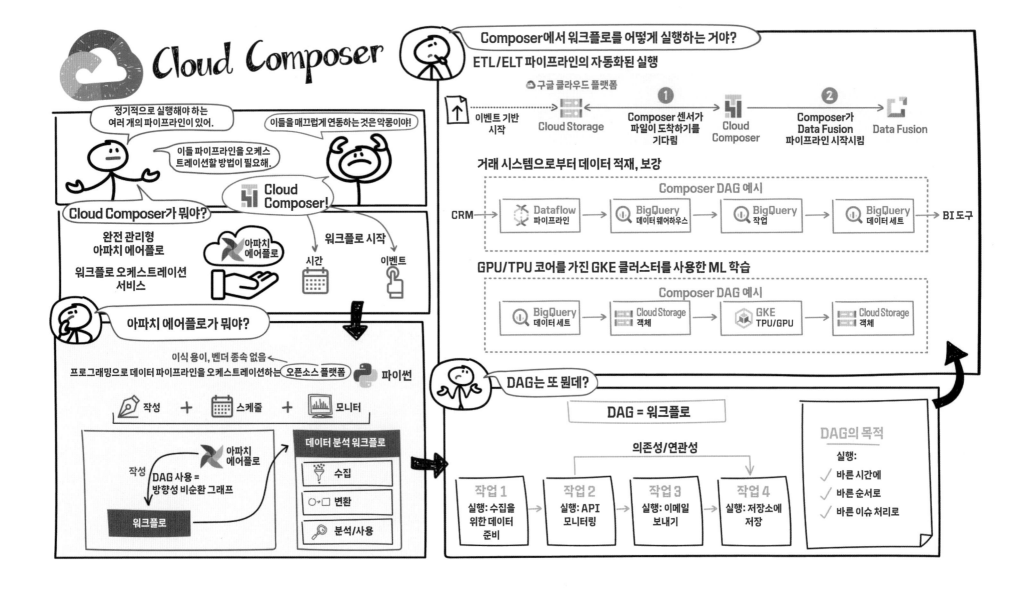

Cloud Composer

정기적으로 실행해야 하는
여러 개의 파이프라인이 있어.

이들 파이프라인을 오케스
트레이션할 방법이 필요해.

이들을 매끄럽게 연동하는 것은 악몽이야!

Cloud Composer!

Cloud Composer가 뭐야?

완전 관리형
아파치 에어플로

워크플로 오케스트레이션
서비스

아파치
에어플로

워크플로 시작

시간   이벤트

아파치 에어플로가 뭐야?

이식 용이, 벤더 종속 없음
프로그래밍으로 데이터 파이프라인을 오케스트레이션하는 오픈소스 플랫폼 파이썬

작성 + 스케줄 + 모니터

작성

DAG 사용 =
방향성 비순환 그래프

아파치
에어플로

워크플로

데이터 분석 워크플로

수집

○→□ 변환

분석/사용

Composer에서 워크플로를 어떻게 실행하는 거야?

ETL/ELT 파이프라인의 자동화된 실행

구글 클라우드 플랫폼

이벤트 기반
시작

Cloud Storage

① Composer 센서가
파일이 도착하기를
기다림

Cloud
Composer

② Composer가
Data Fusion
파이프라인 시작시킴

Data Fusion

거래 시스템으로부터 데이터 적재, 보강

Composer DAG 예시

CRM → Dataflow
파이프라인 → BigQuery
데이터 웨어하우스 → BigQuery
작업 → BigQuery
데이터 세트 → BI 도구

GPU/TPU 코어를 가진 GKE 클러스터를 사용한 ML 학습

Composer DAG 예시

BigQuery
데이터 세트 → Cloud Storage
객체 → GKE
TPU/GPU → Cloud Storage
객체

DAG는 또 뭔데?

DAG = 워크플로

의존성/연관성

작업 1
실행: 수집을
위한 데이터
준비 → 작업 2
실행: API
모니터링 → 작업 3
실행: 이메일
보내기 → 작업 4
실행: 저장소에
저장

DAG의 목적

실행:
✓ 바른 시간에
✓ 바른 순서로
✓ 바른 이슈 처리로

데이터 파이프라인을 구축할 때 파이프라인의 워크플로를 모니터링하고 관리하고 주기적으로 실행할 수 있도록 자주 자동화해야 한다. Cloud Composer는 아파치 에어플로를 기반으로 한 완전 관리형 워크플로 오케스트레이션 서비스로, 하이브리드와 멀티 클라우드 환경에서 파이프라인을 작성하고 스케줄링하고 모니터링하는 데 도움을 준다.

아파치 에어플로 로컬 인스턴스를 관리하는 대신 Cloud Composer를 사용하면 구글 클라우드가 기술적 복잡성을 담당하므로 설치, 관리, 패치, 백업 과부하 없이 최고의 에어플로를 활용하는 이점을 누릴 수 있다. 또한 Cloud Composer는 엔터프라이즈급으로 준비가 된 수많은 보안 기능을 제공하므로 보안에 대해 걱정할 필요가 없다. 마지막으로 Cloud Composer의 최신 버전에서 지원하는 자동 확장 기능은 급격하게 증가하는 실행 패턴을 갖는 워크플로에 비용 효율성과 추가 안정성을 제공한다.

Cloud Composer 작동 원리

데이터 분석에 있어서 워크플로는 수집, 변환, 분석 또는 데이터 사용의 일련의 작업을 표시한다. 에어플로에서 워크플로는 방향성 비순환 그래프directed acyclic graphs, DAG를 사용해 작성한다.

DAG는 관계와 의존성을 반영하는 방식으로 스케줄링하고 실행하는 작업 모음이다. 파이썬 스크립트로 작성된 DAG는 코드를 이용해 DAG 구조(작업과 의존성)를 정의한다. DAG의 목적은 각 작업이 정확한 시간에 정확한 순서로 정확하게 문제를 처리하면서 실행되도록 보장하는 것이다.

DAG의 각 작업은 거의 모든 것을 표현할 수 있다. 예를 들어, 한 작업이 데이터 수집을 수행하고, 다른 작업은 이메일을 전송하고, 또 다른 것은 파이프라인을 실행하는 것이다.

Cloud Composer로 워크플로 실행하는 방법

Cloud Composer 환경을 생성한 후 비즈니스 사례에 필요한 모든 워크플로를 실행할 수 있다. Composer 서비스는 GKE와 다른 구글 클라우드 서비스에서 작동하는 분산 아키텍처에 기반한다. 특정 시간에 실행되도록 워크플로를 스케줄링하거나 객체가 저장소 버킷에 저장됐을 때와 같은 특정 조건을 만족할 때 워크플로를 시작할 수 있다. Cloud Composer는 BigQuery와 Dataproc을 포함해 거의 모든 구글 클라우드 제품에 대한 통합 기능이 내장돼 있다. 온프레미스 또는 다른 클라우드에서 실행되는 애플리케이션과의 통합(벤더의 프로바이더provider 패키지의 활성화를 통해)도 제공한다.

Cloud Composer 보안 기능

- **비공개 IP**: Cloud Composer의 컴퓨팅 노드가 공개적으로 접근할 수 없는 비공개 IP를 사용하는 것은 공용 인터넷으로부터 보호받는다는 것을 의미한다. 개발자는 인터넷에 접근할 수 있지만 컴퓨팅 노드는 공용 인터넷에서 접근할 수 없다.
- **비공개 IP + 웹 서버 ACL**: 에어플로용 사용자 인터페이스는 인증을 통한 보호 방식을 취한다. 인가된 사용자만 지정 에어플로 사용자 인터페이스에 접근할 수 있다. 추가 네트워크 수준의 보안을 위해 비공개 IP와 함께 웹 서버 접근 제어를 사용할 수 있으며, IP 주소 집합을 허용 목록에 추가해 외부로부터 제한된 접근을 할 수 있도록 돕는다.
- **VPC 기본 모드**: 다른 기능과 함께 VPC 기본 모드는 동일한 VPC 네트워크의 Composer 구성 요소에 대한 접근을 제한하여 구성 요소를 보호하도록 돕는다.
- **VPC 서비스 제어**: 외부로부터의 접근을 막고 외부로 나가는 접근도 막는 네트워크 서비스의 경계 구성을 활성화함으로써 향상된 보안을 제공한다.
- **고객 관리 암호화 키**: CMEK의 활성화를 통해 환경의 데이터를 암호화/복호화하기 위한 자체 소유 암호 키를 제공한다.
- **도메인에 의한 제한된 식별**: 이 기능으로 Cloud Composer 환경에 접근할 수 있는 ID 집합을 @yourcompany.com와 같은 특정 도메인으로 제한할 수 있다.
- **암호 관리자와 통합**: 외부 시스템에 대한 인증을 위해 DAG에서 사용하는 키와 암호를 보호해주는 암호 관리자를 가진 내장형 통합을 사용할 수 있다.

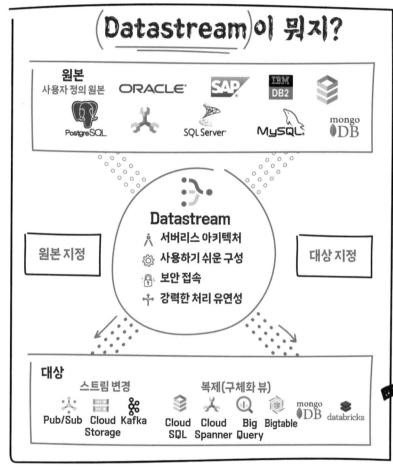

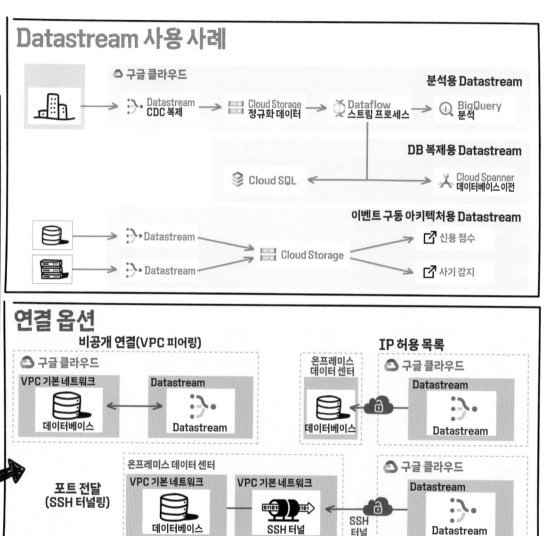

데이터의 규모는 지속적으로 증가하므로 많은 회사들은 데이터를 효과적으로 활용해 인사이트를 얻는 것이 어렵다는 것을 실감하게 마련이다. 종종 이런 조직들은 복잡하고 유지하기 어려운 데이터 아키텍처로 인해 부담을 느낀다.

회사들이 이런 문제를 해결하는 방법 중 하나는 변경[원본(일반적으로 데이터베이스)으로부터 대상까지 발생하는 데이터 변경 활동] 스트리밍을 사용하는 것이다. 데이터 변경 사항 캡처change data capture, CDC로 강화한 변경 스트리밍은 중요한 데이터 아키텍처 빌딩 블록으로 자리 잡았다. 구글 클라우드는 최근에 Datastream(서버리스 데이터 변경 캡처, 복제 서비스)을 선보였다. Datastream의 핵심 기능은 다음과 같다.

- **최소한의 응답 시간으로 조직 전체의 데이터 복제, 동기화**: 최소한의 응답 시간으로 원본 성능에 미치는 영향을 최소화하면서도 다른 기종의 데이터베이스와 애플리케이션 간의 데이터를 안정적으로 동기화할 수 있다. 하이브리드 환경에서 분석, 데이터 복제, 클라우드 이전, 이벤트 기반 아키텍처를 위해 Datastream 기능을 활용할 수 있다.
- **서버리스 아키텍처로 원활한 규모 확장 또는 축소**: 데이터 볼륨이 옮겨지는 것에 따라 원활하게 확장해 서버리스와 사용하기 쉬운 서비스로 빠르게 시작하고 실행한다. 인프라 관리, 성능 튜닝 또는 자원 프로비저닝 대신 데이터를 통해 최신의 통찰을 도출함으로써 우선순위가 높은 문제에 응답하는 데 집중할 수 있다.
- **구글 클라우드 데이터 통합군과 통합**: 구글 클라우드 데이터 통합 제품으로 조직에 데이터를 연결한다. Datastream은 Dataflow 템플릿을 사용해 데이터를 BigQuery, Cloud Spanner, Cloud SQL에 적재한다. Cloud Data Fusion의 CDC 복제 연결도 사용하면 어느 때보다 쉬운 데이터 파이프라인을 지원할 수 있다.

Datastream의 작동 원리

1. 원본 연결 프로파일을 생성한다.
2. 대상 연결 프로파일을 생성한다.
3. 원본과 대상 연결 프로파일을 사용해 스트림을 생성하고 원본으로 가지고 올 객체를 정의한다.
4. 스트림을 시험하고 시작한다.

실행을 시작하면 스트림은 끊임없이 원본에서 대상으로 데이터를 스트리밍한다. 스트리밍은 중지했다가 다시 시작할 수 있다.

연결 옵션

Datastream을 사용해 원본 데이터베이스에서 대상으로 스트림을 생성하려면 원본 데이터베이스에서 연결을 설정해야 한다. Datastream은 IP 허용 목록, SSH 터널로 전달, VPCvirtual private cloud, VPC 피어링peering 네트워크 접속 방식을 지원한다.

사설 접속 구성을 사용하면 Datastream은 비공개 네트워크상에서 데이터 원본으로 통신할 수 있다(내부적으로 구글 클라우드, 클라우드 VPN 또는 클라우드 상호 접속에 연결된 외부 원본으로). 이 통신은 VPC 피어링 접속을 통해 발생한다.

Datastream 사용 사례

Datastream은 오라클, MySQL, Cloud Storage, Pub/Sub, BigQuery, Spanner 등과 같은 다른 원본으로부터의 스트리밍 변경 사항을 캡처한다. 다음은 일부 Datastream 사용 사례다.

- 분석을 위해 사전에 작성한 Dataflow로 Datastream을 사용하여 완전 관리 방식으로 BigQuery에 최신의 복제된 테이블을 생성한다.
- 데이터베이스 복제를 위해 사전에 작성한 Dataflow로 Datastream을 사용하여 연속적으로 데이터베이스 데이터를 PostgreSQL용 Cloud SQL 또는 Cloud Spanner로 복제하고 동기화함으로써 데이터 이전에 대한 다운타임을 최소화하거나 하이브리드 클라우드를 구성한다.
- 이벤트 기반 아키텍처를 구축하기 위해 Datastream을 사용해 Cloud Storage와 같은 객체 스토리지 또는 나중에 Pub/Sub, 아파치 카프카와 같은 메시징 서비스에서 다중 원본으로부터의 변경을 수집한다.
- Datastream을 사용하여 전통적인 관계형 데이터 저장소(오라클, MySQL과 같은)로부터 데이터를 몽고DBMongoDB로 연속적으로 스트리밍하는 실시간 데이터 파이프라인을 간소화한다.

Hey Look! Looker가 뭘까?

실시간 대시보드,
리포트,
자체 서비스 데이터 탐색

현대적 BI와 분석

기존의 애플리케이션
(CRM, 채팅 앱 등)에
분석 포함

통합 인사이트

스마트 경고와
데이터 배포를 통한
멀티 클라우드 자동화

데이터 구동 워크플로

맞춤형 분석
경험 구축

맞춤형 애플리케이션

Looker

→ 기존 워크플로의 통합을 위한 API 우선 & 클라우드 네이티브

→ 엔터프라이즈 규모의 거버넌스를 위한 시맨틱 모델 계층

→ 실시간 데이터에 접근하기 위한 데이터베이스 포함 아키텍처

SQL 입력 ↓ ↑ 결과 반환

Cloud SQL BigQuery Cloud Spanner

대부분의 회사는 다양한 애플리케이션의 데이터가 사일로silo화돼 있다. 다중의 애플리케이션으로부터 모든 데이터를 가져오는 사일로화는 분석을 시작할 때면 데이터가 이미 변경됐거나 갱신되는 경우가 발생하여 빠르게 불일치가 일어난다. 또한 데이터가 사일로 상태인 경우 데이터 거버넌스를 보장하는(데이터는 접근성이 뛰어나고 신뢰할 수 있고 안전해야 한다) 것 또한 어려울 수 있다. 사일로는 데이터에 대한 전체적인 관점을 얻고 새로운 인사이트를 얻는 것을 방해한다. 이런 문제를 해결하기 위해 회사는 종종 데이터를 현대화된 데이터 저장소(데이터베이스, 데이터 웨어하우스 또는 데이터 레이크)에 보관함으로써 빠른 쿼리뿐 아니라 다양한 데이터 세트에서 성능과 비용 최적화를 추구한다.

Looker 플랫폼

BigQuery와 같은 현대화 데이터 웨어하우스에 대한 투자의 가시적인 효과를 위해서 최신 비즈니스 인텔리전스(BI)와 분석 솔루션이 필요하다. 이것이 Looke가 등장한 비결이다. Looker는 현대적인 데이터 저장소의 능력을 사용하고 실시간 메트릭에 대한 통제된 접근을 제공한다(사용자가 비즈니스에 대한 정확한 이해와 최신 정보를 얻도록 돕는다).

이들 모두는 Looker의 플랫폼과 고유한 아키텍처로 강화하여 데이터베이스 포함 아키텍처, 시맨틱 모델링 계층의 조합과 클라우드 네이티브로 다른 BI 도구와 차별을 꾀한다.

데이터베이스 포함 아키텍처

Looker는 100% 클라우드 네이티브 애플리케이션으로 현대적인 엔터프라이즈 데이터 웨어하우스 플랫폼의 이점을 가지고 있다. 선택한 데이터베이스의 최상위에 위치하고 있는 Looker는 BigQuery에서 중첩 테이블을 생성하거나 구체화된 뷰를 생성하는 등 고유한 기능을 활용한다. 컴퓨팅 파워가 데이터 웨어하우스에서 바로 나오기 때문에 대규모 데이터 세트에서 빠른 쿼리 시간을 제공하는 데 이 기능이 큰 역할을 한다. 지리 정보 분석geospatial analytics, GIS 및 사용자 정의 함수user-defined functions, UDF와 같은 고유한 기능의 접근 제공에도 도움이 된다. 또한 Looker의 정보는 데이터 웨어하우스에 있는 것과 같이 최신이다. 이것은 비즈니스 사용자가 오래된 데이터에서 정보를 추출하는 것과 반대로 항상 제공받은 정보를 활용하여 의사결정을 할 수 있음을 의미한

다. 또한 Looker의 멀티 클라우드 플랫폼은 50개 이상의 고유한 SQL 버전을 지원하므로 가장 적합한 방식으로 데이터를 호스팅할 수 있는 선택과 유연성을 유지할 수 있다.

시맨틱 모델링 계층

Looker의 모델링 언어인 LookML을 사용해 통합 시맨틱semantic 계층을 구축할 수 있다. 이를 통해 조직에 공유할 수 있는 메트릭과 KPI에 대한 하나의 정의를 가질 수 있고, 데이터를 사용하는 모든 사람이 쉽게 접근할 수 있다. LookML의 깃 통합을 통해 분석가는 메트릭 정의를 사용하여 쉽게 협업할 수 있으며 전체 버전 제어를 제공한다. 결과는 일관성을 유지하며 데이터에 대한 신뢰는 주요 이해 관계자와 함께 커진다. 또한 행/열 수준까지 누가 어떤 데이터에 어떻게 접근하는지 제어한다. LookML을 사용하면 최종 사용자는 SQL의 지식 없이도 접근 권한이 부여된 데이터 세트에서 자신만의 쿼리를 생성할 수 있다. 이 기능을 통해 비즈니스 담당자는 긴급한 질문에 실시간으로 접근할 수 있고, 데이터 팀은 비즈니스의 가치와 혁신을 주도하는 데 집중할 수 있다.

클라우드 네이티브

클라우드 네이티브 기술인 Looker는 이메일 또는 모바일과 같은 이해 관계자가 있는 곳으로 데이터를 전송할 수 있는, 풍부하고 확장 가능한 API를 제공함으로써 실시간으로 즉각적인 조치를 실행한다. Looker의 API와 내장 기능을 활용해 조직은 강력한 데이터 애플리케이션을 구축하여 제한된 엔지니어링을 극복하고 추가적인 수익원을 창출할 수 있다. 사업자는 Looker 작업을 통해 운영 워크플로를 자동화할 수 있으므로 시간을 절약하고 데이터를 사용하여 의미 있는 결정을 할 수 있다.

조직은 Looker 플랫폼의 이러한 주요 차별적 요소를 통해 사용자의 요구에 맞게 조정된 데이터 경험을 제공할 수 있다. 다음과 같은 보고서와 대시보드를 갖는 현대적인 비즈니스 인텔리전스와 분석에서 이러한 데이터 경험을 누릴 수 있다.

- 인사이트를 사용자 워크플로로 통합
- 자동화를 가진 데이터 구동 워크플로 생성
- 데이터에 의해 보강된 완벽히 새로운 애플리케이션 생성

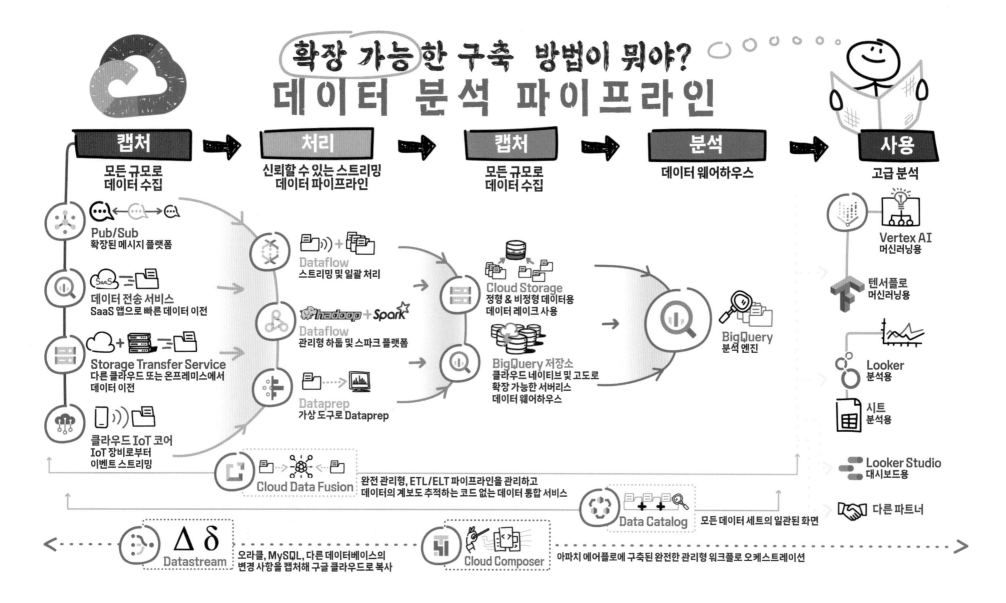

확장 가능한 구축 방법이 뭐야?

데이터 분석 파이프라인

캡처
모든 규모로
데이터 수집

처리
신뢰할 수 있는 스트리밍
데이터 파이프라인

캡처
모든 규모로
데이터 수집

분석
데이터 웨어하우스

사용
고급 분석

Pub/Sub
확장된 메시지 플랫폼

데이터 전송 서비스
SaaS 앱으로 빠른 데이터 이전

Storage Transfer Service
다른 클라우드 또는 온프레미스에서
데이터 이전

클라우드 IoT 코어
IoT 장비로부터
이벤트 스트리밍

Dataflow
스트리밍 및 일괄 처리

hadoop + Spark
Dataflow
관리형 하둡 및 스파크 플랫폼

Dataprep
가상 도구로 Dataprep

Cloud Storage
정형 & 비정형 데이터용
데이터 레이크 사용

BigQuery 저장소
클라우드 네이티브 및 고도로
확장 가능한 서버리스
데이터 웨어하우스

BigQuery
분석 엔진

Vertex AI
머신러닝용

텐서플로
머신러닝용

Looker
분석용

시트
분석용

Looker Studio
대시보드용

다른 파트너

Cloud Data Fusion
완전 관리형, ETL/ELT 파이프라인을 관리하고
데이터의 계보도 추적하는 코드 없는 데이터 통합 서비스

Data Catalog
모든 데이터 세트의 일관된 화면

Δ δ
Datastream
오라클, MySQL, 다른 데이터베이스의
변경 사항을 캡처해 구글 클라우드로 복사

Cloud Composer
아파치 에어플로에 구축된 완전한 관리형 워크플로 오케스트레이션

이 장의 도입부에서 본 것과 같이 데이터 분석 파이프라인은 대략 다섯 단계로 구축한다. 데이터 캡처, 데이터 처리, 데이터 웨어하우스에 있는 결과로 보강된 데이터 저장하기, 분석하기, 최종적으로 데이터를 사용해 의미 있는 비즈니스 의사결정을 지원하는 단계를 거치는 것이다. 각 단계에서 사용할 수 있는 구글 클라우드 도구를 살펴보자.

캡처

데이터의 출처에 따라 데이터를 수집하는 옵션은 다음과 같이 여러 가지가 있다.

실시간 데이터 수집

- Pub/Sub 메시지 서비스를 가진 애플리케이션으로 실시간 데이터를 스트리밍할 수 있다. 구독자가 메시지를 선택하고 적절한 작업을 수행하는 Pub/Sub으로 이벤트 메시지를 푸시하도록 데이터 원본을 구성한다.
- IoT 장비인 경우 IoT 장비용 MQTT 프로토콜을 지원하는 클라우드 IoT 코어를 사용해 실시간 데이터를 스트리밍할 수 있다. 더 많은 처리를 위해 IoT 데이터를 Pub/Sub으로도 전송할 수 있다.

일괄 데이터 수집

- 온프레미스 또는 한 클라우드에서 다른 클라우드로 데이터를 이전하는 데 사용할 수 있는 데이터 이전 도구에는 여러 가지가 있다. 다른 클라우드 또는 온프레미스로부터 데이터를 전송하기 위해 Storage Transfer Service를 사용할 수 있고, 낮은 대역폭 또는 인터넷이 없는 지역에서 대량의 데이터를 전송하기 위한 Transfer Appliance를 사용할 수 있다.
- 외부 SaaS 서비스로부터 데이터를 수집하기 위해 BigQuery Data Transfer Service와 데이터를 BigQuery로 저장하는 API를 사용할 수 있다. 유튜브, 구글 Ads, 아마존 S3, 테라데이터, 레드시프트 등과 같은 SaaS 애플리케이션의 데이터를 적재할 수 있다. 이 옵션에 대한 상세한 정보는 2장을 참고한다.

처리

데이터 수집 후 다운스트림 시스템에서 유용하게 쓰이도록 처리하고 보강할 수 있다. 구글 클라우드가 제공하는 세 가지 주요 도구를 통해 이 작업을 할 수 있다.

- Dataproc은 관리형 하둡 서비스다. 하둡 에코 시스템을 사용한다면 설치하는 것만으로도 수 시간 혹은 수일이 걸릴 만큼 복잡하다. Dataproc은 클러스터를 90초 안에 시작시켜 데이터 분석을 빠르게 시작할 수 있다.
- Dataprep은 어떠한 코드 작성 없이도 분석가가 데이터를 빠르게 처리할 수 있는 지능화된 그래픽 사용자 인터페이스다.
- Dataflow는 스트리밍과 일괄 데이터용 서버리스 데이터 처리 서비스다. 아파치 빔 오픈소스 SDK 기반으로 파이프라인을 이식을 지원한다. 서비스는 컴퓨팅으로부터 저장소를 분리시켜 원활하게 확장할 수 있다.

저장

데이터를 처리한 후에는 장기 아카이브 또는 리포트, 분석용으로 데이터 레이크나 데이터 웨어하우스로 저장해야 한다. 구글 클라우드는 이 작업을 돕는 두 가지 주요 도구를 제공한다.

- Cloud Storage는 객체 스토리지로, 접근 빈도와 사용 사례에 따라 여러 등급이 함께 제공되는 이미지, 비디오, 파일, 다른 정형/비정형데이터를 저장한다. 아주 빈번한 데이터 접근의 경우 표준으로, 30일에 한 번 접근하는 경우 저렴한 저장소인 니어라인으로, 90일에 한 번 접근하는 경우는 아주 낮은 가격의 콜드라인으로, 법적으로 영구 보관이 필요한 경우 가격이 가장 낮은 아카이브로 저장한다.
- BigQuery는 어떠한 서버의 유지 또는 관리 없이도 페타바이트 수준의 데이터를 원활히 확장할 수 있는 서버리스 데이터 웨어하우스다. SQL을 사용해 BigQuery에서 데이터를 쿼리하고 저장할 수 있다. 그런 다음 팀의 다른 사람들과 데이터와 쿼리를 쉽게 공유할 수 있다. 또한 분석에 활용할 수 있는 수백의 무료 공개 데이터 세트도 제공한다. 다른 서비스와 접속할 수 있는 내장형 커넥터를 통해 쉽게 데이터를 수집할 수 있고, 더 많은 처리/분석 또는 시각화를 위해 외부로 추출할 수도 있다.

분석

처리한 데이터를 데이터 레이크 또는 데이터 웨어하우스에 저장하면 분석할 준비가 된 것이다. BigQuery를 사용하여 데이터를 저장하면 SQL을 통해 BigQuery에서 데이터를 직접적으로 분석할 수 있다. 저장소로 Cloud Storage를 선택하면 분석을 위해 데이터를 쉽게 BigQuery로 이동할 수 있다. BigQuery는 BigQuery ML을 통해 머신러닝 기능을 제공하며, SQL을 사용한 BigQuery UI로 모델을 생성하고 즉시 예측을 수행할 수 있다.

활용

데이터가 데이터 웨어하우스에 존재하면 데이터를 시각화하고 머신러닝을 이용해 예측을 수행해 인사이트를 얻는 데 사용할 수 있다.

- **머신러닝**: 더 많은 처리와 예측을 위해 필요에 따라 텐서플로TensorFlow 프레임워크, Vertex AI를 사용할 수 있다. 텐서플로는 도구, 라이브러리, 커뮤니티 자원을 갖는 엔드 투 엔드 오픈소스 기반 ML 플랫폼이다. Vertex AI로 개발자, 데이터 과학자, 데이터 엔지니어가 ML 워크플로를 단순화시킬 수 있다. 데이터 준비부터 빌드로 이동, 검증, 최종적으로 배포하는 ML 수명 주기의 각 단계에 대한 도구를 포함한다.
- **데이터 시각화**: 데이터 시각화를 위한 도구는 다양하다. 대부분은 BigQuery 커넥터를 가지고 있어서 선호하는 도구로 도표를 쉽게 생성할 수 있다. 구글 클라우드는

다음과 같이 편의를 제공하는 몇 가지 도구를 제공한다.
- Looker Studio는 무료이며 BigQuery뿐 아니라 다른 많은 서비스와 연결해 쉬운 데이터 시각화를 제공한다.
- 구글 드라이브를 사용하면 매우 쉽게 도표와 대시보드를 있는 그대로 공유할 수 있다.
- Looker는 비즈니스 인텔리전스, 데이터 애플리케이션, 임베디드 분석을 위한 엔터프라이즈 플랫폼이다.

파이프라인을 구동시키는 서비스

- **Data Fusion**: 오픈소스 CDAP를 통해 강화한 데이터 통합 플랫폼. 하이브리드, 멀티 클라우드에 걸쳐 파이프라인을 이식성 있게 제공한다.
- **Data Catalog**: 관리형 메타데이터 관리 서비스. 모든 데이터를 한곳에서 빠르게 찾고 이해하고 관리할 수 있도록 돕는다.
- **Composer**: 아파치 에어플로 기반의 관리형 워크플로 오케스트레이션 서비스. 데이터 파이프라인을 제작하고 스케줄하고 모니터링할 수 있다.
- **Datastream**: 분석, 데이터베이스 복제, 이벤트 구동 아키텍처와 같은 사용 사례를 제공하기 위한 오라클, MySQL, Cloud Storage, Pub/Sub, BigQuery, Spanner 등 다른 원본으로부터 Datastream의 변경 사항을 캡처한다.

5장

애플리케이션 개발과 현대화

모 든 애플리케이션은 가상으로 동일한 기본 요소(컴퓨팅, 저장소, 데이터베이스 접근, 네트워크)를 공유한다. 반면 특정 요구 사항에 따라 클라우드상에서 이런 애플리케이션을 개발하고 배포하는 방법들도 존재한다. 기존의 온프레미스 애플리케이션을 이전하거나, 하이브리드 또는 멀티 클라우드 환경에 배포하고 클라우드 네이티브와 서버리스 애플리케이션을 구축할 수도 있다. 대부분의 현대 애플리케이션은 마이크로서비스 기반의 이벤트 구동 아키텍처를 이용한다. 이런 유형의 아키텍처에서 각 마이크로서비스는 다른 서비스와의 독립적인 개발과 배포를 통해 개발자에게 유연성을 제공하고 개발 속도를 향상시킨다. 애플리케이션을 구축하고 현대화하기 위해서 필요한 것은 다음과 같다.

- 서비스 오케스트레이션과 코리오그래피choreography
- 코드에서 애플리케이션을 배포하는 지속적 통합continuous integration과 지속적 배포continuous delivery를 위한 데브옵스
- 애플리케이션 모니터링, 로깅, 문제 해결 작업
- 데이터와 인프라를 보호하는 보안

이 장에서는 하이브리드와 멀티 클라우드 환경에 이전하고 배포하거나 클라우드 네이티브, 마이크로서비스 기반 애플리케이션을 만드는 데 사용하는 구글 클라우드 도구(애플리케이션의 개발과 현대화 관련)를 다룬다.

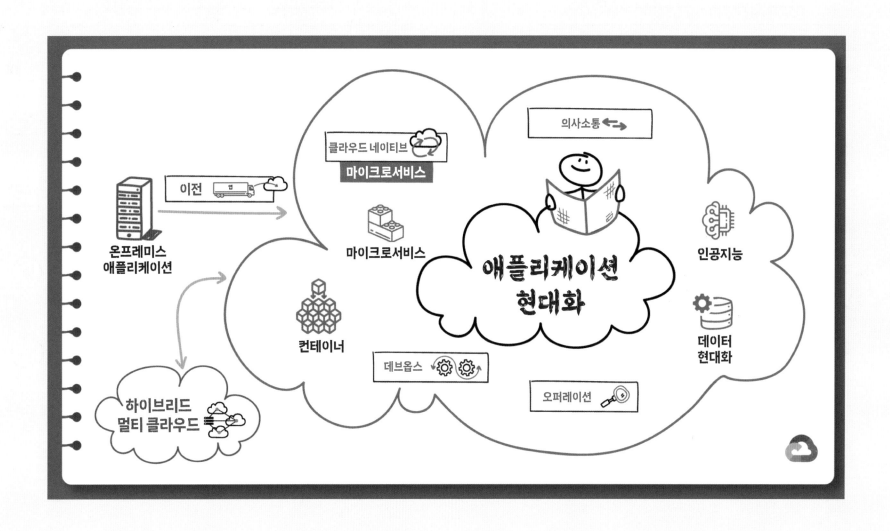

애플리케이션 개발과 현대화 소개

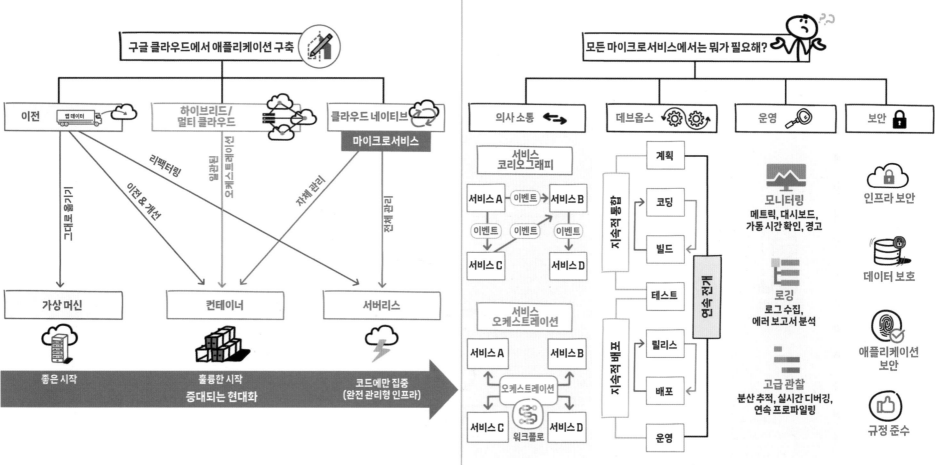

다음 상황을 머릿속으로 그려보자. 사업 요구 사항을 달성하기 위해 애플리케이션을 구축하고 강화하여 이 애플리케이션을 클라우드에 배포하려고 한다. 필요한 도구와 이 작업을 구체화할 몇 가지 질문에 대한 답을 생각해보자.

- 기존의 온프레미스 애플리케이션을 클라우드에 이전한 후 부가 기능을 추가할 것인가?
- 하이브리드 또는 멀티 클라우드 환경에 배포할 것인가?
- 클라우드 네이티브 애플리케이션을 구축할 것인가?

클라우드 애플리케이션을 구축하고 현대화하기

애플리케이션을 클라우드로 이전하기: 기존의 애플리케이션을 이전하면 배포 속도를 높일 수 있다. 또한 클라우드의 이점을 활용할 수 있을 뿐 아니라 절차상에서도 애플리케이션을 현대화하여 유지하고 최적화하는 운영 작업에 더 집중할 수 있다.

하이브리드, 멀티 클라우드 애플리케이션: 때때로 단순한 이전은 최선의 방법이 아니다. 멀티 클라우드와 온프레미스에 애플리케이션을 배포하는 경우가 생기기도 한다. 이런 애플리케이션을 지원하기 위해 하이브리드, 멀티 클라우드 환경에서 쉽고 안전하며 일관적이게 애플리케이션을 구축, 배포, 최적화해야 한다.

클라우드 네이티브 애플리케이션: 클라우드 네이티브 애플리케이션은 클라우드에서 실행되도록 구축하는데, 이들을 실행하기 위해 사용되는 하부 인프라보다는 서비스와 코드에 좀 더 집중한다. 주로 마이크로서비스 아키텍처를 기반으로 하며 일반적으로 코드를 패키징하고 배포하는 작업은 컨테이너에 의존한다. 이를 통해 배포 속도를 높이고 개발과 운영 팀이 긴밀하게 협업할 수 있으므로 더 나은 데브옵스 사례를 지원할 수 있다.

규모에 따라 인프라를 관리할 필요 없이 안전하고 신속하게 애플리케이션을 개발, 배포, 확장할 수 있는 완전 관리형 서버리스 환경에서 클라우드 네이티브 애플리케이션을 배포할 수 있다. 이것은 적시 출시를 돕고 개발자의 경험을 단순화한다.

마이크로서비스 또는 모놀리식?

애플리케이션을 구축, 이전, 보강하거나 확장, 민첩성, 관리성, 배포 속도를 개선하려는 경우 처음부터 애플리케이션의 현대화를 추구할 수 있다. 현재 다음과 같은 이유로 대부분 마이크로서비스 아키텍처를 요구한다.

- 서비스가 단독이거나 모듈화돼 있고 여러 애플리케이션에서 재사용할 수 있다.
- 단일 장애 지점이 없다.
- 서비스를 독립적으로 출시할 수 있다.
- 개발 팀은 여러 가지 프로그래밍 언어로 다양화할 수 있다.
- 데브옵스 방식은 마이크로서비스 배포 속도를 지원할 만큼 성숙했다.

모놀리식monolithic 애플리케이션은 단일 모듈로 개발된다. 시스템에 변경 사항을 반영하려면 개발자는 갱신된 버전의 서버 사이드 애플리케이션을 구축 후 배포해야 한다. 모놀리식 애플리케이션을 클라우드에 이전하는 방식에는 다음과 같은 세 가지가 있다.

- **그대로 옮기기**: 전체 모놀리식을 클라우드의 가상 머신 또는 필요한 하드웨어로 이전한다. 빠르고 쉬운 방법은 것은 사실이지만 장기적인 솔루션은 아니다.
- **이전시키면서 개선하기**: 한 번에 한 서비스씩 이전한다. 애플리케이션을 도커화dockerize하고 마이크로서비스 아키텍처를 채택해 서비스와의 의존성을 분리시킨다. 이 접근법은 더 많은 시간이 걸리지만, 이 과정에서 애플리케이션을 현대화하고 클라우드의 이점을 얻을 수 있다.
- **리팩터링**: 애플리케이션 리팩터링을 선택한다면 훨씬 더 많은 장점을 갖는 서버리스 배포를 경험할 수 있다.

대부분의 마이크로서비스에서 필요한 것은 무엇인가?

하이브리드와 멀티 클라우드 애플리케이션은 다중 환경에서 일관되게 오케스트레이션할 수 있도록 종종 컨테이너에 배포된다. 그러나 이들 마이크로서비스는 상호 통신을 하고 연속적인 배포를 위한 적절한 데브옵스 절차가 필요하며 모니터링과 보안도 필요하다.

이전 여행
시작하기

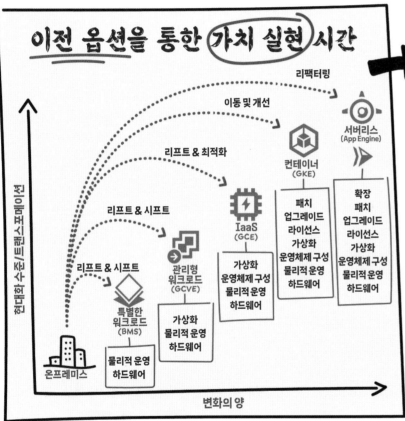

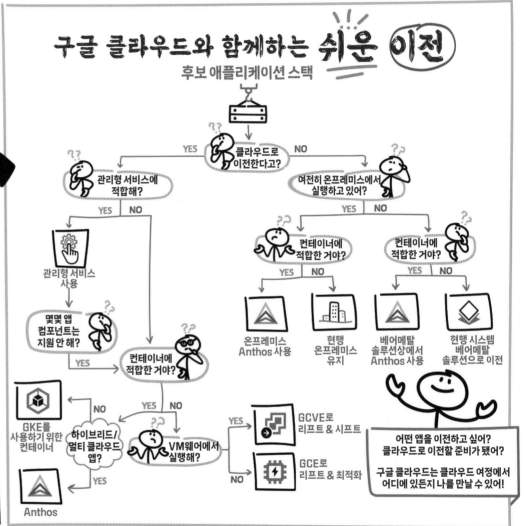

어디서 시작할까?

시작점을 이해하는 것은 성공적인 애플리케이션 이전 전략을 계획하고 수행하는 데 필수적이다. 기술적인 요구 사항뿐 아니라 사업 목표(현재와 미래), 중요한 타임라인, 내부 역량의 고려까지 포괄적인 접근법을 취한다. 상황에 따라 가치 실현 시간과 관련해 아래 범주 중 하나에 속한다. 이전 시 한 가지 방식으로 모든 경우에 적용할 수 있을 만한 접근법은 없다. 그러나 여기에서의 핵심은 어떤 경로를 선택하든 항상 그 위에 구축하고 점진적인 방식으로 클라우드의 더 많은 이점을 누릴 방법이 있다는 점이다.

구글 클라우드로 이전해야 할 것인가?

애플리케이션을 클라우드로 이전할 필요성이 있는지 결정하기 위해 스스로에게 다음 질문을 던지는 것으로 시작한다.

1. 애플리케이션 스택의 구성 요소가 가상화되었거나 가상화가 가능한가?
2. 애플리케이션 스택이 모든 라이선스, 보안, 개인 정보, 규정 준수 요구 사항을 여전히 모두 지원하면서 클라우드 환경에서 구동될 수 있나?
3. 모든 애플리케이션 의존성(예를 들어 타사 언어, 프레임워크, 라이브러리)이 클라우드에서 지원될 수 있나?

이들 질문 중 하나라도 '아니요'라는 답이 나온다면 클라우드가 제공하는 것으로 애플리케이션 구성 요소를 교체하는 것이 가능한지 여부를 평가해야 한다. 초기 단계 동안에는 이런 구성 요소를 디지털 전환의 온프레미스에 그냥 두고 다른 애플리케이션의 구성 요소의 이전에 집중하는 것이 좋다.

온프레미스 보존이 더 이상 가능하지 않은 경우(예를 들어, 데이터 센터를 완전히 폐기하는 경우) 또는 클라우드 자원에 대한 근접성을 높이고자 할 때 구글 클라우드의 베어메탈 솔루션을 이용하거나 클라우드 리전에 적절히 근접한 코로케이션co-location, colo 시설로 이전하는 것을 대안으로 권고한다.

어떤 이전 방식이 적합한가?

디지털 전환 여정을 착수할 때 이전 유형 다섯 가지를 권고한다.

1. 구글 클라우드 관리형 서비스로 이전
2. GKE 기반 컨테이너 또는 Anthos로 이전
3. 구글 Compute Engine상의 VM('리프트 & 시프트')으로 이전
4. 구글 VMWare Engine으로 이전
5. 구글 클라우드 베어메탈 솔루션으로 이전

다음 상황의 예제를 통해 적합한 이전 방법을 알아본다.

공격적인 일정으로 처리를 하고 있다면 '리프트 & 시프트'가 클라우드로의 재배치를 통한 신속한 인프라 현대화를 얻는 좋은 선택이 될 것이다. 그리고 나중에 추가적인 현대화를 수행할 수 있다.

클라우드로 이전하는 것에 대한 즉각적인 이점을 찾고 있으나 시간과 기술의 제약하에 놓여 있다면 '리프트 & 최적화'가 가장 좋은 선택이다. 컴퓨팅 가상 머신 또는 클라우드상의 VMWare Engine을 사용해 동일한 가상화된 익숙한 환경을 사용하면서도 클라우드의 탄력성과 확장성의 이점을 누릴 수 있다.

클라우드 전체의 이점을 즉시 사용하고자 한다면(예를 들어 탄력성, 확장성, 관리형 서비스) 이전과 함께 보다 공격적으로 현대화(컨테이너 기술을 채택하는 등)하는 것이 가장 효과적일 것이다. '이동 및 개선', '리팩터링'은 이 솔루션에 가장 적합한 방법이다. 그러나 현행 앱을 컨테이너에 적합하게 만들거나 서버리스를 구축하려면 일부 변경이 요구되므로 이 전략을 수행하는 데 좀 더 많은 시간이 걸릴 것이다.

위의 예제에 대입해보면 사용자의 애플리케이션에 어떤 것이 적합한지 결정하는 데 도움이 될 것이다.

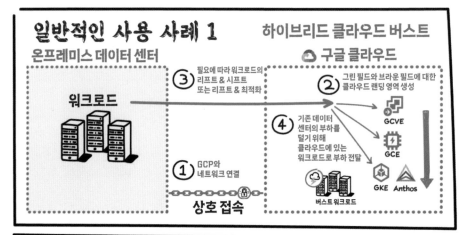

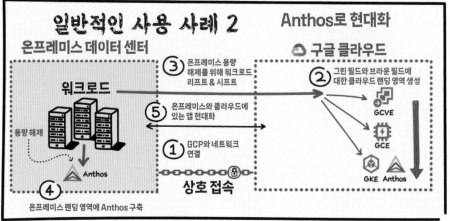

일반적인 클라우드 이전 사용 사례

사례 1: 하이브리드 클라우드 버스트burst

- 클라우드 상호 접속을 이용해 온프레미스와 클라우드 간의 연결을 설정한다.
- 클라우드 랜딩 영역을 생성한다. 이것은 Google Compute Engine(GCE), GKE, Google Cloud VMWare Engine(GCVE) 또는 Anthos와 같은 프로젝트와 자원 생성을 포함한다.
- 온프레미스에서 클라우드의 적절한 지원을 통해 '리프트 & 시프트' 또는 '리프트 & 최적화'한다.
- 이 지점에서 기존의 데이터 센터의 부하를 경감시키면서 급작스러운 트래픽 또는 과도한 트래픽을 구글 클라우드로 보낼 준비를 마쳤다.

사례 2: Anthos로 현대화한다

- 클라우드 상호 접속을 이용해 구글 클라우드에 대한 네트워크 연결을 설정한다.
- 클라우드 랜딩 영역을 생성한다.
- 온프레미스의 부하를 없도록 워크로드를 '리프트 & 시프트'한다.
- Anthos 온프레미스 랜딩landing 영역을 구축한다.
- 온프레미스와 클라우드 양쪽의 앱을 현대화한다.

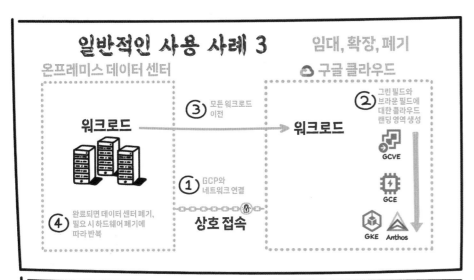

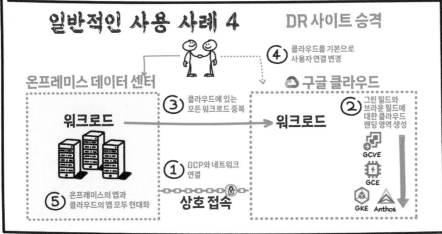

사례 3: 임대, 확장, 폐기

- 클라우드 상호 접속을 이용해 구글 클라우드에 대한 네트워크 연결을 설정한다.
- 클라우드 랜딩 영역을 생성한다.
- 모든 워크로드를 이전한다.
- 마무리가 되면 끝으로 데이터 센터를 폐기한다. 필요에 따라 하드웨어 폐기를 반복한다.

사례 4: DR 사이트 승격

- 클라우드 상호 접속을 이용해 구글 클라우드에 대한 네트워크 연결을 설정한다.
- 클라우드 랜딩 영역을 생성한다.
- 클라우드에 있는 모든 워크로드를 복제할 준비를 마쳤다.
- 클라우드에 대한 사용자 연결을 기본 연결로 교환한다.[1]
- 끝으로 코로케이션을 한 번에 폐기한다.

디지털 트랜스포메이션transformation 여행을 시작하든 여행 중이든 구글 클라우드는 사용자가 어디에 있든지 더 유연하고 민첩한 인프라로 쉽게 이전하도록 도울 것이다. 이러한 단계가 여행의 출발점으로 작용하여 디지털 트랜스포메이션 여행이 더 쉬워지기를 바란다.

---

1 [옮긴이] 클라우드를 기본으로 사용자 연결로 교체한다.

Anthos는 하이브리드 클라우드와 멀티 클라우드 세계에서 중요한 사항에 집중하는 데 어떻게 도움을 줄까?

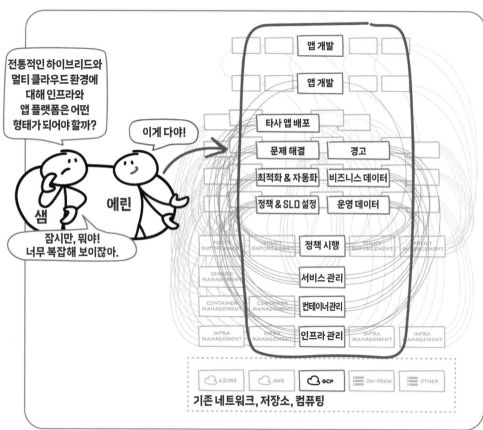

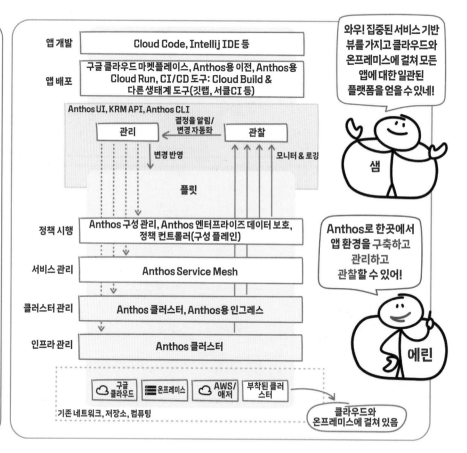

대부분의 대기업들은 다른 위치(자체 데이터 센터, 퍼블릭 클라우드와 에지Edge)에 애플리케이션을 보유하고 있다. 이들 앱은 다양한 전용 기술 스택에서 운용되므로 개발 속도 저하, 컴퓨팅 자원 낭비, 확장의 제약을 야기한다. 하이브리드와 멀티 클라우드 환경에 신규 앱을 개발하고 배포하는 동안 어떻게 기존 앱을 일관되게 보호하고 운용할 수 있을까? 자원의 집중화된 가시성과 관리를 어떻게 얻을 수 있을까? 이런 고민에 대한 해결책으로 나온 것이 Anthos다. 여기에서 전통적인 하이브리드와 멀티 클라우드 Deploy가 다른 이유를 탐색하고 Anthos가 어떻게 다중 환경에서 애플리케이션을 쉽게 관리할 수 있는지 살펴보자.

전통적인 하이브리드와 멀티 클라우드가 다른 이유

하이브리드와 멀티 클라우드 환경에서 인프라를 관리해야 한다. 클라우드에서 컨테이너를 사용하고 구글 클라우드와 아마존 웹 서비스를 사용해 앱을 배포하는 것에 대해 얘기해보자. 환경에 상관없이 IT 공간 전반에 정책을 시행해야 한다. 여러 환경에 걸쳐 앱을 관리하기 위해 모니터링과 로깅 시스템이 필요하다. 비즈니스 데이터, 운영 데이터, 경고와 같이 데이터를 의미 있는 범주로 통합해야 한다.

좀 더 파고들면 최적화 정보 제공, 자동화 구현, 정책 또는 서비스 수준 목표service-level-objective, SLO를 지정하기 위해 운영 데이터와 경고를 사용할 것이다. 이런 모든 일을 수행하고 타사 앱을 배포하기 위해 비즈니스 데이터를 사용한다. 그런 다음 구현하기로 결정한 변화를 실제로 실행하기 위해 시스템의 다른 부분에서 조치를 취해야 한다. 이것은 정책 시행, 서비스 보호, 컨테이너 오케스트레이션, 인프라 관리를 위한 각 도구를 살펴봐야 한다는 것을 의미한다. 자체 앱을 개발하고 배포하기 위해 필요한 작업 외에 이런 모든 작업을 추가로 수행해야 함을 잊지 말자.

이제 하이브리드와 멀티 클라우드 환경에서 이 작업 세트를 반복하는 것을 고려한다. 매우 복잡하고 매우 빨라진다. 보안과 효율성을 책임지는 플랫폼 관리자, 사이트 안정성 엔지니어링site reliability engineering, SRE, 데브옵스 팀은 수작업, 클러스터별 관리, 데이터 수집과 정보 통합을 수행해야 한다. 이런 복잡성으로 최신 정보를 유지하고 비즈니스 영향도를 이해하며 규정 준수를 보장하는 것은 매우 어렵다(신규 입사자의 채용은 말할 것도 없고). Anthos는 이런 문제의 해결을 돕는다!

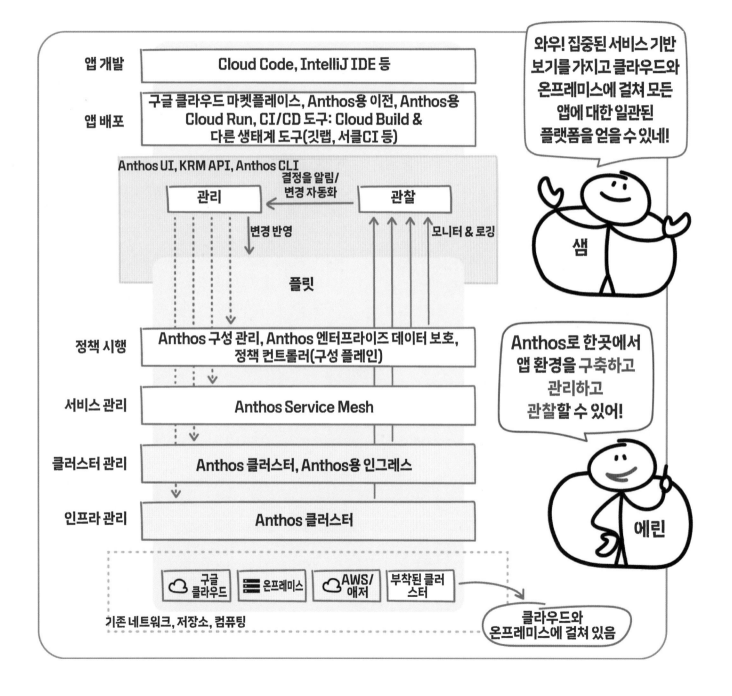

Anthos가 하이브리드와 멀티 클라우드를 어떻게 쉽게 만들 수 있을까?

Anthos를 사용하면 여러 환경 전반에 걸쳐 유사한 인프라 관리, 컨테이너 관리, 서비스 관리, 정책 수행을 통해 오픈소스를 사용하여 인프라를 일관된 방식으로 관리할 수 있다. 결과적으로 사업 정보, 경고와 운영 정보에 대한 접근을 포함하는 플랫폼에 관한 모든 것을 한 화면에서 관찰할 수 있다. 이 정보를 가지고 정책 또는 SLO를 정하고 최적화하고 자동화하는 것을 결정할 수 있다.

Anthos 자세히 살펴보기

플릿fleet: 서로 다른 정책이 필요한 서로 다른 리전이 있을 수 있고, 서로 다른 권한이 필요한 서로 다른 개발, 스테이징 또는 운영 환경이 있을 수도 있다. 때로 더 많은 보안을 요구하는 작업이 있는데, 바로 이때 플릿이 필요하다! 플릿은 클러스터가 어떤 플랫폼에 작동하는지에 관계없이 하부 쿠버네티스 클러스터의 논리적 세트를 생성하는 방법이다. 클러스터 집합을 논리적 환경으로 그룹화하고 관리함으로써 수행해야 할 작업에 대해 적절한 세부 수준에서 애플리케이션을 고려하여 작업할 수 있다. 개발 환경의 설정 업데이트 또는 특정 클러스터의 문제 해결 데이터로 전체 시스템에 대한 비즈니스 인사이트를 확보할 수 있다. 플릿을 사용하여 기술 스택의 각 부분은 구성, 규정 준수 등에 대한 선언적인 방향을 취할 수 있다.

애플리케이션 현대화: Anthos 개발은 정책과 절차를 실행하는 데 플릿을 사용하고 애플리케이션 팀으로부터 클러스터와 컨테이너 관리를 추상화하기 때문에 애플리케이션 개발 현대화도 돕는다. Anthos로 애플리케이션 팀에서 인프라를 쉽게 추상화하고, 환경의 상단에서 아주 다양한 지속적 통합continuous intergration, CI과 지속적 배포continuous delivery, CD 솔루션을 쉽게 통합할 수 있다. 전체 시스템 서비스에 대한 비즈니스 인사이트든 특정 클러스터의 문제 해결 데이터이든 애플리케이션을 적절한 세부 수준으로 보고 관리할 수 있다. Anthos는 패키징 절차를 단순화할 수 있는 빌드팩(어떤 클라우드에도 작동할 수 있도록 애플리케이션 소스 코드를 이미지로 변환시킴)과 같은 컨테이너 기반 도구로도 작업할 수 있다. Migrate to Containers를 사용하여 애플리케이션을 VM의 바깥으로 가져와 좀 더 현대적인 호스팅 환경으로 이동시킬 수 있다.

플랫폼 관리자를 위한 기능은 무엇인가?: Anthos는 플랫폼 관리자에게 정책 제어와 마켓플레이스 접근을 통해 환경을 모니터링하고 관리하는 단일 장소를 제공한다. 이것은 관리, 시행, 탐색, 의사소통을 하는 데 필요한 인력 시간을 줄일 수 있다. 또한 Anthos는 관리자에게 서비스, 클러스터 등을 포함한 전체 시스템에 대해 즉시 사용 가능한 구조화 화면을 제공해 보안을 향상시키고, 좀 더 효율적인 자원 사용을 통해 측정 가능한 성공을 증명할 수 있다. 또한 관리자는 선언적으로 관리함으로써 시간과 노력을 절약하고 수작업으로 데이터를 조합하지 않고도 플랫폼의 성공, 비용 절감, 효율성을 달성할 수 있다.

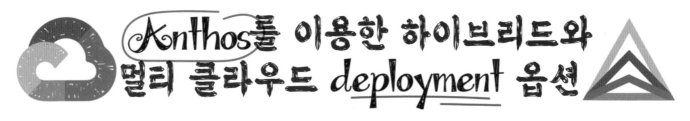

Anthos를 이용한 하이브리드와 멀티 클라우드 deployment 옵션

구글 클라우드	온프레미스		멀티 클라우드		

VM웨어

구글 클라우드	vSphere	베어메탈 서버	부착된 클러스터	AWS	애저
구글 클라우드에서 앱 빌드, 배포, 최적화	vSphere 환경에서 앱 현대화	하이퍼바이저 계층에서 종속성 제거	기존의 AKS, EKS, 오픈시프트 클러스터에 Anthos 부착	일관된 쿠버네티스 플랫폼과 API 자동화를 가진 멀티 클라우드 환경에서 실행	일관된 쿠버네티스 플랫폼과 API 자동화를 가진 멀티 클라우드 환경에서 실행

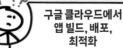

무엇을?

구글 클라우드에서
앱 빌드, 배포,
최적화

하이브리드와 멀티
클라우드 환경을 위한
일관된 개발 & 운영 경험

온프레미스 데이터베이스와
시스템으로 통합된
온프레미스 앱을 위한
현대화된 호스트 얻기

앱을 현대화하는 동시에
비용 절감

중앙에서 배포 관리

왜?

✓ 최고의 쿠버네티스 서비스 ✓ 구글 클라우드 AI 사용 ✓ 머신러닝 ✓ 데이터 분석 서비스	✓ 회사 표준으로 vSphere ✓ 여러 팀 또는 클러스터에 걸친 공유된 하드웨어 ✓ 통합된 OS 라이프 사이클 관리	✓ 비용과 복잡성 경감 ✓ 짧은 대기 시간 워크로드 ✓ 에지 컴퓨팅 ✓ 더 나은 성능을 위해 하드웨어에 더 가까운 곳에서 실행	✓ Anthos 네이티브 클러스터와 쌍으로 구축 ✓ 더 낮은 운영 오버헤드 ✓ 기존 클러스터에 구성, 정책과 연결 (서비스 메시) 쉽게 추가	✓ AWS에서 실행 중 ✓ 앱 데이터는 AWS에 존재 ✓ IAM, ELB, ALB, EBS를 포함한 AWS 서비스 통합	✓ 애저에서 실행 중 ✓ 앱 데이터는 애저에 존재

Anthos는 여러 환경에 대한 구글 클라우드 서비스와 엔지니어링 방식을 확장시켜 앱을 더 빠르게 현대화하고 앱 전반에 걸쳐 운영 일관성을 확립할 수 있는 관리형 애플리케이션 플랫폼이다. Anthos로 엔터프라이즈급의 컨테이너화된 애플리케이션을 구글 클라우드, 온프레미스, 다른 클라우드 제공업자의 관리형 쿠버네티스에서 더 빠르게 구축할 수 있다. 이 절에서는 Anthos의 각 배포 옵션을 살펴본다.

1. 구글 클라우드
2. VM웨어 vSphere
3. 베어메탈 서버
4. Anthos 부착 클러스터
5. AWS
6. 마이크로소프트 애저

배포 옵션 1: 구글 클라우드

앱의 성능을 향상시키는 한 가지 방법은 데이터와 더 가까운 곳에 컴퓨팅을 실행시키는 것이다. 그래서 구글 클라우드에서 서비스를 이미 실행시키고 있다면 구글 클라우드에서 직접 컨테이너화된 워크로드를 빌드, 배포하는 데 Anthos를 사용하는 것이 가장 좋다. 중요한 비즈니스 인사이트를 얻고 의사결정을 향상시키고 혁신을 가속화하기 위해 구글 클라우드 AI, 머신러닝, 데이터 분석 서비스를 사용할 수 있다.

배포 옵션 2: VM웨어 vSphere

VM웨어 vSphere를 자체 환경으로 사용하고 있다면 VM웨어상의 Anthos 클러스터 실행을 선택할 수 있다. Anthos 클러스터는 기존의 인프라에 쿠버네티스 클러스터를 생성하고 관리하고 업그레이드할 수 있다. 이는 기업 표준인 vSphere가 여러 팀 또는 클러스터 간에 하드웨어를 공유하고 통합 OS 수명 주기 관리를 사용하는 경우 좋은 옵션이다. VM웨어상의 Anthos 클러스터로 심각한 인프라 변경 없이도 기존의 온프레미스 워크로드를 유지시킬 수 있다. 동시에 Migrate to Containers를 사용해 VM 기반을 컨테이너 기반으로 변환해 기존의 애플리케이션을 현대화할 수 있다. 더 나아가서 새롭게 갱신된 컨테이너화된 앱을 온프레미스에 유지할지 클라우드로 이전할지 결정할 수도 있다. 어떤 방식이든 Anthos를 사용하면 원하는 속도로 쉽고 간편하게 앱을 관리하고 현대화할 수 있다.

배포 옵션 3: 베어메탈 서비스

질문할 필요도 없이 가상 머신은 다양한 종류의 워크로드에 적합함에도 불구하고 대다수의 조직은 복잡성, 비용, 하이퍼바이저_{hypervisor} 오버헤드를 줄이기 위해 베어메탈 서버상에 쿠버네티스를 작동시킨다. 베어메탈상의 Anthos는 하이퍼바이저 계층 없이 제공된 운영체제에 배포되는 물리 서버 위에서 Anthos를 실행시킬 수 있다. 베어메탈상의 Anthos에는 내장형 네트워크, 생명 주기 관리, 진단, 상태 확인, 로깅, 모니터링이 있다. 매우 중요한 애플리케이션은 컴퓨팅, 저장소, 네트워크 스택에 종종 최고 수준의 성능과 최저 대기 시간을 요구한다. 하이퍼바이저로 인한 대기 시간을 제거함으로써 베어메탈상의 Anthos는 GPU 기반 비디오 처리, 머신러닝 등과 같은 컴퓨팅 집약적인 애플리케이션을 비용 효율적인 방식으로 실행시킬 수 있다. 베어메탈상의 Anthos로 하드웨어, OS, 네트워크 인프라에 대한 기존 투자를 활용할 수 있다. 자원이 제약된 에지 하드웨어에서 베어메탈상의 Anthos를 실행시키기 위한 최소한의 요구 사항이 있다. 이것은 Anthos의 모든 이점(집중화된 관리, 증가된 유연성과 개발자 민첩성)을 사용할 수 있음을 의미한다(가장 까다로운 애플리케이션에도 적용할 수 있다).

Anthos를 이용한 멀티클라우드 deployment 옵션

구글 클라우드	멀티 클라우드		
구글 클라우드	**부착된 클러스터**	**AWS**	**애저**
구글 클라우드에서 앱 빌드, 배포, 최적화	기존의 AKS, EKS, 오픈시프트 클러스터에 Anthos 부착	일관된 쿠버네티스 플랫폼과 API 자동화를 가진 멀티 클라우드 환경에서 실행	일관된 쿠버네티스 플랫폼과 API 자동화를 가진 멀티 클라우드 환경에서 실행
하이브리드와 멀티 클라우드 환경을 위한 일관된 개발 & 운영 경험	중앙에서 배포 관리		

무엇을?

왜?

✓ 최고의 쿠버네티스 서비스	✓ Anthos 네이티브 클러스터와 쌍으로 구축	✓ AWS에서 실행 중	✓ 애저에서 실행 중
✓ 구글 클라우드 AI 사용	✓ 더 낮은 운영 오버헤드	✓ 앱 데이터는 AWS에 존재	✓ 앱 데이터는 애저에 존재
✓ 머신러닝	✓ 기존 클러스터에 구성, 정책과 연결 (서비스 메시) 쉽게 추가	✓ IAM, ELB, ALB, EBS를 포함한 AWS 서비스 통합	
✓ 데이터 분석 서비스			

배포 옵션 4: Anthos 부착 클러스터

Anthos 배포를 고려할 때 기존의 쿠버네티스 클러스터로 무엇을 할 것인지가 궁금할 것이다. Anthos 부착_{attached} 클러스터로 기존의 쿠버네티스를 유지한 채 Anthos의 핵심 기능을 사용할 수 있다. 아마존 EKS나 마이크로소프트 AKS를 사용하든 레드햇 오픈시프트_{RedHat OpenShift}를 사용하든 기존 클러스터에 Anthos를 부착할 수 있다. 이는 Google Cloud 콘솔에서 배포를 중앙화하고 Anthos 구성 관리를 사용해 정책과 구성을 실행하고 중앙에서 모니터링하고 로그를 수집할 수 있음을 의미한다. 물론 Anthos가 모든 것을 관리하는 것은 아니다. 여전히 수작업으로 클러스터를 최신 상태로 유지해야 한다. 그러나 이 배포 옵션을 사용하면 적절한 속도로 Anthos 여정을 시작할 수 있고, 다른 클라우드 환경에서 Anthos로 쉽게 전환할 수 있다.

배포 옵션 5: AWS

조직이 몇 개의 팀보다 크다면 그들은 다양한 기술을 사용하고 아마도 다양한 클라우드 플랫폼을 사용할 가능성이 매우 높다. Anthos는 이런 세부 사항을 추상화하고 일관된 애플리케이션 플랫폼을 제공한다. AWS상의 Anthos로 구글 클라우드에서 기대하는 모든 Anthos 기능을 가진 구글 쿠버네티스 기반 클러스터를 생성할 수 있다. 이 기능에는 쿠버네티스 전용 도구, 정책과 구성 실행을 위한 Anthos 구성 관리, 마이크로서비스의 무분별한 확장을 관리하는 Anthos Service Mesh가 포함된다. Google Cloud 콘솔을 사용하면 어디에 배포했는지에 관계없이 한곳에서 모든 애플리케이션을 관리할 수 있는 단일 창을 갖게 된다.

배포 옵션 6: 마이크로소프트 애저

구글 클라우드는 더 많은 종류의 환경과 더 많은 위치에서 더 많은 종류의 워크로드를 지원하기 위해 항상 Anthos를 확장하고 있다. 애저에도 Anthos가 출시되었다.

지금까지 Anthos의 서로 다른 하이브리드와 멀티 Cloud Deploy 옵션 여섯 가지를 알아보았다! 인프라와 데이터가 어디에 있는지에 따라 이러한 옵션 중 하나를 사용하거나 조합하여 온프레미스 또는 퍼블릭 클라우드에서 작동하는 최신 애플리케이션 플랫폼을 통해 애플리케이션을 현대화하는 여정을 강화할 수 있다. 또한 레거시 데이터 센터 인프라와 원활하게 연결되어 플랫폼 팀이 비용을 최적화하고 어디에서나 최신 보안 태세를 지원할 수 있다.

CI는 개발 절차에서 먼저 절차를 식별하고 문제를 바로잡는 것이다. 나중에 한 번의 대규모 통합을 기다리는 대신 CI로 작업을 빈번하게 통합한다. 각 통합은 자동화된 빌드로 검증되며 이를 통해 가능한 빠르게 통합 이슈를 감지하고 다운스트림의 문제를 줄일 수 있다.

CD는 CI를 확장한다. CD는 사용자에게 점진적인 변경 사항을 배포하기 위해 소프트웨어를 패키징하고 준비하는 절차다. 레드/블랙, 카나리아 배포와 같은 배포 전략은 출시 위험을 줄이고 출시에 대한 확신을 높이는 데 도움이 된다. CD는 위험을 낮추고 출시 절차를 더 안전하게 가속화할 수 있으며, 잘 수행이 되면 규격화된 절차로 만들 수 있다. 일단 CD로 쉽게 배포할 수 있다면 개발자는 배포 스크립트를 변경하지 않고 코드 작성에만 집중할 수 있다.

데브옵스(CI/CD)와
개발자 도구

우리의 개발 팀과 앱이 빠르게 성장하고 있어!

맞아, 우리를 도와줄 수 있는 CI/CD 도구가 필요해.

개발자의 생산성이
성공의 열쇠야!

세팅   확장   보안

Cloud Build가 뭐야?

Cloud Build!

완전 관리형 CI/CD 플랫폼

소스 코드

빌드   배포

서버리스   보안
클라우드   빌드
단순함

테스트

VMs

컨테이너,
서버리스

하이브리드와
멀티 클라우드 지원

어떻게 작동하는 거지?

모든 것이
코드

cloudbuld.yaml

빌드 단계 빌드 단계 빌드 단계 빌드 단계

Cloud Build

소스 코드

- App Engine
- Cloud Run
- GKE
- Cloud Functions
- Firebase

컨테이너용 클라우드 네이티브 CI/CD 파이프라인은 어떻게 작성해?

GCP의 컨테이너용 CI/CD

코드
Cloud Code

빌드
Cloud Build

패키지
Artifact Registry

실행

GKE

Cloud Run

운영
클라우드
오퍼레이션

보안에 어떻게 도움이 되는 거야?

소스 코드 Cloud Build GCR로 취약성
스캐닝 바이너리
확인

신뢰할 수
있는 이미지 GKE

신뢰할 수
없는 이미지 감사 로그

패키지 & 테스트   스테이징

깃 푸시   배포

검토

운영

승급

애플리케이션의 개발 환경은 어떻게 바뀌었나?

앱 개발 공간은 최근에 많은 변화가 일어났다. 이런 변화를 CI/CD 전략의 일부로 고려하고 싶을 것이다.

- **하이브리드와 멀티 클라우드에 배포**: 대기업은 애플리케이션을 특정 벤더에 종속되지 않는 도구와 서비스를 가지고 하이브리드 클라우드 환경에 배포하길 원한다.
- **모놀리식에서 마이크로서비스로 전환**: 팀들은 더 큰 민첩성을 위해 대규모 모놀리식을 마이크로서비스로 분리시키고 있다. 이는 여러 팀이 다른 언어, 기술 스택, 개발 생태계의 사용을 가능케 하며, 배포 패턴, 도구의 필요성과 확장 패턴이 변하고 있음을 의미한다.
- **클라우드 네이티브 애플리케이션**: 더 이상 VM만이 아니다. 기업은 패러다임을 전환하고 서버리스, 컨테이너와 쿠버네티스를 수용하고 있다. 앱 개발의 일부 형식을 단순화하는 동안 이 움직임은 다른 영역에서 복잡성을 추가시킨다.

이상적으로 개발자에게는 CI/CD 절차를 통한 변경 사항을 안내하지 말고 그들이 코드 작성에만 집중할 수 있는 환경을 제공해야 한다. 코드를 체크인하자마자 CI/CD 단계가 시작되고 백그라운드에서 실행된다. 따라서 CI/CD 파이프라인은 소스 코드의 패키징, 자동화된 단위와 통합 테스트, 일관된 빌드 환경, 운영에 배포하기 전에 승인 절차, 블루/그린 및 카나리아 배포를 지원해야 한다. 이것이 Cloud Build가 등장한 배경이다.

Cloud Build

Cloud Build는 완전 관리형 CI/CD 플랫폼으로 VM, 서버리스, 쿠버네티스, Firebase를 포함한 하이브리드와 멀티 클라우드 환경에 빌드, 테스트, 배포할 수 있다. Cloud Build는 Cloud Storage, Cloud Source Repositories, 깃허브 또는 비트버킷Bitbucket 등으로부터 소스 코드를 가져올 수 있다. 스펙에 따라 빌드를 실행하고 도커 컨테이너 이미지 또는 자바 아카이브와 같은 아티팩트artifact를 생성한다.

Cloud Build는 일련의 빌드 절차로 빌드를 실행하며 각 단계는 도커 컨테이너에서 작동한다. 하나의 빌드 단계는 환경에 관계없이 컨테이너에서 수행할 수 있는 모든 작업을 수행할 수 있다. 작업을 수행하기 위해 Cloud Build가 제공하는 빌드 단계를 사용하거나 자체적인 빌드 단계를 작성할 수 있다. 빌드 단계의 일부로 Cloud Build는 선호하는 플랫폼에 앱을 배포한다. 바이너리 인증을 사용해 CI/CD 파이프라인 안에서 깊은 보안 스캔을 수행할 수도 있으므로 신뢰성이 보장된 컨테이너 이미지만 운영에 배포된다.

Cloud Build의 비공개 풀pool은 엔터프라이즈의 보안과 규정 준수 요구 사항을 맞출 수 있게 돕는다. 이들은 비공개 전용 워커 풀로 비공개 네트워크에서 자원에 접근할 수 있는 기능을 포함해 대규모의 맞춤형 빌드 환경을 제공할 수 있다. 예를 들어, 깃허브 엔터프라이즈를 포함해 비공개 네트워크에서 호스팅하는 소스 코드 리포지터리로부터 완전 관리형 데브옵스 워크플로를 시작시킬 수 있다.

Cloud Code

전적으로 클라우드 네이티브 환경에서 작업을 하고 있다면 CI/CD 파이프라인을 시작하기 위해 Cloud Code를 사용하고 싶을 것이다. IDE에서 Cloud Code를 사용한다. Cloud Code는 클라우드 네이티브 애플리케이션을 빠르고 쉽게 작성하고 실행하고 디버깅할 수 있는 도구를 가지고 있다. 그런 다음 Cloud Build가 빌드를 실행하고 Artifact Registry에서 패키징하여 GKE 또는 Cloud Run에서 실행할 수 있도록 코드를 푸시한다. 구글 클라우드의 운영 제품군operation suite에서 배포에 대한 모든 메트릭과 시각화를 얻을 수 있다.

Cloud Deploy

Cloud Deploy(이 책을 집필하는 시점에는 프리뷰임)는 관리형 지속적 배포 서비스로, GKE에 더 쉽고 더 빠르고 더 안정적으로 지속적 배포를 할 수 있다. 내장형 보안 제어를 가지고 있으며, 기존의 데브옵스 생태계에 통합시킬 수 있다.

컨테이너화, 컨테이너 오케스트레이션, 클라우드 네이티브 서버리스 서비스와 같은 기술의 진화에 힘입어 확장성과 신뢰감이 더 높아진 마이크로서비스 아키텍처에 기반한 분산형 솔루션 개발이 가능해졌다.

마이크로서비스 아키텍처

 구글 클라우드

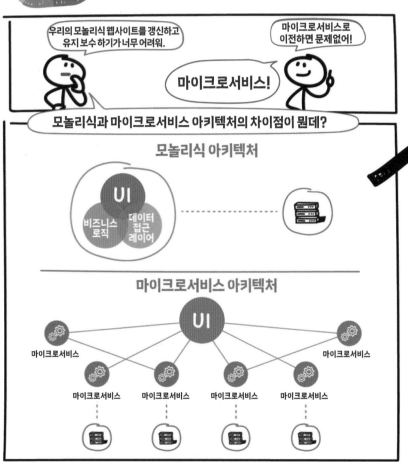

우리의 모놀리식 웹사이트를 갱신하고 유지보수하기가 너무 어려워.

마이크로서비스로 이전하면 문제없어!

마이크로서비스!

모놀리식과 마이크로서비스 아키텍처의 차이점이 뭐데?

모놀리식 아키텍처

UI / 비즈니스 로직 / 데이터 접근 레이어

마이크로서비스 아키텍처

UI

마이크로서비스

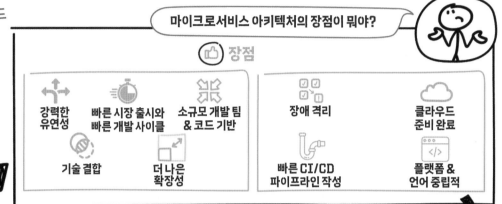

마이크로서비스 아키텍처의 장점이 뭐야?

👍 장점

강력한 유연성	빠른 시장 출시와 빠른 개발 사이클	소규모 개발 팀 & 코드 기반
기술 결합	더 나은 확장성	

장애 격리	클라우드 준비 완료
빠른 CI/CD 파이프라인 작성	플랫폼 & 언어 중립적

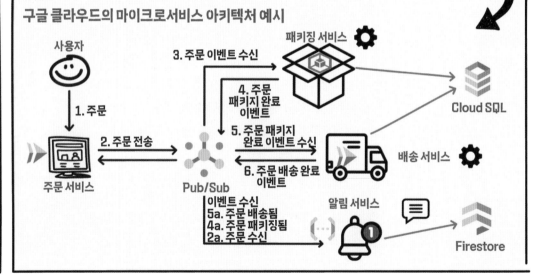

구글 클라우드의 마이크로서비스 아키텍처 예시

사용자

1. 주문

주문 서비스

2. 주문 전송

Pub/Sub

3. 주문 이벤트 수신

패키징 서비스

4. 주문 패키지 완료 이벤트

5. 주문 패키지 완료 이벤트 수신

6. 주문 배송 완료 이벤트

Cloud SQL

배송 서비스

이벤트 수신
5a. 주문 배송됨
4a. 주문 패키징됨
2a. 주문 수신

알림 서비스

Firestore

마이크로서비스 아키텍처의 정의

마이크로서비스 아키텍처(종종 마이크로서비스로 축약됨)는 애플리케이션을 개발하기 위한 아키텍처 스타일을 표현한다. 마이크로서비스는 대규모 애플리케이션을 더 작은 독립적인 서비스로 분리할 수 있으며, 각 서비스는 고유한 책임 영역을 갖는다. 단일 사용자의 요구를 충족하기 위해 마이크로서비스 기반 애플리케이션은 응답을 조합하기 위해 많은 개별적인 마이크로서비스를 호출할 수 있다.

종속성에 대한 걱정 없이 서비스 개발에만 집중할 수 있으므로 컨테이너는 마이크로서비스에 매우 적합하다. 현대의 클라우드 네이티브 애플리케이션은 일반적으로 컨테이너를 사용한 마이크로서비스로 빌드된다.

구글 클라우드를 사용할 때 서비스형 컨테이너인 관리형 GKE 또는 완전 관리형 서버리스 서비스인 Cloud Run을 사용해 마이크로서비스를 쉽게 배포할 수 있다. 사용 사례에 따라 Cloud SQL, 다른 구글 클라우드 제품과 서비스는 마이크로서비스 아키텍처를 지원하기 위해 통합할 수 있다.

모놀리식과 마이크로서비스 아키텍처는 어떻게 다른가?

모놀리식 아키텍처를 사용하면 솔루션은 종종 단일 코드 베이스를 포함한 대규모 시스템으로 구축된다. 모든 컴포넌트가 강하게 결합돼 있고 상호 의존적인 모놀리식 기술, 언어 또는 프레임워크를 변경하는 것은 매우 어렵다. 결과적으로 상대적으로 작은 변경조차 개발과 배포 시간이 많이 걸릴 수도 있다.

마이크로서비스 아키텍처를 사용하면 솔루션은 비즈니스 기능을 기반으로 한 독립적인 일련의 모듈 세트로 빌드된다. 각 모듈 또는 서비스는 작으며(마이크로) 전체적인 빌드와 개발 시간을 줄일 뿐 아니라 CI/CD 파이프라인을 구성하기 쉽다. 더 작은 기능 단위는 다른 서비스를 위해 다른 언어를 사용하거나 기술과 프레임워크를 변경하기 쉽다. 장애를 분리하는 것도 더 쉬운데 일반적으로 특정 서비스에 한정돼 있기 때문이다. 서비스는 독립적으로 확장할 수 있으며, 전체 애플리케이션을 확장할 필요 없이 더 많은 자원이 필요한 하위 시스템만 확장시킬 수 있다.

마이크로서비스 사용 사례

마이크로서비스 아키텍처로 새로운 서비스를 개발하거나 모놀리식 웹 애플리케이션을 이전하는 사례를 가정해보자. 마이크로서비스 아키텍처는 종종 Pub/Sub 모델 기반 이벤트 구동 아키텍처이며, 한 서비스가 이벤트를 발행하면 다른 서비스는 해당 이벤트를 구독해 그에 따라 작업을 진행한다.

이 예시에서는 네 가지 서비스(주문, 패키징, 배송, 알림)가 있다.

- 한 사용자가 웹사이트에 주문을 올리면 주문 서비스는 주문을 받고 일부 선행 처리를 수행한 후 Pub/Sub에 이벤트를 전송한다.
- 주문 서비스의 이벤트를 구독하는 패키징과 알림 서비스는 주문에 대한 패키징 절차를 시작하고 고객에게 이메일 알림을 전송한다.
- 패키징 서비스는 Pub/Sub에 주문 패키징 이벤트를 전송한다. 이들 이벤트를 구독하고 있는 배송 서비스는 배송에 들어가고 이벤트를 Pub/Sub에 전송한다. 알림 서비스는 이 이벤트를 수신하고 주문 배송 정보를 갖는 다른 메시지를 고객에게 발송한다.

물론 이와 같은 웹사이트를 배포하는 방법은 여러 가지다. 최상의 옵션을 선택하는 것은 팀의 특수 요구 사항과 선호도에 따라 달라진다. 이 예시에서 알림 서비스는 Cloud Functions을 사용해 알림을 전송하는 로직을 실행하고, 사용자의 이메일 주소를 조회하기 위해 Firestore 데이터베이스를 사용한다는 것에 주의한다. 전송과 주문 서비스는 Cloud Run에 배포되는 반면 패키징 서비스는 GKE에 배포된다. 이들은 모두 Cloud SQL 데이터베이스에 연결돼 있다.

일부 다른 마이크로서비스 사용 사례는 다음과 같다.

- **미디어 콘텐츠**: 마이크로서비스 아키텍처를 사용해 이미지와 비디오 애셋asset을 확장이 가능한 객체 스토리지 시스템에 저장하고 웹 또는 모바일 앱에 직접 제공한다.
- **거래와 송장**: 결제 처리와 주문은 독립적인 서비스로 분리가 가능하므로 송장 발행으로 서비스 중단이 발생해도 결제 승인에는 문제가 없다.
- **데이터 처리**: 마이크로서비스 플랫폼은 기존의 데이터 처리를 모듈화된 클라우드 지원으로 확장할 수 있다.

구글 클라우드의 서비스 오케스트레이션

서비스 코리오그래피 vs. 오케스트레이션

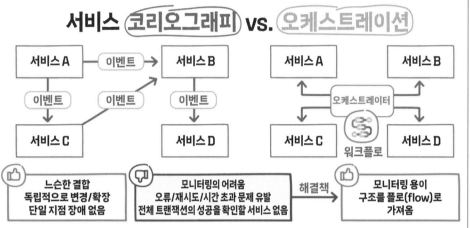

서비스 A → 이벤트 → **서비스 B**

이벤트 ↓ 이벤트 ↓ 이벤트 ↓

서비스 C **서비스 D**

서비스 A **서비스 B**

오케스트레이터

서비스 C **서비스 D**

워크플로

👍 **느슨한 결합**
독립적으로 변경/확장
단일 지점 장애 없음

👎 **모니터링의 어려움**
오류/재시도/시간 초과 문제 유발
전체 트랜잭션의 성공을 확인할 서비스 없음

해결책 →

👍 **모니터링 용이**
구조를 플로(flow)로 가져옴

서비스 오케스트레이션에 대한 워크플로 사용 사례

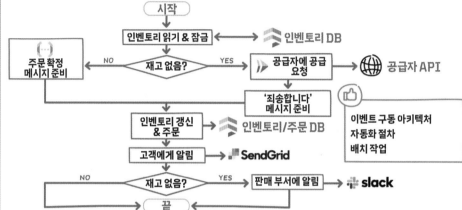

시작

인벤토리 읽기 & 잠금 ↔ 인벤토리 DB

재고 없음? — NO → 주문 확정 메시지 준비

재고 없음? — YES → 공급자에 공급 요청 → 공급자 API

'죄송합니다' 메시지 준비

인벤토리 갱신 & 주문 → 인벤토리/주문 DB

고객에게 알림 → SendGrid

재고 없음? — NO ... YES → 판매 부서에 알림 → slack

끝

이벤트 구동 아키텍처
자동화 절차
배치 작업

이벤트 구동 시스템에 대한 서비스 코리오그래피

EVENTARC

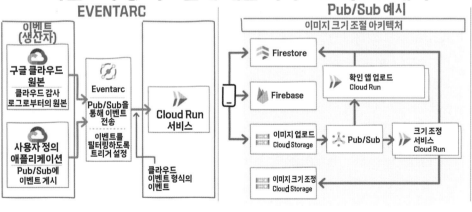

이벤트 (생산자)

구글 클라우드 원본
클라우드 감사 로그로부터의 원본

사용자 정의 애플리케이션
Pub/Sub에 이벤트 게시

Eventarc
Pub/Sub을 통해 이벤트 전송

이벤트를 필터링하도록 트리거 설정

Cloud Run 서비스

클라우드 이벤트 형식의 이벤트

Pub/Sub 예시

이미지 크기 조절 아키텍처

- Firestore
- Firebase
- 이미지 업로드 Cloud Storage → Pub/Sub → 크기 조정 서비스 Cloud Run
- 이미지 크기 조정 Cloud Storage

확인 앱 업로드 Cloud Run

Cloud Scheduler
이벤트/트리거 반복

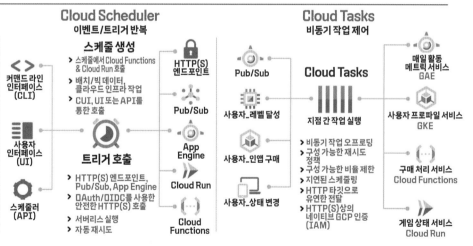

커맨드 라인 인터페이스 (CLI)

사용자 인터페이스 (UI)

스케줄러 (API)

스케줄 생성
- 스케줄에서 Cloud Functions & Cloud Run 호출
- 배치/빅 데이터, 클라우드 인프라 작업
- CUI, UI 또는 API를 통한 호출

트리거 호출
- HTTP(S) 엔드포인트, Pub/Sub, App Engine
- OAuth/OIDC를 사용한 안전한 HTTP(S) 호출
- 서버리스 실행
- 자동 재시도

HTTP(S) 엔드포인트

Pub/Sub

App Engine

Cloud Run

Cloud Functions

Cloud Tasks
비동기 작업 제어

Pub/Sub

사용자_레벨 달성

사용자_인앱 구매

사용자_상태 변경

Cloud Tasks
지점 간 작업 실행

- 비동기 작업 오프로딩
- 구성 가능한 재시도 정책
- 구성 가능한 비율 제한
- 지연된 스케줄링
- HTTP 타깃으로 유연한 전달
- HTTP(S)상의 네이티브 GCP 인증 (IAM)

매일 활동 메트릭 서비스 GAE

사용자 프로파일 서비스 GKE

구매 처리 서비스 Cloud Functions

게임 상태 서비스 Cloud Run

모놀리식 아키텍처에서 마이크로서비스로 옮기는 것은 재사용성, 확장성, 변경의 용이함을 포함해 분명한 이점을 가지고 있다. 대부분의 시간 동안 비즈니스 문제는 다중 마이크로서비스의 배치를 통해 해결할 수 있다. 이 배치는 이벤트 구동 아키텍처에 기반하며 두 가지(코리오그래피와 오케스트레이션) 접근 방식으로 구현할 수 있다.

서비스 코리오그래피와 서비스 오케스트레이션

• **서비스 코리오그래피**: 각 서비스는 독립적으로 작동하며 이벤트를 통해 느슨하게 결합된 방식으로 다른 서비스와 상호작용한다. 느슨하게 결합된 이벤트는 변경할 수 있고 독립적으로 확장 가능한데, 이는 단일 지점 장애가 없음을 의미한다. 그러나 서비스 간에 너무 많은 이벤트가 발생하는 탓에 모니터링하기가 매우 어렵다. 비즈니스 로직은 다중의 서비스 사이에 분산돼 있기 때문에 문제 해결을 위한 단일 핵심 지점이 없을뿐더러 시스템을 이해하기 위한 핵심 정보 출처 또한 없다. 이해, 갱신, 문제 해결이 각기 분산되어 있는 셈이다.

• **서비스 오케스트레이션**: 코리오그래피의 모니터링 문제를 다루기 위해 개발자는 이벤트 구동 서비스의 느슨한 결합 특성을 유지한 상태로 이벤트의 흐름에 구조를 가져와야 한다. 서비스 오케스트레이션을 사용하면 서비스는 서비스 간의 모든 상호작용을 제어하는 핵심 오케스트레이터를 통해 서로 상호작용한다. 이 오케스트레이터는 실행을 추적하고 문제를 해결하는 비즈니스 프로세스의 상위 수준의 뷰를 제공한다. 구글 클라우드에서 워크플로는 서비스 오케스트레이션 서비스다.

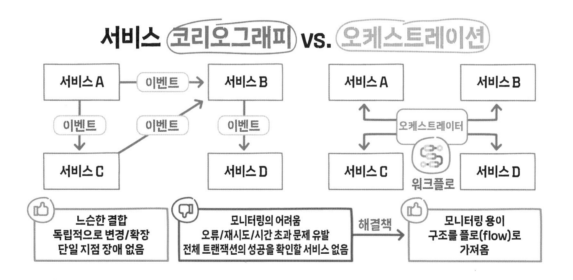

애플리케이션에 대한 두 가지 접근 방식 중 하나를 선택했다면 설계에 대한 질문은 주로 서비스 특성과 사용 사례에 대한 것이다. 마이크로서비스의 제한된 콘텍스트 내에서는 서비스 오케스트레이션을 선호해야 하지만 제한된 콘텍스트 간에는 코리오그래피를 선호해야 한다. 즉, 동일 시스템에서 저수준에서는 오케스트레이션을, 고수준에서는 코리오그래피를 사용할 수 있다.

구글 클라우드는 오케스트레이션 접근법과 코리오그래피 접근법 모두를 지원하는 서비스를 제공한다. Pub/Sub과 Eventarc은 모두 이벤트 구동 서비스의 코리오그래피에 적합한 반면 워크플로는 중앙에서 오케스트레이션하는 서비스에 적합하다.

서비스 오케스트레이션에 대한 구글 클라우드 지원

워크플로

구글 클라우드와 서버리스 워크플로를 갖는 HTTP 기반 API 서비스를 자동화하고 오케스트레이션하기 위해 워크플로를 사용한다. 이는 비즈니스 절차를 정의하고 여러 가지 서비스에 대한 호출을 오케스트레이션하는 완전 관리형의 확장과 관찰이 가능한 방법이다. 워크플로는 단순한 웹 API로 서비스를 호출한다. 워크플로를 사용해 YAML 기반의 워크플로 정의 언어로 비즈니스 로직 절차를 정의하고 워크플로를 시작시키는 데 UI 또는 API를 사용할 수 있다. 워크플로를 사용해 이벤트 구동, 배치 작업, 오류 처리 로직, 연산 순서 등을 포함한 복잡한 절차들을 자동화할 수 있다. 워크플로는 장기 실행 작업을 실행하는 구글 클라우드 서비스에 특히 도움이 된다. 워크플로는 수 시간이 걸릴지라도 작업이 끝날 때까지 기다린다. 콜백을 사용하면 워크플로는 외부 이벤트를 수일 또는 수개월 동안 기다릴 수 있다.

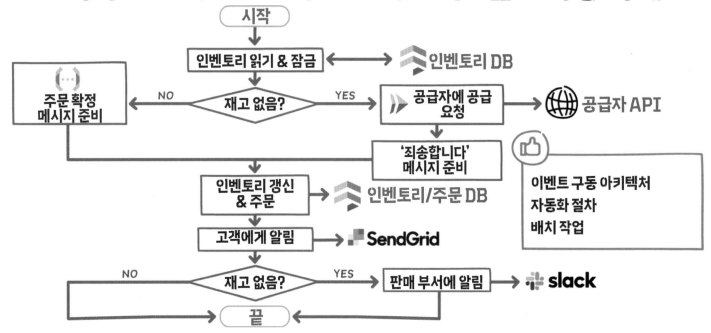

서비스 오케스트레이션에 대한 워크플로 사용 사례

서비스 코리오그래피에 대한 구글 클라우드 지원

Pub/Sub

Pub/Sub을 사용하면 서비스는 100밀리초 수준의 지연 시간으로 비동기적으로 통신할 수 있다. Pub/Sub은 서비스 통합을 위한 메시지 지향 미들웨어 또는 병렬 작업의 큐로 사용된다. 발행자는 Pub/Sub 서비스에 이벤트를 전송하기만 할 뿐 언제 또는 어떻게 이벤트가 처리될지에 대해서는 관여하지 않는다. 그런 다음 Pub/Sub은 이벤트에 반응이 필요한 모든 서비스(구독자)에 이벤트를 전송한다. 수집과 분산 데이터에 대한 데이터 통합 파이프라인과 스트리밍 분석에도 Pub/Sub을 사용한다(4장 데이터 분석 참조).

Eventarc

Eventarc을 사용하면 하부의 인프라 구현과 사용자 정의, 유지 보수를 하지 않고도 이벤트 구동 아키텍처를 구축할 수 있다. 이것은 분리된 마이크로서비스 간에 이벤트로 알려진 상태 변경 흐름을 관리하는 표준화된 솔루션을 제공한다. Eventarc은 이들 이벤트를 Cloud Run으로 전달하는 동시에 배포, 보안, 인증, 관찰 가능성, 오류 처리를 관리한다. Eventarc은 Pub/Sub 토픽뿐 아니라 감사 로그와 Pub/Sub이 통합된 많은 구글 클라우드 원본으로부터 이벤트를 쉽게 수신할 수 있는 방법을 제공한다. Pub/Sub 토픽에 메시지를 전송할 수 있는 감사 로그에 통합된 모든 서비스 또는 모든 애플리케이션은 Eventarc의 이벤트 원본이 될 수 있다.

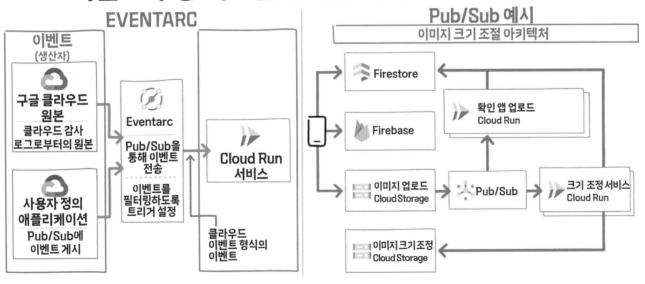

Cloud Scheduler
이벤트/트리거 반복

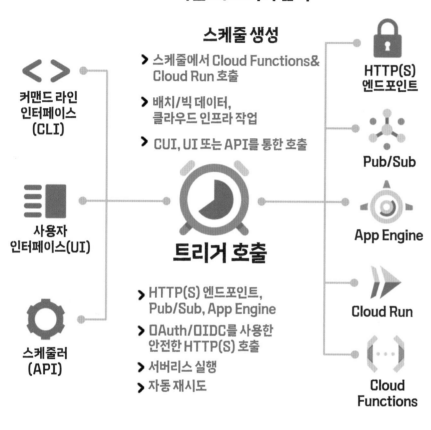

스케줄 생성

> 스케줄에서 Cloud Functions& Cloud Run 호출

> 배치/빅 데이터, 클라우드 인프라 작업

> CUI, UI 또는 API를 통한 호출

트리거 호출

> HTTP(S) 엔드포인트, Pub/Sub, App Engine

> □Auth/□IDC를 사용한 안전한 HTTP(S) 호출

> 서버리스 실행

> 자동 재시도

커맨드 라인 인터페이스 (CLI)

사용자 인터페이스(UI)

스케줄러 (API)

HTTP(S) 엔드포인트

Pub/Sub

App Engine

Cloud Run

Cloud Functions

Cloud Tasks
비동기 작업 제어

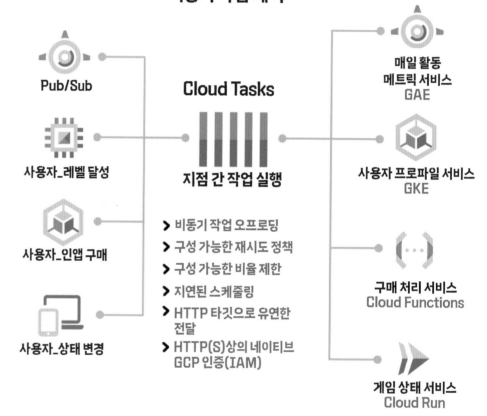

Pub/Sub

사용자_레벨 달성

사용자_인앱 구매

사용자_상태 변경

Cloud Tasks
지점 간 작업 실행

> 비동기 작업 오프로딩

> 구성 가능한 재시도 정책

> 구성 가능한 비율 제한

> 지연된 스케줄링

> HTTP 타깃으로 유연한 전달

> HTTP(S)상의 네이티브 GCP 인증(IAM)

매일 활동 메트릭 서비스 GAE

사용자 프로파일 서비스 GKE

구매 처리 서비스 Cloud Functions

게임 상태 서비스 Cloud Run

코리오그래피와 오케스트레이션 모두에 도움이 되는 추가 서비스

Cloud Tasks

Cloud Tasks를 사용하면 기본 애플리케이션 흐름 외부에서 독립적으로 수행할 수 있는 작업을 분리하고 사용자가 만든 핸들러handler를 사용해 비동기식으로 처리하도록 보낼 수 있다. 이들 독립적인 작업을 태스크라고 부른다. Cloud Tasks는 데이터베이스 갱신과 같은 잠재적으로 느린 백그라운드 작업을 작업자에게 위임해 사용자 응답 시간을 단축하는 데 도움이 된다. 또한 주요 사용자 흐름으로부터 사용자가 비대면 작업을 제거해 트래픽 급증을 완화시키는 데도 효과적이다.

Pub/Sub과 Cloud Tasks의 차이점 Pub/Sub은 암시적인 호출을 지원한다. 발행자는 암시적으로 이벤트를 발행해 구독자가 작업하도록 한다. Cloud Tasks는 각 메시지가 전송될 엔드포인트를 지정하는 것을 포함해 발행자가 실행에 대한 모든 제어권을 유지하는 명시적인 호출을 목표로 한다. Pub/Sub과 달리 Cloud Tasks는 특정 배포 시간 예약, 비율 제어, 재시도, 중복 제거를 포함해 큐와 작업 관리를 위한 도구를 제공한다.

Cloud Scheduler

일반적으로 크론cron 작업으로 알려진 정해진 시간 또는 규칙적인 간격으로 스케줄링된 단위 작업을 설정할 수 있다. Cloud Scheduler는 워크플로(오케스트레이션) 시작 또는 Pub/Sub 메시지(코리오그래피)를 생성할 수 있다. 전형적인 사용 사례는 하루를 기반으로 보고서 이메일을 전송하고 매 x초마다 캐싱된 데이터를 갱신하거나 한 시간에 한 번씩 요약 정보를 갱신하는 것을 들 수 있다.

Apigee API 관리

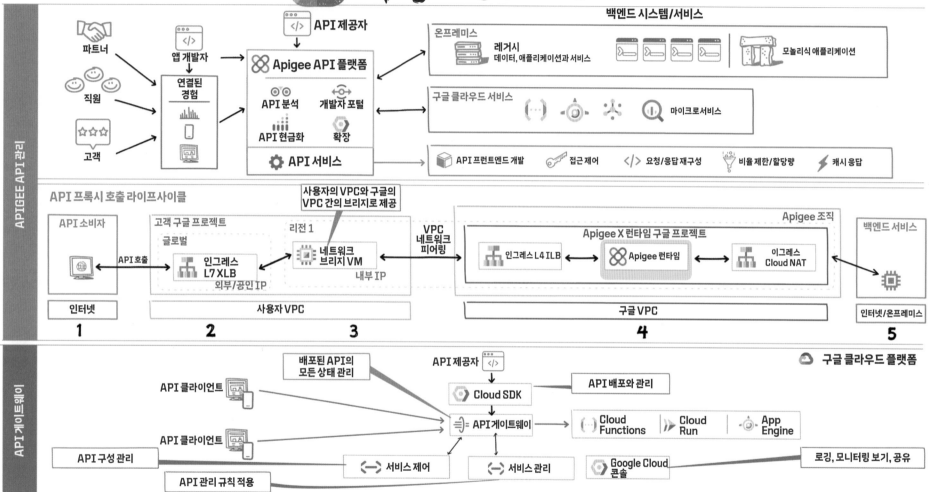

API는 오늘날의 기업을 강화하는 현대적 애플리케이션을 빌드하고 공유하기 위한 사실상의 표준이다. 모든 현대적 비즈니스는 API를 사용해 빠르게 움직이고 경쟁력을 유지한다. 그러나 API, 데이터, 서비스를 전송하고 관리하고 분석하는 것은 중요한 작업이지만 꽤나 복잡하다. 기업의 생태계가 온프레미스 데이터 센터를 넘어 프라이빗, 퍼블릭 클라우드, SaaS, 다른 IT 엔드포인트를 포함하도록 확장되면서 점점 더 어려워지고 있다. 이런 복잡성을 조정하기 위해 비즈니스는 API 관리를 요구한다.

API 관리

하나의 예를 들어보자. REST/SOAP 서비스, 마이크로서비스, 서비스 버스와 몇 가지 더 많은 외부 서비스를 포함하는 백엔드 서비스가 있다고 가정해보자. 반대편에는 이들 서비스에 대한 몇몇 소비자(파트너, 정직원, 고객)가 있을 것이다. 그들은 백엔드 서비스에서 데이터를 가져오거나 API로 작업을 해야 하는 애플리케이션을 가지고 있다.

개발자는 생태계를 구축하기 위해 API를 사용해 새롭고 매력적인 애플리케이션을 작성하고 있다. 이러한 API를 제품화하면 인터넷에서 접할 수도 있는 매력적인 신규 비즈니스 애플리케이션을 구축할 수 있다. API를 상품화하는 데 필요한(개발자 포털, API 패키징, 유연한 보안 옵션, 운영 메트릭을 비즈니스 분석으로 전환하기) 모든 것은 API 관리에 관한 것이고 Apigee가 제공하는 것이다.

Apigee

Apigee API 관리자는 애플리케이션의 현대화와 API를 통한 수익 창출을 돕는다. Apigee API 관리자는 백엔드 데이터와 서비스에 대한 애플리케이션의 접근 제어를 돕는다. Apigee API 관리자는 API에 접근하는 데 필요한 애플리케이션 개발자 도구를 제공하며, API를 관리하고 배포하는 데 필요한 도구와 함께 API 제공자를 돕는다.

- **API 서비스**: 애플리케이션으로부터 백엔드 서비스까지 트래픽을 전달하고, 백엔드 서비스를 오케스트레이션하는 엔터프라이즈 게이트웨이로 작동하면서 사람들이 백엔드 서비스를 남용하는 것을 막는다. API 제공자가 백엔드를 보호하기 위해 서비스에 할당량을 부여하고 사용량 제한을 적용하도록 지원한다. 백엔드 서비스 앞에 전면 애플리케이션을 구축하고 내부에 있는 것을 비교해 외부 애플리케이션에 대한 인터페이스 세트를 노출할 수 있다. 다른 애플리케이션이 다른 서비스에 접근할 수 있고, 호출할 때 다른 결과를 얻을 수 있도록 액세스를 제어할 수 있다. 요청이 들어오는 대로 다른 형식을 지정하고 백엔드 서비스에 적합하게 만들 수 있다. 백엔드로부터 들어오는 응답을 애플리케이션에 반환하기 전에 변경할 수 있다. 성능을 높이기 위해 백엔드 호출을 회피하고 캐시가 직접 응답할 수 있도록 캐시를 추가할 수 있다.

- **개발자 포털**: Apigee는 개발자 포털을 제공해 API 소비자 또는 애플리케이션 개발자를 지원한다. API를 사용하기 위해 등록하고, 서비스 접근을 위해 자격 증명을 얻고, API 사용법을 배우기 위해 문서에 접근할 수 있다. API를 제품으로 제공해야 한다면 API 제공자는 모든 서비스로 다르게 접근할 수 있도록 다른 패키지에 모두 번들링할 수 있다. 웹사이트의 브랜드와 일치하도록 포털을 브랜딩할 수도 있다.

- **API 현금화**: API 사용에 대해 개발자에서 지불(또는 이익 공유를 통해 지불)하는 다양한 현금화 계획을 생성할 수 있다.

- **API 분석**: API 분석은 API 팀이 개발자의 참여 메트릭으로부터 비즈니스, 운용 메트릭까지 모든 것을 측정하도록 돕는다. 이런 분석을 통해 API 팀이 그들의 API를 개선하고 앱 개발자가 앱을 향상시킬 수 있다. 또한 트래픽 패턴, 널리 사용되는 API 메서드, API 응답 시간, 서비스 개선에 필요한 기타 메트릭에 대한 질문에 답하는 것에 도움이 된다.

Apigee에서는 구성 또는 코딩 중에 선택할 수 있다. 사전에 정의된 많은 정책으로 기본적인 작업을 진행한다. 코드로 구동하는 개발을 원한다면 토큰을 요청하거나 응답을 캐시에 추가하는 이런 정책을 제외할 수 있다. 자체 정책을 작성하거나 어떠한 정책을 추가하고 사전 정의된 정책들과 혼합할 수도 있다. 자바스크립트, 자바 또는 파이썬으로 이런 작업을 진행할 수 있다.

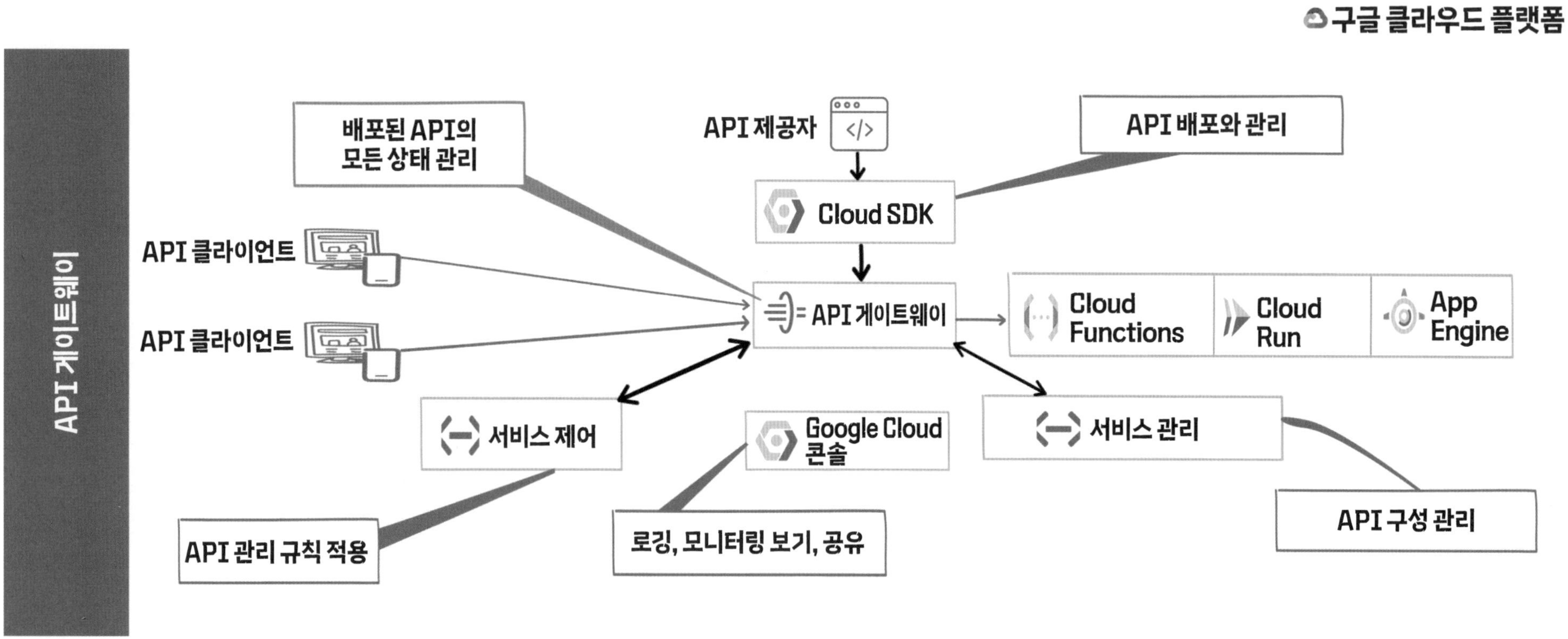

☁ 구글 클라우드 플랫폼

API 게이트웨이

배포된 API의
모든 상태 관리

API 제공자 </>

API 배포와 관리

Cloud SDK

API 클라이언트

API 클라이언트

≡ API 게이트웨이

Cloud
Functions

Cloud
Run

App
Engine

⟨⟩ 서비스 제어

Google Cloud
콘솔

⟨⟩ 서비스 관리

API 관리 규칙 적용

로깅, 모니터링 보기, 공유

API 구성 관리

API 게이트웨이

API 게이트웨이는 관리, 모니터링, API에 대한 인증을 제공하는 API 관리 시스템으로, 서비스 구현과는 관계없이 모든 서비스에 걸쳐 일관되게 잘 정의된 API를 통해 안전하게 서비스에 접근할 수 있다. 일관된 API는 다음과 같은 특징이 있다.

- 앱 개발자가 서비스를 쉽게 소비하도록 한다.
- 공용 API에 영향을 주지 않고 백엔드 서비스 구현을 변경할 수 있다.
- 구글 클라우드에 구축된 확장, 모니터링, 보안 기능을 이용할 수 있다.

API 게이트웨이 아키텍처

API 제공자는 API 게이트웨이에 API를 생성하고 배포할 책임이 있다. 각 API는 오픈 API 2.0 스펙으로 작성한 파일로 정의돼 있다. 오픈 API 스펙은 API에 대한 REST 엔드 포인트의 공개 URL, API로 접근하는 백엔드 서비스, 인증, 데이터 형식, 응답 옵션과 같은 모든 API 특성을 정의한다.

API 클라이언트는 백엔드 서비스에 접근하기 위해 API 게이트웨이에 호스트된 API로 REST 요청을 보낸다. API 클라이언트는 브라우저, 모바일 앱, 웹 앱과 같은 REST 호출을 할 수 있는 모든 앱을 통칭한다. API 클라이언트는 API의 URL, 요청 메서드(GET, PUT, POST, DELETE와 같은), API로 전송하거나 수신하는 모든 데이터 형식만 알면 된다.

API 클라이언트는 백엔드 구현에 대한 모든 것을 알 필요가 없다. 사실상 API 게이트웨이에 호스트된 단일 API는 요청받은 정보에 기반해 다른 백엔드를 접근하도록 구성할 수 있다.

API 게이트웨이와 Apigee API 관리 플랫폼의 차이는 무엇인가?

API 게이트웨이는 API 관리 플랫폼의 작업 부분이다. API 게이트웨이는 서비스 구현과는 관계없이 모든 서비스에 걸쳐 일관되게 잘 정의된 API를 통해 안전한 접근을 보장하고 서비스를 구글 클라우드(Cloud Functions, App Engine, Cloud Run, Compute Engine, GKE)에 노출시킬 수 있다.

Apigee 역시 게이트웨이를 포함하고 있다. 다만 개발자 포털, 모니터링, 현금화, 고급 API 작동, 다른 확장 가능성을 기반으로 API 소비를 일으키도록 돕는다. 게이트웨이 자체는 내장형 정책을 통해 좀 더 많은 기능을 제공한다. Apigee는 GCP에서 호스팅되는 업스트림에만 국한하지 않는 임의의 백엔드에 연결할 수 있다.

Cloud Deploy가 어떻게 작동하고 있는지 또는 운영 시스템에 문제가 발생해 사용자가 영향을 받는지 여부가 궁금할 때가 있을 것이다. 막상 문제를 찾고 해결하려니 살펴봐야 하는 도구가 너무 많아서 혼란스러울 것이다. 이때 구글 클라우드의 오퍼레이션 제품군이 빛을 발한다.

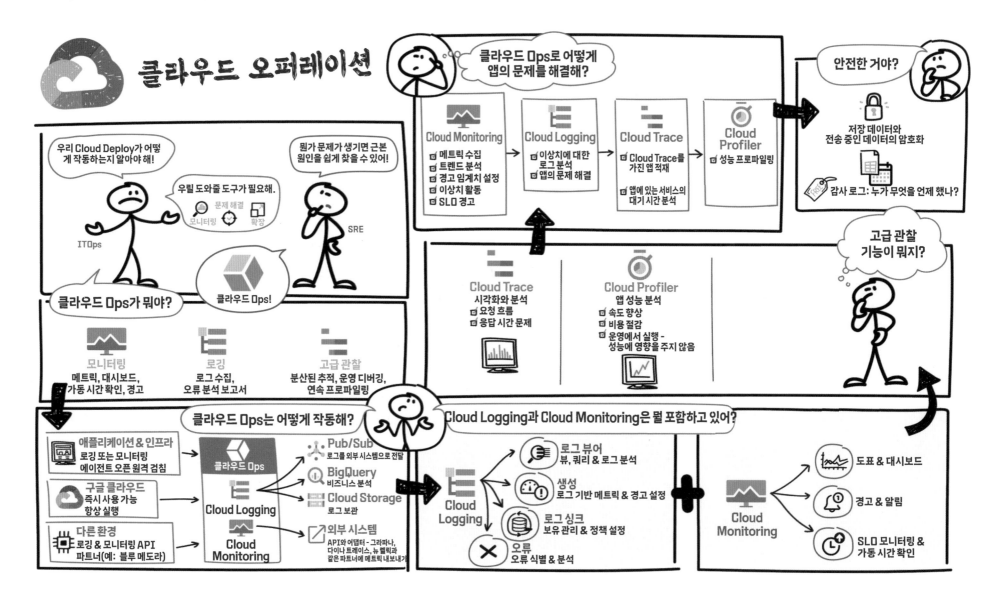

오퍼레이션 제품군

구글 클라우드 오퍼레이션 제품군은 모니터링, 문제 해결, 대규모 서비스 운영을 위한 제품들로 이루어져 있으며, 데브옵스, SRE, ITOps 팀이 구글의 SRE 모범 사례를 활용할 수 있게 해준다. 추적, 디버깅, 프로파일링과 같은 모니터링, 로깅과 고급 관찰 서비스를 위한 통합 기능을 제공한다. 엔드 투 엔드 운영 솔루션이 포함하고 있는 내장형 원격 측정, 즉시 사용 가능한 대시보드, 추천, 경고 등을 통해 신호 탐지, 시스템 감시, 인시던트incident 관리와 문제 해결에 도움을 준다.

클라우드 오퍼레이션에는 무엇이 포함돼 있을까?

Cloud Logging: 구글 클라우드에 걸쳐 있는 인프라와 애플리케이션의 로그 데이터를 한곳으로 모으는 완전 관리형의 확장성이 뛰어난 서비스다. Cloud Logging은 구글 클라우드 서비스로부터 데이터를 자동으로 수집하고, 애플리케이션, 온프레미스 원본 또는 다른 클라우드의 모든 종류의 사용자 정의 로그 원본을 옵스 에이전트Ops Agent, 오픈소스 플루언트디Fluentd 또는 API를 통해 수집한다. Cloud Logging에 로그를 보관하고 이를 Cloud Storage에 내보내거나 Pub/Sub을 통해 타사로 로그를 스트리밍하는 것을 포함해 로그를 저장하는 방법과 위치를 결정하는 완벽한 제어 기능을 제공한다. 로그 익스플로러Logs Explorer는 로그를 필터링하고 모니터링, 경고, 분석, 시각화를 위해 로그를 로그 기반 메트릭으로 변환하는 강력한 기능을 제공한다.

Cloud Monitoring: 위치(구글 클라우드, 온프레미스 또는 다른 클라우드)에 관계없이 인프라와 앱에 걸쳐 관찰 기능을 제공한다. 다양한 메트릭 통합을 지원하고, 사용 사례에 맞는 고유한 맞춤형 메트릭을 정의하고, 이 메트릭을 외부 시스템에 전달할 수도 있다. 메트릭 익스플로러의 쿼리 언어 모니터링을 통해 이들 메트릭을 즉시 분석하고 상관관계를 식별해 관련 차트를 쉽게 대시보드에 추가할 수 있다. 즉시 사용 가능한 대시보드나 사용자 정의 대시보드를 통해 인프라, 서비스 또는 애플리케이션의 상태를 통합적으로 확인하고 이상 징후를 쉽게 감지할 수 있다. 그러나 대시보드를 보느라 하루 종일 대기하고 있을 수 없다. Cloud Monitoring은 경고를 제공해 성능 메트릭, 운영 상태 확인, 서비스 수준 지표에 대한 경고 제공 정책을 작성할 수 있다.

애플리케이션 성능 관리application performance management, APM: Cloud Logging과 Cloud Monitoring의 모니터링, 오류 복구 기능을 Cloud Trace, Cloud Profiler와 결합해 대기 시간과 비용을 줄임으로써 좀 더 효율적으로 애플리케이션을 실행하도록 돕는다.

- **Cloud Trace**: 요청 흐름, 서비스 토폴로지topology, 앱의 대기 시간 문제를 이해하도록 시각화와 분석을 제공한다.
- **Cloud Profiler**: 애플리케이션 속도를 향상시키고 비용을 절감할 수 있도록 각 서비스의 코드 상태를 지속적으로 분석한다. 성능에 영향을 주지 않고 보통 운영에서 효과적으로 실행하도록 설계한다.

서비스 간의 관계와 대기 시간을 추적하는 데 Cloud Trace를 사용하는 반면 Cloud Profiler는 코드 베이스의 개별 함수에 걸쳐 추적한다.

클라우드 오퍼레이션의 작동 방식

Google Cloud 콘솔에서 도구를 직접 사용하거나 API를 통해 사용할 수 있다. Cloud Logging은 자동으로 구글 클라우드 감사와 플랫폼 로그를 수집한다. API를 이용해 다른 환경과 온프레미스로부터 로그와 메트릭을 수집할 수도 있다. 그런 다음 로그를 확인하고 쿼리하고 분석하기 위해 로그 뷰어를 이용한다. 경고를 설정하기 위해 로그 기반 메트릭을 생성하고 보존 관리와 정책을 설정하기 위해 로그 싱크를 생성한다.

Cloud Monitoring은 구글 클라우드 서비스에서 생성한 모든 시스템 메트릭에 대한 뷰를 무료로 제공한다. Cloud Monitoring은 여러 타사 프로바이더와 통합돼 있고 에이전트 또는 API를 통해 구글 클라우드 원본 외에서 수집한 사용자 정의 메트릭도 지원한다.

보안을 위해 저장과 전송 시 모든 데이터를 암호화한다. 모든 보안 중심 감사 로그는 Cloud Logging에서 자동으로 제공하며, 누가 무엇을 어디서 언제 했는지를 알려준다. 접근 투명성 로그를 사용하면 구글 직원이 지원을 제공하는 동안의 모든 작업을 캡처하므로 항상 규정 준수를 유지할 수 있다.

애플리케이션 아키텍처

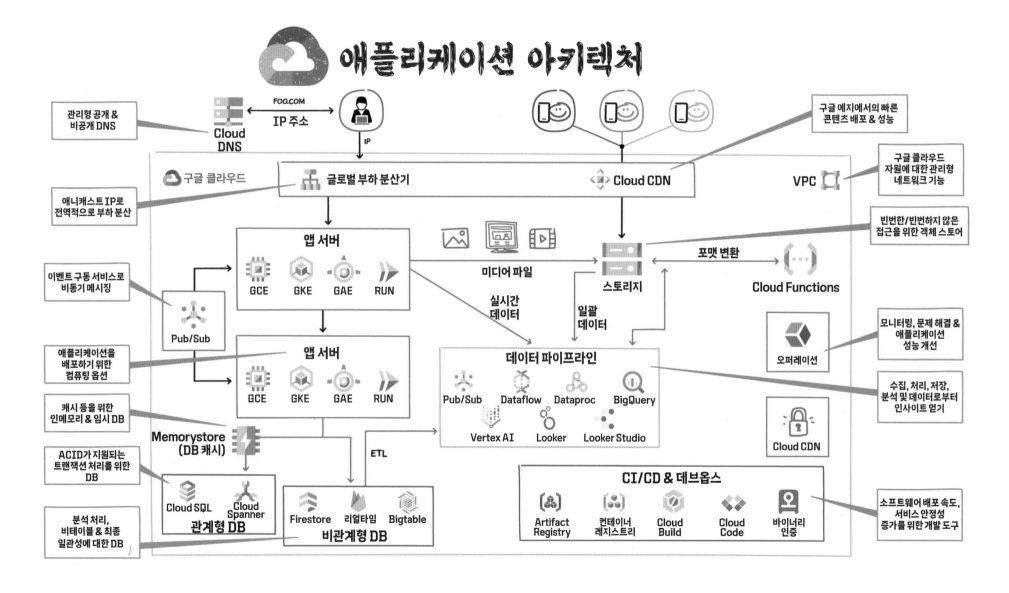

전형적인 웹 애플리케이션의 주요 구성 요소는 웹 서버, 애플리케이션 서버, 데이터베이스, 부하 분산기 등이다. 구글 클라우드에 어떻게 배포가 되는지 확인하기 위해 이와 같은 애플리케이션을 고려해보자.

단순 애플리케이션 아키텍처

foo.com이라는 인터넷 접속형 애플리케이션에 대한 구글 클라우드 아키텍트Cloud Architect 업무를 상상해보자. 이런 애플리케이션을 구글 클라우드에 아키텍처링하는 방법이 여러 가지 있는데, 어떤 것이 옳고 그르다고 할 수 없다. 사용자가 브라우저를 열고 주소 창에 foo.com을 입력할 때의 일반적인 요청 흐름에 대한 관점의 접근 방법을 살펴보자.

도메인 이름 시스템

이 요청은 도메인 이름 시스템(DNS) 서버로 보내져 IP 주소로 응답한다. Cloud DNS는 100% SLA(절대로 다운되지 않음을 의미)를 제공하는 신뢰할 수 있는 대용량 DNS 서비스를 위한 구글 인프라다. 구글의 애니캐스트anycast 이름 서버의 전역 네트워크를 사용해 전 세계의 중복된 위치에서 DNS 영역을 제공하며 사용자에게 고가용성과 짧은 대기 시간을 제공한다.

웹 및 애플리케이션 서버

DNS에서 획득한 IP 주소는 foo.com 프런트엔드 코드가 배포된 웹 서버에 접속하기 위해 사용자의 컴퓨터에서 사용된다. 애플리케이션의 비즈니스 로직은 애플리케이션 서버에 배포된다. 이 로직에는 인증 서비스, 인벤토리, 과금 서비스와 같은 기능이 들어 있다. 이 애플리케이션 서버의 요청은 일반적으로 웹 서버와 내부 서비스로 제한된다. 웹과 애플리케이션 서버는 VPC 내에 존재하며, VPC는 모든 구글 클라우드 자원의 관리형 네트워크 기능을 제공한다.

웹과 애플리케이션 서버에 대해 Cloud Run, App Engine, GKE, Compute Engine을 아우르는 여러 가지 옵션을 가질 수 있다. 더 자세한 사항은 구글의 'Where should I run my stuff'에서 확인하기 바란다.

- **서버리스**: 개발자가 코딩에만 집중하고 인프라와 확장 작업에 대해서는 고민하지 않길 원한다면 Cloud Run과 App Engine이 좋은 선택이다. 둘 다 서버리스이며 필요에 따라 낮은 트래픽에서 높은 트래픽으로 확장시킬 수 있다. 웹을 제공하는 서버리스 컨테이너와 이벤트 구동 마이크로서비스 아키텍처를 구동하기 원한다면 Cloud Run 사용을 권고한다. Cloud Run은 대부분의 사용 사례에서 작동하지만, 내장형의 정적인 파일을 호스팅하는 웹사이트를 개발한다면 App Engine도 확인해보는 것이 좋다.
- **GKE**: 더 많은 구성 옵션과 유연성을 가진 컨테이너화된 앱을 실행하려면 GKE가 적합하다. 쿠버네티스를 사용해 컨테이너화된 앱을 쉽게 배포하고 노드의 구성을 제어할 수 있도록 돕는다. 확장 또한 용이하다. 트래픽이 늘어남에 따라 확장할 노드 수를 정의할 수 있다.
- **Compute Engine**: 또 다른 최대 제어 옵션은 Compute Engine이다. 가상 머신을 직접 가동하는 것으로 필요한 CPU와 메모리양에 따라 머신 구성을 세밀하게 정의할 수 있다. 그러나 이 제어 수준은 필요에 따라 VM을 확장, 관리, 패치, 유지 보수를 할 때 더 많은 책임이 따른다는 것에 유의해야 한다. Compute Engine은 완전한 제어가 정말 필요한 상황과 특수한 필요를 가진 기존의 애플리케이션에서 잘 작동한다.

데이터베이스

물론 foo.com은 정보를 저장하기 위한 하나 이상의 데이터베이스가 필요하다. 이들은 사용 사례와 데이터의 유형에 따라 관계형 또는 비관계형 데이터베이스가 될 수 있다(사용 사례에 따라 적합한 데이터베이스를 선택하는 자세한 지침에 대해서는 '구글 클라우드 데이터베이스 옵션 설명'을 살펴보자).

구글 클라우드 관계형 데이터베이스에는 Cloud SQL, Cloud Spanner, AlloyDB가 있으며 셋 다 관리형이다.

- Cloud SQL은 일반적인 SQL(MySQL, PostgreSQL, SQL Server)의 요구 사항에 적합하다.
- Cloud Spanner는 수평 확장성이 필요한 대규모 확장 관계형 데이터베이스에 가장 적합하다(여기서 대규모란 초당 수천 건의 쓰기와 초당 수만 건의 읽기를 제공하는 동시에 ACID 트랜잭션을 지원하는 것을 의미한다).

- AlloyDB는 가장 까다로운 엔터프라이즈 워크로드를 위한 완전 관리형 PostgreSQL 호환 데이터베이스 서비스로, 탁월한 성능, 확장성, 가용성을 제공한다.

비관계형 데이터베이스로 구글 클라우드는 세 가지 주요 옵션(Firestore, Bigtable, Memorystore)을 제공한다.

- Firestore는 강한 일관성과 ACID 트랜잭션을 지원하고 복잡한 쿼리에 대한 빠른 결과를 전달하는 서버리스 문서 데이터베이스다. 오프라인 데이터와의 동기화를 제공하며 웹, IoT, 게임과 같은 모바일 사용 사례에 적합하다.
- Bigtable은 와이드 칼럼 NoSQL 데이터베이스로, 매우 짧은 대기 시간으로 대규모의 읽기와 쓰기를 지원한다. 이는 이벤트, IoT 기기로부터의 시계열 데이터, 클릭 스트리밍 데이터, 광고 이벤트, 사기 탐지, 추천, 기타 개인화 관련 사용 사례에 아주 완벽한 선택이다.
- Memorystore는 레디스와 멤캐시디용 완전 관리형 메모리 데이터 저장 서비스다. 임시 저장소와 데이터베이스 캐시로 적합하다.

부하 분산기와 확장

트래픽이 증가할수록 웹과 애플리케이션 서버를 확장해야 한다. 그리고 서버 수가 증가할수록 웹과 애플리케이션 서버로 트래픽을 전달하기 위한 부하 분산기가 필요하다. Cloud Load Balancing은 '애니캐스트 IP' 주소 기반의 완전 분산형 소프트웨어 정의 시스템으로, 단일 IP 주소로 프런트엔드를 설정할 수 있다. 글로벌 시스템인 부하 분산기는 가능한 사용자와 가까운 곳에서 콘텐츠를 제공하고 초당 100만 쿼리 이상을 응답할 수 있다. HTTP 헤더와 균일 자원 식별자uniform resource identifier, URI와 같은 속성을 기반으로 한 콘텐츠 기반 전달 결정을 설정할 수 있다. 또한 내부 애플리케이션 서버에 대한 내부 부하 분산기를 통해 필요에 따라 내부 서버 간의 트래픽을 전달할 수 있다.

콘텐츠 배포 네트워크

정적 파일이 자주 바뀌지 않는다면 콘텐츠 배포 네트워크content delivery network, CDN는 이들 파일을 캐싱하는 데 사용되며, 사용자에 가장 가까운 리전에 이 파일들을 제공해 응답 시간을 줄이는 데 도움을 준다. 부하 분산기 바로 옆에는 Cloud CDN이 사용자에게 가장 가까운 에지edge 로케이션에서 자주 요청되는 미디어와 웹 콘텐츠를 캐싱할 수 있는 옵션도 제공한다. 이는 응답 시간을 줄이고 라스트 마일 성능last-mile performance(최종 성능)을 최적화한다. 또한 요청을 백엔드에 의해 처리할 필요 없이 에지 바로 옆에서 처리함으로써 비용을 줄일 수 있다.

객체 스토리지

미디어 파일과 이미지, CSS와 자바 스크립트와 같은 foo.com에 대한 모든 정적인 파일은 객체 스토리지에 저장할 수 있다. 구글 클라우드에서 Cloud Storage는 장기와 단기 저장소 요구 모두를 충족시키는 객체 스토리지다.

서버리스 함수

모바일 기기에도 foo.com을 사용할 수 있어서 더 작은 모바일 포맷으로 렌더링된 이미지가 필요하다고 가정해보자. 이와 같은 기능을 웹 서버에서 분리해 Cloud Functions을 사용한 서비스 함수로 만들 수 있다. 이 접근법으로 이미지 크기 변경 로직을 다른 애플리케이션에도 적용할 수 있다. Cloud Storage에 파일을 추가하자마자 파일을 다중 포맷으로 변환해(이 파일들은 웹 서버에서 사용된다) 스토리지에 추가하는 서버리스 함수를 시작시킬 수 있다. 또한 주소 찾기, 챗봇chatbot, 머신러닝과 같은 다른 사용 사례에도 서버리스 함수를 사용할 수 있다.

이벤트

특정 상황에서 foo.com은 메시지, 사용자에게 알림 또는 여러 마이크로서비스에 이벤트를 보내야 할 수도 있다. 여기서 Pub/Sub과 같은 비동기 메시징 서비스를 사용해 토픽에 알림을 전송하고, 토픽에 다른 서비스를 구독시켜 비동기적으로 적절한 작업을 수행하도록 할 수 있다.

데이터 분석

foo.com과 같은 애플리케이션은 실시간 데이터(예: 클릭 스트리밍 데이터)와 배치 데이터(예: 로그)를 생성한다. 이 데이터는 데이터웨어 하우스의 다운스트림 시스템에서 수집, 처리, 준비돼야 한다. 여기에서 데이터 분석가, 데이터 과학자, ML 엔지니어가 추가적으로 분석함으로써 인사이트를 얻고 예측할 수 있다. Cloud Storage 또는 BigQuery로부터 배치 데이터를 수집할 수 있고, Pub/Sub을 사용한 애플리케이션으로부터 실시간 데이터를 수집할 수 있다. 그리고 초당 수백만의 이벤트를 수집할 수 있도록 확장할 수 있다. 오픈소스 아파치 빔 기반인 Dataflow는 배치와 스트리밍 데이터를 보강하고 처리하는 데 사용할 수 있다. 하둡 에코 시스템이 있다면 처리를 위해 Dataproc을 추천한다. 이는 관리형 하둡과 스파크 플랫폼으로 하둡 클러스터를 관리하고 가동할 걱정 없이 분석에 집중할 수 있도록 도와준다.

처리한 데이터를 저장하기 위해서는 데이터 웨어하우스가 필요하다. BigQuery는 서버리스 데이터 웨어하우스로, SQL 쿼리를 지원하고 페타바이트 저장소까지 확장할 수 있다. BigQuery는 장기 저장소, Cloud Storage와 함께 데이터 레이크로 작동할 수도 있다. BigQuery의 데이터를 사용해 Looker와 Looker Studio에 대시보드를 생성할 수 있다. BigQuery ML로 ML 모델을 생성하고 표준 쿼리를 사용해 예측을 수행할 수 있다.

머신러닝

ML/AI 프로젝트를 위해 BigQuery의 데이터를 이용해 Vertex AI의 모델을 학습시킬 수 있다. Cloud Storage의 미디어, 이미지, 정적 파일 데이터 세트는 Vertex AI로 직접 가져올 수 있다. 자체 사용자 정의 모델을 생성하거나 미리 학습된 모델을 사용할 수 있다. 사전에 학습된 모델을 사용해 잘 작동하는지 확인하는 것은 좋은 생각이다. 대부분의 일반 사용 사례를 포함한다(이미지, 텍스트, 비디오, 테이블 데이터를 포함한). 사전 학습 모델이 사용 사례에 작동하지 않는다면 Vertex AI에 있는 AutoML 모델을 사용해 자체 데이터 세트에 대한 사용자 정의 모델을 학습시킬 수 있다. AutoML은 모든 일반적인 사용 사례를 지원하며 코드가 필요 없다. 회사 내에 많은 ML과 데이터 과학 전문 지식이 있다면 선호하는 프레임워크에 자체적인 사용자 정의 모델 코드를 작성하기로 결정할 수도 있다.

운영

foo.com은 서버와 아키텍처의 모든 부분이 정상적인지 확인할 수 있는 전체적인 모니터링이 필요하다. 구글 클라우드의 오퍼레이션 제품군은 애플리케이션과 인프라의 로깅, 모니터링, 디버깅, 문제 해결에 필요한 모든 도구를 제공한다.

데브옵스

개발자는 앱에 대한 코드를 작성하기 위해 IDE 내에서 Cloud Code를 사용해 코드를 Cloud Build로 푸시할 수 있다. 그런 다음 코드를 패키지하고 테스트하고 코드를 스캔해 취약점을 찾고 바이너리 승인을 호출해 컨테이너 이미지가 신뢰할 만한지 확인 작업을 거친다. 테스트 성공 후 패키지를 스테이징에 배포한다. 여기서 검토 절차를 작성할 수 있으며 운영 환경으로 승격시킬 수 있다. 컨테이너 이미지는 Artifact Registry에 저장되며 여기서 GKE 또는 Cloud Run으로 배포할 수 있다. Compute Engine 이미지는 프로젝트에 저장된다.

보안

foo.com은 데이터, 애플리케이션, 사용자 ID, 인프라, 규정 준수 수준에서 안전해야 한다. 이 주제는 8장에서 자세히 다룰 것이다.

6장

네트워킹

네트워킹은 모든 클라우드 애플리케이션과 데이터 저장소, 다른 애플리케이션과 사용할 수 있는 클라우드 자원에 연결하는 기능의 필수 기본 구성 요소다. 구글 클라우드의 네트워킹은 확장성이 뛰어난 주피터Jupiter 네트워크 패브릭과 고성능의 유연한 안드로메다Andromeda 가상 네트워크 스택을 기반으로 하며, 구글의 내부 인프라와 서비스를 강화하는 동일한 기술을 사용한다.

주피터는 구글에 엄청난 대역폭과 규모를 제공한다. 예를 들어, 주피터 패브릭은 전체 분할 대역폭bisection bandwidth으로 초당 1페타바이트 이상을 전송할 수 있다. 이를 바탕으로 규모를 가늠해보면 10만 개의 서버가 각각 10Gbps의 비율로 정보를 교환할 수 있는 용량 또는 1/10초 미만으로 미국 의회 도서관의 모든 스캐닝된 콘텐츠를 읽을 수 있는 용량이다.

안드로메다는 구글 네트워크 가상화 플랫폼의 소프트웨어 정의 네트워크software-defined networking, SDN 기반으로 프로비저닝, 구성 및 가상 네트워크 관리, 네트워크 내부 패킷 처리를 위한 오케스트레이션 지점으로 작동한다. 안드로메다를 통해 구글은 주피터 네트워크 패브릭을 구글 클라우드 서비스에 공유할 수 있다.

이 장에서는 구글 클라우드 네트워크 인프라와 구글 클라우드에서 애플리케이션을 연결, 확장, 보안, 현대화, 최적화할 때 사용할 수 있는 네트워크 서비스를 다룬다.

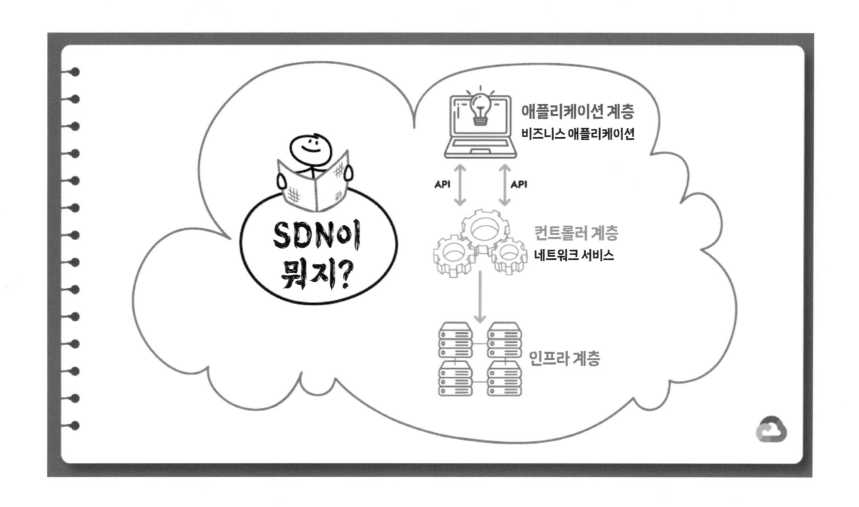

클라우드 네트워킹 소개

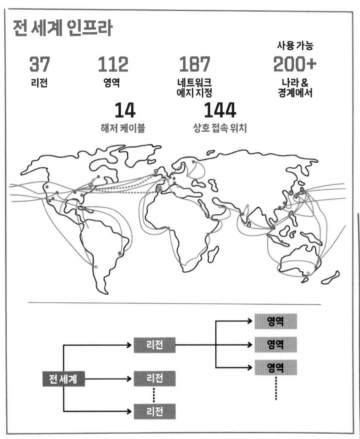

전 세계 인프라

37 리전

112 영역

187 네트워크 에지 지정

사용 가능 200+ 나라 & 경계에서

14 해저 케이블

144 상호 접속 위치

전 세계 → 리전 → 영역

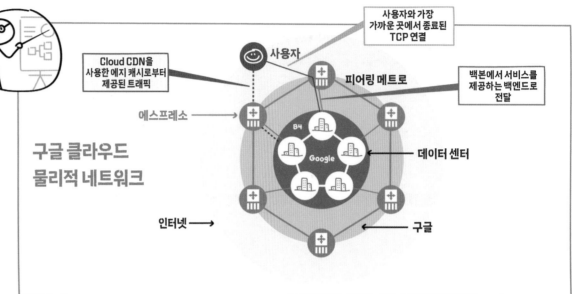

구글 클라우드 물리적 네트워크

사용자와 가장 가까운 곳에서 종료된 TCP 연결

Cloud CDN을 사용한 에지 캐시로부터 제공된 트래픽

백본에서 서비스를 제공하는 백엔드로 전달

사용자

피어링 메트로

에스프레소

데이터 센터

인터넷 →

구글

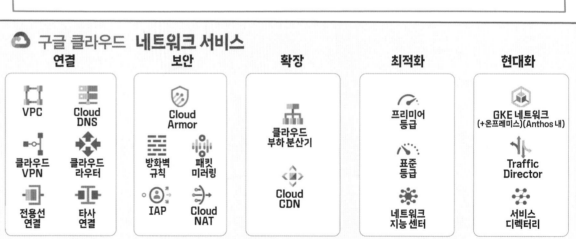

☁ 구글 클라우드 네트워크 서비스

연결	보안	확장	최적화	현대화
VPC	Cloud Armor	클라우드 부하 분산기	프리미어 등급	GKE 네트워크 (+온프레미스)(Anthos 내)
Cloud DNS				
클라우드 VPN	방화벽 규칙		표준 등급	Traffic Director
클라우드 라우터	패킷 미러링	Cloud CDN		
전용선 연결	IAP		네트워크 지능 센터	서비스 디렉터리
타사 연결	Cloud NAT			

구글의 물리적 네트워크는 어떻게 구성돼 있나?

구글 클라우드는 리전으로 나뉘며, 다음과 같이 더 세부적인 영역으로 나뉜다.

- 리전region은 지리적 영역으로 하나의 VM에서 다른 VM까지의 왕복 시간round-trip time, RTT이 일반적으로 1ms 미만이다.
- 영역zone은 리전 내의 배포 영역으로 자체적으로 완벽히 격리돼 있으며, 독립적인 실패 도메인failure domain이다.

이것은 다른 영역 또는 다른 리전의 두 머신이 단일 장애 발생으로 동일한 운명을 공유하지 않음을 의미한다.

이 책을 쓰는 시점에 구글은 200+개의 국가에 걸쳐 37개의 리전과 112개의 영역을 제공하고 있는데, 187개의 네트워크 에지 지점과 콘텐츠를 배포하는 CDN을 포함한다. 이것은 구글 검색, 지도, 지메일, 유튜브에서도 사용하는 동일한 네트워크다.

구글 네트워크 인프라

구글 네트워크 인프라는 세 가지 주요 유형의 네트워크로 구성돼 있다.

- 네트워크에 있는 모든 머신이 함께 연결돼 있는 데이터 센터 네트워크. 이 네트워크에는 12개 이상의 해저 케이블을 포함한 10만 마일의 광케이블을 포함함
- 소프트웨어 기반 프라이빗 광역 네트워크는 모든 데이터 센터를 함께 연결함
- 구글 네트워크에 입장하는 사용자 측의 트래픽에 대한 소프트웨어 정의 퍼블릭 광역 네트워크

한 머신은 퍼블릭 광역 네트워크를 통해 인터넷에서 연결되고 프라이빗 광역 네트워크를 통해 네트워크의 다른 머신에 연결된다. 예를 들어, 한 리전에 있는 클라우드에서 실행 중인 가상 머신의 패킷을 다른 곳의 GCS 버킷으로 전송할 때 패킷은 구글 네트워크 백본backbon을 떠나지 않는다. 또한 네트워크 부하 분산기와 7계층 리버스 프록시가 네트워크 에지에 배포되는데, 이는 TCP/SSL 연결을 사용자와 가장 가까운 지점에서 종료한다. HTTPS 연결을 설정하는 데 필요한 두 번의 네트워크 왕복을 제거한다.

클라우드 네트워크 서비스

구글의 물리적인 네트워크 인프라는 클라우드에서 애플리케이션을 실행하는 데 사용하는 글로벌 가상 네트워크를 지원한다. 또한 리프트 & 시프트, 확장, 애플리케이션을 현대화하는 데 필요한 도구와 가상 네트워크 기능도 제공한다.

- **연결**: 가상 네트워크를 프로비저닝하고 다른 클라우드나 온프레미스에서 연결하고 인가받지 않은 프로젝트 또는 자원이 네트워크에 접근하지 못하도록 자원을 격리하는 것으로 시작한다.
- **보안**: 인프라 분산 서비스 거부distributed denial of service, DDoS 공격에 대한 방어를 위해 네트워크 보안 도구를 사용하고, 구글 클라우드 내의 서비스에 접속할 때 데이터 유출 위험을 완화시키며, 공인 IP 주소 없이도 제어된 인터넷 연결을 할 수 있는 주소 변환을 허용한다.
- **확장**: 애플리케이션을 빠르게 확장하고, 단일 또는 다중 리전에 있는 자원에 실시간으로 부하를 분산시킴으로써 콘텐츠 전달을 가속화해 최종 연결단 성능을 최적화한다.
- **최적화**: 네트워크 성능을 주시해 인프라가 성능 요구 사항에 충족하는지 확인한다. 여기에는 시각화, 네트워크 토폴로지 감시, 진단 도구 실행, 실시간 성능 메트릭 시각화를 포함한다.
- **현대화**: 인프라를 현대화하고 마이크로서비스 기반 아키텍처를 채택한다. 컨테이너화를 도입함에 따라 다른 서비스 목록의 관리를 돕는 도구를 사용하여 서비스 간의 트래픽을 전달한다.

이 장에서는 연결, 확장, 보안, 최적화와 현대화에 도움이 되는 구글 클라우드 네트워크 툴킷의 주요 서비스를 다룬다.

네트워크 서비스 등급

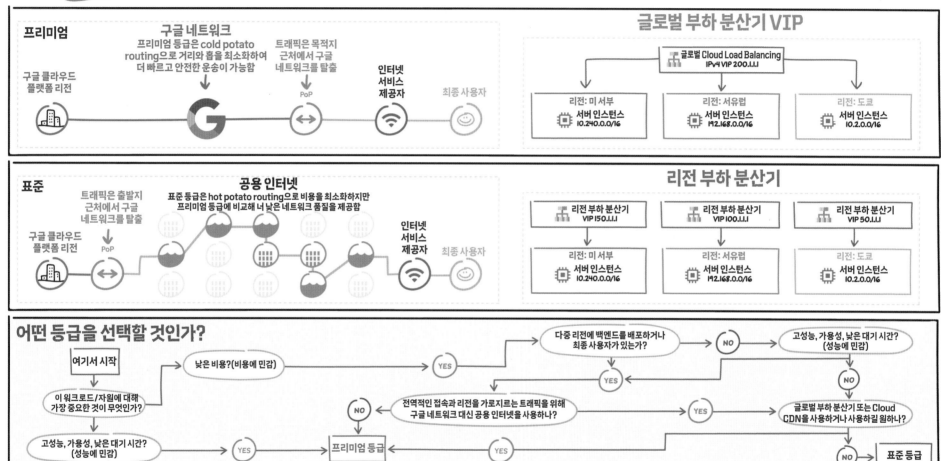

프리미엄

구글 네트워크
프리미엄 등급은 cold potato routing으로 거리와 홉을 최소화하여 더 빠르고 안전한 운송이 가능함

트래픽은 목적지 근처에서 구글 네트워크를 탈출

구글 클라우드 플랫폼 리전

PoP

인터넷 서비스 제공자

최종 사용자

글로벌 부하 분산기 VIP

글로벌 Cloud Load Balancing
IPv4 VIP 200.1.1.1

리전: 미 서부
서버 인스턴스
10.240.0.0/16

리전: 서유럽
서버 인스턴스
192.168.0.0/16

리전: 도쿄
서버 인스턴스
10.2.0.0/16

표준

공용 인터넷
표준 등급은 hot potato routing으로 비용을 최소화하지만 프리미엄 등급에 비교해 너 낮은 네트워크 품질을 제공함

트래픽은 출발지 근처에서 구글 네트워크를 탈출

구글 클라우드 플랫폼 리전

PoP

인터넷 서비스 제공자

최종 사용자

리전 부하 분산기

리전 부하 분산기
VIP 150.1.1.1

리전 부하 분산기
VIP 100.1.1.1

리전 부하 분산기
VIP 50.1.1.1

리전: 미 서부
서버 인스턴스
10.240.0.0/16

리전: 서유럽
서버 인스턴스
192.168.0.0/16

리전: 도쿄
서버 인스턴스
10.2.0.0/16

어떤 등급을 선택할 것인가?

여기서 시작

낮은 비용?(비용에 민감)

다중 리전에 백엔드를 배포하거나 최종 사용자가 있는가?

NO

고성능, 가용성, 낮은 대기 시간?
(성능에 민감)

YES

YES

NO

이 워크로드/자원에 대해 가장 중요한 것이 무엇인가?

전역적인 접속과 리전을 가로지르는 트래픽을 위해 구글 네트워크 대신 공용 인터넷을 사용하나?

NO

YES

글로벌 부하 분산기 또는 Cloud CDN을 사용하거나 사용하길 원하나?

고성능, 가용성, 낮은 대기 시간?
(성능에 민감)

YES

프리미엄 등급

YES

NO

표준 등급

구글 클라우드는 등급화된 클라우드 네트워크를 제공하는 최초의 주요 퍼블릭 클라우드로, 두 가지 등급(프리미엄 등급, 표준 등급)을 사용할 수 있다.

프리미엄 등급

프리미엄 등급은 안정적이고 지연 시간이 짧은 구글의 글로벌 네트워크를 사용하여 외부 시스템의 트래픽을 구글 클라우드 자원으로 전달한다. 이 네트워크는 전 세계적으로 100개 이상의 팝point of presence, PoP을 가진 프라이빗 확장 광통신 네트워크로 구성된다. 이 네트워크는 다중 장애와 중단에도 여전히 트래픽을 전송한다.

프리미엄 등급은 VM 인스턴스와 부하 분산기에 대한 리전 외부 IP 주소와 전역 IP 주소를 지원한다. 모든 전역 외부 주소를 사용하려면 프리미엄 계층을 사용해야 한다. 하나 이상의 리전의 백엔드를 갖는 HTTP(S), TCP 프록시, SSL 프록시 부하 분산기와 같이 고성능과 가용성이 요구되는 애플리케이션에는 프리미엄 등급을 추천한다. 프리미엄 등급은 최고의 네트워크 성능과 안정성을 필요로 하는 전 세계 여러 위치에 사용자가 있는 고객에게 이상적이다.

프리미엄 등급을 사용하면 인터넷에서 들어오는 트래픽은 전송 시스템에서 가장 가까운 PoP에 있는 구글의 고성능 네트워크로 들어간다. 구글 네트워크 내에서 트래픽은 PoP에서 VPC 네트워크가 있는 VM 또는 가장 가까운 Cloud Storage 버킷으로 전달된다. 나오는 트래픽은 목적지에서 가장 가까운 PoP의 출구 네트워크를 통해 전달된다. 이 전달 방식은 최종 사용자와 근접한 곳은 PoP 간의 홉hop 수를 줄임으로써 혼잡을 최소화하고 성능을 최대화한다.

표준 등급

표준 등급은 인터넷을 통해 외부 시스템으로부터의 트래픽을 구글 클라우드 자원으로 전달한다. 구글 데이터 센터가 피어링 PoP에 연결되는 지점까지만 구글 네트워크의 이중 중복성을 활용한다. 구글 네트워크를 떠나는 패킷은 공용 인터넷을 거쳐 가며, 중간에 경유하는 전달 제공자와 ISP의 신뢰성에 따른다. 표준 등급은 다른 클라우드 제공 업체에 필적하는 네트워크 품질과 안정성을 보장한다.

리전 외부 IP 주소는 프리미엄 등급 또는 표준 등급을 사용할 수 있다. 표준 등급은 인터넷으로부터의 트래픽이 VPC 네트워크에 있는 VM 또는 리전 Cloud Storage 버킷으로 들어가기 전에 경유 네트워크(ISP)로 전달되므로 프리미엄 등급보다 더 저렴하다. 표준 등급의 아웃바운드는 목적지에 관계없이 전송 VM 또는 Cloud Storage 버킷이 사용하는 동일한 리전에서 구글 네트워크 외부로 나간다. 드물게 네트워크 장애가 발생할 경우 트래픽이 근처 출구로 들어가지 못하고 다른 리전의 다른 출구로 보내질 수 있다.

표준 등급은 응답 시간 또는 성능에 민감하지 않은 애플리케이션에 추천한다. 단일 리전에 VM 인스턴스를 배포하거나 Cloud Storage를 사용하는 사례에도 적용할 수 있다.

등급 선택하기

요구 사항에 가장 적합한 등급을 선택하는 것은 중요하다. 의사결정 트리는 표준 등급 또는 프리미엄 등급이 사용 사례에 적합한지 결정하는 데 도움을 준다. 부하 분산기 또는 VM의 외부 IP 주소와 같은 자원 수준에서 등급을 선택하기 때문에 일부 자원에는 표준 등급을 사용하고, 다른 자원에는 프리미엄 등급을 사용할 수도 있다. 어떤 등급을 사용할지 확인할 수 없다면 기본적으로 프리미엄 계층을 선택하고, 사용 사례가 더 적합한지 나중에 결정하는 경우 표준 등급으로 전환하는 것도 고려해볼 만하다.

의사결정 트리 → # 네트워크 연결 옵션

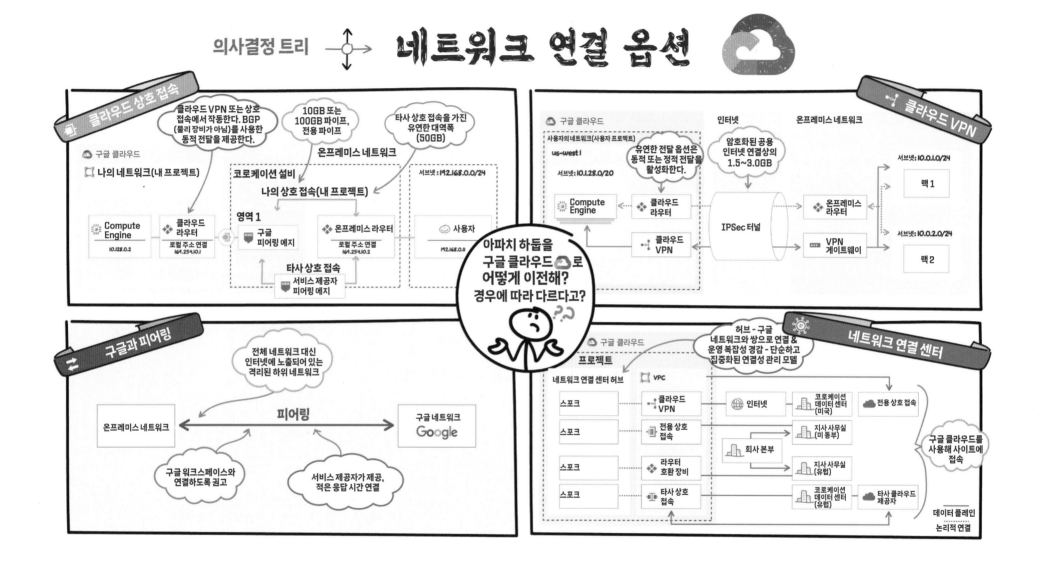

클라우드 상호 접속

☁ 구글 클라우드

🖥 나의 네트워크(내 프로젝트)

클라우드 VPN 또는 상호 접속에서 작동한다. BGP (물리 장비가 아님)를 사용한 동적 전달을 제공한다.

10GB 또는 100GB 파이프, 전용 파이프

타사 상호 접속을 가진 유연한 대역폭 (50GB)

온프레미스 네트워크

코로케이션 설비

나의 상호 접속(내 프로젝트)

서브넷: 192.168.0.0/24

영역 1

Compute Engine	클라우드 라우터		구글 피어링 에지	온프레미스 라우터	사용자

10.128.0.2 / 로컬 주소 연결 164.254.10.1 / 로컬 주소 연결 164.254.10.2 / 192.168.0.11

타사 상호 접속

서비스 제공자 피어링 에지

클라우드 VPN

☁ 구글 클라우드 / 인터넷 / 온프레미스 네트워크

사용자의 네트워크(사용자 프로젝트)

us-west1

서브넷: 10.1.28.0/20

유연한 전달 옵션은 동적 또는 정적 전달을 활성화한다.

암호화된 공용 인터넷 연결상의 1.5~3.0GB

서브넷: 10.0.1.0/24

Compute Engine → 클라우드 라우터 → IPSec 터널 → 온프레미스 라우터

랙 1

클라우드 VPN

VPN 게이트웨이

서브넷: 10.0.2.0/24

랙 2

아파치 하둡을 구글 클라우드☁로 어떻게 이전해? 경우에 따라 다르다고?

구글과 피어링

전체 네트워크 대신 인터넷에 노출되어 있는 격리된 하위 네트워크

온프레미스 네트워크 ← 피어링 → 구글 네트워크 Google

구글 워크스페이스와 연결하도록 권고

서비스 제공자가 제공, 적은 응답 시간 연결

네트워크 연결 센터

허브 - 구글 네트워크와 쌍으로 연결 & 운영 복잡성 경감 - 단순하고 집중화된 연결성 관리 모델

☁ 구글 클라우드

프로젝트

네트워크 연결 센터 허브 / VPC

스포크	클라우드 VPN	🌐 인터넷	코로케이션 데이터 센터 (미국)	전용 상호 접속
스포크	전용 상호 접속		지사 사무실 (미 동부)	
스포크	라우터 호환 장비	🏢 회사 본부	지사 사무실 (유럽)	
스포크	타사 상호 접속		코로케이션 데이터 센터 (유럽)	타사 클라우드 제공자

구글 클라우드를 사용해 사이트에 접속

—— 데이터 플레인

논리적 연결

클라우드가 놀라운 자원이라는 데에는 이견이 없다. 그러나 효율적으로 상호작용할 수 없다면 최대한 활용할 수가 없다. 네트워크 연결은 만능이 아니기 때문에 온프레미스 네트워크나 다른 클라우드 제공 업체를 구글 네트워크에 연결하는 옵션이 필요하다.

구글 클라우드 네트워크에 접속할 때 유용한 몇 가지 옵션을 살펴보자.

클라우드 상호 접속과 클라우드 VPN

구글 클라우드의 트래픽을 암호화할 때 처리량이 낮은 솔루션이 필요하거나 워크로드를 구글 클라우드로 이전하는 실험을 할 경우 클라우드 VPN을 선택할 수 있다. 구글 클라우드에 엔터프라이즈급의 연결이 필요하다면 전용 상호 접속 또는 타사 상호 접속을 선택할 수 있다.

클라우드 상호 접속

클라우드 상호 접속은 두 가지 옵션을 제공한다. 전용 접속(전용 상호 접속)을 생성하거나 VPC 네트워크에 연결하기 위해 서비스 제공자(타사 상호 접속)를 사용할 수 있다. 대역폭 요구 사항이 높고(10~100GB) 코로케이션 시설에서 구글 네트워크에 도달하길 원한다면 전용 상호 접속이 비용적인 면에서 효율적인 옵션이다. 큰 대역폭이 필요 없거나(50MB~50GB) VPC 네트워크에 도달하는 데 코로케이션 시설에서 구글 네트워크에 물리적으로 연결할 필요가 없다면 타사 상호 접속을 사용하여 구글에 직접 연결하는 서비스 제공 업체에 연결할 수 있다.

클라우드 VPN

클라우드 VPN을 사용하면 단일 리전에 있는 IPSec VPN 접속을 통해 온프레미스 네트워크에서 VPC 네트워크에 안전하게 연결할 수 있다. 두 네트워크 사이에서 트래픽 전송은 한 VPN 게이트웨이에서 암호화한 후 나머지 VPN 게이트웨이에서 복호화 과정을 거친다. 이 작업은 데이터가 인터넷을 통해 이동 시 데이터를 보호한다. 또한 클라우드 VPN의 두 인스턴스를 서로 연결할 수도 있다. HA VPN은 99.99%의 서비스 가용성 SLA를 제공한다.

네트워크 연결 센터

구글 네트워크를 광대역 네트워크wide area network, WAN로 사용하여 구글 클라우드 외부의 다른 엔터프라이즈 사이트 연결을 지원한다. 온프레미스 네트워크는 온프레미스 데이터 센터와 브랜치branch 또는 원격 오피스로 구성할 수 있다. 네트워크 연결 센터는 구글 클라우드의 네트워크 연결 관리를 위한 허브-스포크hub-and-spok 모델이다. 허브 자원은 간단하고 집중화된 연결 관리 모델로 운영 복잡성을 줄인다. 온프레미스 네트워크는 HA VPN 터널, VLAN 부착, 선택한 파트너가 구글 클라우드에 배포하는 라우터 제휴 인스턴스와 같은 스포크 유형 중 하나를 통해 허브에 연결한다.

피어링

구글 워크스페이스 또는 제공되는 구글 API에만 접근하려면 두 가지 옵션이 있다.

- 구글 에지 지점에서 구글 클라우드에 직접적으로 피어peer에 연결하는 직접 피어링
- 이동통신사 피어링Carrier Peering은 ISP(지원 제공자)를 통한 연결로 ISP와 피어링을 하고, ISP는 순차적으로 구글과 피어링을 한다.

직접 피어링은 구글 클라우드 외부에 존재한다. 구글 워크스페이스 애플리케이션에 접근할 필요가 없다면 구글 클라우드의 접근 권장 방식은 전용 상호 접속, 타사 상호 접속 또는 클라우드 VPN이다.

CDN 상호 접속

CDN 상호 접속으로 다양한 지점에서 구글 에지 네트워크를 가진 직접 피어링 링크에 연결하기 위한 타사 CDN 제공자를 선택할 수 있다. 그래서 VPC 네트워크에서 제공자 네트워크로 바로 트래픽을 전송할 수 있다. 이들 링크 중 하나를 통해 구글 클라우드에서 나가는 네트워크 트래픽은 CDN 제공자에 직접 연결할 수 있으며, 절감된 비용으로 자동으로 청구된다. 이 옵션은 나가는 대용량의 트래픽과 CDN에 콘텐츠가 빈번히 갱신되는 경우 권장한다.

Virtual
Private Cloud
(VPC)

VPC 네트워크

관리형 네트워크

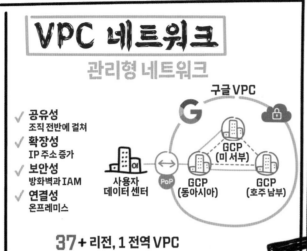

✓ **공유성**
조직 전반에 걸쳐

✓ **확장성**
IP 주소 증가

✓ **보안성**
방화벽과 IAM

✓ **연결성**
온프레미스

구글 VPC

GCP
(미 서부)

사용자
데이터 센터

GCP
(동아시아)

GCP
(호주 남부)

37+ 리전, 1 전역 VPC

VPC
네트워크 기능

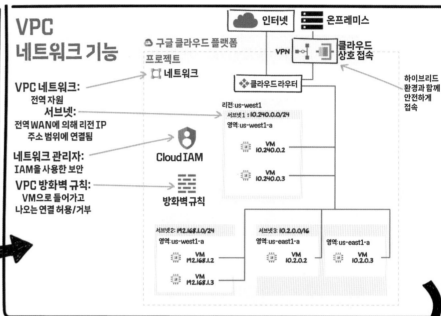

☁ 구글 클라우드 플랫폼

프로젝트
▣ 네트워크

VPC 네트워크:
전역 자원
서브넷:
전역 WAN에 의해 리전 IP
주소 범위에 연결됨

네트워크 관리자:
IAM을 사용한 보안

Cloud IAM

VPC 방화벽 규칙:
VM으로 들어가고
나오는 연결 허용/거부

방화벽 규칙

☁ 인터넷   ▤ 온프레미스

VPN   클라우드
상호 접속

클라우드 라우터

하이브리드
환경과 함께
안전하게
접속

리전:us-west1
서브넷1 : 10.240.0.0/24
영역:us-west1-a

VM
10.240.0.2

VM
10.240.0.3

서브넷2: 192.168.1.0/24
영역:us-west1-a

VM
192.168.1.2

VM
192.168.1.3

서브넷3: 10.2.0.0/16
영역:us-east1-a

VM
10.2.0.2

영역:us-east1-a

VM
10.2.0.3

VPC 패킷 미러링

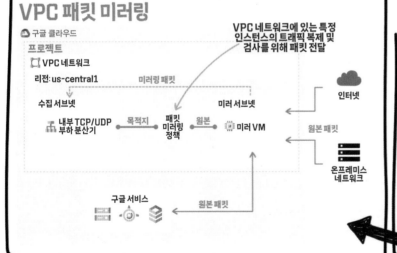

☁ 구글 클라우드

프로젝트
▣ VPC 네트워크

리전: us-central1

VPC 네트워크에 있는 특정
인스턴스의 트래픽 복제 및
검사를 위해 패킷 전달

미러링 패킷

수집 서브넷

미러 서브넷

내부 TCP/UDP
부하 분산기

목적지

패킷
미러링
정책

원본

미러 VM

☁ 인터넷

원본 패킷

▤ 온프레미스
네트워크

구글 서비스

원본 패킷

VPC 네트워크 공유 & 피어링

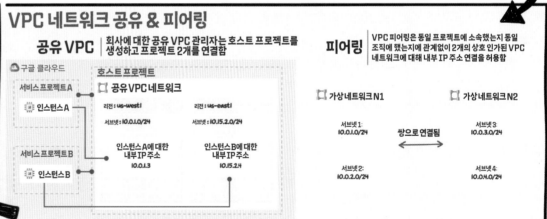

공유 VPC | 회사에 대한 공유 VPC 관리자는 호스트 프로젝트를
생성하고 프로젝트 2개를 연결함

피어링 | VPC 피어링은 동일 프로젝트에 소속했는지 동일
조직에 했는지에 관계없이 2개의 상호 인가된 VPC
네트워크에 대해 내부 IP 주소 연결을 허용함

☁ 구글 클라우드

서비스 프로젝트 A
▣ 인스턴스 A

서비스 프로젝트 B
▣ 인스턴스 B

호스트 프로젝트
▣ 공유 VPC 네트워크

리전: us-west1
서브넷: 10.0.1.0/24

리전: us-east1
서브넷: 10.15.2.0/24

인스턴스A에 대한
내부 IP 주소
10.0.1.3

인스턴스B에 대한
내부 IP 주소
10.15.2.4

▣ 가상 네트워크 N1

서브넷 1:
10.0.1.0/24

서브넷 2:
10.0.2.0/24

쌍으로 연결됨

▣ 가상 네트워크 N2

서브넷 3:
10.0.3.0/24

서브넷 4:
10.0.4.0/24

VPC는 클라우드 기반의 자원에 대한 네트워크 기능을 제공한다. VPC 네트워크는 구글 클라우드 내에 가상화되어 있고 다른 네트워크와 논리적으로 격리된 점을 제외하면 물리적 네트워크와 동일하다. VPC 네트워크는 글로벌 광역 네트워크(구글 SDN)에 모두 연결된 데이터 센터의 리전 가상 서브네트워크(서브넷)로 구성된 글로벌 자원이다.

VPC 네트워크 기능

VPC 네트워크의 기능은 다음과 같다.

- GKE 클러스터, App Engine의 유연한 환경 인스턴스, Compute Engine VM에 구축된 다른 구글 클라우드 제품을 포함해 Compute Engine VM 인스턴스에 대한 연결을 제공한다.
- 내장형 내부 TCP/UDP 부하 분산기와 내부 HTTP(S) 부하 분산기에 대한 프록시 시스템을 제공한다.
- 클라우드 VPN 터널과 클라우드 상호 접속 연결을 사용해 온프레미스 네트워크에 연결한다.
- 구글 클라우드 외부 부하 분산기의 트래픽을 백엔드로 분산한다.
- VPC 방화벽 규칙은 지정한 구성에 기반한 VM 인스턴스에 대한 연결을 허용allow 또는 거부deny한다. 모든 VPC 네트워크는 분산된 방화벽으로 기능한다. 네트워크 수준에서 방화벽 규칙을 정의하는 반면에 연결은 인스턴스 기반으로 허용하거나 거부한다. VPC 방화벽 규칙이 인스턴스와 다른 네트워크 간에 존재할 뿐 아니라 동일 네트워크의 개별 인스턴스 간에도 존재한다.

공유 VPC

공유 VPC를 사용하면 조직에서 여러 프로젝트의 자원을 공통 VPC 네트워크에 연결하여 해당 네트워크의 내부 IP를 통해 서로 안전하고 효율적으로 통신할 수 있다. 공유 VPC를 사용할 때 한 프로젝트를 호스트 프로젝트로 지정하고, 하나 이상의 다른 서비스 프로젝트를 여기에 연결한다. 호스트 프로젝트의 VPC 네트워크를 고유 VPC 네트워크라고 한다. 서비스 프로젝트의 허용된 자원은 공유 VPC 네트워크의 서브넷을 사용할 수 있다.

VPC 네트워크 피어링

구글 클라우드 VPC 네트워크 피어링을 사용하면 동일한 프로젝트 또는 동일한 조직에 속하는지 여부에 관계없이 두 VPC 네트워크 간 내부 IP 주소 연결이 가능하다. 트래픽은 구글 네트워크 내부에 유지되며 공용 인터넷을 통과하지 않는다.

VPC 네트워크 피어링은 내부 IP 주소를 사용해 통신해야 하는 여러 네트워크 관리 도메인이 있는 조직에서 유용하다. 외부 IP 주소 또는 VPN을 사용하는 것보다 VPC 네트워크 피어링을 사용하면 네트워크 지연 시간 단축, 보안 강화, 이그레스egress[1] 트래픽 감소로 인해 비용 절감 효과가 있다.

VPC 패킷 미러링

패킷 미러링은 보안 상태를 모니터링하고 분석할 때 유용하다. VPC 패킷 미러링은 VPC 네트워크의 지정 인스턴스의 트래픽을 복제해 검사를 위해 전달한다. 페이로드와 헤더를 포함한 모든 트래픽(인그레스ingress[2]와 이그레스)을 캡처한다. 미러링은 네트워크가 아닌 VM 인스턴스에서 발생하므로 VM에서 추가 대역폭을 사용한다.

패킷 미러링은 미러링된 원본에서 트래픽을 복사해 수집 대상으로 전달한다. 패킷 미러링을 구성하려면 원본과 대상을 지정하는 패킷 미러링 정책을 생성한다. 미러링된 원본은 선택한 Compute Engine VM 인스턴스다. 수집 대상은 내부 부하 분산기 뒤에 있는 인스턴스 그룹이다.

---

1 [옮긴이] 데이터를 내부에서 외부로 전송

2 [옮긴이] 데이터를 외부에서 내부로 전송

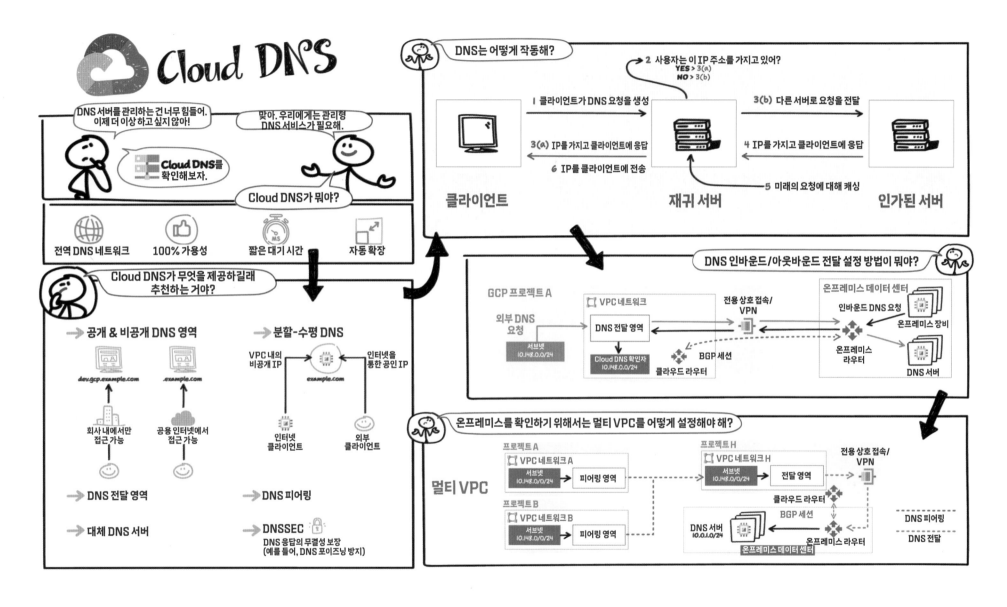

클라우드 네이티브 또는 하이브리드 클라우드 애플리케이션을 구축하고 관리할 때 특히 DNS가 아닌 것을 추가하고 싶지 않을 것이다. DNS는 애플리케이션이 작동하는 데 필요한 서비스 중 하나지만 DNS 요구 사항을 처리하기 위해 관리 서비스를 사용할 수 있다. Cloud DNS는 짧은 대기 시간을 제공하는 관리형 DNS 서비스로, 구글과 동일한 인프라에서 구동되며 수백만 개의 DNS 영역과 항목을 쉽게 게시하고 관리할 수 있다.

DNS 작동 원리

한 클라이언트가 서비스를 요구할 때 첫 번째 발생하는 일은 DNS 확인으로, 호스트명을 IP 주소로 변환하는 것을 의미한다. 다음은 요청 흐름이 작동하는 절차다.

- 1단계: 클라이언트가 DNS 요청을 한다.
- 2단계: 재귀recursive 서버가 요청을 수신하고 요청에 대한 응답을 이미 알고 있는지 확인한다.
- 3단계 (a): 그렇다면 재귀 서버는 이미 캐시에 저장된 요청에 응답한다.
- 3단계 (b): 그렇지 않다면 재귀 서버는 요청을 다른 서비스로 전달한다.
- 4단계: 그런 다음 인가된authoritative 서버가 요청에 응답한다.
- 5단계: 재귀 서버는 미래 쿼리에 대한 결과를 캐시한다.
- 6단계: 재귀 서버는 최종으로 클라이언트에 정보를 전송한다.

Cloud DNS는 무엇을 제공할까?

- **글로벌 DNS 네트워크**: 구글과 동일한 인프라에서 가동하는 관리형 인가 도메인 이름 시스템domain name system, DNS 서비스. 자체 DNS 서버를 관리할 필요가 없다 (구글이 관리해준다).
- **100% 가용성과 자동 확장**: Cloud DNS는 애니캐스트 네임 서버로, 구글 글로벌 네트워크를 통해 전 세계적으로 중복된 지점에서 DNS 영역을 제공하며, 고가용성과 짧은 대기 시간이 강점이다. 고객이 수백만 개의 DNS 항목을 생성하고 갱신하고 제공할 수 있다.
- **비공개 DNS 영역**: VPC 또는 하이브리드 네트워크 환경 내에서만 볼 수 있는 네임 스페이스를 제공하는 데 사용된다. 예를 들어, 사업 조직이 dev.gcp.example.com 도메인을 가지고 있고, 회사 인트라넷 내에서만 접근할 수 있는 경우가 있다.
- **공개 DNS 영역**: 공용 인터넷에서 클라이언트에 인가된 DNS 확인을 제공하는 데 사용된다. 사업 조직이 인터넷에서 직접 접근할 수 있는 외부 웹사이트 example.com를 가지고 있는 경우를 예로 들 수 있다. 구글의 공개 DNS(8.8.8.8)와 혼동하지 말자. 이는 공개 재귀 DNS 서버일 뿐이다.
- **분할-수평**split horizon **DNS**: 누가 질의하는지에 따라 동일한 이름에 대해 다른 응답(다른 자원 레코드 세트)을 제공(내부 또는 외부 네트워크 자원)하는 데 사용된다.
- **DNS 피어링**: DNS 피어링은 DNS 데이터를 공유하는 두 번째 방법을 제공한다. DNS 네임스페이스의 모든 혹은 일부가 한 네트워크에서 다른 네트워크로 전송되도록 구성할 수 있다. 일단 전송되면 피어링된 네트워크에서 정의된 모든 DNS 구성을 따른다.
- **보안**: 도메인 이름 보안 확장domain name system security extension, DNSSEC은 DNS의 기능으로 도메인 이름 찾기 응답을 인증한다. 공격자가 DNS 요청에 대한 응답을 조작하거나 감염시키는 것을 막는다.

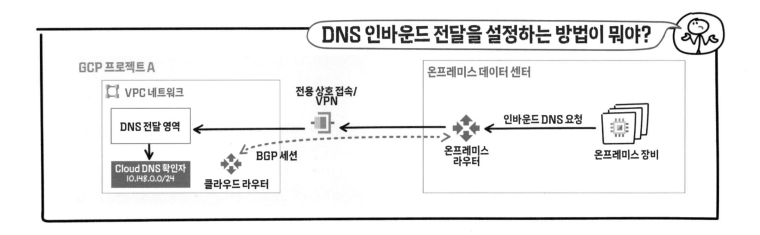

하이브리드 배포: DNS 전달

구글 클라우드는 사설 영역에 대한 인바운드와 아웃바운드 DNS 전달을 제공한다. 전달 영역 또는 Cloud DNS 서버 정책을 생성하여 DNS 전달을 구성할 수 있다. 전달 방식은 인바운드와 아웃바운드 두 가지가 있다. VPC 네트워크에 대한 인바운드와 아웃바운드 DNS 전달 구성을 동시에 할 수 있다.

인바운드

온프레미스 클라이언트 또는 서버에서 DNS 요청을 Cloud DNS에 전송하도록 인바운드 서버 정책을 생성하자. DNS 클라이언트 또는 서버는 VPC 네트워크 이름 확인 순서에 따라 항목을 확인할 수 있다. 온프레미스 클라이언트는 VPC 네트워크에 접속하기 위해 클라우드 VPN을 사용하거나 클라우드 상호 접속을 사용한다.

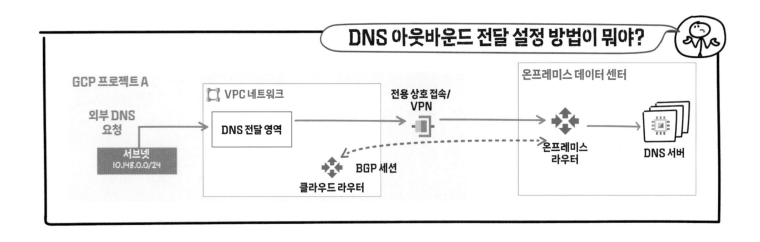

아웃바운드

다음과 같은 경우 VPC 네트워크에 VM을 구성할 수 있다.

- 선택한 DNS 서버에 DNS 요청을 보낸다. DNS 서버는 동일한 VPC 네트워크, 온프레미스 네트워크 또는 인터넷에 위치할 수 있다.

- VPC 네트워크에서 사용하도록 인가된 전달 영역의 전달 대상으로 구성된 DNS 서버에서 호스팅된 항목을 확인한다.
- VPC 네트워크에 대한 아웃바운드 서버 정책을 생성하여 모든 DNS 요청을 대체 alternative DNS 서버로 보낸다.

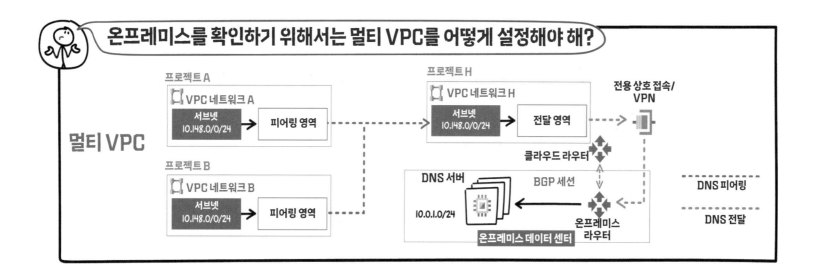

하이브리드 배포: 허브와 스포크

여러 온프레미스 위치에 연결되어 있는 멀티 VPC가 있다면 허브Hub와 스포크Spoke 모델 사용을 권고한다. 이 모델은 구글 DNS 프록시 영역을 사용하므로 역전달reverse routing 문제를 해결하는 데 도움을 준다. 중복성을 위해 DNS 전달 VPC 네트워크가 여러 GCP 리전에 걸쳐 있고, 각 리전에 온프레미스 네트워크에 대한 별도의 경로(상호 접속 또는 기타 수단을 통해)가 있는 모델을 고려하자. 이 모델을 사용하면 VPC가 두 상호 접속 경로에서 쿼리를 전송할 수 있고, 두 상호 접속 경로를 통해 반환된 쿼리를 반환할 수 있다. 아웃바운드 요청 경로는 항상 요청이 시작된 가장 가까운 상호 접속 지점을 통해 구글 클라우드에서 떠난다.

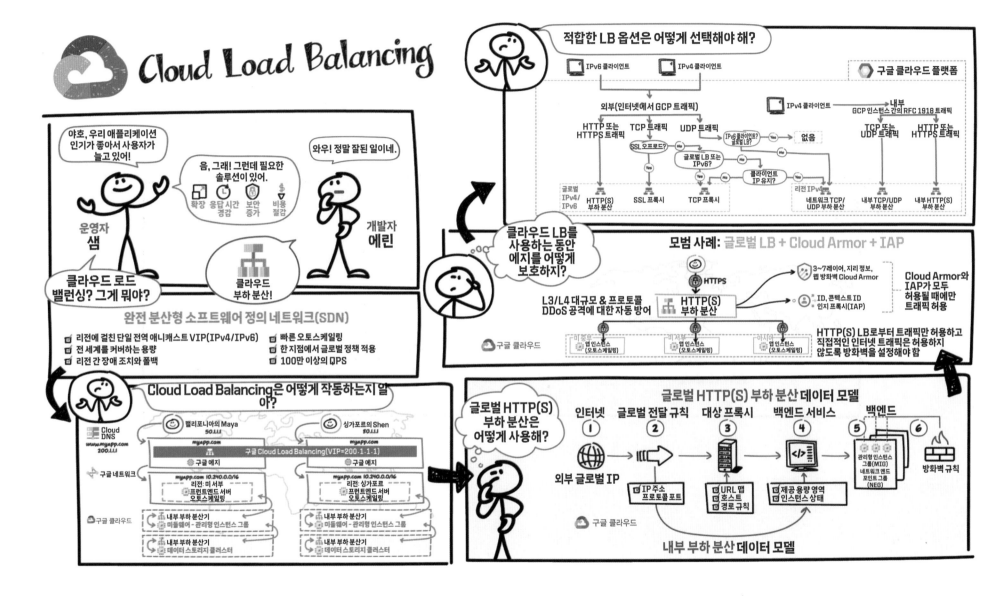

Cloud Load Balancing

적합한 LB 옵션은 어떻게 선택해야 해?

야호, 우리 애플리케이션 인기가 좋아서 사용자가 늘고 있어!

음, 그래! 그런데 필요한 솔루션이 있어.
확장 응답 시간 경감 보안 증가 비용 절감

와우! 정말 잘된 일이네.

운영자 샘

개발자 에린

클라우드 로드 밸런싱? 그게 뭐야?

클라우드 부하 분산!

완전 분산형 소프트웨어 정의 네트워크(SDN)

☑ 리전에 걸친 단일 전역 애니캐스트 VIP(IPv4/IPv6)
☑ 전 세계를 커버하는 용량
☑ 리전 간 장애 조치와 폴백
☑ 빠른 오토스케일링
☑ 한 지점에서 글로벌 정책 적용
☑ 100만 이상의 QPS

구글 클라우드 플랫폼

IPv6 클라이언트   IPv4 클라이언트

IPv4 클라이언트 → 내부 GCP 인스턴스 간의 RFC 1918 트래픽

외부(인터넷에서 GCP 트래픽)

HTTP 또는 HTTPS 트래픽   TCP 트래픽   UDP 트래픽

SSL 오프로드?   IPv6 클라이언트?/글로벌 LB? 없음

글로벌 LB 또는 IPv6?

클라이언트 IP 유지?

TCP 또는 UDP 트래픽   HTTP 또는 HTTPS 트래픽

| 글로벌 IPv4/IPv6 | HTTP(S) 부하 분산 | SSL 프록시 | TCP 프록시 | 네트워크 TCP/UDP 부하 분산 | 내부 TCP/UDP 부하 분산 | 내부 HTTP(S) 부하 분산 |

리전 IPv4

클라우드 LB를 사용하는 동안 에지를 어떻게 보호하지?

모범 사례: 글로벌 LB + Cloud Armor + IAP

🔒 HTTPS

3~7레이어, 지리 정보, 웹 방화벽 Cloud Armor

L3/L4 대규모 & 프로토콜 DDoS 공격에 대한 자동 방어

HTTP(S) 부하 분산

ID, 콘텍스트 ID 인지 프록시(IAP)

Cloud Armor와 IAP가 모두 허용될 때에만 트래픽 허용

구글 클라우드

미 중부 앱 인스턴스 (오토스케일링)   미 저부 앱 인스턴스 (오토스케일링)   아시아 앱 인스턴스 (오토스케일링)

HTTP(S) LB로부터 트래픽만 허용하고 직접적인 인터넷 트래픽은 허용하지 않도록 방화벽을 설정해야 함

Cloud Load Balancing은 어떻게 작동하는지 알아?

Cloud DNS
www.myapp.com 200.1.1.1

구글 네트워크

캘리포니아의 Maya 50.1.1.1

싱가포르의 Shen 80.1.1.1

myapp.com   구글 Cloud Load Balancing(VIP=200.1.1.1)   myapp.com
구글 에지   구글 에지

myapp.com 10.240.0.0/16
리전: 미 서부
프론트엔드 서버
오토스케일링

myapp.com 10.240.0.0/16
리전: 싱가포르
프론트엔드 서버
오토스케일링

구글 클라우드

내부 부하 분산기
미들웨어 - 관리형 인스턴스 그룹

내부 부하 분산기
데이터 스토리지 클러스터

내부 부하 분산기
미들웨어 - 관리형 인스턴스 그룹

내부 부하 분산기
데이터 스토리지 클러스터

글로벌 HTTP(S) 부하 분산은 어떻게 사용해?

글로벌 HTTP(S) 부하 분산 데이터 모델

인터넷 ①   글로벌 전달 규칙 ②   대상 프록시 ③   백엔드 서비스 ④   백엔드 ⑤   ⑥

외부 글로벌 IP

☑ IP주소 프로토콜 포트

☑ URL 맵 호스트 경로 규칙

☑ 제공 용량 영역 인스턴스 상태

관리형 인스턴스 그룹(MIG) 네트워크 엔드 포인트 그룹(NEG)

방화벽 규칙

구글 클라우드

내부 부하 분산 데이터 모델

새로운 애플리케이션이 히트를 쳤다고 가정해보자. 사용량이 전역적으로 증가해 비용을 줄이면서도 사용자를 만족시키기 위해 어떻게 앱을 확장, 최적화하고 안전하게 해야 할지를 찾아야 한다. 여기서 Cloud Load Balancing이 등장한다.

Cloud Load Balancing

Cloud Load Balancing은 완전 분산형 부하 분산 솔루션으로 사용자 트래픽(HTTP(S), HTTP/2와 gRPC, TCP/SSL, UDP, QUIC)의 혼잡 제거, 대기 시간 축소, 보안 강화, 비용 절감을 위해 다중 백엔드로 트래픽을 분산시킨다. 구글을 사용하는 동일한 프런트엔드 서버 인프라에 구축되며 일관된 고성능과 낮은 대기 시간으로 초당 100만 쿼리 이상을 지원한다.

- **소프트웨어 정의 네트워크**software-defined network, SDN: Cloud Load Balancing 는 인스턴스 또는 장비 기반 솔루션이 아니므로 물리적 인프라에 얽매이거나 HA, 규모, 관리 문제에 직면하지 않는다.
- **단일 글로벌 애니캐스트 IP, 오토스케일**: Cloud Load Balancing는 전 세계에 걸친 리전에 있는 모든 백엔드의 프런트엔드다. 자동 다중 리전 장애 조치를 포함한 교차 리전 부하 분산을 제공한다. 백엔드가 비정상적이면 트래픽 일부를 점진적으로 이동시키거나 더 많은 자원이 요청이 들어오면 자동으로 확장된다.

Cloud Load Balancing의 작동 원리

외부 부하 분산

다음 상황을 가정해보자. 사용자 Sean이 캘리포니아에 있다. 프런트엔드 인스턴스를 해당 리전에 배포하고 부하 분산기의 가상 IP(VIP)를 구성한다. 사용자의 기반이 다른 리전으로 확장되면 추가된 리전에 인스턴스를 생성해야 한다. VIP 또는 DNS 서버 세팅은 변경 사항이 없다. 앱이 전역적으로 커져도 동일한 패턴을 따른다. 인도에 있는

Maya는 인도에서 그녀에게 더 가까운 곳의 인스턴스로 라우팅된다. 인도에 있는 인스턴스에 과부하가 걸려 부하를 다루기 위해 자동 확장이 일어나면 Maya는 그동안 다른 인스턴스로 조용히 리디렉션되고 인스턴스가 부하를 충분히 처리할 수 있을 만큼 충분히 확장되면 다시 인도로 라우팅된다. 이는 레이어 7의 외부 부하 분산의 예시다.

내부 부하 분산

모든 3계층 앱에서 프런트엔드 다음에는 사용자 요청을 처리하기 위해 상호작용할 미들웨어와 데이터 소스가 있다. 프런트엔드와 내부 계층 간의 레이어 4 내부 부하 분산이 필요한 곳이다. 레이어 4 내부 부하 분산은 클라이언트 IP가 보존되는 RFC 1918 VIP[3] 뒤의 TCP/UDP 트래픽에 대한 것이다. 자동으로 상태 확인을 하며 중간 프록시가 없다. 부하 분산을 위해 SDN 제어와 데이터 플레인을 사용한다.

글로벌 HTTP(S) 부하 분산기 사용 방법

- 글로벌 HTTP(S) 부하 분산기로 글로벌 애니캐스트 VIP(IPv4 또는 IPv6)는 전달 규칙과 연결돼 있고 이는 트래픽을 대상 프록시로 보낸다.
- 대상 프록시는 클라이언트 세션을 종료하고 HTTPS를 위해 이 단계에서 인증서를 배포하고 백엔드 호스트와 경로 규칙을 정의한다. URL 맵은 레이어 7 전달을 제공하고 클라이언트 요청을 적절한 백엔드 서비스로 보낸다.
- 백엔드 서비스는 컴퓨팅 인스턴스에 대한 관리형 인스턴스 그룹managed instance group, MIG이거나 컨테이너화된 워크로드에 대한 네트워크 엔드포인트 그룹network endpoint group, NEG이다. 여기에서 인스턴스 용량과 상태가 결정 난다.
- Cloud CDN은 성능 향상을 위해 콘텐츠를 캐싱하고, 백엔드로 들어오고 나가는 트래픽을 제어하는 방화벽 규칙을 설정할 수 있다.
- 내부 부하 분산기 설정은 동일한 방식으로 작동한다. 여전히 전달 규칙이 있으나 백엔드 서비스를 직접 가리킨다. 전달 규칙에는 가상 IP 주소, 프로토콜, 최대 5개의 포트가 있다.

Cloud Load Balancing으로 애플리케이션을 보호하는 방법

Cloud Load Balancing으로 애플리케이션을 보호하는 모범 사례인 SSL을 모든 곳에 적용하자. HTTPS와 SSL 프록시 부하 분산기와 함께 관리형 인증서를 사용할 수 있다. 구글은 SSL 인증서의 프로비저닝과 생명 주기의 관리를 담당한다.

* Cloud Load Balancing은 다중 SSL 인증서를 지원해 동일 부하 분산기와 포트를 사용해 다중 도메인을 제공한다.

* 구글의 글로벌 부하 분산기 인프라에 걸쳐 레이어 3과 레이어 4 볼륨volumetric 공격을 흡수하고 분산시킨다.

* 추가적으로 Cloud Armor로 레이어 3~7 애플리케이션 수준 공격에 대해 보호할 수 있다.

* ID 인지identity-aware 프록시와 방화벽을 통해 백엔드 서비스에 대한 접근을 인증하고 인가할 수 있다.

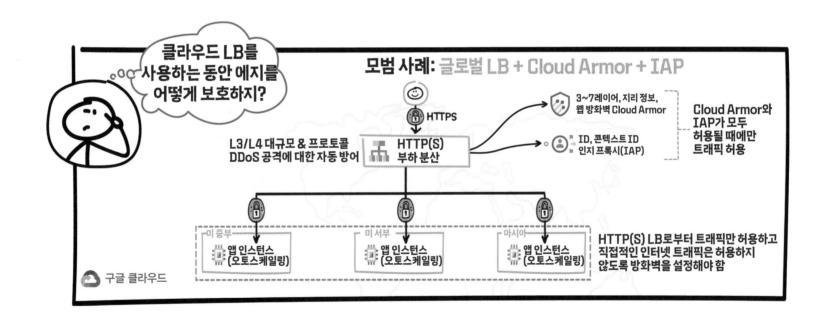

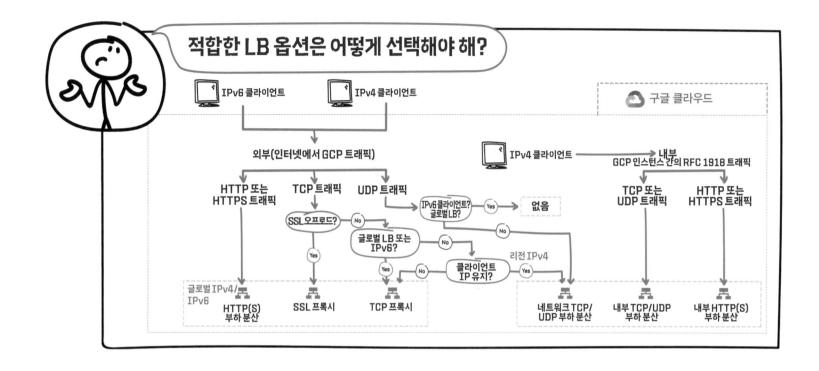

적합한 부하 분산 옵션을 선택하는 방법

사용 사례에 대해 어떤 부하 분산 옵션이 적합할지 결정할 때 내부 vs. 외부, 전역 또는 지역, 트래픽 유형(HTTPS, TLS, UDP)과 같은 요소를 고려하자.

백엔드 시스템에 대해 대기 시간 경감, 성능 향상, 보안 강화, 낮은 비용을 찾고 있다면 Cloud Load Balancing을 선택하자. 단지 몇 번의 클릭으로 쉽게 배포할 수 있고 글로벌 VIP에 연결된 프런트엔드와 백엔드를 간단히 설정하기만 하면 된다.

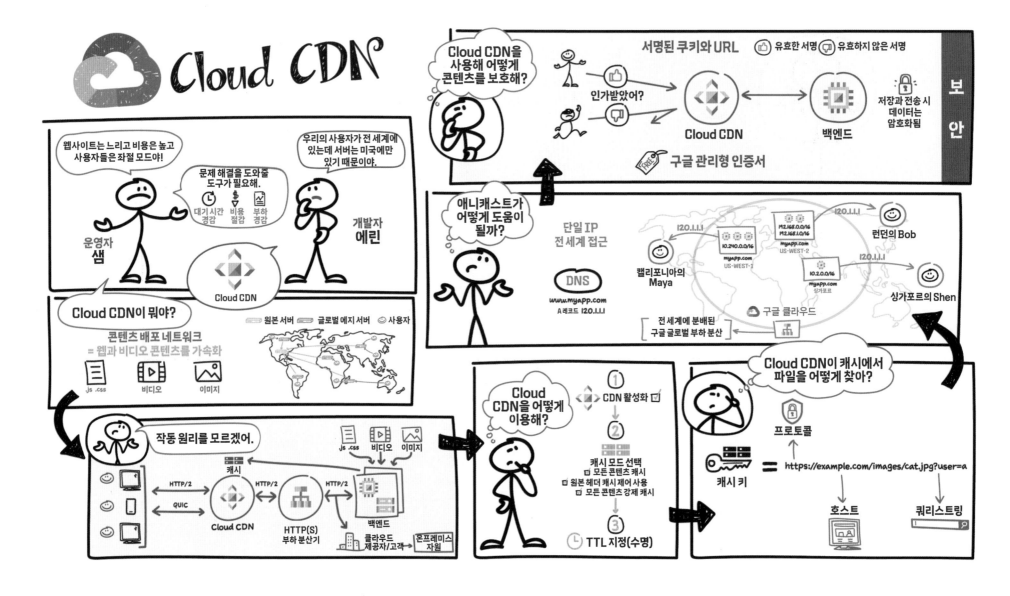

앱이나 웹으로 뭘 하든 사용자들은 여러 지역에 분산돼 있으며 항상 서버에 가까이 있지는 않다. 요청이 공용 인터넷을 통해 장거리를 이동하므로 일관성이 없고 때로는 사용자가 실망할 수도 있다는 의미다. 이런 문제의 해결책으로 Cloud CDN이 등장했다.

Cloud CDN

Cloud CDN은 웹과 비디오 콘텐츠 배포를 가속화시키는 콘텐츠 배포 네트워크로, 구글의 글로벌 에지 네트워크를 통해 가능한 사용자와 가까운 곳에서 콘텐츠를 제공한다. 따라서 백엔드 서비스의 응답 시간, 비용과 부하의 경감과 더불어 수백만의 사용자가 더 쉽게 확장할 수 있다. 글로벌 애니캐스트 IP는 글로벌 검색에서 단일 IP를 제공한다. 이를 통해 구글 클라우드는 사용자를 가장 가까운 에지 캐시로 전달하며 가용성에 영향을 줄 수 있는 DNS 전파 지연을 회피한다. HTTP 엔드 투 엔드와 클라이언트에서 캐시까지 QUIC 프로토콜을 지원한다. QUIC은 UDP 기반의 다중 분할 스트리밍 전송 프로토콜로, 대기 시간을 경감하고 데이터 손실 가능성이 있는 모바일 네트워크에 이상적이다.

Cloud CDN 작동 원리

- 사용자가 웹사이트 또는 앱에서 요청할 때 요청은 빠르고 신뢰할 수 있는 트래픽 흐름을 위해 가장 근접한 구글 에지 노드(120개 이상을 보유함)로 들어간다. 에지 노드로부터의 요청은 글로벌 HTTPS 부하 분산기에서 백엔드 또는 원본으로 전달된다.
- Cloud CDN이 활성화되면 콘텐츠는 캐시가 직접 제공한다.
- 캐시된 콘텐츠는 캐시가 가능한 웹 애셋(자바스크립트, CSS), 이미지, 비디오, 원본 서버에 저장된 다른 콘텐츠다.
- 모든 정적 콘텐츠를 캐시하도록 권고하는 '캐시 모드'를 사용하면 Cloud CDN은 콘텐츠를 자동으로 캐시한다. 더 제어가 필요하면 응답에 HTTP 헤더를 설정해 Cloud CDN에 지시한다. 모든 콘텐츠를 캐시하려면 Cache-Control 응답 헤더의 'private', 'no-store' 또는 'no-cache' 지시어directive를 무시한다.
- 요청이 Cloud CDN에 수신될 때 캐시 키를 사용해 캐시된 콘텐츠를 찾는다. 이것은 일반적으로 URI이지만 프로토콜, 호스트 또는 쿼리 문자열을 제거하기 위해 캐시 키는 사용자 정의를 할 수 있다.

- Cloud CDN 캐시에서 캐시된 응답을 발견하면 캐시에서 추출하여 사용자에게 보내는 **캐시 히트**cache hit가 발생하면 Cloud CDN은 캐시 키로 콘텐츠를 찾고 사용자에게 바로 응답해 왕복 시간을 줄이고 원본 서버의 부하를 경감시킨다.
- 일부 콘텐츠가 최초로 요청되는 경우 Cloud CDN은 해당 콘텐츠가 캐시에 존재하지 않으므로 캐시로부터 요청을 채울 수 없다. 이를 캐시 미스cache miss라고 한다. 캐시 미스가 발생하면 Cloud CDN은 근처에 있는 캐시에서 콘텐츠를 얻고자 시도할 수도 있다. 근처 캐시에 콘텐츠가 있으면 캐시 간 채우기를 사용하여 첫 번째 캐시로 보낸다. 그렇지 않으면 요청을 그냥 원본 서버로 보낸다.
- 캐시에 있는 객체의 최대 수명은 TTLtime-to-live 값으로 정의하며, 각 HTTP 응답의 캐시 지시자 또는 캐시 모드로 지정한다. TTL이 만료되면 콘텐츠는 제거된다.

Cloud CDN 이용 방법

gcloud CLI, Google Cloud 콘솔, API로 Cloud CDN을 설정할 수 있다. Cloud CDN은 전달, 상태 확인, 애니캐스트 IP 지원을 제공하기 위해 Cloud Load Balancing를 사용하므로 백엔드 또는 원본을 설정하는 동안 체크박스를 선택하여 쉽게 활성화시킬 수 있다.

Cloud CDN은 Cloud Storage를 사용해 웹, 미디어 콘텐츠를 쉽게 제공할 수 있다. 콘텐츠를 Cloud Storage 버킷에 업로드하고 부하 분산기를 구성하고 캐시를 활성화하기만 하면 된다. 클라우드와 온프레미스로 확장하는 하이브리드 아키텍처를 활성화하기 위해 Cloud CDN과 HTTP(S) 부하 분산기는 외부 백엔드도 지원한다.

보안

- 엔드 투 엔드 암호화를 위해 Cloud Load Balancing에서 백엔드까지 전송과 저장 시 데이터가 암호화된다.
- 인가된 사용자에게만 비디오 세그먼트 접속을 제한하도록 URL과 쿠키를 서명할 수 있다. 서명은 CDN 에지에서 검증하는데, 인가되지 않은 요청은 즉시 차단한다.
- 더 광범위한 수준에서 무료 구글 관리형 인증서로 SSL을 활성화할 수 있다.

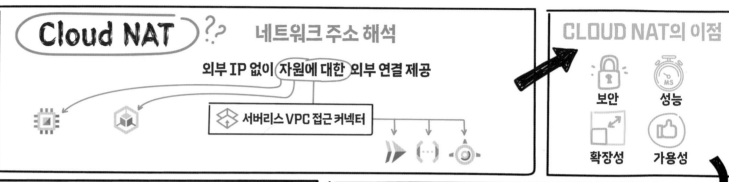

Cloud NAT ?? 네트워크 주소 해석

외부 IP 없이 (자원에 대한) 외부 연결 제공

서버리스 VPC 접근 커넥터

CLOUD NAT의 이점

보안   성능

확장성   가용성

기본적인 Cloud NAT 예시

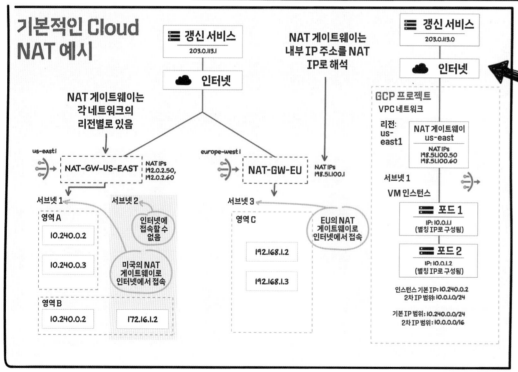

갱신 서비스
203.0.113.1

인터넷

NAT 게이트웨이는 각 네트워크의 리전별로 있음

NAT 게이트웨이는 내부 IP 주소를 NAT IP로 해석

us-east1

NAT-GW-US-EAST   NAT IPs 112.0.2.50, 112.0.2.60

europe-west1

NAT-GW-EU   NAT IPs 198.51.100.1

서브넷 1   서브넷 2

영역 A

10.240.0.2

10.240.0.3

인터넷에 접속할 수 없음

미국의 NAT 게이트웨이로 인터넷에서 접속

영역 B

10.240.0.2   172.16.1.2

서브넷 3

영역 C

192.168.1.2

192.168.1.3

EU의 NAT 게이트웨이로 인터넷에서 접속

갱신 서비스
203.0.113.0

인터넷

GCP 프로젝트

VPC 네트워크

리전:
us-east1

NAT 게이트웨이
us-east

NAT IPs
198.51.100.50
198.51.100.60

서브넷 1

VM 인스턴스

포드 1

IP: 10.0.1.1
(별칭 IP로 구성됨)

포드 2

IP: 10.0.1.2
(별칭 IP로 구성됨)

인스턴스 기본 IP: 10.240.0.2
2차 IP 범위: 10.0.1.0/24

기본 IP 범위: 10.240.0.0/24
2차 IP 범위: 10.0.0.0/16

CLOUD NAT와 일반 NAT의 차이점

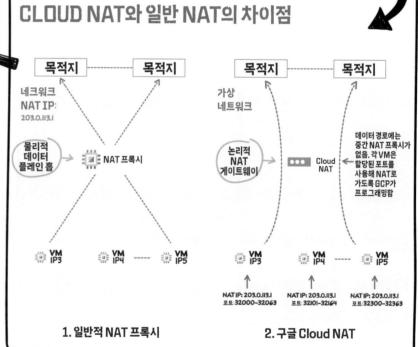

목적지 --- 목적지   목적지 --- 목적지

네크워크 NAT IP: 203.0.113.1

물리적 데이터 플레인 홉   NAT 프록시

가상 네트워크

논리적 NAT 게이트웨이   Cloud NAT

데이터 경로에는 중간 NAT 프록시가 없음. 각 VM은 할당된 포트를 사용해 NAT로 가도록 GCP가 프로그래밍함

VM IP3   VM IP4   VM IP5

VM IP3   VM IP4   VM IP5

NAT IP: 203.0.113.1
포트: 32000-32063

NAT IP: 203.0.113.1
포트: 32101-32164

NAT IP: 203.0.113.1
포트: 32300-32363

1. 일반적 NAT 프록시   2. 구글 Cloud NAT

보안을 위해 네트워크에 있는 공인 IP 주소 수를 줄이는 것이 바람직하다. 구글 클라우드에서 Cloud NAT(네트워크 주소 해석)를 사용하면 외부 IP 주소가 없는 일부 자원이 인터넷으로 나가는 연결을 생성할 수 있다.

Cloud NAT는 다음과 같은 자원에 대해 외부로 나가는 연결을 제공한다.

- 외부 IP 주소가 없는 Compute Engine 가상 머신 인스턴스
- 비공개 GKE 클러스터
- 서버리스 VPC 접근을 통한 Cloud Run 인스턴스
- 서버리스 VPC 접근을 통한 Cloud Functions 인스턴스
- 서버리스 VPC 접근을 통한 App Engine 표준 환경 인스턴스

Cloud NAT와 일반적인 NAT 프록시의 차이점

Cloud NAT는 분산된 소프트웨어 정의 관리 서비스로, 프록시 VM 또는 호환 장비를 기반으로 하지 않는다. 프록시가 없는 아키텍처는 더 높은 가용성(단일 병목 지점 없음)과 더 짧은 대기 시간을 의미한다. Cloud NAT는 VPC 네트워크를 강화하는 안드로메다Andromeda 소프트웨어를 구성해 외부 IP 주소 없이 VM에 대한 원본 네트워크 주소 변환source network address translation, SNAT을 제공한다. 연결된 인바운드 응답 패킷에 한정해 대상 네트워크 주소 변환destination network address translation, DNAT도 제공한다.

Cloud NAT 사용의 이점

- **보안**: 개별적인 VM이 각각 외부 IP 주소를 가져야 하는 필요를 경감시킨다. 이그레스egress 방화벽 규칙에 따라 외부 IP 주소 없이 VM은 인터넷상의 목적지에 접근할 수 있다.
- **가용성**: Cloud NAT는 분산된 소프트웨어 정의 관리 서비스이므로 프로젝트에 있는 모든 VM 또는 단일 물리적 게이트웨이 장비에 의존하지 않는다. 클러스터 라우터에 NAT 게이트웨이를 구성한다. 클라우드 라우터는 NAT에 대한 제어판을 제공한다. 클라우드 라우터는 지정한 구성 매개변수를 저장한다.
- **확장성**: Cloud NAT는 사용하는 NAT IP 주소의 수를 자동으로 확장하도록 구성할

수 있으며, 자동 확장이 활성화된 VM을 포함하여 관리형 인스턴스 그룹에 속한 VM을 지원한다.

- **성능**: Cloud NAT는 VM당 네트워크 대역폭을 줄이지 않는데, 이는 구글의 안드로메다 소프트웨어 정의 네트워크로 구축했기 때문이다.

NAT 규칙

Cloud NAT에서 NAT 규칙 기능으로 Cloud NAT가 인터넷에 어떻게 연결되는지 접근 규칙을 생성할 수 있다. NAT 규칙은 목적지 주소에 기반한 출발지 NAT를 지원한다. NAT 규칙 없이 NAT 게이트웨이를 구성할 때 NAT 게이트웨이를 사용하는 VM은 모든 인터넷 주소에 접근하는 데 동일한 세트의 IP 주소를 사용한다. Cloud NAT를 통과하는 패킷에 대한 더 많은 제어가 필요하다면 NAT 규칙을 추가할 수 있다. NAT 규칙은 일치 조건과 부합되는 작업을 정의한다. NAT 규칙 지정 후 각 패킷을 각 NAT 규칙에 일치시켜본다. 하나의 패킷이 규칙의 조건 세트와 일치하면 매치가 발생할 때 부합되는 작업을 수행한다.

기본적인 Cloud NAT 구성 예시

NAT 예시에서 동쪽의 NAT 게이트웨이는 인터넷에 접근하기 위해 서브넷 1에서 외부 IP 주소가 없는 VM을 지원하는 구성으로 이루어져 있다. 이들 VM은 게이트웨이의 기본 내부 IP 주소 또는 서브넷 1 범위, 10.240.0.0/16에 있는 기본 IP 주소로부터 별칭 IP 범위를 사용해 트래픽을 전송할 수 있다. VM의 네트워크 인터페이스가 외부 IP 주소가 없고 기본 내부 IP 주소가 서브넷 2에 위치한 경우 인터넷에 접속할 수 없다.

유사하게 유럽에 있는 NAT 게이트웨이는 서쪽 리전에 있는 서브넷 3의 주요 IP 주소 범위를 적용하도록 구성했다. 네트워크 인터페이스에 외부 IP 주소가 없는 VM이 주요 내부 IP 주소 또는 서브넷 3, 192.168.1.0/24의 주요 IP 주소 범위의 별칭 IP 범위를 사용해 트래픽을 인터넷으로 전송한다.

모든 컨테이너와 GKE 노드에서 NAT를 활성화하려면 NAT 후보로 모든 IP 주소 범위를 선택해야 한다. 서브넷의 특정 컨테이너를 위해 NAT를 활성화하는 것은 불가능하다.

Network Intelligence Center
네트워크 모니터링, 검사, 최적화 플랫폼

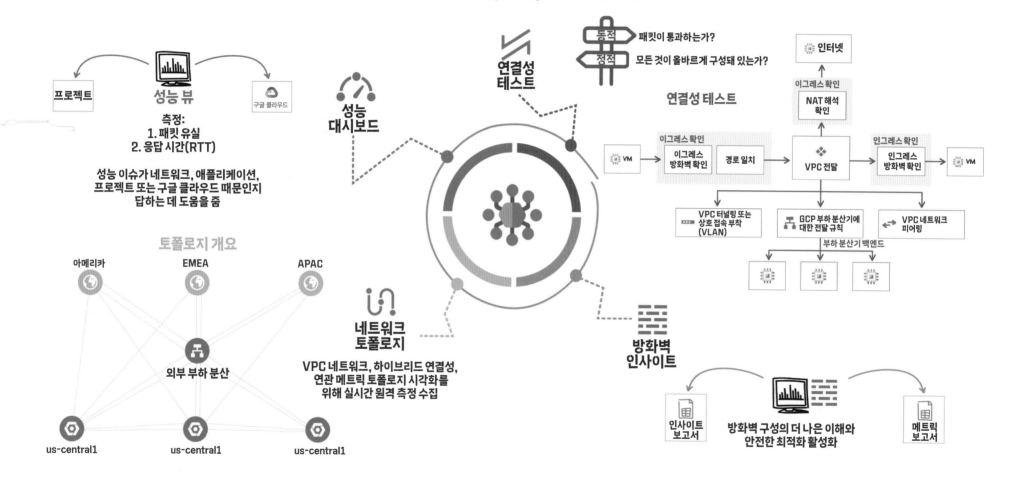

성능 뷰

프로젝트

구글 클라우드

측정:
1. 패킷 유실
2. 응답 시간(RTT)

성능 이슈가 네트워크, 애플리케이션,
프로젝트 또는 구글 클라우드 때문인지
답하는 데 도움을 줌

토폴로지 개요

아메리카   EMEA   APAC

외부 부하 분산

us-central1   us-central1   us-central1

성능 대시보드

연결성 테스트

동적 패킷이 통과하는가?
정적 모든 것이 올바르게 구성돼 있는가?

연결성 테스트

인터넷

이그레스 확인
NAT 해석 확인

VM

이그레스 확인
이그레스 방화벽 확인   경로 일치   VPC 전달

인그레스 확인
인그레스 방화벽 확인   VM

VPC 터널링 또는
상호 접속 부착
(VLAN)

GCP 부하 분산기에
대한 전달 규칙

VPC 네트워크
피어링

부하 분산기 백엔드

네트워크 토폴로지

VPC 네트워크, 하이브리드 연결성,
연관 메트릭 토폴로지 시각화를
위해 실시간 원격 측정 수집

방화벽 인사이트

인사이트 보고서

방화벽 구성의 더 나은 이해와
안전한 최적화 활성화

메트릭 보고서

클라우드 플랫폼을 모니터링하고 장애 처리를 위한 가시성이 필요하다. Network Intelligence Center는 단일 콘솔로 구글 클라우드 네트워크 가시성, 모니터링, 장애 처리를 위한 시각화를 제공한다. 현재 Network Intelligence Center는 네 가지 모듈로 구성돼 있다.

- **네트워크 토폴로지**: 온프레미스의 VPC 연결, 인터넷, 관련 메트릭을 포함해 네트워크 토폴로지를 시각화하는 데 도움을 준다.
- **연결 테스트**: 패킷이 실제적으로 도달하는지 확인하기 위해 구성에 대한 정적 및 동적 네트워크 연결을 테스트하고 데이터 플레인 도달 가능성을 제공한다.
- **성능 대시보드**: 사용하고 있는 영역과 리전 간의 패킷 유실과 대기 시간을 보여준다.
- **방화벽 통찰**: 사용 중인 VPC 방화벽 규칙을 보여주고 구성을 최적화할 수 있게 한다.

네트워크 토폴로지

네트워크 토폴로지는 구글 인프라에서 실시간 원격 메트릭과 구성 데이터를 수집하고 자원을 시각화해준다. 프로젝트 내 또는 다중 프로젝트에 걸친 자원 간의 관계를 추론하기 위해 구성 정보, 메트릭, 로그와 같은 요소를 캡처한다. 각 요소를 수집한 후 네트워크 토폴로지는 이들을 조합하여 배포를 표현하는 그래프를 생성하는데, 이 그래프를 사용해 빠르게 토폴로지를 볼 수 있다. 또한 에이전트의 구성이나 다중 로그의 정렬, 타사 도구의 사용 없이도 배포 성능을 분석할 수 있다.

연결 테스트

연결 테스트 진단 도구로 네트워크 엔드포인트 간의 연결을 확인할 수 있다. 구성 정보를 분석하고 경우에 따라 실시간 검사를 수행한다.

네트워크 구성을 분석하기 위해 연결 테스트는 VPC 네트워크, 클라우드 VPN 터널 또는 VLAN 연결을 오가는 패킷의 예상 인바운드와 아웃바운드 전달 경로를 시뮬레이션한다.

일부 연결 시나리오를 위해 연결 테스트는 실시간 검사도 수행할 수 있으며, 데이터 플레인에 일부 패킷을 전송해 연결성을 검사하고 응답 시간과 패킷 유실의 기준 진단 정보도 제공한다.

성능 대시보드

성능 대시보드는 전체 구글 클라우드 네트워크의 네트워크 성능뿐 아니라 프로젝트 자원의 성능에 대한 시각화를 제공하며, 패킷 유실과 응답 시간 메트릭을 수집하고 보여준다. 이들 성능 모니터링 기능을 사용하여 애플리케이션의 문제와 하부에 있는 구글 클라우드 네트워크의 문제를 구분할 수 있다. 과거에 있었던 네트워크와 성능 문제도 디버깅할 수 있다.

방화벽 인사이트

방화벽 인사이트를 사용하면 방화벽 구성을 좀 더 이해하고 안전하게 최적화할 수 있다. VPC 네트워크의 여러 방화벽 규칙의 영향도와 방화벽 사용 정보를 포함하는 보고서를 제공한다.

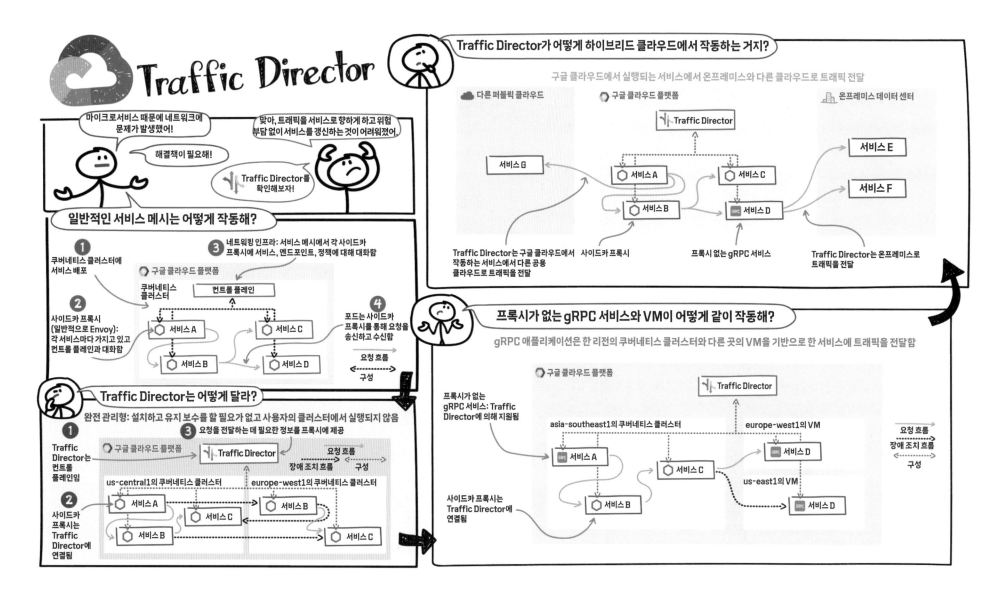

마이크로서비스 아키텍처에 애플리케이션을 배포하면 어떤 네트워크 문제가 발생할지 잘 알고 있을 것이다. Traffic Director는 글로벌 서비스 메시mesh에서 마이크로서비스가 실행되도록 돕는다. 메시는 마이크로서비스에 대한 네트워크를 통해 비즈니스 로직과 애플리케이션 코드에만 집중하도록 해준다. 네트워크 로직으로부터 애플리케이션 로직을 분리하는 것은 개발 속도와 서비스 가용성을 증가시키고 조직에 현대 데브옵스 사례를 도입하는 데 도움을 준다.

쿠버네티스에서 서비스 메시 작동 방식

일반적인 서비스 메시에서는 서비스를 쿠버네티스 클러스터에 배포한다.

- 서비스의 각 포드는 애플리케이션 컨테이너와 같이 구동하는 사이드카sidecar 컨테이너인 전용 프록시(일반적으로 Envoy)를 갖는다.
- 각 사이드카 프록시는 클러스터에 설치돼 있는 네트워크 인프라(컨트롤 플레인)와 통신한다. 컨트롤 플레인은 서비스 메시 내의 서비스, 엔드포인트, 정책을 설명한다.
- 포드가 요청을 보내거나 받을 때 요청은 포드의 사이드카 프록시가 가로챈다. 사이드카 프록시는 트래픽을 의도한 목적지로 전송하는 방식으로 요청을 처리한다.

컨트롤 플레인은 각 프록시에 연결돼 있으며, 프록시가 요청을 처리하는 데 필요한 정보를 제공한다. 흐름을 명확화하기 위해 서비스 A의 애플리케이션 코드가 요청을 보내면 프록시는 요청을 처리하고 이를 서비스 B로 전달한다. 이 모델로 네트워크 로직을 애플리케이션 코드 바깥으로 이동시킬 수 있다. 사용자는 서비스 메시 인프라가 애플리케이션의 네트워크를 담당하게 하는 동안 비즈니스 가치를 전달하는 데 집중할 수 있다.

Traffic Director는 어떻게 다른가?

Traffic Director는 일반적인 서비스 메시 모델과 유사하게 작동하지만 몇 가지 중요한 방식에서 차이가 난다. Traffic Director는 다음을 제공한다.

- 완전 관리형 고가용성 컨트롤 플레인. 설치할 필요가 없고 클러스터에서 실행하지 않으며 유지 보수를 할 필요가 없다. 구글 클라우드는 운영 수준의 서비스 수준 목표service level objective, SLO로 이들 모두를 관리
- 용량, 상태 인식, 장애 조치를 갖는 글로벌 부하 분산
- 제로 트러스트zero trust 보안 태세를 가능케 하는 통합된 보안 기능
- 컨트롤 플레인과 데이터 플레인의 풍부한 가시성 기능
- 멀티 클러스터 쿠버네티스, 하이브리드 클라우드, VM, gRPC 서비스 등의 다중 환경 서비스 메시 지원

Traffic Director는 컨트롤 플레인이며 각각 사이드카 프록시가 있는 쿠버네티스 클러스터상의 Traffic Director에 연결된다. Traffic Director는 프록시가 요청을 전달하는 데 필요한 정보를 제공한다. 예를 들어, 서비스 A에 속한 포드의 애플리케이션 코드는 요청을 보낸다. 이 포드와 함께 실행되는 사이드카 프록시는 요청을 처리하며 서비스 B에 속한 포드로 요청을 전달한다.

멀티 클러스터 쿠버네티스: Traffic Director는 쿠버네티스 클러스터의 애플리케이션 네트워킹을 지원한다. 이 예시에서는 미국과 유럽에 쿠버네티스 클러스터용 관리형 글로벌 컨트롤 플레인을 제공한다. 한 클러스터에 있는 서비스는 다른 클러스터에 있는 서비스와 통신할 수 있다. 심지어 멀티 클러스터들의 포드로 구성된 서비스도 있다. Traffic Director의 근접성 기반의 글로벌 부하 분산을 통해 서비스 B로 향하는 요청은 지리적으로 가장 근접한 포드로 이동한다. 또한 원활한 장애 조치도 가능하다. 포드가 다운되면 요청은 자동으로 다른 포드로 이동하여 요청을 처리할 수 있으며, 이 포드가 다른 쿠버네티스 클러스터에 있을 때조차도 처리할 수 있다.

Traffic Director는 프록시가 없는 gRPC와 VM을 어떻게 지원하는가?

VM: Traffic Director는 쿠버네티스 기반 워크로드와 함께 VM 기반 워크로드에 대한 애플리케이션 네트워크를 해결한다. 플래그를 Compute Engine VM 인스턴스 템플릿에 추가하면 구글은 인프라 구성 시 원활하게 이를 처리한다. 여기에는 애플리케이션 네트워크 기능을 배포하는 프록시의 설치와 구성을 포함한다. 하나의 예시로 트래픽이 외부 HTTP(S) 부하 분산을 통해 한 리전의 쿠버네티스 클러스터에 있는 서비스로 배포된 후 전혀 다른 리전에 있는 VM의 다른 서비스로 라우팅될 수 있다.

gRPC: Traffic Director로 서비스 디스커버리, 부하 분산, 트래픽 관리와 같은 애플리케이션 네트워킹 기능을 gRPC 애플리케이션으로 직접 쉽게 가져올 수 있다. 이 기능은 기본적으로 gRPC에서 발생하므로 서비스 프록시가 필요 없다(프록시가 없는 gRPC 애플리케이션이라고 하는 이유다). 더 많은 정보를 위해 Traffic Director와 gRPC(서비스 메시에 대한 프록시가 없는) 서비스를 참고하자.

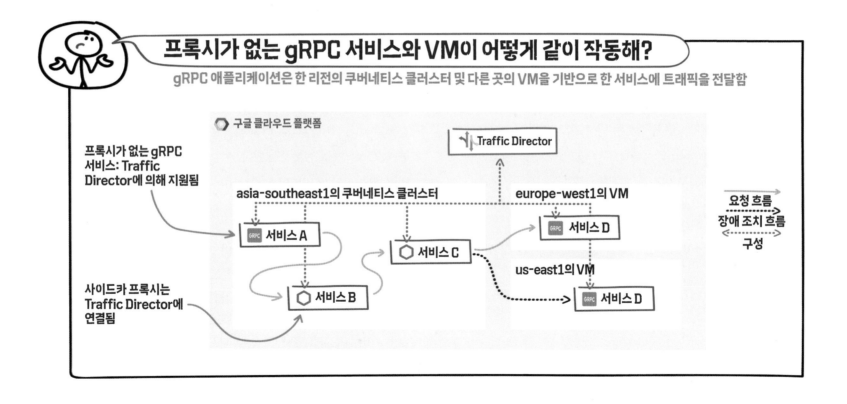

Traffic Director가 하이브리드와 멀티 클라우드 환경에 걸쳐 작동하는 방식은?

구글 클라우드, 온프레미스, 다른 클라우드 또는 이 모두에 서비스가 있더라도 기본적인 애플리케이션 네트워크 문제는 동일하게 남는다. 이 서비스에 대한 트래픽은 어떻게 얻는가? 이들 서비스는 어떻게 서로 통신할까?

Traffic Director는 구글 클라우드에서 실행되는 서비스로부터 다른 퍼블릭 클라우드에서 실행 중인 서비스, 온프레미스 데이터 센터에서 실행되는 서비스로 트래픽을 전달할 수 있다. 서비스는 사이드카 프록시로 Envoy를 사용하거나 프록시가 없는 gRPC 서비스를 사용할 수 있다. Traffic Director를 사용할 때 구글 클라우드 외부의 대상으로 요청을 전달할 수 있다. 이것으로 구글 클라우드 내부의 서비스로부터 다른 환경에 있는 서비스 또는 게이트웨이로 트래픽을 비공개로 전달할 수 있도록 클라우드 상호 접속 또는 클라우드 VPN을 사용할 수 있다. 공용 인터넷을 통해 연결할 수 있는 외부 서비스로 전달할 수도 있다.

인그레스와 게이트웨이

많은 사용 사례에서 Traffic Director에서 구성하지 않는 클라이언트에서 발생하는 트래픽을 처리해야 한다. 예를 들어, 공용 인터넷 트래픽을 마이크로서비스로 수신해야 할 수 있다. 트래픽을 목적지에 전달하기 전에 클라이언트로부터의 트래픽을 처리하는 리버스 프록시로서 부하 분산기를 구성하길 원할 수도 있다. 이런 경우에 Traffic Director는 관리형 인그레스 환경을 제공하기 위해 Cloud Load Balancing과 같이 작동한다. 외부 또는 내부 부하 분산기를 설치하고 부하 분산기가 마이크로서비스로 트래픽을 전송하도록 구성한다. 공용 인터넷 클라이언트는 외부 HTTP(S) 부하 분산기를 통해 서비스에 도달한다. VPC 네트워크에 존재하는 마이크로서비스와 같은 클라이언트는 서비스에 도달하는 데 내부 HTTP(S) 부하 분산기를 사용한다.

몇 가지 사용 사례로 Traffic Director를 게이트웨이로 구성하도록 설치할 수 있다. 이 게이트웨이는 기본적으로 리버스 프록시이며, 일반적으로 하나 또는 여러 VM에서 작동하는 Envoy로 들어오는 요청을 수신하고 처리한 후 대상으로 다시 내보낸다. 대상은 모든 구글 클라우드 리전 또는 GKE 클러스터일 수 있다. 하이브리드 연결성을 이용하면 구글 클라우드에서 도달할 수 있는 구글 클라우드 외부의 대상이 될 수도 있다.

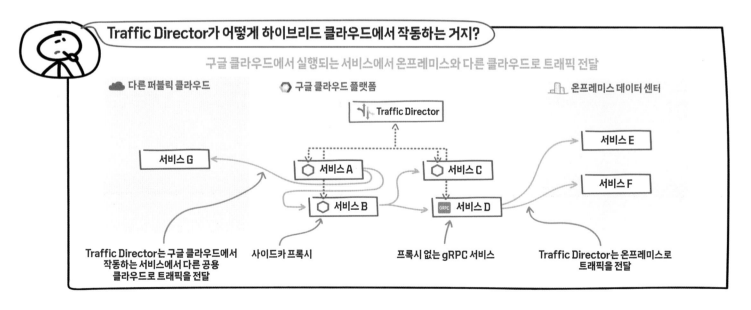

서비스 디렉터리

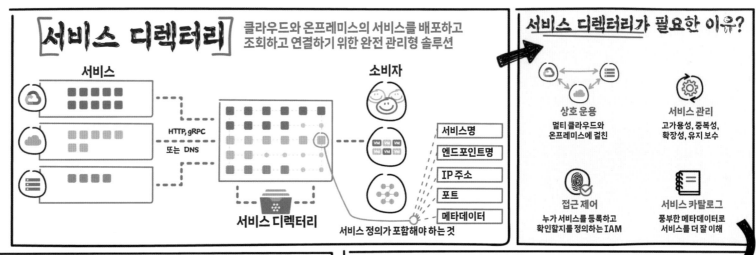

서비스 디렉터리

클라우드와 온프레미스의 서비스를 배포하고
조회하고 연결하기 위한 완전 관리형 솔루션

서비스 → HTTP, gRPC 또는 DNS → **서비스 디렉터리** → **소비자**

- 서비스명
- 엔드포인트명
- IP 주소
- 포트
- 메타데이터

서비스 정의가 포함해야 하는 것

서비스 디렉터리가 필요한 이유?

상호 운용
멀티 클라우드와
온프레미스에 걸친

서비스 관리
고가용성, 중복성,
확장성, 유지 보수

접근 제어
누가 서비스를 등록하고
확인할지를 정의하는 IAM

서비스 카탈로그
풍부한 메타데이터로
서비스를 더 잘 이해

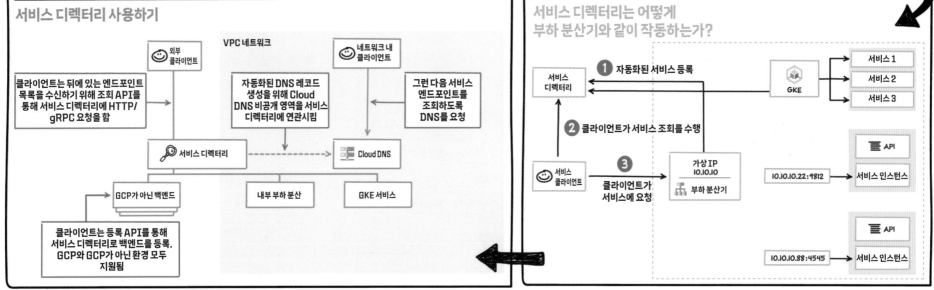

서비스 디렉터리 사용하기

VPC 네트워크

외부 클라이언트
클라이언트는 뒤에 있는 엔드포인트
목록을 수신하기 위해 조회 API를
통해 서비스 디렉터리에 HTTP/
gRPC 요청을 함

네트워크 내 클라이언트
자동화된 DNS 레코드
생성을 위해 Cloud
DNS 비공개 영역을 서비스
디렉터리에 연관시킴

그런 다음 서비스
엔드포인트를
조회하도록
DNS를 요청

서비스 디렉터리 - - - → **Cloud DNS**

GCP가 아닌 백엔드

클라이언트는 등록 API를 통해
서비스 디렉터리로 백엔드를 등록.
GCP와 GCP가 아닌 환경 모두
지원됨

내부 부하 분산 | GKE 서비스

서비스 디렉터리는 어떻게
부하 분산기와 같이 작동하는가?

서비스 디렉터리

① 자동화된 서비스 등록

GKE → 서비스 1 / 서비스 2 / 서비스 3

② 클라이언트가 서비스 조회를 수행

서비스 클라이언트

③ 클라이언트가 서비스에 요청

가상 IP 10.10.10
부하 분산기

API
10.10.10.22:9812 → 서비스 인스턴스

API
10.10.10.88:4545 → 서비스 인스턴스

대부분의 회사는 다른 클라우드와 온프레미스 환경에 배포된 많은 수의 이기종 서비스를 갖고 있다. 이로 인해 서비스를 찾고 배포하고 연결하는 것이 매우 복잡하지만 배포 속도, 보안, 확장성을 위해 이 작업은 필수적이다. 이를 위해 등장한 것이 서비스 디렉터리다! 서비스 디렉터리는 환경에 관계없이 서비스를 찾고 배포하고 연결하기 위한 완전 관리형 플랫폼이다. 모든 서비스에 대한 실시간 정보를 한곳에서 제공하고 서비스 엔드포인트가 적든지 많든지 대규모의 서비스 인벤토리 관리를 수행할 수 있다.

서비스 디렉터리가 필요한 이유

간단한 API를 작성하는 중 코드가 다른 애플리케이션의 호출이 필요하다고 가정해보자. 엔드포인트 정보가 정적인 정보라면 코드에 해당 지점을 하드코딩하거나 작은 설정 파일에 이를 저장할 수 있다. 그러나 마이크로서비스와 멀티 클라우드에서 이 문제는 인스턴스, 서비스, 환경이 모두 변경될 수 있으므로 다루기가 훨씬 더 어렵다. 서비스 디렉터리가 이 문제를 해결해준다! 각 서비스 인스턴스는 서비스 디렉터리에 등록되고, 여기서 도메인 이름 시스템에 즉시 반영되며, 구현과 환경에 관계없이 HTTP/gRPC를 사용해 질의할 수 있다. 여러 환경에 걸쳐 사용할 수 있는 범용적인 서비스 이름을 생성하고, DNS를 통해 서비스를 제공한다. 네트워크, 프로젝트, 서비스 계정의 역할에 기반해 서비스에 접근 제어를 적용할 수 있다.

서비스 디렉터리는 다음 문제를 해결한다.

- **상호 운용성**: 서비스 디렉터리는 구글 클라우드, 멀티 클라우드, 온프레미스에 걸쳐 작동하는 범용 네임 서비스다. 이들 환경 간에 서비스를 이전할 수 있고, 여전히 동일한 서비스명을 사용해 엔드포인트를 등록하고 확인할 수 있다.
- **서비스 관리**: 서비스 디렉터리는 관리형 서비스다. 조직은 고가용성, 중복성, 확장 또는 자체 서비스 레지스트리를 유지, 관리하는 문제에 대해 걱정할 필요가 없다.
- **접근 제어**: 서비스 디렉터리의 IAM을 통해 누가 서비스를 등록하고 확인하는지 제어할 수 있다. 팀, 서비스 계정, 조직에 서비스 디스커버리 역할을 할당한다.
- **순수 DNS의 한계**: DNS 확인자$_{resolver}$는 TTL(생명 주기)과 캐싱 측면에서 신뢰할 수 없다. 더 큰 레코드 크기를 다룰 수 없으며, 사용자에게 메타데이터를 제공하기 위한 쉬운 방식을 제공하지 않는다. DNS 지원에 추가해 서비스 디렉터리는 서비스를 쿼리하고 확인하는 데 HTTP와 gRPC를 제공한다.

서비스 디렉터리는 어떻게 부하 분산기와 함께 작동하는가?

서비스 디렉터리가 부하 분산기와 함께 작동하는 방식은 다음과 같다.

- 서비스 디렉터리에서 부하 분산기는 각 서비스의 제공자로 등록된다.
- 클라이언트는 서비스 디렉터리를 통해 서비스 찾기를 수행한다.
- 서비스 디렉터리는 부하 분산기 주소를 반환한다.
- 클라이언트는 부하 분산기를 통해 서비스를 호출한다.

서비스 디렉터리와 함께 Cloud DNS 사용하기

Cloud DNS는 빠르고 확장 가능하고 신뢰할 만한 DNS 서비스로, 구글 인프라에서 작동한다. 공개 DNS 영역에 추가해 Cloud DNS는 구글 클라우드상의 비공개 네트워크에 대한 관리형 내부 DNS 솔루션을 제공한다. 비공개 DNS 영역으로 가상 머신(VM) 인스턴스, 부하 분산기 또는 다른 자원에 대한 이름을 내부적으로 정할 수 있다. 이 비공개 DNS 영역에 대한 DNS 쿼리는 비공개 네트워크 내부로 제한된다. 서비스 디렉터리 영역의 DNS 조회를 통해 서비스명을 사용하는 방법은 다음과 같다.

- 엔드포인트는 서비스 디렉터리 API를 사용해 서비스 디렉터리에 직접 등록할 수 있다. 이것은 구글 클라우드와 구글 서비스가 아닌 것 모두에 대해 실행할 수 있다.
- 외부와 내부 클라이언트 모두 이들 서비스를 조회할 수 있다.
- DNS 요청을 활성화하려면 Cloud DNS에서 서비스 디스커버리 네임스페이스와 연결된 서비스 디스커버리 영역을 생성한다.
- 내부 클라이언트는 DNS, HTTP 또는 gRPC를 통해 이 서비스를 확인할 수 있다. 외부 클라이언트(비공개 네트워크에 존재하지 않는 클라이언트)는 서비스명을 확인하기 위해 HTTP 또는 gRPC를 사용해야 한다.

구글 클라우드 네트워크 개요

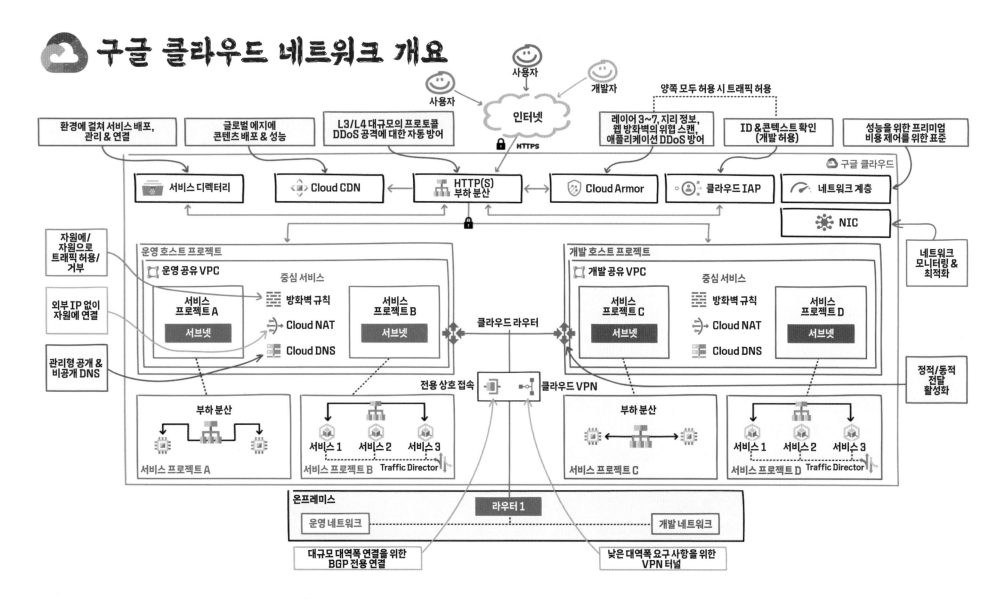

구글의 물리 네트워크 인프라는 클라우드에서 애플리케이션을 실행시키는 데 필요한 글로벌 가상 네트워크를 사용한다. 애플리케이션을 '리프트 & 시프트'하고 확장하고 현대화하는 데 필요한 가상 네트워크와 도구들을 제공한다. 애플리케이션과 인프라를 연결, 확장, 보호, 최적화, 현대화하는 방법에 대한 예시를 확인해보자.

연결

가장 먼저 해야 할 일은 가상 네트워크를 프로비저닝하고 다른 클라우드 또는 온프레미스에서 가상 네트워크에 연결하고 다른 프로젝트와 자원이 실수로 네트워크에 접속할 수 없도록 자원을 격리하는 것이다.

- **하이브리드 연결성**: 회사 X를 고려해보자. 이 회사는 운영 및 개발 네트워크에 온프레미스 환경을 사용하고 있다. 자원과 서비스가 두 환경 간에 쉽게 연결될 수 있도록 온프레미스 환경을 구글 클라우드에 연결하려고 한다. 전용 상호 접속 또는 IPsec 보안 터널을 통한 클라우드 VPN을 사용할 수 있다. 둘 다 작동하지만 얼마나 큰 대역폭이 요구되는지에 따라 선택한다. 더 큰 대역폭과 더 많은 데이터를 위해 전용 상호 접속을 권고한다. 클라우드 라우터는 온프레미스 환경과 구글 클라우드 VPC 사이의 동적 전달을 사용할 수 있도록 돕는다. 다중 네트워크/지점을 가진다면 광역 네트워크(WAN)로서의 구글 네트워크를 사용해 구글 클라우드 외부에 있는 다른 회사 사이트에 연결할 수 있도록 네트워크 연결 센터도 사용할 수 있다.

- **VPC**: 모든 자원을 VPC에 배포한다. 이때 한 가지 요구 사항은 운영 및 개발 환경의 분리를 유지하는 것이다. 이를 위해 공유 VPC가 필요하며, 이를 사용하면 네트워크의 내부 IP를 통해 서로 안전하고 효과적으로 통신할 수 있도록 자원을 다중 프로젝트에서 공통 VPC 네트워크로 연결할 수 있다.

- **Cloud DNS**: 다음을 관리하기 위해 Cloud DNS를 사용한다.
  - 공개 및 비공개 DNS 영역
  - VPC 내부와 인터넷상의 공개/비공개 IP
  - DNS 피어링
  - 전달
  - 분할-수평
  - DNS 보안을 위한 DNSSEC

확장

확장은 빠르게 애플리케이션을 확장하는 것뿐 아니라 단일 또는 다중 리전에 있는 자원에 걸쳐 부하를 실시간으로 분배하는 것과 최종 목적지last-mile 성능을 최적화하기 위해 콘텐츠 배포를 가속화하는 것을 포함한다.

- **Cloud Load Balancing**: Compute Engine상의 빠른 애플리케이션 확장(프리워밍pre-warming이 필요하지 않음). 고가용성의 요구에 충족하면서 단일 또는 다중 리전(사용자와 가까운)에 있는 부하 분산 컴퓨팅 자원을 분배한다. Cloud Load Balancing은 단일 애니캐스트 IP의 뒤에 자원을 배치할 수 있다. 또한 지능화된 오토스케일링으로 규모 확장과 축소가 가능하고 Cloud CDN과 통합할 수 있다.

- **Cloud CDN**: 구글의 전 세계에 배포된 에지 캐시로 Compute Engine 외부에서 제공되는 웹사이트와 애플리케이션에 대한 콘텐츠 배포를 가속화하자. Cloud CDN은 네트워크 응답 시간을 낮추고 원본 트래픽을 줄여주며 서비스 비용을 경감시킨다. HTTP(S) 부하 분산기를 구성한 후 간단하게 체크 박스에 체크하여 Cloud CDN을 활성화할 수 있다.

보안

네트워크 보안 도구를 사용해 인프라 DDoS 공격을 방어하고, 구글 클라우드 내부에 있는 서비스에 접속할 때 데이터 유출exfiltration 위협을 완화하며, 네트워크 주소 변환을 사용하여 공인 IP 주소 없이도 자원에 대한 인터넷 접근을 제어할 수 있다.

- **방화벽 규칙**: 지정한 구성에 따라 가상 머신(VM) 인스턴스와의 연결을 허용하거나 거부할 수 있다. 모든 VPC 네트워크는 분산 방화벽으로 기능한다. 네트워크 수준에서 방화벽 규칙이 정의되지만 연결은 단위 인스턴스 기반으로 허용되거나 거부된다. VPC 방화벽 규칙은 인스턴스와 다른 네트워크 사이뿐 아니라 동일 네트워크에 있는 개별적인 인스턴스 간에 존재하는 것으로 생각할 수 있다.
- **Cloud Armor**: 인프라 DDoS 공격에 대한 내장형 방어를 제공하기 위해 HTTP(S) 부하 분산기와 함께 작동한다. 기능에는 IP 기반과 지리 정보 기반의 접근 제어와 하이브리드 및 멀티 Cloud Deploy에 대한 지원과 사전 정의 WAF 규칙과 명칭을 가진 IP 목록이 포함된다.
- **패킷 미러링**: 보안 상태를 모니터링하고 분석할 때 유용하다. VPC 패킷 미러링은 VPC 네트워크에 있는 특정 인스턴스의 트래픽을 복제하고 검사를 위해 전달한다. 페이로드와 헤더를 포함한 모든 트래픽(인그레스와 이그레스)과 패킷 데이터를 캡처한다. 미러링은 네트워크가 아닌 가상 머신 인스턴스에서 발생하며, 이는 VM상에서만 추가적인 대역폭을 사용한다는 것을 의미한다.
- **Cloud NAT**: 외부 IP 주소가 없는 특정 자원이 인터넷에 아웃바운드 연결을 생성할 수 있도록 한다.
- **IAP**Identity-Aware Proxy: VPN 사용 없이 신뢰하지 않는 네트워크에서 작업할 수 있다. 사용자의 ID를 확인하고 콘텍스트를 사용해 해당 사용자의 접근 권한을 부여했는지 여부를 결정한다. 온프레미스와 클라우드 기반 애플리케이션의 접근을 보호하기 위해 ID와 콘텍스트를 사용한다.

최적화

인프라가 성능 요구 사항에 충족하는지 확인하기 위해 네트워크 성능을 주시하는 것은 중요하다. 여기에는 네트워크 토폴로지 모니터링, 진단 테스트 수행, 실시간 성능 메트릭 접근이 포함된다.

- **네트워크 서비스 계층**: 프리미엄 등급은 구글의 낮은 대기 시간, 신뢰성 있는 글로벌 네트워크를 사용해 외부 시스템에서 구글 클라우드 자원으로 트래픽을 전달한다. 공용 인터넷상의 트래픽 전달에는 표준 등급을 사용한다. 성능을 위한 프리미엄 등급을 선택하거나 낮은 가격의 대안으로 표준 등급을 선택하자.
- **Network Intelligence Center**: 구글 클라우드의 네트워크 가시성, 모니터링, 장애 처리를 위해 단일 콘솔을 제공한다.

현대화

인프라의 현대화와 더불어 마이크로서비스 기반 아키텍처 채택과 컨테이너의 사용이 늘어나면서 이기종 서비스에 대한 인벤토리를 관리하고 서비스 간 트래픽을 전달하는 데 도움이 되는 도구의 필요성이 대두되었다.

- **GKE 네트워킹(+ Anthos 내의 온프레미스)**: GKE를 사용할 때 쿠버네티스와 구글 클라우드는 구글 클라우드상 클러스터 구성과 쿠버네티스 배포의 선언적 모델에 따라 IP 필터링 규칙, 전달 테이블과 각 노드상의 방화벽 규칙을 동적으로 구성한다.
- **Traffic Director**: 글로벌 서비스 메시(클러스터 외부)에 있는 마이크로서비스 실행을 돕는다. 네트워크 로직으로부터 애플리케이션의 로직을 분리하면 개발 속도와 서비스 가용성이 증가하고 현대적인 데브옵스 방식의 도입을 앞당길 수 있다.
- **서비스 디렉터리**: 환경에 관계없이 서비스를 찾고 배포하고 연결하기 위한 플랫폼이다. 한곳에서 모든 서비스의 실시간 정보를 제공해 서비스 엔드포인트가 몇 개이든 수천 개이든 관계없이 대규모 서비스 인벤토리 관리를 수행할 수 있다.

7장

데이터 과학, 머신러닝, 인공지능

데이터 과학의 목적은 더 나은 의사결정을 실현하는 것이다. 데이터 과학자의 업무는 데이터로부터 시스템적으로 인사이트를 유도하는 기술을 개발하는 것이다. 데이터 과학자로서 해야 할 일은 대규모 데이터 세트를 빠르게 상호 분석 후 작업을 공유하고 인사이트에 대한 의사소통을 통해 모델을 운영에 적용하는 것이다. 이 절차는 조직의 여러 다른 기능에서도 적용할 수 있으나 한 사람이 시작부터 끝까지 수행할 수 있는 여러 가지 핵심 단계를 포함한다. 이 역할은 팀의 크기와 성숙도에 따른다.

- **데이터 과학자**: 보다 유용하고 쉽게 데이터에 접근할 수 있도록 다양한 소스로부터 실시간 또는 일괄적으로 데이터를 수집, 처리, 분석한다. 이 단계에서 데이터 레이크와 데이터 웨어하우스는 팀이 비용 효율적으로 다양하고 적합한 대량의 데이터를 안전하게 수집, 저장, 분석할 수 있도록 지원한다.
- **데이터 분석가**: 공유가 가능한 일관된 방식으로 데이터를 탐색, 처리, 분석한다.
- **모델 개발**: 피처 엔지니어링feature engineering 후에 모델을 훈련시키고 잘 작동하는지 검증한다.
- **ML 엔지니어링**: 모델의 배포와 제공에 더해 필요한 방식으로 일관성 있게 작동하는지 지속적으로 모니터링한다.

- **인사이트 활성화**: 데이터에서 도출해낸 인사이트를 통해 더 나은 비즈니스 의사결정, 사용자의 결정에 영향을 미치며 애플리케이션을 강화시킨다.
- **오케스트레이션**: ML 모델에 파이프라인, 스케줄링, CI/CD를 적용한다.

이들 기본적인 단계에 대한 솔루션을 제공하는 것에 더해 구글 클라우드는 복잡한 작업(항목 일치와 문서 형식 파싱과 같은)을 위해 사전에 구축된 AI 서비스를 제공한다. 이 모든 것을 처음부터 완전히 구축하기 원치 않기 때문이다. 이 장에서는 구글 클라우드 ML과 AI 서비스를 통해 데이터 과학 여정에 흥미를 불어넣을 것이다.

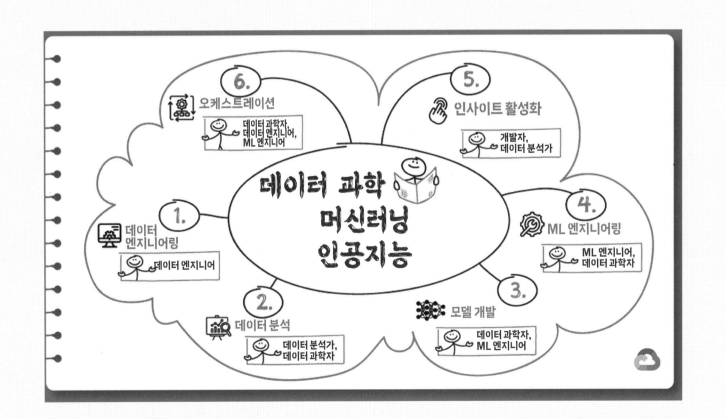

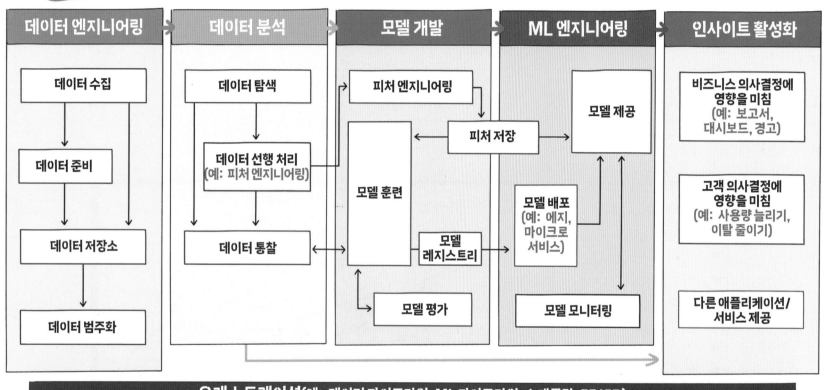

데이터 과학은 데이터를 유용하게 만드는 업무다. 데이터 과학 워크플로의 가장 일반적인 단계를 살펴보자.

데이터 엔지니어링

데이터 과학 분야에서는 더 많은 분석에 사용하길 원해도 접근할 수 없는 데이터 때문에 많은 기회를 놓쳤다. 다운스트림 시스템을 위해 중요한 기반을 마련하는 데이터 엔지니어링에는 데이터를 사용하고 접근할 수 있도록 데이터의 전송과 구성, 내용을 보강하는 작업을 포함해야 한다.

데이터 수집은 데이터를 한곳에서 다른 곳으로 보내는 작업이고, 데이터 준비는 소비 전의 데이터에 변환, 보강, 내용을 추가하는 처리 절차다. 이 단계의 일반적인 도전 과제는 전역적 확장 가능, 높은 처리량, 실시간 접근, 견고성의 확보 여부다.

데이터 엔지니어링은 일반적으로 데이터 엔지니어의 책임에 속하며 데이터를 유용하게 만드는 전반적인 업무 중에 아주 중요한 단계다.

데이터 분석

이 단계는 데이터 탐색, 처리, 분석을 포함한다. 기술 통계에서 시각화까지 데이터 분석은 데이터의 가치가 드러나기 시작하는 지점이다. 고도의 반복적인 절차인 데이터 탐색은 그룹별group-by, 순차적oder-by 작업으로 데이터 인사이트가 드러나기 전에 데이터 전처리를 통한 데이터 조각화와 분할을 포함한다.

이 단계의 한 가지 특징은 데이터 과학자가 데이터에 대해 어떤 질문을 해야 할지 아직 모를 수 있다는 점이다. 다소 임시적인 이 단계에서 데이터 분석가 또는 과학자는 아하, 하는 순간을 발견했을 가능성이 있지만 아직 공유하지는 않은 상태다. 여기서 인사이트를 공유하면 이 흐름은 인사이트 활성화 단계로 들어간다.

일반적으로 데이터 분석은 데이터 분석가와 데이터 과학자의 책임에 속하며, 데이터의 이해와 얻을 수 있는 잠재적인 인사이트의 첫 번째 단계를 담당한다.

모델 개발

이 단계에서는 머신러닝(ML)이 데이터에서 가치를 창출하는 새로운 방식을 제공하기 시작한다. 데이터 과학자가 인프라 과부하 또는 데이터 분석을 위한 도구와 MLOps로 모델을 상품화하는 도구 간의 콘텍스트 스위치에 대해 걱정하지 않고 반복 속도를 가속화하는 방법을 찾는 실험은 여기에서의 주요 주제다.

MLOps는 확장성, 모니터링, 안정성, 자동화된 CI/CD를 포함하여 많은 다른 특성과 기능을 가진 현대적이고 설계가 뛰어난 ML 서비스에 대한 업계 용어다. 이 단계에서 모델 훈련은 주요 절차인 반면 피처 엔지니어링, 피처 저장, ML 메타데이터, 모델 레지스트리, 모델 검증은 효과적이고 지속적인 ML 개발에 필요한 부가적인 단계다.

데이터 과학자는 일반적으로 ML 엔지니어와 함께 이 단계를 담당한다.

ML 엔지니어링

일단 만족할 만한 모델 개발이 이루어지면 다음 단계는 테스트, 배포, 모니터링을 포함한, 잘 설계된 애플리케이션 수명 주기의 모든 작업을 통합하는 것이다. 모든 작업은 가능한 자동화되고 견고해야 한다. 여기에서 ML 엔지니어는 모델을 배포하고 확장해 사용량이 증가함에 따라 모델을 확장할 수 있는지 확인한다.

예측을 위한 입력 데이터가 자주 변경되므로 모델을 운영에 배포한 후에도 연속적인 모델 모니터링은 필수적이다. 예측 입력 데이터가 모델이 훈련된 데이터와 다를 경우 모델 자체가 변경되지 않았더라도 모델의 성능이 저하될 수 있다.

인사이트 활성화

이 단계에 이르면 비로소 데이터가 다른 팀과 절차에 유용해진다. 도표, 보고서, 경고는 비즈니스 의사결정에 영향을 줄 수 있다. 사용량 증가, 이탈 감소, 기타 측정 메트릭과 같은 고객 결정에도 영향을 줄 수 있다. 다른 앱과 API도 사용자를 위해 이 데이터를 사용할 수 있다. 개발자, 비즈니스 인텔리전스, 데이터 분석가는 모두 일반적으로 사용 사례에 따른 인사이트 활성화에 포함된다.

오케스트레이션

앞에서 논의한 모든 기능은 현대적인 데이터 과학 솔루션의 핵심적인 빌딩 블록을 제공하지만, 이들 기능에 대한 실제 애플리케이션은 한 서비스에서 다른 서비스로의 데이터 흐름을 자동으로 관리하기 위한 오케스트레이션을 요구한다. 여기에는 데이터 파이프라인, ML 파이프라인, MLOps의 조합이 작동한다. 효과적인 오케스트레이션은 ML 시스템을 모니터링하고 이해할 수 있는 방식으로 데이터 수집에서 운영 환경에 모델 배포까지 안정적으로 진행하는 데 걸리는 시간을 단축시킨다.

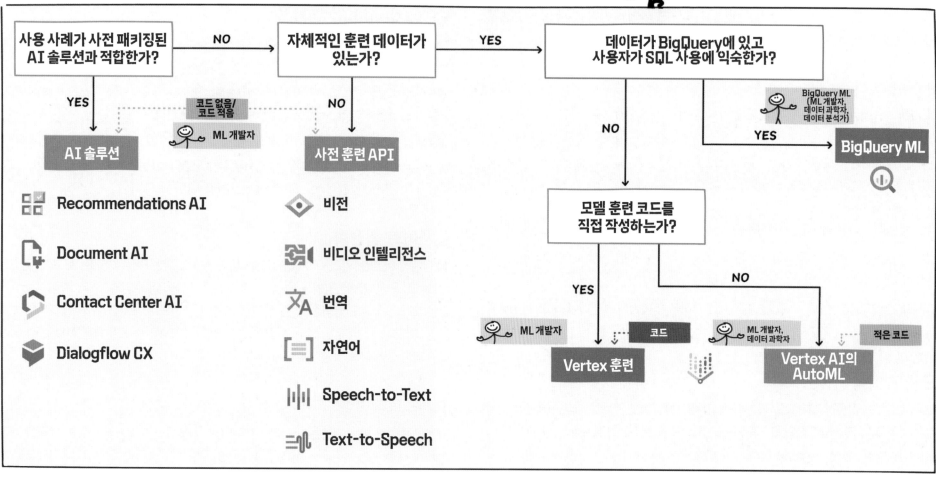

조직에 속한 많은 사용자는 머신러닝(ML) 수명 주기에서 중요한 역할을 한다. 제품 관리자는 BigQuery에서 필요한 통찰을 끌어내기 위해 간단히 자연어 쿼리를 타이핑할 수 있다. 데이터 과학자는 모델 구축과 검증의 다양한 측면에서 일하고, ML 엔지니어는 운영 시스템에서 작동하는 모델을 잘 유지해나갈 책임이 있다. 이들 각 역할은 서로 다른 요구 사항을 필요로 한다. 이 절에서는 이런 요구 사항을 부합하는 데 도움이 되는 구글 클라우드 ML/AI 서비스를 다룬다.

사용자를 위한 가장 적합한 서비스는 사용자의 특정 사용 사례와 사용자 팀의 전문 지식 수준에 따라 다르다. 고품질의 ML 모델을 구축하고 빌드하려면 많은 노력과 ML 전문 지식이 필요하기 때문에 가능한 사전에 훈련된 모델 또는 AI 솔루션을 사용하는 것이 좋다. 즉, 모델들이 사용자의 사용 사례에 적합할 시, 구조화된 데이터가 BigQuery에 저장돼 있고 사용자가 이미 SQL 사용에 익숙하다면 BigQuery ML을 선택한다. 사용 사례가 자체적인 모델 코드를 요구하고 있다면 Vertex AI의 사용자 정의 훈련 옵션을 활용한다. 사용자 옵션을 좀 더 자세히 살펴보자.

사전 패키징 AI 솔루션

사전 훈련 API와 사전 패키징 AI 솔루션은 모두 사전 ML 전문 지식 없이도 사용할 수 있다. 여기에 직접 사용할 수 있는, 사전에 패키징된 몇 가지 솔루션에 대해 알아보자.

- **Contact Center AI**: 풍부하고 자연스러운 대화 경험을 만든다.
- **Document AI**: (이미지나 PDF와 같은) 비정형 데이터를 선택하고 구글 컴퓨터 비전 (OCR 포함)과 자연어 처리natural language processing, NLP를 사용해 접근할 수 있다.
- **Recommendations AI**: 각 고객의 경향과 선호도에 따라 개인화된 추천을 전달하는 머신러닝을 사용할 수 있다.

사전 훈련 API

훈련 모델이 없거나 비디오, 이미지, 텍스트, 자연어와 같은 일반적인 비정형 데이터를 가지고 있다면 사전 훈련 API가 사용자의 AI/ML 프로젝트에 가장 좋은 선택이다. 사전 훈련 API는 구글에서 구축, 조정, 유지 관리를 하는 방대한 일반 비정형 데이터 원본에서 훈련된다. 이것은 모델을 생성하고 관리할 걱정을 할 필요가 없음을 의미한다.

BigQuery ML

훈련 데이터가 BigQuery에 있고 사용자가 SQL에 아주 익숙하다면 데이터 분석가와 데이터 과학자는 BigQuery ML을 사용해 BigQuery 내에 ML 모델을 구축하는 것이 바람직하다. BigQuery ML에서 사용할 수 있는 모델 세트가 찾고자 하는 문제와 일치하는지 확인할 필요가 있다. BigQuery ML은 BigQuery 인터페이스 내에서 또는 API를 통해 구축, 훈련, 예측을 할 수 있는 간단한 SQL 구문을 제공한다.

Vertex AI

Vertex AI는 데이터 과학자와 머신러닝을 위해 완전 관리형 엔드 투 엔드 플랫폼을 제공한다. 사용자의 자체적인 데이터로 자체적인 사용자 정의 모델을 생성해야 한다면 Vertex AI를 사용한다. Vertex AI는 모델을 훈련시키기 위한 두 가지 옵션(AutoML과 사용자 정의 훈련)을 제공한다. 아래는 이 두 가지 옵션 중 하나를 선택하는 방법이다.

- **사용 사례**: 제공하는 AutoML을 활용해서 주어진 과제를 해결할 수 있다면 AutoML로 시작하는 것은 좋은 선택이다. 이것은 이미지, 비디오, 텍스트, 표와 같은 데이터 유형을 포함하는 사용 사례를 아우른다. 모델이 이미지와 표 형식 메타데이터와 같은 혼합된 입력 유형을 가지고 있다면 사용자 정의 모델을 사용하는 것이 좋다.
- **요구 사항**: 모델의 아키텍처, 프레임워크 또는 내보내는 모델 애셋(예를 들어, 모델이 텐서플로 또는 파이토치PyTorch로 구축될 필요가 있다면)에 대한 제어가 필요하다면 사용자 정의 모델을 사용한다.
- **팀 전문 지식**: 팀의 ML/AI에 대한 경험이 어느 정도인가? 팀의 사용자 정의 모델 구축 경험이 제한적이라면 사용자 정의 모델 개발을 살펴보기 전에 AutoML을 검토한다.
- **팀 크기**: 데이터 과학 및 ML 팀의 규모가 작다면 개발하고 유지하는 데 지나치게 많은 시간이 걸리는 사용자 정의 모델보다는 AutoML을 추천한다.
- **프로토타이핑**: 기준으로 사용할 빠른 초기 모델을 개발하길 원한다면 AutoML을 선택한다. 그런 다음 이 기준을 운영 모델로 사용할지 자체적인 사용자 정의 모델을 개발해 개선할지 결정할 수 있다.

Vertex AI가 뭐야?

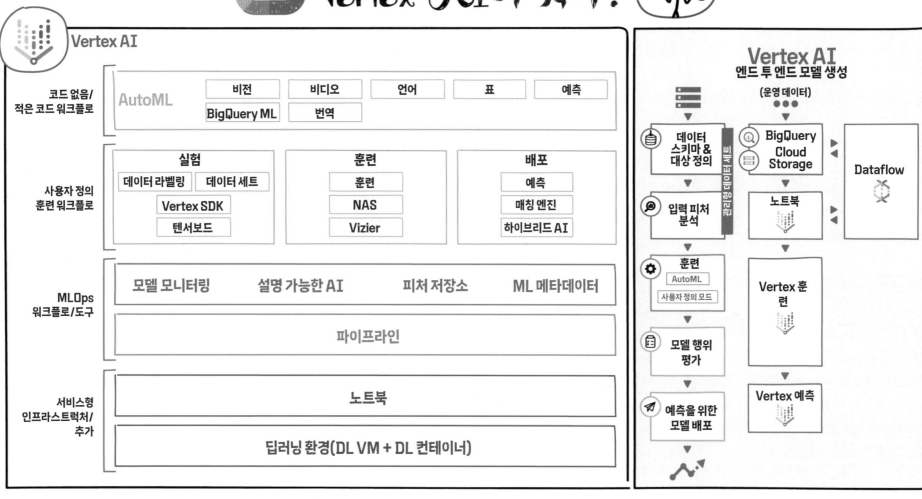

Vertex AI

코드 없음/ 적은 코드 워크플로	**AutoML**	비전	비디오	언어	표	예측
		BigQuery ML	번역			

사용자 정의 훈련 워크플로

실험	훈련	배포
데이터 라벨링 / 데이터 세트	훈련	예측
Vertex SDK	NAS	매칭 엔진
텐서보드	Vizier	하이브리드 AI

MLOps 워크플로/도구

모델 모니터링	설명 가능한 AI	피처 저장소	ML 메타데이터

파이프라인

서비스형 인프라스트럭처/추가

노트북

딥러닝 환경(DL VM + DL 컨테이너)

Vertex AI
엔드 투 엔드 모델 생성

(운영 데이터)

- 데이터 스키마 & 대상 정의
- 입력 피처 분석
- 훈련
  - AutoML
  - 사용자 정의 모드
- 모델 행위 평가
- 예측을 위한 모델 배포

- BigQuery / Cloud Storage
- 노트북
- Vertex 훈련
- Vertex 예측

- Dataflow

많은 조직은 초보자부터 전문가까지 다양한 수준의 머신러닝 전문 지식을 보유하고 있으므로 초보자가 전문 지식을 구축하도록 돕고 전문가에게는 원활하고 유연한 환경을 제공하는 플랫폼은 AI 혁신을 가속화하는 데 가장 좋은 길이다. 이것이 Vertex AI가 등장한 이유다. Vertex AI는 다양한 수준의 ML 전문 지식을 위해 다양한 모델 유형에 걸쳐 ML 워크플로의 모든 단계를 위한 도구를 제공한다. ML은 본질적으로 실험적인 학문이다. 그런 이유로 데이터 과학(제대로 수행하려면 꽤 많은 실험 방법, 가설 테스트와 시행착오를 거쳐야 한다)이라고 불리는 것이다. 과학으로서 실험의 엄격성은 데이터 과학자가 사용하는 절차(와 도구)에 적용돼야 한다. 이것이 Vertex AI를 구축하는 근본 원칙이다.

Vertex AI에서 엔드 투 엔드 모델 생성

ML 워크플로는 예측 작업을 정의하는 것부터 시작하여 데이터를 수집, 분석, 변환하는 절차를 거친다. 그런 다음 모델을 생성하고 훈련시킨 후 모델의 효율성을 평가하고 최적화한 후 끝으로 예측을 위해 배포한다. Vertex AI로 이 모든 작업에 대한 간소화된 ML 워크플로를 한곳에서 얻을 수 있다.

- **관리형 데이터 세트**: 입수, 분석, 변환을 포함해 데이터 준비를 간소화한다. 자체 컴퓨터, Cloud Storage, BigQuery로부터 데이터를 로드할 수 있다. 로드 후에 콘솔 안에서 바로 데이터를 라벨링하고 주석 처리를 할 수 있다.
- **모델 훈련**: Vertex AI는 두 가지 옵션을 제공한다(AutoML과 사용자 정의 훈련). 다음 절에서 이 내용을 살펴볼 것이다.
- **모델 평가**: 모델 훈련 후 이를 평가하고 최적화하고 설명을 할 수 있는 AI로, 모델의 예측 뒤의 신호를 이해할 수도 있는 능력을 갖는다.
- **모델 배포**: 모델이 잘 작동할 때 온라인 예측과 표 및 이미지 모델의 경우 오프라인 예측을 제공하기 위한 엔드포인트를 배포할 수 있다. 이 배포는 적은 대기 시간과 늘어나는 트래픽에 대한 확장을 제공하기 위해 모델에 요구되는 모든 물리적 자원을 포함한다. 대규모 일괄 데이터 세트에 대한 일괄 예측을 위해 배포되지 않은 모델을 사용하고 지연 시간이 짧은 예측을 위해 온라인 엔드포인트를 제공한다.
- **예측**: 모델을 배포한 후 UI, CLI, SDK를 사용해 예측할 수 있다.

Vertex AI에는 무엇이 포함돼 있는가?

코드 없는/코드가 적은 ML 워크플로: 사용자 정의 모델을 생성하는 가장 쉬운 방법은 Vertex AI에 있는 AutoML을 사용하는 것이다. 사용 사례가 지원되는 예측 범주(번역, 비전, 비디오, 언어, 표, 예측)하에 있다면 자체적인 사용자 정의 모델 코드를 작성하기 전에 AutoML을 사용하자. 간단히 데이터를 업로드하면 Vertex AI는 자동으로 사용 사례에 대한 가장 좋은 모델을 찾는다.

사용자 정의 훈련 ML 워크플로: 팀에 있는 ML 전문가와 데이터 과학자가 사용자 정의 훈련 코드 작성을 선호한다면 Vertex AI는 바로 그 작업을 할 수 있는 도구 세트를 제공한다. Vertex AI는 훈련 코드를 실행하기 위한 사용자 정의와 사전에 빌드된 컨테이너 모두를 지원한다. 사전에 빌드된 컨테이너는 파이토치PyTorch, 텐서플로TensorFlow, 사이킷런Scikit-Learn, XG부스트XGBoost와 같은 공통적인 ML 프레임워크를 지원한다. 다른 의존성, 라이브러리, 바이너리에 기반한 사용 사례를 위해 Vertex AI는 사용자 정의 컨테이너를 지원한다. Artifact Registry에 있는 훈련 패키지에 대한 경로를 제공하고 모델의 아티팩트 산출물은 선택한 Cloud Storage 버킷에 저장된다.

Vertex AI에서 사용자 정의 훈련 작업을 실행할 때 Vertex의 하이퍼파라미터hyperparameter 튜닝 서비스를 사용할 수도 있다. 하이퍼파라미터는 심층 신경망deep neural network에서 일괄 사이즈 크기 또는 은닉 층 수와 같은 모델 훈련 절차를 제어하는 변수다. 하이퍼파라미터 튜닝 작업에서 Vertex AI는 다른 세트의 하이퍼파라미터로 훈련 작업에 대한 시도를 생성하고 일련의 시도에서 가장 좋은 하이퍼파라미터 조합을 찾는다.

훈련을 실행하려면 컴퓨팅 자원(단일 노드 또는 분산 훈련을 위한 멀티 워커 풀)이 필요하다. Vertex AI 훈련으로 훈련 작업에 사용하기 원하는 머신 유형, CPU, 디스크 유형, 디스크 크기, 가속기를 선택한다.

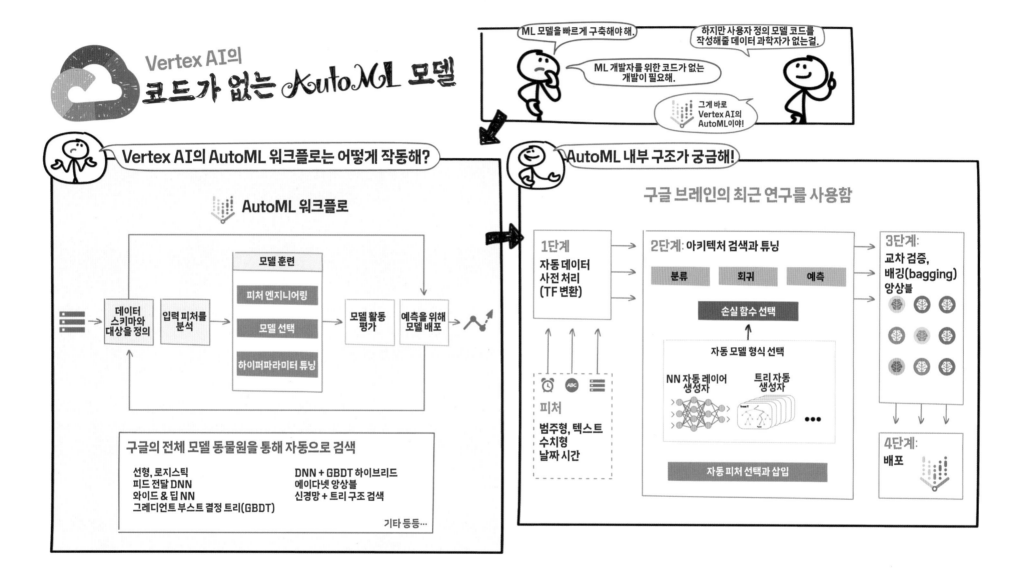

훈련이 마무리되면 예측에 제공되는 엔드포인트로 훈련된 모델이 필요하다. Vertex AI에서 지원된 런타임에 대한 사전 빌드된 컨테이너를 사용해 예측 모델을 제공하거나 Artifact Registry에 저장된 자체 사용자 정의 컨테이너를 빌드할 수 있다.

MLOps 워크플로 및 도구: ML 워크플로는 복잡하다. 다중 스테이지 파이프라인의 각 단계는 다른 환경에서 실행될 수 있으며, 파이프라인은 사용 사례에 따라 비교적 다양한 편이다.

- **모델 모니터링**: 모델 조정을 통한 모델 성능 사전 모니터링, 시간 초과에 따른 밀림 drift 현상의 시각화, 기준선baseline과 최신의 피처 분포 비교, 사용량에 대한 경고 설정을 할 수 있다.
- **ML 메타데이터**: 워크로드에 걸친 모든 다양한 단계에 의해 생성된 아티팩트의 수명 주기를 관리하는 데 일관성 있고 유연한 접근을 유지하는 것은 상당히 어려운 과제다. Vertex ML 메타데이터는 ML 워크플로에 대한 아티팩트, 계보, 실행 추적을 제공한다.
- **설명 가능한 AI**: 설명 가능한 AI는 Vertex AI의 완전 관리형 서비스로, 모델 예측을 위한 '피처 속성feature attribution' 또는 '피처 중요성feature importance' 값을 생성할 수 있다. 피처 속성은 각 입력 피처가 모델의 예측에 얼마나 많은 기여를 하는지 보여주는 메서드로, 모델이 기대대로 실행되에 대한 확신을 향상시키는 데 도움을 준다.
- **피처 저장**: 전체 조직에 대한 ML 피처를 구축하고 조직한다. 대규모의 효율적인 공유와 더불어 검색과 제공의 편의성을 통해 AI/ML 개발 주기를 단축시킨다.

서비스형 인프라스트럭처: Vertex AI는 딥러닝 애플리케이션을 위해 사전에 구성된 VM을 제공한다. 딥러닝 VM 이미지는 주피터랩JupyterLab에 대한 통합된 지원으로 원활한 노트북 환경을 제공한다.

딥러닝 VM은 성능, 가속화된 모델 개발, 훈련에 최적화되어 있다. 사전에 설치된 텐서플로, 파이토치, 사이킷런과 같은 공통 ML 프레임워크로 빠르게 프로토타이핑을 할 수 있도록 한다. 필요에 따라 쉽게 클라우드 GPU와 클라우드 TPU를 추가할 수도 있다.

Vertex AI의 AutoML: AutoML을 사용하면 개발자가 (제한된 머신러닝 전문 지식을 가진 사람들조차도) 최소한의 노력으로 비즈니스 요구와 자체적인 데이터에 맞는 고품질의 모델을 훈련시킬 수 있다. Vertex AI의 AutoML은 이미지, 테이블, 비디오와 같은 일반적인 데이터 유형을 지원한다. 엔드 투 엔드 ML 수명 주기에 따라 지침을 제공하는 그래픽 사용자 인터페이스를 제공한다. 모델을 구축 후 배포하면 API 또는 클라이언트 라이브러리를 사용해 예측 시 모델을 사용할 수 있다.

AutoML 내부 구조

AutoML은 수개월이 걸렸던 모델 개발과 훈련 작업의 수 주 또는 수일 내의 완료를 보증한다. 또한, 상당 수준의 자동화와 각 단계 지침을 통해 다음을 지원한다.

- 모델의 피처와 목표 라벨을 쉽게 정의한다.
- 입력 데이터상에서 통계를 생성한다.
- 자동화된 피처 엔지니어링, 모델 선택, 하이퍼파라미터 튜닝으로 모델을 자동으로 훈련한다.
- 운영으로 배포하기 전에 모델의 작동을 평가한다.
- 원클릭으로 모델을 배포한다.

AutoML은 구글의 Model Zoo를 자동으로 검색해 사용 사례에 가장 적합한 모델을 찾는다. Vertex AI는 목표하는 결과를 달성하기 위해 지도 학습supervised learning 작업을 조정한다. 알고리즘과 훈련 방식의 세부 사항은 데이터 유형과 사용 사례를 기반으로 변경한다. 머신러닝에는 많은 다양한 하부 범주가 있으며, 이들은 모두 다른 문제를 해결하고 다른 제약 조건하에서 작동한다. 더 작고/더 간단한 데이터 세트에 대해서는 선형linear, 로지스틱logistic 모델을 적용하고 더 큰 데이터 세트에 대해서는 고급 심층 advanced deep, 앙상블ensemble 방식을 선택한다.

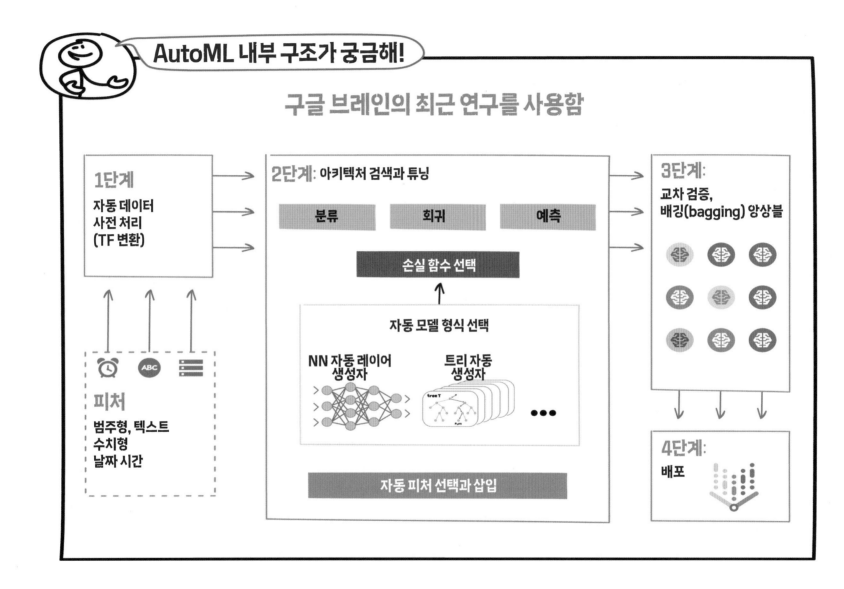

Vertex AI에서 어떻게 AutoML로 작업할까?

- **사용 사례 평가**: 얻고 싶은 결과가 무엇인가? 어떤 유형의 데이터(텍스트, 비디오, 테이블, 이미지)를 가지고 작업할 것인가? 데이터양이 얼마나 될까? 예측 작업(분류, 회귀, 예측, 객체 감지)은 무엇인가?

- **데이터 수집**: 얻고 싶은 결과에 기반해 모델을 훈련하고 테스트를 위해 필요한 데이터가 무엇인지 정한다.
  - 충분한 데이터를 포함시킨다. AutoML을 사용하면 더 적은 데이터로 모델을 훈련할 수 있으나 일반적으로는 더 많은 훈련 데이터가 학습된 모델의 정확도를 더 높여준다.
  - 데이터 세트가 문제 영역의 다양성을 확보해야 한다. 예를 들어, 소비자의 가전제품 사진을 범주로 구분하려 한다면 소비자의 가전제품 모델이 더 광범위할수록 태블릿, 전화기 또는 랩톱의 최신 모델 간의 비교를 더 잘할 수 있다. 특정 모델을 이전에 본 적이 없을지라도 그렇다.
  - 연관되는 피처를 선택한다. 피처는 모델이 예측을 위해 패턴을 식별하는 방법이므로 문제와 연관돼야 한다. 예를 들어, 신용카드의 거래가 사기인지를 예측하는 모델을 구축하기 위해 구매자, 판매자, 수량, 날짜와 시간, 구매 항목과 같이 거래 세부 내역을 포함하는 데이터 세트를 구축해야 한다.

- **데이터 준비**: 데이터가 적절한 형식으로 라벨링돼 있는지 확인이 필요하다.
  - 데이터를 컴퓨터나 Cloud Storage에서 인라인 라벨을 사용할 수 있는 형식(CSV 또는 JSON)으로 가져와서 Vertex AI에 추가할 수 있다.
  - 이미지 또는 텍스트 데이터에 주석annotation이 추가되지 않았다면 라벨이 없는 데이터를 업로드하고 Google Cloud 콘솔을 사용해 주석을 적용할 수 있다.

- **훈련**: 매개변수를 지정하고 모델을 구축하자. 데이터 세트는 훈련training, 검증validation과 테스트 세트를 포함한다. 분할split을 지정하지 않았다면 Vertex AI는 자동으로 80%의 데이터를 훈련에 사용하고, 10%는 검증, 나머지 10%는 테스트에 사용한다. 분할 비율을 수동으로 정의할 수도 있다.

- **검증과 테스트**: Vertex AI에서 테스트 예시와 일반적인 머신러닝 메트릭에 대한 모델의 출력을 검토하여 사용자 정의 모델 성능을 평가할 수 있다. 이 메트릭은 다음을 포함한다.
  - **모델 출력**: 이미지, 텍스트, 비디오 분류 데이터 세트에 대해 모델은 각 라벨이 예시와 얼마나 강하게 연관돼 있는지를 나타내는 일련의 숫자들을 출력한다. 회귀 데이터 세트에 대한 모델 출력은 신규 예측값이고, 테이블 예측 데이터 세트에서의 모델 출력은 예측값을 가진 신규 칼럼이다.
  - **성능 메트릭**: 성능 메트릭은 생성한 모델의 유형에 따라 다르다.
  - **분류 모델**: 참/긍정, 참/부정, 거짓/긍정, 거짓/부정의 형태로 예측 결과를 보여준다.
  - **정밀도와 재현율**: 모델이 얼마나 잘 정보를 캡처하고 있는지를 나타낸다. 정밀도precision는 라벨이 지정된 모든 테스트 예시에 대해 얼마나 많은 예시가 실제로 해당 라벨로 분류돼야 하는지 알려준다. 재현율recall은 라벨이 할당돼야 하는 모든 테스트 예제에서 실제로 라벨이 할당된 예제 수를 알려준다. 사용 사례에 따라 정밀도 또는 재현율에 의거해 최적화를 시도할 것이다. 회귀 및 예측 모델은 평균 절대오차mean absolute error, MAE를 보여주는데, 이 값은 관찰된 값과 예측한 값 사이의 절댓값 차이의 평균이다. 또한 평균 제곱근 오차root mean square error, RMSE, 절대 퍼센트 오차mean absolute percentage error, MAPE, 평균 제곱근 로그 오차root mean squared log error, RMSLE를 보여준다. 그리고 R 제곱(R^2)도 보여주는데, 이는 관찰된 값과 예측된 값 사이의 피어슨 상관계수Pearson correlation coefficient의 제곱을 의미한다.

모델을 평가하는 방법에 대한 만능 정답은 없다. 문제 유형과 모델로 달성하기 원하는 것과 관련한 평가 메트릭을 고려하여 선택한다.

- **배포와 예측**: 모델의 성능에 만족한다면 예측을 시작할 때다. 아마도 이것은 운영 규모의 사용을 의미하거나 일회성 예측 요청일 수도 있다. 사용 사례에 따라 일괄batch 또는 온라인 예측을 위해 모델을 사용할 수 있다.

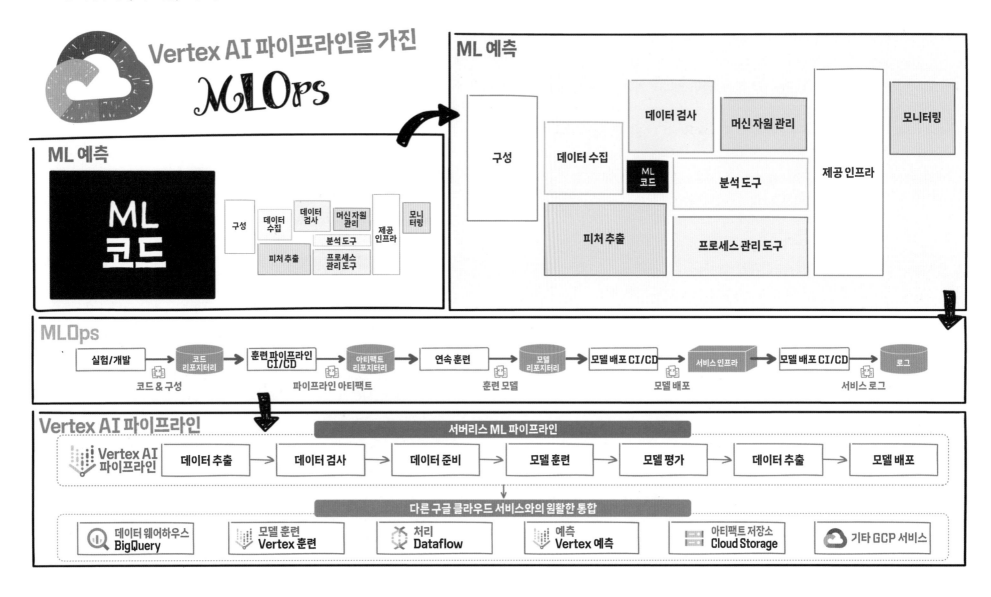

머신러닝 애플리케이션을 구축하는 데 주요 도전 과제는 작동하는 모델을 얻는 것이다. 그러나 실제로 이것은 더 큰 그림의 작은 부분일 뿐이다. 데이터의 수집, 검사, 분석을 거쳐 피처를 추출하고 모델의 머신 자원을 확보한다. 모델 훈련이 끝나면 운영으로 이전하는 도전에 직면하는데, 이때 필요한 것이 제공하는 인프라의 확장과 더불어 모든 모델을 지속적으로 모니터링하고 관리할 수 있는 기능이다. 여기서 MLOps를 성장시키는 훈련이 필요하다.

MLOps

MLOps의 목표는 아주 간단하다. 머신러닝 시스템 개발 및 운영을 통합하여 상용 product 머신러닝 수행 과제를 하는 데 따르는 어려움을 해결하는 것이다. 이름뿐 아니라 몇몇 핵심 원칙과 도구는 데브옵스에서 가져왔다. 그러나 ML 애플리케이션의 개발은 자체적인 고유한 도전 과제(예를 들어, 코드뿐 아니라 데이터와 모델의 수명 주기를 관리하는 것)를 수반하고 있으며, MLOps는 자체 도메인으로 진화했다.

다음은 ML 애플리케이션 개발과 배포의 문제를 이끄는 데 도움을 주는 일부 고수준의 MLOps 패턴과 사례다.

- **형식화**: 운영을 위해 워크플로를 형식화하여 함께 합쳐진 노트북 또는 모놀리식 스크립트에서 떠날 수 있다.

- **표준화**: 표준화된 ML 워크플로는 환경에 따라 동일한 방식으로 작동한다.
- **확장성**: 효율적인 MLOps 워크플로는 필요에 따라 자원을 확장시키고 필요 없으면 축소시킨다.
- **재현성**: ML 워크플로 빌딩 블록의 구성 가능성, 모듈성, 재사용을 위한 설계는 워크플로를 안정적으로 재생산하고 다시 실행할 수 있다.
- **모니터링, 버전 관리, 캐싱**: 인프라는 워크플로 모니터링, 버전 관리, 캐싱을 해야 한다. 이것은 일반적으로 ML 워크플로 메타데이터를 명시적으로 만들 것을 요구한다.
- **상품화**: 사용자 팀의 데이터 과학자는 자체 노트북에서 ML 모델을 프로토타이핑하려고 할 것이다. 해당 작업을 캡처하고 ML 모델을 운영에서 사용하기 위해 주피터 노트북 외부로 이동하려면 잘 정의된 프로세스가 필요하다.
- **협업**: 협업을 지원하기 위한 메커니즘과 역할 기반 접근 제어 또한 중요해졌다. 팀 구성원에게 접근 권한을 제공하는 비공식적인 방법을 확장해서는 안 된다.

일반적인 머신러닝 워크플로는 자동화된 훈련, 모델 평가와 배포, 모니터링, 재훈련뿐 아니라 실험과 프로토타이핑 단계를 포함한다. 특정 기능(연속 모니터링과 같은)으로 많은 단계와 작업을 조정하고 지원해야 한다. 운영 환경을 위해 임의의 접근이 작동해서는 안 된다. Vertex AI 파이프라인으로 이런 단계를 형식화하고 오케스트레이션을 통해 워크플로를 자동화하고 추적하고 재생산할 수 있다. 더 쉽게 문제를 디버깅하고 다른 곳에서 워크플로의 하부 구성 요소를 재사용할 수 있다.

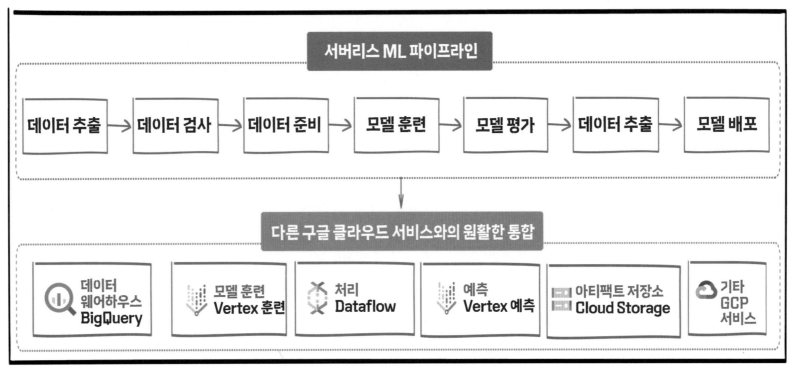

Vertex AI 파이프라인

Vertex AI 파이프라인은 머신러닝 모델을 실험하고 개발하는 속도와 모델을 운영으로 전환하는 속도를 높여주는 관리형 ML 서비스다. Vertex AI 파이프라인은 서버리스로 하부의 GKE 클러스터 또는 인프라의 관리를 다룰 필요가 없음을 의미한다. 필요할 때 높은 사양으로 확장하고 사용한 만큼만 비용을 지불한다. 간단히 말하면 파이프라인 구축에만 집중할 수 있다.

Vertex AI 파이프라인은 파이프라인을 쉽게 구축하고 실행할 수 있는 데이터 과학자와 친숙한 파이썬 SDK를 제공한다. Vertex AI 파이프라인 SDK로부터 미리 작성된 컴포넌트를 이용하거나 자체 사용자 정의 컴포넌트를 정의하기 위해 SDK를 사용할 수 있다. SDK를 사용하면 파이프라인에 흐름 제어를 추가할 수 있고 노트북에서 바로 실험하고 프로토타입을 쉽게 만들 수 있다.

Vertex AI 파이프라인은 메타데이터 계층 또한 가지고 있어서 ML 워크플로를 통해 생성된 아티팩트를 추적하는 절차를 간소화할 수 있다. 아티팩트, 계보, 실행 정보는 파이프라인을 실행할 때 메타데이터 서버에 자동으로 로깅되고 UI에서 이 모든 정보를 탐색할 수 있다. 하부의 메타데이터를 직접 쿼리할 수도 있으며, 실행 정보를 비교하고 조직에 걸친 데이터 세트와 모델의 사용을 추적하기 위해 프로젝트별로 아티팩트를 그룹화할 수 있다.

Vertex AI 파이프라인 워크플로는 IAM뿐만 아니라 VPC 서비스 제어를 포함한 구글 클라우드 플랫폼 엔터프라이즈 보안 제어로 보호된다.

Vertex AI 파이프라인 내부 구조

Vertex AI 파이프라인을 사용하면 쿠버네티스 클러스터의 자체적인 구축, 확장, 유지 관리를 걱정할 필요가 없다. 파이프라인 내의 각 단계는 구글 클라우드 관리형 서비스를 호출하거나 컨테이너의 사용자 코드의 실행을 통해 완성된다. 두 경우 모두 Vertex AI 파이프라인은 실행 시간에 필요한 자원을 할당한다. 관리형 서비스를 호출하면 해당 서비스가 필요한 자원을 가동하고, 파이프라인이 사용자 코드를 컨테이너에서 실행시키면 Vertex AI는 해당 컨테이너에 필요한 자원 가동에 들어간다.

Vertex AI 파이프라인 오픈소스 지원

Vertex AI 파이프라인은 2개의 오픈소스 파이썬 SDK(쿠브플로 파이프라인Kubeflow Pipelines, KFP와 텐서플로 확장TensorFlow Extended, TFX)를 지원한다. Vertex AI 파이프라인과 오픈소스 쿠브플로 파이프라인 모두에서 이들의 SDK를 각각 사용할 수 있다. ML 워크플로에서 테라바이트의 정형 데이터 또는 텍스트 데이터를 처리하는 데 텐서플로를 사용한다면 TFX로 파이프라인을 구축하는 것이 적합하다.

쿠브플로 파이프라인 SDK를 사용해 파이프라인을 구축하려는 경우도 있을 것이다. SDK를 사용하면 구글 클라우드 파이프라인 컴포넌트와 같은 미리 구축된 컴포넌트 또는 사용자 정의 컴포넌트로 워크플로를 구현할 수 있는데, 이는 파이프라인의 AutoML과 같이 Vertex AI 서비스를 사용하는 것을 더 용이하게 만들어준다.

Vertex 예측

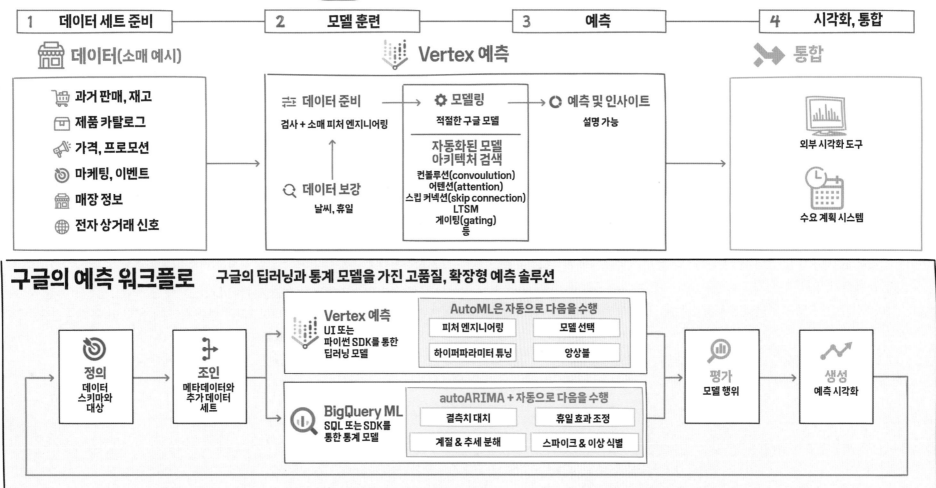

| 1 | 데이터 세트 준비 | 2 | 모델 훈련 | 3 | 예측 | 4 | 시각화, 통합 |

데이터(소매 예시)

Vertex 예측

통합

과거 판매, 재고
제품 카탈로그
가격, 프로모션
마케팅, 이벤트
매장 정보
전자 상거래 신호

데이터 준비
검사 + 소매 피처 엔지니어링

데이터 보강
날씨, 휴일

모델링
적절한 구글 모델

**자동화된 모델
아키텍처 검색**
컨볼루션(convoulution)
어텐션(attention)
스킵 커넥션(skip connection)
LTSM
게이팅(gating)
등

예측 및 인사이트
설명 가능

외부 시각화 도구

수요 계획 시스템

구글의 예측 워크플로   구글의 딥러닝과 통계 모델을 가진 고품질, 확장형 예측 솔루션

정의
데이터
스키마와
대상

조인
메타데이터와
추가 데이터
세트

Vertex 예측
UI 또는
파이썬 SDK를 통한
딥러닝 모델

AutoML은 자동으로 다음을 수행

| 피처 엔지니어링 | 모델 선택 |
| 하이퍼파라미터 튜닝 | 앙상블 |

BigQuery ML
SQL 또는 SDK를
통한 통계 모델

autoARIMA + 자동으로 다음을 수행

| 결측치 대치 | 휴일 효과 조정 |
| 계절 & 추세 분해 | 스파이크 & 이상 식별 |

평가
모델 행위

생성
예측 시각화

소매상은 제품의 수요 또는 판매량을 예측해야 하고, 콜 센터 관리자는 담당자를 고용하기 위해 통화량을 예측하길 원한다. 호텔 체인은 다음 시즌의 호텔 점유율 예측이 필요하고, 병원은 병상 점유율의 예측이 필요하다. Vertex 예측은 이런 경우는 물론 수많은 비즈니스 예측 사용 사례에 대한 정확한 예측을 제공한다.

일변량 vs. 다변량 데이터 세트

예측 데이터 세트는 많은 형태와 크기를 갖는다. 일변량univariate 데이터 세트에서는 일정 기간 동안 단일 변수를(예를 들어, 추세 변화와 계절적인 패턴이 있는 항공사 승객 데이터 세트) 관찰한다. 비즈니스 예측자는 다변량multivariate 데이터 세트를 사용한 대규모 시계열 그룹을 예측해야 하는 도전에 자주 직면하게 된다. 전형적인 소매 또는 공급망 수요 기획 팀은 수백 개의 지역 또는 우편번호에 걸친 수천 개의 상품에 대한 수요를 예측해 수백만의 개별적인 예측을 이끌어내야 한다. 유사하게 재무기획 팀은 수백 또는 수천의 고객과 비즈니스 라인의 수익과 현금 흐름을 자주 예측해야 한다.

예측 알고리즘

오늘날의 가장 일반적인 예측 모델은 통계 모델이다. 예를 들어, 고전적인 예측 방법인 자동 회귀 통합 이동 평균autoregressive integrated moving average, ARIMA 모델은 아직 널리 사용되며, BigQuery ML은 일변량 예측 사용 사례에 대해 고급 ARIMA_PLUS를 제공한다. 최근에는 딥러닝 모델이 예측 애플리케이션에서 많은 인기를 얻고 있다. 어떤 방법을 언제 적용할 것인지에 대한 지속적인 논쟁이 있다. 그러나 예측 애플리케이션에 대해 신경망neural network이 자주 활용되는 것은 점증적으로 명확해지고 있다.

예측에 딥러닝 모델을 사용하는 이유

예측 분야에서 최근 딥러닝이 두각을 나타내는 이유는 글로벌 예측 모델global forecasting model, GFM이기 때문이다. 단일 데이터 세트에서 각 개별적인 시계열에 대해 훈련하는 일변량(즉, 로컬) 예측 모델과 달리 딥러닝 시계열 예측 모델은 수백 또는 수천의 고유한 시계열로 구성된 대규모 데이터 세트로 동시 훈련이 가능하다.

이를 통해 모델은 연관 제품 그룹, 연관 웹사이트, 앱에 대한 트래픽과 같은 관련 시계열 전반의 상관관계 및 메타데이터로부터 훈련할 수 있다. 많은 유형의 ML 모델을 GFM으로 사용할 수 있는 반면 Vertex 예측에서 사용되는 것과 같은 딥러닝 아키텍처는 텍스트 데이터, 범주형 피처 및 미래에 알려지지 않은 공변량covariates과 같은 다른 유형의 기능을 수집할 수도 있다. 이 기능은 매우 크고 다양한 수의 시계열, 짧은 수명 주기 및 콜드 스타트 예측 상황에 이상적이다.

Vertex 예측

신경망 아키텍처 검색을 위한 고급 AutoML 알고리즘을 사용한 Vertex 예측으로 예측 모델을 작성할 수 있다. Vertex 예측은 시계열 데이터의 자동화된 선행 처리를 제공한다. 그래서 데이터 유형과 변환에 대해 어설프게 다루는 대신 BigQuery 또는 Vertex AI에 데이터 세트를 적재하면 AutoML이 자동으로 일반적인 변환과 모델링에 필요한 엔지니어링 피처까지도 적용을 한다.

가장 중요한 것은 어텐션attention, 확장된 컨볼루션dilated convolution, 게이팅gating, 스킵 커넥션skip connection과 같은 다중 딥러닝 계층과 컴포넌트 공간을 검색한다는 점이다. 그런 다음 시계열에 특화된 교차 검증과 하이퍼파라미터 튜닝 기술을 사용해 특별한 데이터 세트로 적합한 아키텍처 또는 아키텍처의 앙상블을 찾기 위해 병렬로 수백 가지 모델을 평가한다(일반적인 자동화 머신러닝 도구는 모델 선택 절차에서 유출을 유도해 심각한 과적합overfitting을 이끌기 때문에 시계열 모델 검색과 튜닝 목적으로는 적합하지 않다).

이 절차는 많은 컴퓨팅 자원을 요구하지만 각 훈련 시도가 병렬로 이루어지므로 특정 데이터 세트로 모델 아키텍처를 찾는 데 필요한 전체 시간을 획기적으로 줄여준다. 실제로 전통적인 방법을 설정하는 것보다 일반적으로 시간이 덜 걸린다.

이 중 가장 좋은 부분은 Vertex AI Workbench와 Vertex AI 파이프라인으로 Vertex 예측을 통합함으로써 GFM 예측 기능의 실험과 배포 절차 속도를 크게 높일 수 있다는 점이다. 더불어 요구 소요 시간을 수개월에서 수 주로 단축시키고, 기본적인 시계열 입력을 처리하는 것부터 복잡한 비정형과 멀티 모달multimodal 신호에 이르기까지 예측 기능을 빠르게 보강할 수 있다.

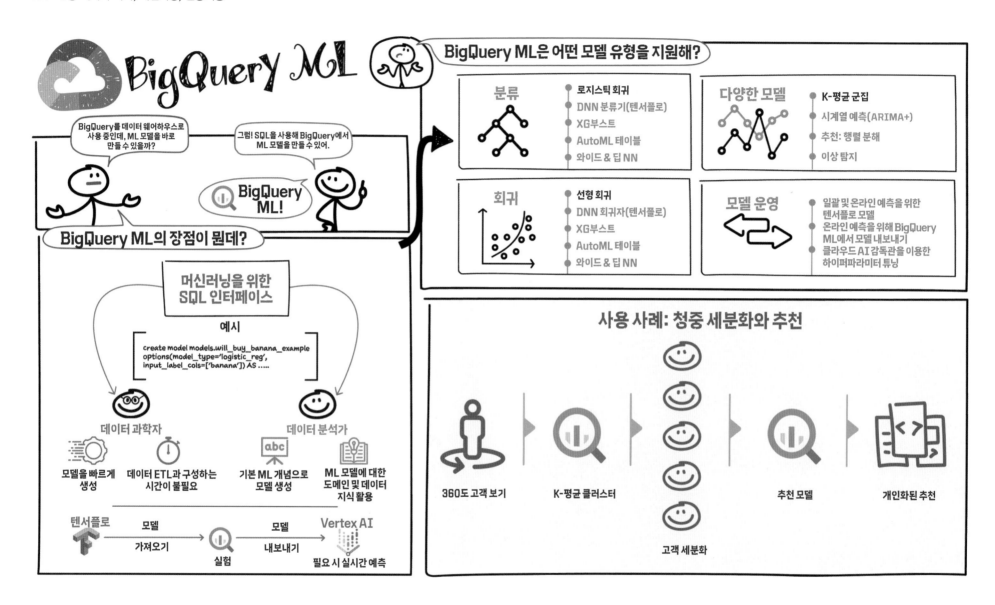

BigQuery ML

BigQuery를 데이터 웨어하우스로 사용 중인데, ML 모델을 바로 만들 수 있을까?

그럼! SQL을 사용해 BigQuery에서 ML 모델을 만들 수 있어.

BigQuery ML!

BigQuery ML의 장점이 뭔데?

머신러닝을 위한 SQL 인터페이스

예시

```
create model models.will_buy_banana_example
options(model_type='logistic_reg',
input_label_cols=['banana']) AS .....
```

데이터 과학자
- 모델을 빠르게 생성
- 데이터 ETL과 구성하는 시간이 불필요

데이터 분석가
- 기본 ML 개념으로 모델 생성
- ML 모델에 대한 도메인 및 데이터 지식 활용

텐서플로 → 모델 가져오기 → 실험 → 모델 내보내기 → Vertex AI 필요 시 실시간 예측

BigQuery ML은 어떤 모델 유형을 지원해?

분류
- 로지스틱 회귀
- DNN 분류기(텐서플로)
- XG부스트
- AutoML 테이블
- 와이드 & 딥 NN

다양한 모델
- K-평균 군집
- 시계열 예측(ARIMA+)
- 추천: 행렬 분해
- 이상 탐지

회귀
- 선형 회귀
- DNN 회귀자(텐서플로)
- XG부스트
- AutoML 테이블
- 와이드 & 딥 NN

모델 운영
- 일괄 및 온라인 예측을 위한 텐서플로 모델
- 온라인 예측을 위해 BigQuery ML에서 모델 내보내기
- 클라우드 AI 감독관을 이용한 하이퍼파라미터 튜닝

사용 사례: 청중 세분화와 추천

360도 고객 보기 ▶ K-평균 클러스터 ▶ 고객 세분화 ▶ 추천 모델 ▶ 개인화된 추천

BigQuery는 하부 인프라에 대한 고려 없이 SQL을 이용해 페타바이트 규모의 분석을 저장하고 실행하는 완전 관리형 데이터 웨어하우스다. 데이터 과학자와 분석가가 이미 BigQuery에서 SQL 쿼리를 사용하여 데이터를 분석하고 있다면 그들은 한 발 더 나아가 바로 ML 모델을 생성하고 싶을 것이다. 여기서 BigQuery ML이 등장한다.

BigQuery ML을 사용하면 표준 SQL 쿼리를 사용하는 BigQuery에서 머신러닝 모델을 생성하고 실행할 수 있다. BigQuery ML은 SQL 실무자가 기존의 SQL 도구와 기술을 사용해 모델을 구축하고 생성하도록 도와주는 방식으로 머신러닝에 쉽게 접근하도록 보장할 뿐 아니라 데이터의 이동 필요성을 제거하여 개발 속도를 높인다.

BigQuery ML의 이점

BigQuery ML은 데이터 분석가, 기본 데이터 웨어하우스 사용자가 기존의 비즈니스 인텔리전스 도구와 스프레드시트를 사용해 모델을 빌드하고 실행할 수 있도록 보완하여 ML 사용을 대중화한다. BigQuery ML은 데이터 웨어하우스로부터 데이터를 내보낼 필요성을 없애 모델 개발과 혁신 속도를 증가시킨다. BigQuery ML은 다음과 같은 이점을 가지고 데이터에 ML을 제공한다.

- 서버리스이므로 생성하고 관리할 인스턴스가 없다.
- 내장형 데이터는 데이터 이동과 ETL 작업이 없음을 의미한다.
- SQL은 사용자가 파이썬/자바와 같은 특별한 기술을 가질 필요 없음을 의미한다.
- 거버넌스와 규정 준수가 내장돼 있다.

Vertex AI상에서 언제 BigQuery ML을 사용해야 할까?

- 데이터가 이미 BigQuery에 있을 때
- 정형 데이터 모델을 원할 때
- 데이터가 있는 곳에서 바로 모델 탐색을 수행하려 할 때

BigQuery ML의 추가적인 주목할 만한 기능

- BigQuery ML의 예측 모델용 설명 가능한explainable AI를 사용하면 모델이 예측한 이유를 쉽게 이해할 수 있다.

- 하이퍼파라미터 튜닝은 모델을 생성할 때 하이퍼파라미터를 자동으로 최적화하는 데 도움이 된다.
- 모델 내보내기를 통해 BigQuery ML 모델을 Cloud Storage에 내보내면 Vertex AI를 포함해 원하는 모든 곳에서 호스팅할 수 있다.

BigQuery ML의 지원 모델

BigQuery ML에서 훈련과 예측을 위해 다중 BigQuery 데이터 세트의 데이터가 있는 모델을 사용할 수 있다. BigQuery ML은 다음과 같은 유형의 모델을 지원한다.

- 예측을 위한 선형 회귀. 예를 들어, 특정 날짜에 품목 판매
- 분류를 위한 이진 로지스틱 회귀. 예를 들어, 고객이 구매할 것인지 여부 결정
- 분류를 위한 멀티 클래스 로지스틱 회귀. 이들 모델은 입력이 낮은 값인지, 중간값인지, 높은 값인지와 같은 다중의 가능한 값을 예측하는 데 사용 가능
- 데이터 분할에 대한 K-평균 군집K-means clustering. 예를 들어, 고객군 식별. 이 모델은 이상 탐지에도 사용 가능
- 과거 고객 행동, 거래, 상품 평가를 사용해 제품 추천 시스템에서 사용하는 행렬matrix 분해
- 시계열 예측을 수행하기 위한 시계열. 수백만의 시계열 모델 생성과 예측에 사용 가능. 이 모델은 이상 징후, 계절성, 휴일을 자동으로 처리
- XG부스트 기반 분류, 회귀 모델 생성을 위한 부스트 트리
- 분류와 회귀 모델을 위한 텐서플로 기반 심층 신경망을 생성하는 심층 신경망deep neural network, DNN 모델
- 피처 엔지니어링 또는 모델 선택 없이 동급 최고의 모델을 생성하는 AutoML 테이블
- 텐서플로 모델 가져오기. 이전에 훈련된 텐서플로 모델로부터 BigQuery ML 모델을 생성할 수 있고 BigQuery에 있는 데이터에서 일괄 예측 수행이 가능
- 희소 데이터sparse data 표현을 지원하는 텐서플로 기반의 BigQuery ML 모델을 생성하기 위한 오토인코더autoencoder. 이 모델은 예기치 않은 이상 탐지, 비선형적 차원 축소와 같은 작업을 위해 BigQuery ML에서 사용 가능

이미지에 대한 사전 훈련 ML 모델

사전에 정의된 라벨로
콘텐츠 분류

객체 감지와
좌표 추출

200+ 언어에 대한
OCR 지원

브랜드 &
상품 로고 탐지

얼굴 &
감정 감지

유명한 장소 &
랜드마크 감지

웹에서 유사한
이미지 찾기

성인 전용
콘텐츠 식별

이미지 속성(색상 등)
식별

최상의 이미지 자르기
힌트 제공

인쇄와 수작업으로
작성된 텍스트 추출

소매 카탈로그에서
상품 식별

사용 사례

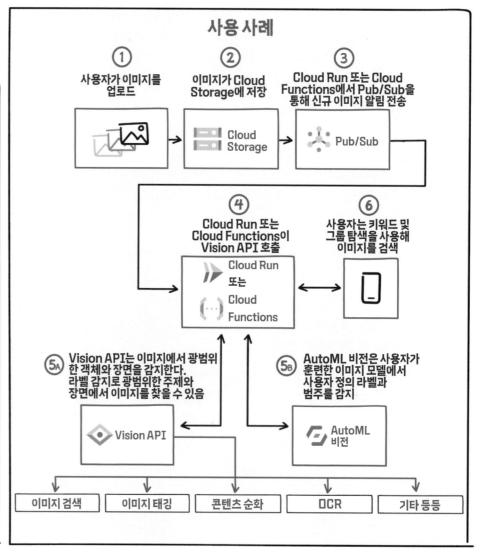

① 사용자가 이미지를 업로드

② 이미지가 Cloud Storage에 저장 — Cloud Storage

③ Cloud Run 또는 Cloud Functions에서 Pub/Sub을 통해 신규 이미지 알림 전송 — Pub/Sub

④ Cloud Run 또는 Cloud Functions이 Vision API 호출 — Cloud Run 또는 Cloud Functions

⑥ 사용자는 키워드 및 그룹 탐색을 사용해 이미지를 검색

⑤A Vision API는 이미지에서 광범위한 객체와 장면을 감지한다. 라벨 감지로 광범위한 주제와 장면에서 이미지를 찾을 수 있음 — Vision API

⑤B AutoML 비전은 사용자가 훈련한 이미지 모델에서 사용자 정의 라벨과 범주를 감지 — AutoML 비전

이미지 검색 | 이미지 태깅 | 콘텐츠 순화 | OCR | 기타 등등

이미지 검색의 이점을 누릴 수 있는 애플리케이션(제품, 로고와 랜드마크 감지, 이미지에서 텍스트 추출, 또는 다른 이미지 AI 관련 기능)을 구축하고 있는가? 그렇다면 Vision AI가 적합하다. Vision AI를 사용하면 감정의 감지, 텍스트 이해와 더불어 그 이상을 하기 위해 애플리케이션 내의 컴퓨터 비전 기능을 쉽게 통합할 수 있다. 여기에는 이미지 라벨링, 얼굴과 랜드마크 감지, 광학 문자 인식optical chatacter recognition, OCR, 명시적인 콘텐츠 태깅이 포함된다.

Vision AI 사용법

Vision AI를 사용해 다양한 방식으로 이미지로부터 인사이트를 유도할 수 있다.

- **Vision API**: 이름이 제안하듯이 Vision API는 REST, RPC API를 통해 이미지에 대해 사전 훈련 머신러닝 모델 세트 접근을 제공한다. Google Cloud 콘솔 또는 SDK에서 바로 API를 활성화하고 호출할 수 있다. 이미지에 라벨을 할당하고 랜드마크, 로고, 텍스트, 감정 등과 같은 수백만 개의 사전에 미리 정의된 범주에 기반하여 이미지를 빠르게 분류할 수 있다. 이미지 카탈로그에 중요한 메타데이터의 생성을 돕는다.
- **Vertex AI의 AutoML 비전**: 그래픽 인터페이스와 모델 훈련을 사용해 간단히 이미지 데이터 세트를 업로드하여 사용자 정의 모델 생성을 자동화할 수 있다. 모델을 훈련한 후 정확도, 응답 시간, 크기를 평가하고 클라우드의 애플리케이션으로 내보낼 수 있다. 또한 AutoML 비전 에지 기능을 사용해 에지 장비에 최적화된 적은 대기 시간의 정확도 높은 모델을 훈련시키고 배포할 수 있다.

Vision API로 할 수 있는 일은 무엇인가?

- **사전에 정의된 라벨을 이용해 콘텐츠 분류**: 사전에 미리 정의된 수백만 개의 범주에 기반하여 제공된 이미지에 대한 라벨을 제공한다.
- **브랜드와 제품 로고 감지**: 로고의 문자적 설명 또는 제품 개체 식별, 신뢰도 점수와 이미지의 로고에 대한 경계 다각형을 제공한다.
- **웹에서 유사한 이미지 찾기**: 웹에서 유사한 이미지로부터 실물(라벨/설명)을 유추한다. 완전히 일치된 이미지 또는 일부가 지워진 이미지에 대한 목록을 제공한다.
- **자르기 힌트 얻기**: 자른 이미지에 대한 경계 다각형, 신뢰도 점수, 원본 이미지에 대한 두드러진 영역의 중요도 비율을 제공한다.
- **객체를 감지하고 객체 좌표 추출**: 단일 이미지에서 인지한 다중 객체에 대한 일반 라벨과 경계 주석을 제공한다.
- **얼굴 & 감정 감지**: 경계 다각형이 있는 얼굴을 찾고 눈, 귀, 코, 입과 같은 얼굴 특징을 해당 신뢰값과 함께 식별한다. 또한 감정(기쁨, 슬픔, 분노, 놀람)과 일반적인 이미지 속성(노출 부족, 흐릿함, 모자headwear 있음)에 대한 가능성 등급을 반환한다.
- **유해한 콘텐츠 순화**: 성인, 스푸핑spoofing, 의료, 폭력, 선정적인 행위와 같은 노골적인 콘텐츠 카테고리에 대한 등장 가능성 등급을 제공한다.
- **인쇄 & 필기 텍스트의 감지와 추출**: 텍스트 인식과 기계로 코딩된 텍스트로의 변환을 포함해 이미지에 대한 광학 문자 인식(OCR)을 수행한다. 이미지에서 UTF-8 텍스트를 식별하고 추출한다.
- **유명한 장소 & 랜드마크 감지**: 랜드마크에 대한 이미지에서 랜드마크 명칭, 신뢰도 점수, 경계 상자를 제공한다. 감지된 실물에 대한 좌표를 제공한다.
- **주요 색상 & 기타 이미지 속성 식별**: 이미지의 주요 색상을 반환한다.
- **카탈로그로부터 제품 식별**: 이미지에서 식별된 항목과 판매 카탈로그에서 (모자 또는 셔츠와 같은) 항목을 일치시킨다.

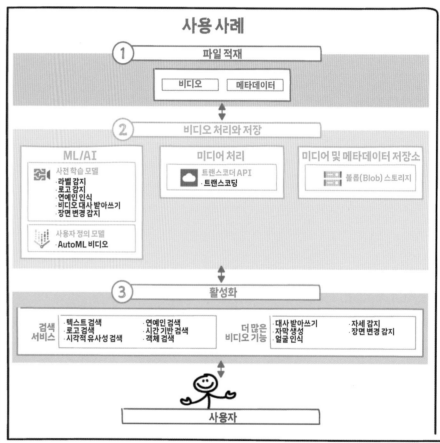

수많은 비디오 콘텐츠를 다루는 경우 콘텐츠 조정, 비디오 추천, 미디어 보관 또는 콘텍스트 광고에 대한 사용 사례가 있다. 이런 모든 사용 사례는 강력한 콘텐츠 검색에 의존한다. 여기서 Video AI가 등장한다! Video AI는 비디오에서 2만 개의 객체, 장소, 활동을 인식하는 정밀한 비디오 분석을 제공한다. 스트리밍 비디오 주석annotation과 객체

기반 이벤트 트리거를 통해 준실시간의 인사이트를 얻을 수 있다. 또한 Video AI는 비디오, 장면 또는 프레임 수준에서 풍부한 메타데이터를 추출해 관심을 끄는 경험을 안겨준다.

Video AI 사용법

비디오로부터 인사이트를 유도하기 위해 Video AI를 사용하는 방법에는 몇 가지가 있다.

- **비디오 지능 API**: 저장 및 스트리밍되는 비디오에서 많은 수의 객체, 장소, 행동을 자동으로 인식하는 사전 훈련 머신러닝 모델을 제공한다.
- **Vertex AI의 비디오에 대한 AutoML**: 그래픽 인터페이스를 사용해 비디오 데이터 세트를 업로드하고 모델을 훈련해 자체 사용자 정의 머신러닝 모델의 훈련을 자동화한다.

비디오 지능 API로 무엇을 할 수 있을까?

- **노골적인 콘텐츠 감지**: 비디오에서 성인 콘텐츠를 감지한다. 입력 비디오에서 감지된 실물에 대해 노골적인 콘텐츠 주석(태그)으로 비디오에 주석을 추가한다.
- **얼굴 감지**: 비디오에서 얼굴을 찾고 주어진 요청에 대해 모든 비디오에서 얼굴이 감지된 부분을 반환한다. 얼굴이 감지된 비디오 프레임 영역을 정의하는 경계 상자 또는 입, 입술, 웃는 얼굴 등과 같은 감지된 얼굴 부분 또한 반환할 수 있다.
- **라벨에 대한 비디오 분석**: 비디오 장면에 표시된 객체를 식별하고 라벨로 이러한 객체에 주석(태그)을 단다. 예를 들어, 건널목에 있는 기차 비디오에 대해 비디오 지능 API는 '기차', '교통수단', '기차 건널목'과 같은 라벨을 반환한다. 각 라벨은 비디오의 시작부터 실물이 등장하는 시간 오프셋offset(타임스탬프)이 있는 시간 세그먼트를 포함한다.
- **로고 인식**: 비디오 지능intelligence API는 자동으로 10만 개의 로고를 식별하고 로고의 등장 수를 추적하여 스크린에서 특정 브랜드가 얼마나 오래 등장하는지를 계산해 브랜드의 인지도를 평가한다
- **객체 추적**: 입력 비디오 또는 비디오 일부에서 감지한 다중 객체를 추적해 프레임에서 실물의 위치와 함께 감지된 실물과 관련 있는 라벨(태그)을 반환한다. 예를 들어, 자동차가 교차로를 교차하는 비디오는 '자동차', '트럭', '자전거', '타이어', '조명', '창

문' 등과 같은 라벨을 생성할 수 있다. 각 레이블은 프레임의 객체 위치를 보여주는 일련의 경계 상자를 포함한다. 각 경계 상자에는 비디오 시작 부분의 지속 시간 오프셋을 나타내는 시간 오프셋(타임스탬프)이 연결된 시간 세그먼트가 있다.
- **인물 감지**: 비디오 파일에서 사람의 등장, 자세, 의복 속성을 감지하고 비디오 또는 비디오 일부에서 개별 사람의 경계 상자를 추적한다.
- **장면 변경**: 비디오에서 갑작스러운 장면 변경이 감지될 때 생성되는 비디오의 일부에 주석을 단다.
- **음성 변환**: 비디오 또는 비디오 일부의 음성 오디오를 텍스트로 변환하고 텍스트 블록을 반환한다.
- **텍스트 감지**: 비디오 또는 비디오 일부의 프레임으로부터 보이는 텍스트를 감지해 OCR을 수행하고, 감지된 텍스트와 해당 텍스트에 대한 비디오의 타임스탬프, 프레임 수준 위치에 대한 정보를 함께 반환한다.

사용 사례 시나리오

- **콘텐츠 조정**: 비디오에 부적절한 콘텐츠가 나오는지 식별할 수 있고, 효과적이고 빠른 콘텐츠 필터링을 통해 콘텐츠를 즉시 조정moderation할 수 있다.
- **콘텐츠 추천**: 사용자에 대한 콘텐츠 검색을 단순화하고 가장 연관된 콘텐츠를 추천하기 위해 비디오 지능 API가 생성한 라벨과 사용자의 시청 이력, 선호도를 사용하는 콘텐츠 추천 엔진을 구축할 수 있다.
- **미디어 저장**: 매스미디어 회사에서 미디어 저장은 필수적이다. 비디오 지능 API를 통한 메타데이터를 사용해 모든 비디오 라이브러리의 색인 아카이브를 생성할 수 있다.
- **콘텍스트 광고**: 비디오 콘텐츠와 문맥적으로 관련 있는 광고를 삽입하기 위한 비디오의 적합한 위치를 식별할 수 있다. 광고 콘텐츠와 비디오 콘텐츠의 타임프레임 지정 라벨의 매칭을 통해 이 작업을 수행한다.

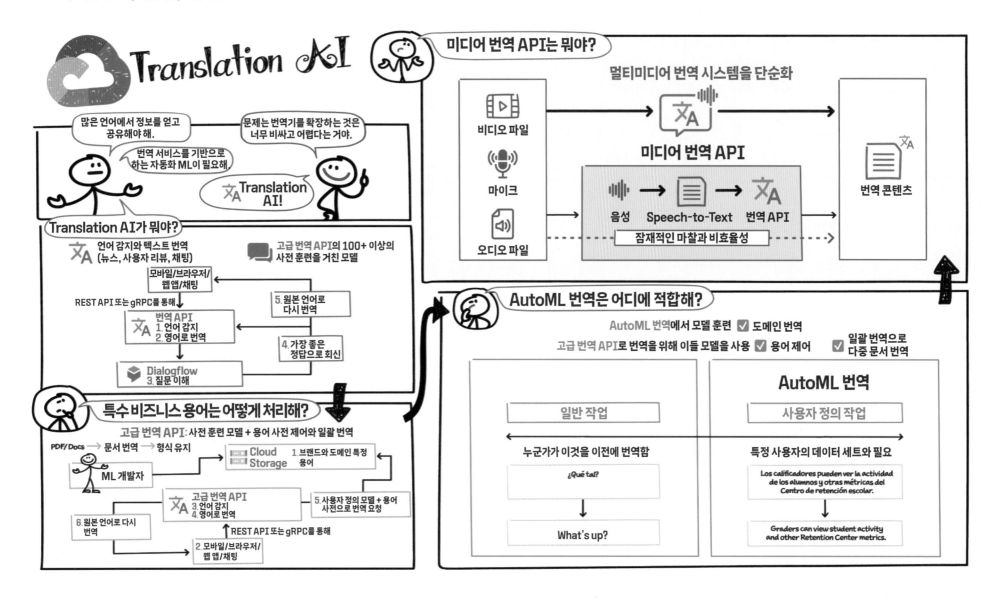

상품과 회사가 점점 더 글로벌화될수록 다양한 언어로 정보를 수집하고 공유할 필요성이 증가한다. 이런 요구 사항을 충족시키기 위해 번역기를 확대하는 것은 크나큰 숙제이며 비용도 많이 든다. 빠르고 효율적인 번역을 실현해주는 머신러닝 모델을 가진 Translation AI는 클라우드의 이런 도전 과제를 충족시켜주는 비용 효율적인 방식을 제공한다.

Translation AI

Translation AI는 최종 사용자가 수 초 안에 자신의 언어로 된 콘텐츠를 얻을 수 있는 실시간 즉석 번역을 제공한다. 세 가지의 다른 방식(번역 API(기본 및 고급), AutoML 번역, 미디어 번역 API)으로 사용할 수 있다.

번역 API의 사전 훈련 모델은 100개 이상의 언어를 지원한다. REST를 통한 구글 API, gRPC를 이용한 모바일 또는 브라우저 앱과 쉽게 통합할 수 있다. 확장성이 뛰어나고 일일 할당량이 넉넉하며 더 낮은 한도를 정할 수 있다.

다중 언어 채팅 지원 사용 사례를 고려해보자. 모바일 앱 또는 브라우저에서 번역 API로 채팅 요청이 들어오면 API는 언어를 감지해 영어로 번역한 후 질문을 이해하기 위해 Dialogflow에 요청을 전송한다(Dialogflow는 실제로 대화하는 듯한 경험을 제공하는 대화형 AI다). Dialogflow는 가장 좋은 답변으로 응답하고 번역 API는 이를 사용자의 원어로 다시 번역한다.

비즈니스에 특수한 용어가 있다면 어떻게 할까?

번역 API는 일반 목적의 텍스트는 훌륭하게 작업을 처리한다. 더불어 고급 용어집 기능을 통해 단어 또는 구문 사전을 제공하여 더 많은 작업을 수행할 수 있다. 번역 API의 용어집 기능을 사용하면 번역된 콘텐츠에 상호명 또는 다른 특정 용어를 유지시킬 수 있다. 원본과 대상 언어에 명칭과 어휘를 간단히 정의하고 Cloud Storage의 번역 프로젝트에 용어집 파일을 저장한다. 그러면 번역 요청에 용어집을 포함할 때 해당 단어와 구문이 사본에 들어간다.

고급 번역 API는 PDF, DOCX와 같은 유형의 문서를 직접 번역하기 위한 문서 번역 API도 제공한다. 단순한 평문 텍스트 번역과 달리 문서 번역은 원래 문서의 형식과 레이아웃을 유지해 많은 원본 콘텍스트를 유지하는 데 도움을 준다.

AutoML 번역

번역하고 싶은 단어의 뜻을 정확히 알지는 못하지만, 제조 또는 의학과 같은 콘텐츠 도메인과 더 관련성이 있는 번역이 필요할 때가 있다. 일반적인 번역 작업과 특수한 틈새 niche 어휘와 언어 유형 사이의 라스트 마일last mile(마지막 단계)을 연결해주는 사용자 정의 모델이 필요한 사용 사례에서 AutoML 번역이 빛을 발한다. AutoML 사용자 정의 모델은 일반 번역 API 모델의 상단에 위치한다. 이는 하부의 사전 훈련 모델을 이용할 수 있음을 의미한다.

미디어 번역 API

오디오 파일과 실시간 스피치를 번역하는 것은 오래된 도전 과제다. 데이터와 파일이 텍스트 형태가 아니기 때문에 먼저 원본을 텍스트로 받아 적은 다음 다시 다른 언어로 번역해야 한다. 이 절차에서 마찰이 일어나 많은 회사에서 품질, 속도, 배포 용이성 사이에서 절충안을 찾아야 했다. 미디어 번역 API의 대두성이 떠오른 것이다.

미디어 번역 API는 단일 API 호출 뒤에서 텍스트 받아 적기와 번역을 추상화해 이 절차를 단순화했다. 더불어 비디오 클립과 오디오 데이터에 대한 더 빠른 번역 속도를 이루어냄으로써 실시간 번역 실행을 실현해냈다. 미디어 번역 API를 사용하면 마이크 또는 미리 녹음된 오디오 파일로부터 스트리밍 번역을 통해 사용자의 실시간 참여가 가능해진다. 또는 번역된 캡션이 포함된 화상 채팅 플랫폼에서의 대화 경험을 강화할 수 있거나 실시간으로 비디오에 자막을 추가할 수 있다. 이 기능에 대해서는 수많은 사용 사례를 생각해낼 수 있을 것이다.

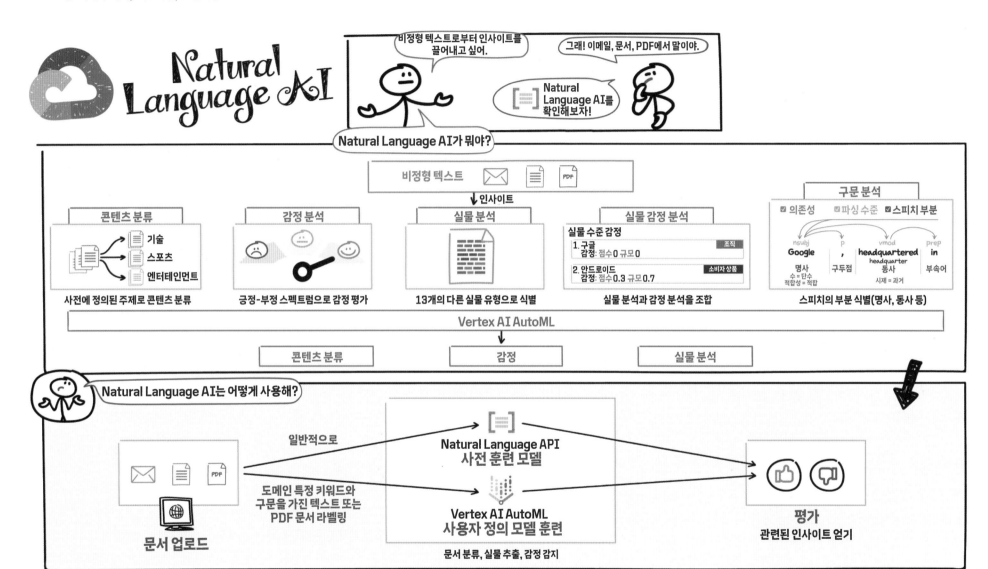

텍스트는 모든 곳(이메일, 메시지, 댓글, 리뷰, 문서)에 있다. 비정형 텍스트에서 인사이트를 유도하는 기능은 감정 분석, 콘텐츠 분류, 언어 순화 등과 같은 사용 사례를 강화한다. 바로 여기에서 Natural Language AI가 등장한다. Natural Language AI는 텍스트를 추출하고 분석하기 위한 머신러닝으로, 통찰력 있는 텍스트 분석을 제공한다. Natural Language AI로 자연어 이해natural language understanding, NLU를 앱에 통합시킬 수 있다.

Natural Language AI의 활용 방법

비정형 텍스트에서 인사이트를 유도하기 위해 Natural Language AI를 사용하는 방법은 여러 가지가 있다.

- **Natural Language API**: 감정 분석, 실물 분석, 실물 감정 분석, 콘텐츠 분류, 구분 분석과 같은 기능을 통해 개발자가 애플리케이션에 자연어 이해(NLU)를 쉽게 적용할 수 있도록 사전 훈련 머신러닝 모델을 제공한다. Natural Language AI를 사용하면 REST, RPC API를 통해 수천 개의 사전 정의 라벨을 통해 텍스트에 대한 분석과 주석을 빠르게 실행할 수 있다.
- **AutoML에 기반한 자연어용 Vertex AI**: AutoML에 기반한 자연어용 Vertex AI를 사용해 최소한의 노력과 머신러닝 전문 지식을 활용해 분류, 추출, 감정을 감지하기 위해 자체적인 고품질, 사용자 정의 머신러닝 모델을 훈련시킨다. 한 줄의 코드 작성도 없이 훈련 데이터를 업로드하고 사용자 정의 모델을 테스트하기 위해 AutoML을 사용할 수 있다. 일단 훈련되면 모델의 정밀도, 응답 시간, 크기를 평가하고, 이를 클라우드에 있는 애플리케이션에 내보낼 수 있다. 에지 장비에 최적화된 저지연, 고정밀의 모델을 훈련하고 배포하기 위해 선택할 수도 있다.
- **Healthcare Natural Language AI**: 의료 문서로부터 머신이 판독할 수 있는 의료 인사이트를 추출할 수 있다. 반면에 Healthcare용 AutoML 실물 추출은 코딩 기술 없이도 보건 의료와 생명과학 앱을 위한 사용자 정의 지식 추출 모델을 쉽게 구축할 수 있다.

Natural Language API로 무엇을 할 수 있을까?

Natural Language API는 텍스트에서 분석과 주석을 수행하기 위한 여러 가지 방법을 제공한다.

- 감정 분석은 텍스트를 검사하고 텍스트 안에서 지배적인 감정적인 옵션을 긍정적, 부정적 또는 중립적으로 식별한다. 이것은 고객 피드백과 만족도 사용 사례에 유용하다. 예를 들어, API는 '나는 나쁜 경험을 했다'에서 부정적인 감정을 식별할 수 있다.
- 실물 분석은 (연예인, 랜드마크와 같은 고유명사와 '식당', '경기장' 등과 같은 일반명사를 포함한) 알려진 실물에서 주어진 텍스트를 검사하고 이들 실물에 대한 정보를 반환한다. 이 기능을 사용하면 리뷰, 소셜 미디어, 다른 텍스트에 있는 다양한 실물과 함께 상호에 대한 언급을 식별할 수 있다.
- 실물 감정 분석은 알려진 실물(고유명사와 일반명사)에서 주어진 텍스트를 검사하여 이들 실물에 대한 정보를 반환하고, 실물에 대한 작성자의 지배적인 감정적 의견을 식별한다. 예를 들어, '이 새로운 휴대폰은 좋아하지만 배터리 수명이 너무 빈약해'의 분석은 '휴대폰'에 대한 긍정적 감정을, '배터리'에 대해서는 부정적 감정을 반환한다.
- 구문 분석은 주어진 텍스트를 일련의 문장과 토큰(일반적으로 단어 경계)으로 나누고 해당 토큰에 대한 추가 분석을 제공해 언어 정보를 추출한다.
- 콘텐츠 분류는 텍스트를 분석하고 텍스트에서 발견한 콘텐츠 범주 목록(예를 들어, '인터넷과 통신' 또는 '컴퓨터와 전자')을 반환한다.

API 호출은 초기 요청 시 호출자가 언어를 지정하지 않은 경우 주어진 텍스트의 언어를 감지하고 반환한다.

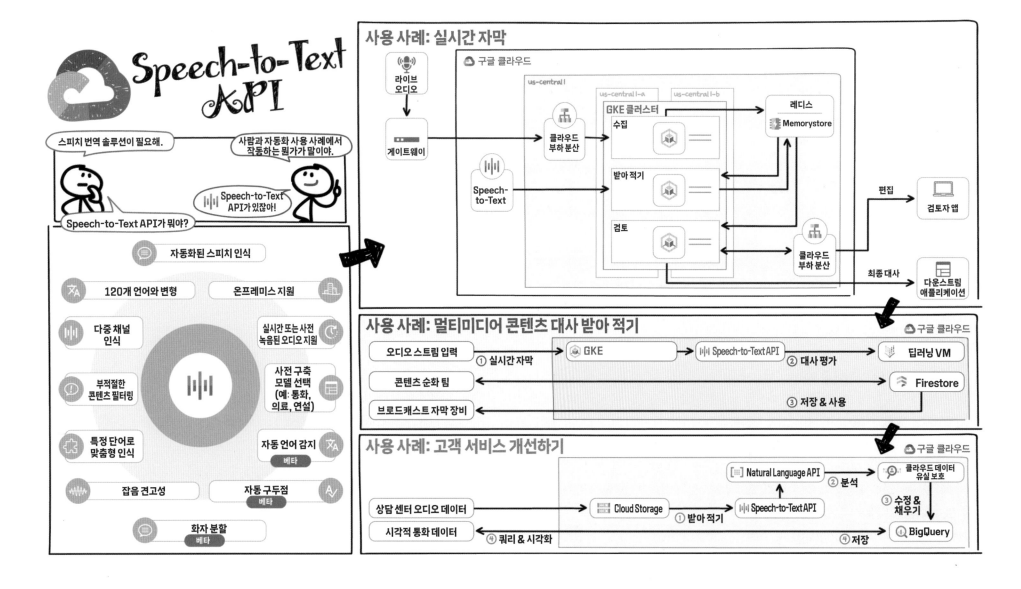

다행히도 구글은 지난 20년간 구글 어시스턴트, 안드로이드상의 G보드 음성 입력, 유튜브 자막, 구글 미트Google Meet 등에서 음성 인식을 개선시키기 위해 노력해왔다. 이런 작업의 결과인 Speech-to-Text API는 음성 인식 자동화automatic speech recognition, ASR 및 받아쓰기transcription를 할 수 있는 구글의 가장 진보된 딥러닝 신경망 알고리즘으로 발전했다. 125개 이상의 지역에서 73개 언어로 훈련 또는 튜닝 없이도 높은 정확도를 제공하는 데 성공한 것이다.

음성 사용 사례는 일반적으로 두 가지 범주(다운스트림 처리를 위해 사람이 소비 또는 머신이 소비) 중 하나로 분류된다.

사람이 소비하는 사용 사례는 비디오의 자막과 캡션을 포함하는 반면 머신이 소비하는 사용 사례는 음성 기반 콘텐츠 읽기, 요약, 추출, 고객 서비스 개선을 포함한다. 모든 음성 사용 사례에서 공통적인 한 가지는 번역의 정확성이다. 음성 품질, 도메인에 특화된 용어의 필요성, 다중 연설자/배경 소음과 연설자 등 여러 가지 문제점이 정확도에 영향을 줄 수 있다. Speech-to-Text API는 다양한 환경에서 비교적 정확하게 음성 콘텐츠를 텍스트로 변환하는 데 도움을 준다.

Speech-to-Text API로 할 수 있는 것은 무엇인가?

Speech-to-Text API는 실시간 또는 사전 녹음된 음성에 대해 자동 음성 인식을 제공하고 125개가 넘는 언어 및 방언을 지원하는 광범위한 언어 지원 기능으로 전 세계 사용자층을 지원한다. 또한 구성을 반복하여 품질을 평가할 수 있다. 일부 추가 기능은 다음과 같다.

- **부적절한 콘텐츠 필터링**: 욕설 필터를 사용하면 오디오 데이터에서 부적절하거나 비전문적인 콘텐츠를 감지하고 텍스트 결과에서 욕설을 걸러낼 수 있다.
- **음성 적응, 특정 단어를 가진 맞춤형 인식**: 힌트를 제공해 도메인 특정 용어와 희귀한 단어들을 받아 적어 특정 단어 또는 구절의 정확도를 높이도록 음성 인식을 사용자 맞춤형으로 정의한다. 클래스를 사용해 음성 숫자를 주소, 연도, 통화 등으로 자동 변환한다.

- **소음에 대한 견고성**noise robustness: Speech-to-Text는 추가적인 소음 제거 없이도 많은 환경에서 소음이 많은 음성을 처리할 수 있다.
- **사전 구축 모델 선택**: 도메인 특정 품질 요구 사항에 최적화된 음성 제어, 전화 통화, 연설과 비디오 받아쓰기를 위해 사전 훈련 모델 중에서 선택할 수 있다.
- **다중 채널 인식**: Speech-to-Text는 다중 채널 환경(예: 비디오 컨퍼런스)에서 특정 채널을 인식할 수 있고 순서를 유지하도록 스크립트에 주석을 달 수 있다.
- **자동 구두점**automatic punctuation: Speech-to-Text는 정확하게 필사본에 구두점을 표시한다(예: 쉼표, 물음표 및 마침표).
- **화자 분할**speaker diarization: 대화의 화자 중 각 발화를 말한 사람에 대한 자동 예측을 수신해 누가 무엇을 말했는지 알 수 있다.
- **온프레미스 Speech-to-Text**: 구글 클라우드 마켓플레이스에서 모든 Anthos GKE 클러스터에 컨테이너로 배포할 수 있다. 온프레미스에서 실행하기 위해 더 정확하고 더 작은 크기의 모델을 제공한다.

Speech-to-Text API 사용 방법

- **동기**synchronous **인식**(REST 및 gRPC)은 음성 데이터를 Speech-to-Text API로 보내고 해당 데이터에 대한 인식을 수행한 후 모든 음성 처리 결과를 반환한다. 동기 인식 요청은 1분 또는 더 짧은 기간의 음성 데이터로 제한된다. 동기 요청은 차단되는 점에 유의하자. 이는 Speech-to-Text가 다음 요청을 처리하기 전에 응답을 반드시 반환해야 한다는 것을 의미한다.
- **비동기**asynchronous **인식**(REST 및 gRPC)은 음성 데이터를 Speech-to-Text API에 보내고 장기 실행 작업을 초기화한다. 이 작업을 사용해 주기적으로 인식 결과를 폴링할 수 있다. 최대 480분 길이의 음성 데이터에 대해 비동기식 요청을 사용할 수 있다.
- **스트리밍 인식**(gRPC 한정)은 gRPC 양방향 스트림 내에서 제공되는 음성 데이터상의 인식을 수행한다. 스트리밍 요청은 마이크로부터 실시간 음성을 캡처하는 것과 같은 실시간 인식을 목적으로 한다. 실시간 인식은 음성이 캡처되는 동안 중간 결과를 제공한다. 사용자가 여전히 말하고 있는 동안 결과를 표시해준다.

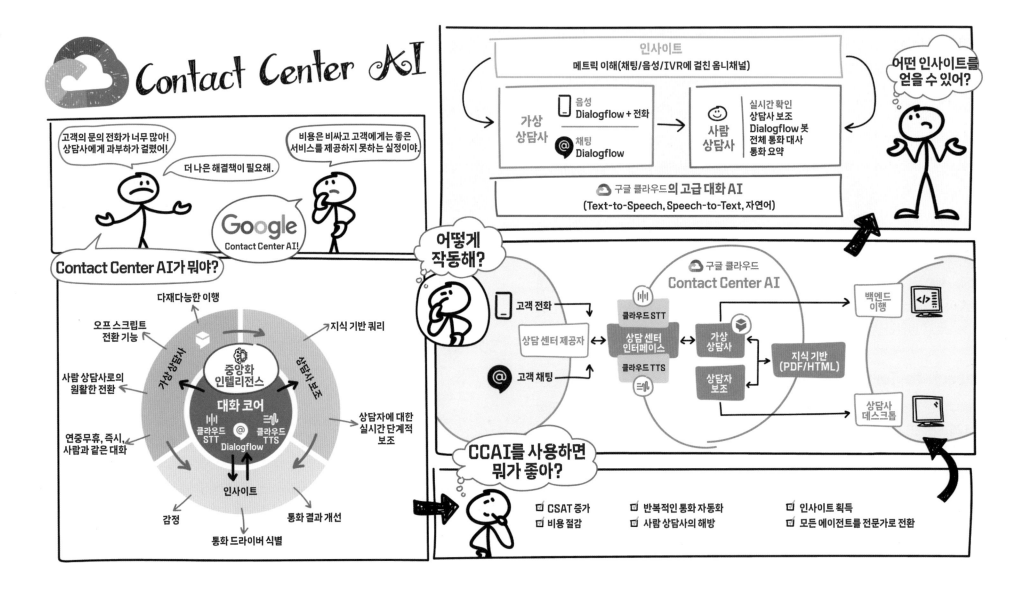

고객의 전화 문의가 증가함에 따라 상담사의 시간을 최대한 활용해 비용을 절감하고 고객 경험을 개선시키는 것이 훨씬 더 중요해지고 있다. 구글 클라우드 Contact Center AI(CCAI)는 상담사가 좀 더 복잡한 통화에 집중할 수 있도록 실시간 정보를 제공하여 이러한 통화를 더 잘 처리할 수 있도록 한다.

- **단일 인텔리전스 원본**: Contact Center AI는 사람과 가상의 모든 채널과 플랫폼에서 일관된 고품질 대화 경험을 제공한다.
- **오프 스크립트 전환 기능**: 대규모의 비용 절감은 음성 통화를 처리하는 가상 상담사를 확보하는 것을 통해 실현할 수 있다. CCAI에는 '오프 스크립트off-script'로 전환하는 기능(통화의 주요 목적으로 추적하면서 발신자가 주요 대화에서 옆길 또는 본래 목적에서 벗어난 대화를 할 수 있도록 하는 기능)이 있다. 가상 상담사는 CCAI를 통해 복잡한 질문에 답하는 것은 물론, 갑작스러운 중지와 시작, 비정상적인 단어 선택 또는 함축된 의미를 포함한 복잡한 작업을 완료할 수 있다. 개발자는 추가 질문을 정의할 수 있으며, CCAI는 쉽게 콘텍스트를 유지한 채 추가 질문에 답한 후 주요 흐름으로 복귀할 수 있다.
- **다재다능한 이행**: CCAI는 동일한 가상 상담사로 고객에 대한 다중 사용 사례를 다룰 수 있는 능력이 있다. 일상적인 작업을 완전하게 자동화할 수 있고 통화를 거부할 수 있다.

Contact Center AI

Contact Center AI는 간단한 의사 소통을 자동화하고 상담사가 AI를 이용해 문제를 신속하게 해결해주는 대화형 AI 기술 솔루션이다. CCAI에는 네 가지 핵심 구성 요소가 있다.

- **대화 코어**: CCAI와의 대화를 이해하고 상호작용할 수 있는 기능을 뒷받침하는 중심 AI 두뇌다. 대규모의 고품질 대화형 경험을 활성화하고 오케스트레이션함으로써 사람 상담사와 대화하는 것만큼의 만족도를 제공한다.

  - **이해**: Speech-to-Text 음성 인식은 어떤 표현을 쓰든지, 어떤 어휘를 사용하든, 어떤 억양을 가지고 있는지 등에 관계없이 고객이 말하고 있는 것을 이해한다.
  - **대화**: Text-to-Speech로 가상 상담사는 고객과의 대화에 실패하지 않고 대화를 진행하는 자연스러운 방식으로 고객을 응대할 수 있다.
  - **상호작용**: Dialogflow는 고객의 의도를 식별하고 적절한 다음 단계를 결정한다. 포인트 앤드 클릭point-and-click 인터페이스로 대화형 흐름을 구축하고 사람과 같은 대화형 경험을 위한 자동화 ML 모델을 생성할 수 있다.

- **Dialogflow가 있는 가상 상담사**: 이 구성 요소는 고객들의 문제를 식별하고 해결하기 위한 자연스러운 대화를 통해 고객과의 소통을 자동화한다. 가상 상담사는 고객에게 낮이나 밤이나 언제든지 즉각적인 도움을 제공할 수 있다.
- **상담사 지원**: 이 구성 요소는 사람 상담사에게 AI를 제공해 작업의 품질을 높이는 동시에 그들의 평균적인 처리 시간을 줄인다. 상담사 지원은 기본적인 콘텍스트를 공유하고 상담사가 신속하게 편집하고 저장할 수 있는 전체 통화 기록뿐 아니라 비즈니스 절차를 통해 상담사를 코칭하는 실시간, 순차적인 지침을 제공한다.
- **CCAI 인사이트**: 자연어 처리 및 머신러닝을 이용해 대화를 세분화함으로써 상담 센터 관리자가 비즈니스에 대한 데이터 기반 의사결정을 하도록 돕는다.

Contact Center AI의 작동 방식

사용자가 대화 또는 음성 통화를 시작하면 상담 센터 제공자는 이를 CCAI에 연결하고 가상 상담사가 사용자의 대화에 참여해 그들의 의도를 이해하고 백엔드에 연결시켜 요청을 이행한다. 필요 시 통화는 가상 상담사의 통화 기록을 확인하는 실제 인간 상담사로 전환되고 실시간으로 요청에 응답하기 위해 지식 기반으로 피드백 제공 후 끝으로 통화에 대한 요약을 수신한다. 인사이트는 가상 상담사와 실시간 상담 세션 동안 일어나는 것들을 이해하는 데 도움을 준다. 결과적으로 고객의 경험과 고객의 만족도 점수를 개선시키고 상담사 처리 시간을 단축시키며 사람 상담사는 더 복잡한 고객 문제에 더 많은 시간을 할애할 수 있다.

일반적인 Document AI 기능

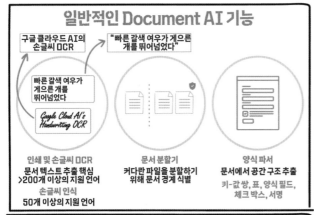

구글 클라우드 AI의 손글씨 OCR
"빠른 갈색 여우가 게으른 개를 뛰어넘었다"

빠른 갈색 여우가 게으른 개를 뛰어넘었다
Google Cloud AI's Handwriting OCR

인쇄 및 손글씨 OCR
문서 텍스트 추출 핵심
>200개 이상의 지원 언어
손글씨 인식
50개 이상의 지원 언어

문서 분할기
커다란 파일을 분할하기 위해 문서 경계 식별

양식 파서
문서에서 공간 구조 추출
키-값 쌍, 표, 양식 필드, 체크 박스, 서명

Document AI 솔루션

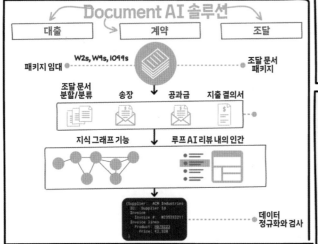

대출 → 계약 → 조달

패키지 임대 ···· W2s, W9s, 1099s ···· 조달 문서 패키지

조달 문서 분할/분류 · 송장 · 공과금 · 지출 결의서

지식 그래프 기능 · 루프 AI 리뷰 내의 인간

데이터 정규화와 검사

Document AI

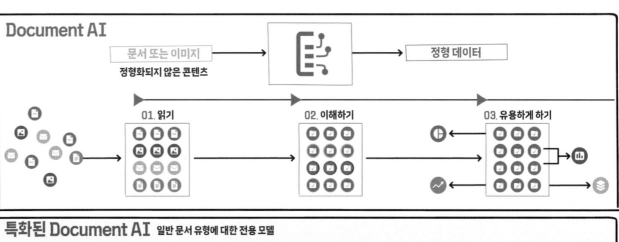

문서 또는 이미지 → 정형 데이터
정형화되지 않은 콘텐츠

01. 읽기 02. 이해하기 03. 유용하게 하기

특화된 Document AI 일반 문서 유형에 대한 전용 모델

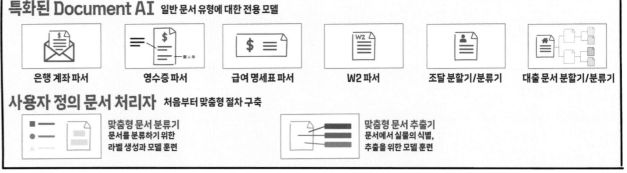

은행 계좌 파서 · 영수증 파서 · 급여 명세표 파서 · W2 파서 · 조달 분할기/분류기 · 대출 문서 분할기/분류기

사용자 정의 문서 처리자 처음부터 맞춤형 절차 구축

맞춤형 문서 분류기
문서를 분류하기 위한 라벨 생성과 모델 훈련

맞춤형 문서 추출기
문서에서 실물의 식별, 추출을 위한 모델 훈련

예시 Document AI 아키텍처

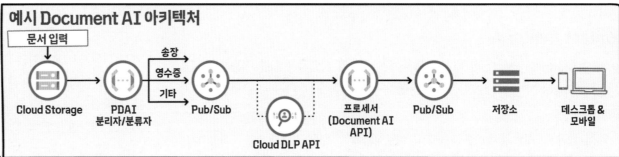

문서 입력

Cloud Storage → PDAI 분리자/분류자 → (송장, 영수증, 기타) → Pub/Sub → Cloud DLP API → 프로세서 (Document AI API) → Pub/Sub → 저장소 → 데스크톱 & 모바일

회사에서 가장 중요한 데이터 중 일부는 데이터베이스가 아니라 문서에 있다. 문서를 정형 데이터로 변환하면 의사결정 속도가 빨라질 뿐 아니라 수동 데이터 입력과 관련 비용의 절감, 고객의 만족도를 높이는 경험을 개발하는 데 도움을 준다. 문서는 PDF, 이메일, 이미지 등 모든 것을 아우른다. 사용자가 작업한, 파싱하기 어려운 형식의 모든 계약, 특허와 비즈니스 첨부 문서에 대해 생각해보자. 이것은 다크 데이터dark data로 알려져 있다. 다크 데이터는 조직이 정기적인 비즈니스 활동을 하는 동안 데이터를 수집, 처리, 저장했으나 일반적으로 분석 또는 직접적인 수익 창출 목적으로는 사용되지 않는 정보 애셋을 가리킨다. Document AI는 이 데이터를 가장 안전하게 사용할 수 있도록 돕는다.

Document AI

Document AI를 사용하면 비정형 문서로부터 정보를 추출하고 분류하는 정보의 엔드 투 엔드 흐름을 처리할 수 있다. 문서를 읽고 수집할 뿐 아니라 문서의 공간 구조를 이해한다. 예를 들어, 파서parser를 통해 양식을 분석하면 양식에 질문과 답이 있다는 것을 이해하고 키-값 쌍을 반환한다. 이는 API를 사용하여 기존 앱 또는 서비스에 문서를 통합하는 방법을 용이하게 한다. 온프레미스나 하이브리드 시스템에서 작업한다면 실행 중인 코드에서 이 API를 계속 사용할 수 있다.

Document AI 사용법

Document AI에는 세 가지 유형이 있다.

- **General Document AI**: 광학 문자 인식optical character recognition, OCR 및 정형 양식 파서 기능과 같은 일반 모델을 제공한다. 여러 다른 양식을 포함하고 있는 다중 페이지 PDF를 업로드한다면 페이지 분할기는 각 개별 양식이 실제로 시작하고 끝나는 위치를 알려준다.
- **Specialized Document AI**: 여러 가지 공통적인 비즈니스 양식을 제공한다. 이들

은 W2s 및 W9s와 같은 세금 양식, 송장 및 영수증과 같은 차이가 큰 문서 유형, 미국 라이선스, 여권, 은행 계좌에 대한 모델을 포함한다. 구글은 사용자 대신 이런 모델의 훈련과 유지 보수를 한다.

- **Custom Document AI**: 자체 문서의 모델 훈련용이다. AutoML 기술로 자체 문서를 업로드하고 코드 없이 그래픽 사용자 인터페이스로 사용자 정의 모델을 생성할 수 있다.

실시간 문서 처리를 위해 동기적으로 또는 Cloud Storage로부터 대량 문서의 일괄 처리를 위해 비동기적으로 Document AI API를 사용해 처리할 수 있다.

Document AI 아키텍처 샘플

Cloud Storage에 데이터를 추가한 후 Cloud Functions으로 Document AI API를 호출하여 데이터를 분할/분류한다. 민감성 정보를 마스킹해 문서를 비식별화하는 데이터 유실 방지Data Loss Prevention, DLP를 통합할 수 있다(227쪽 참고). Pub/Sub을 사용하여 선택한 스토리지 시스템으로 데이터를 효과적으로 스트리밍할 수 있다. 구글 클라우드 서비스를 사용하지 않고 자체 SQL, 온프레미스, 다른 클라우드상의 PostgreSQL 데이터베이스를 사용하는 경우에도 문제없이 이 API를 호출할 수 있다.

수직 솔루션

전문 파서 외에도 수직 솔루션vertical solution을 사용하면 조달, 대출, 계약에 특화된 문서에서 가치를 쉽게 도출할 수 있다. 이 수직 솔루션은 처리 시간 단축과 데이터 캡처를 간소화함으로써 개발과 사용을 최적화할 수 있도록 돕는다. 이들 솔루션은 구글 지식 그래프Google Knowledge Graph 기술을 통해 실물 추출을 정규화하고 강화한다(특정 필드가 감지된다). 정밀도를 보증하기 위해 HITLHuman in the Loop 프로세서에 따라 문서에서 추출한 데이터를 사람이 리뷰하고 검증하고 수정할 수 있는 워크플로와 사용자 인터페이스를 제공한다.

Recommendations AI

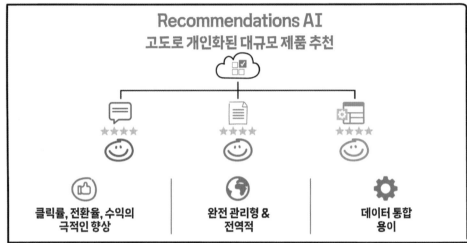

Recommendations AI
고도로 개인화된 대규모 제품 추천

★★★★

클릭률, 전환율, 수익의
극적인 향상

완전 관리형 &
전역적

데이터 통합
용이

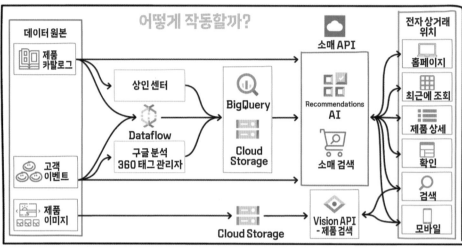

어떻게 작동할까?

데이터 원본
제품 카탈로그
상인 센터
Dataflow
구글 분석
360 태그 관리자
고객 이벤트
제품 이미지
BigQuery
Cloud Storage
Cloud Storage
소매 API
Recommendations AI
소매 검색
Vision API - 제품 검색

전자 상거래 위치
홈페이지
최근에 조회
제품 상세
확인
검색
모바일

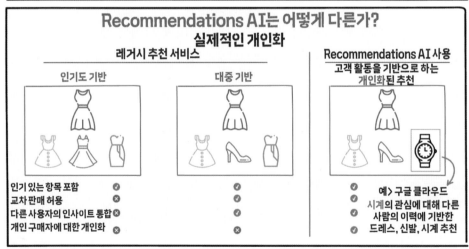

Recommendations AI는 어떻게 다른가?
실제적인 개인화

레거시 추천 서비스

인기도 기반 | 대중 기반

Recommendations AI 사용
고객 활동을 기반으로 하는
개인화된 추천

인기 있는 항목 포함 ✓ ✓ ✓
교차 판매 허용 ✗ ✓ ✓
다른 사용자의 인사이트 통합 ✗ ✓ ✓
개인 구매자에 대한 개인화 ✗ ✗ ✓

예> 구글 클라우드
시계의 관심에 대해 다른
사람의 이력에 기반한
드레스, 신발, 시계 추천

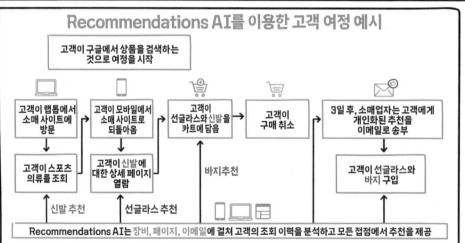

Recommendations AI를 이용한 고객 여정 예시

고객이 구글에서 상품을 검색하는
것으로 여정을 시작

고객이 랩톱에서
소매 사이트에
방문

고객이 모바일에서
소매 사이트로
되돌아옴

고객이
선글라스와 신발을
카트에 담음

고객이
구매 취소

3일 후, 소매업자는 고객에게
개인화된 추천을
이메일로 송부

고객이 스포츠
의류를 조회

고객이 신발에
대한 상세 페이지
열람

바지추천

고객이 선글라스와
바지 구입

신발 추천   선글라스 추천

Recommendations AI는 장비, 페이지, 이메일에 걸쳐 고객의 조회 이력을 분석하고 모든 접점에서 추천을 제공

추천은 고객의 관심사를 발견하는 데 큰 부분을 차지한다. 효과적인 추천은 고객이 필요하거나 원할 것 같은 상품을 찾도록 도움으로써 고객 경험을 향상시킨다. 구글은 구글 쇼핑, 구글 검색 및 유튜브에 걸쳐 추천 콘텐츠를 제공하는 데 수년을 소비했다. Recommendations AI는 이러한 경험과 머신러닝에 대한 구글의 전문성을 바탕으로 개인 고객의 경험을 향상시키는 관리형 솔루션을 통해 개인화된 추천을 제공한다.

Recommendations AI

Recommendations AI는 실시간으로 개인화된 제품 추천을 실현하기 위해 고객의 쇼핑 여정의 전체 이력을 통해 각 개별 고객에 대해 진정한 개인화를 제공한다. 롱테일long-tail 제품과 콜드 스타트cold-start 사용자, 항목을 가진 시나리오에서 추천을 생성하는 데 탁월하다. 콘텍스트가 부족한 딥러닝 모델은 수백만의 항목에서 규모 있는 인사이트를 유도하기 위해 항목과 사용자 메타데이터를 사용하고 이런 인사이트를 실시간으로(수동 선별 규칙으로는 따라가기가 불가능한 속도) 계속해서 반복한다 .

Recommendations AI를 이용한 고객 여정 예시

Recommendations AI는 초기 제품 검색과 검토, 구매에 이르는 전체 구매 절차에서 작동한다. 그리고 여기서 멈추지 않는다. 고객을 위한 개인화된 추천을 제공하는 이메일 캠페인뿐만 아니라 재마케팅에 사용할 수 있다.

좋아하는 의류 사이트 중 하나를 탐색하는 여성 사용자를 만나보자. 새로운 운동복을 사기 위해 사이트의 활동복 섹션을 탐색하기 시작한다. 그녀가 관심 있는 재킷의 제품 페이지를 클릭하면 재킷과 함께 구매율이 높은 신발 한 켤레에 대한 추천이 즉시 표시된다. 그녀는 신발을 확인하고 그녀를 위해 추천해주는 또 다른 상품(선글라스)을 본다.

그녀는 일단 선글라스와 신발을 장바구니에 추가했으나 그 순간에는 구매하지 않기로 결정한다. 며칠 후 판매자는 그녀에게 반바지 하나를 포함한 추가적인 개인화 제품을 추천하는 알림 이메일을 보낸다. 그녀는 사이트로 되돌아가서 개인화된 추천이 있는 맞춤형 홈페이지를 찾는다. 이 예시 흐름은 효과적인 추천 능력뿐 아니라 고객이 중단한 부분부터 쉽게 다시 참여시키고 구매 포기를 줄일 수 있는 가치까지 보여준다.

Recommendations AI의 작동 방식

Recommendations AI는 세 가지 필수 기능을 사용하는 소매retail API를 사용한다.

- **필요한 데이터의 수집과 적재**: 추천을 위한 두 가지 데이터 원본(제품 카탈로그와 웹사이트에서 사용자가 생성한 이벤트 기록)이 있다. 이 데이터는 Dataflow를 사용해 처리하는데, 결과는 BigQuery 또는 Cloud Storage에 저장된다. 데이터가 적절하게 형식화돼 있다면 이를 소매 API로 적재할 수 있다. 데이터 원본으로부터 소매 API로 직접 가져올 수도 있다.
- **데이터 처리, 추천, 검색 결과를 제공하기 위한 모델 구축**: 소매 API는 두 가지 유형(제품 추천, 소매 검색)의 모델을 지원한다. API는 양쪽에 대해 동일 데이터를 사용하므로 데이터를 이중으로 적재할 필요는 없다. 모델은 클릭률click-through rate, CTR, 주문당 수익 및 전환율conversion rate, CVR을 최적화하도록 설계된다. Recommendations AI는 자주 구매한 상품, 최근에 본 상품, 좋아할 만한 다른 것, 추천 항목에 대한 모델을 제공한다.
- **웹사이트에 모델 삽입**: 소매 API는 권장 사항과 검색 결과를 제공하기 위해 널리 사용되는 프로그래밍 언어로 쉽게 통합할 수 있는 REST API와 클라이언트 라이브러리를 제공한다.

구글 클라우드의
[데이터 과학]

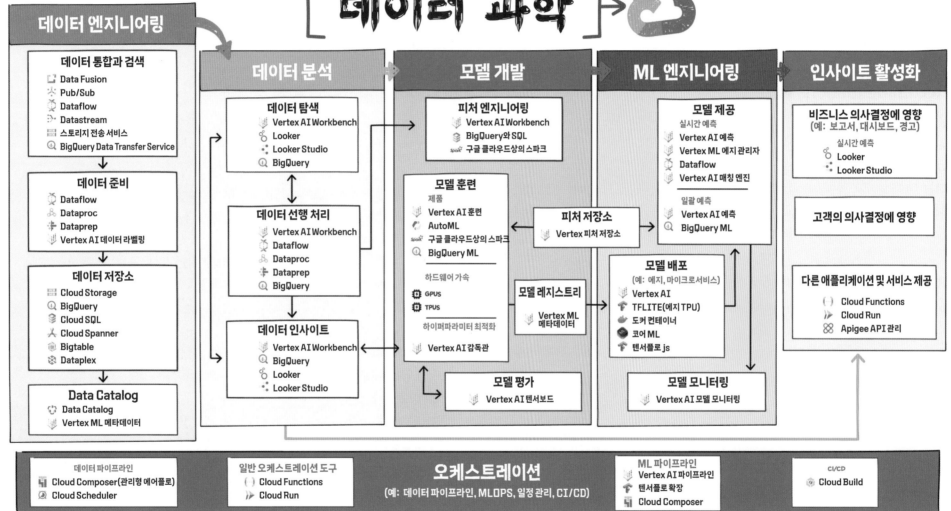

데이터 엔지니어링

데이터 통합과 검색
- Data Fusion
- Pub/Sub
- Dataflow
- Datastream
- 스토리지 전송 서비스
- BigQuery Data Transfer Service

데이터 준비
- Dataflow
- Dataproc
- Dataprep
- Vertex AI 데이터 라벨링

데이터 저장소
- Cloud Storage
- BigQuery
- Cloud SQL
- Cloud Spanner
- Bigtable
- Dataplex

Data Catalog
- Data Catalog
- Vertex ML 메타데이터

데이터 분석

데이터 탐색
- Vertex AI Workbench
- Looker
- Looker Studio
- BigQuery

데이터 선행 처리
- Vertex AI Workbench
- Dataflow
- Dataproc
- Dataprep
- BigQuery

데이터 인사이트
- Vertex AI Workbench
- BigQuery
- Looker
- Looker Studio

모델 개발

피처 엔지니어링
- Vertex AI Workbench
- BigQuery와 SQL
- 구글 클라우드상의 스파크

모델 훈련
제품
- Vertex AI 훈련
- AutoML
- 구글 클라우드상의 스파크
- BigQuery ML

하드웨어 가속
- GPUS
- TPUS

하이퍼파라미터 최적화
- Vertex AI 감독관

피처 저장소
- Vertex 피처 저장소

모델 레지스트리
- Vertex ML 메타데이터

모델 평가
- Vertex AI 텐서보드

ML 엔지니어링

모델 제공
실시간 예측
- Vertex AI 예측
- Vertex ML 에지 관리자
- Dataflow
- Vertex AI 매칭 엔진

일괄 예측
- Vertex AI 예측
- BigQuery ML

모델 배포
(예: 에지, 마이크로서비스)
- Vertex AI
- TFLITE(에지 TPU)
- 도커 컨테이너
- 코어 ML
- 텐서플로 js

모델 모니터링
- Vertex AI 모델 모니터링

인사이트 활성화

비즈니스 의사결정에 영향
(예: 보고서, 대시보드, 경고)
실시간 예측
- Looker
- Looker Studio

고객의 의사결정에 영향

다른 애플리케이션 및 서비스 제공
- Cloud Functions
- Cloud Run
- Apigee API 관리

오케스트레이션
(예: 데이터 파이프라인, MLOPS, 일정 관리, CI/CD)

데이터 파이프라인
- Cloud Composer(관리형 에어플로)
- Cloud Scheduler

일반 오케스트레이션 도구
- Cloud Functions
- Cloud Run

ML 파이프라인
- Vertex AI 파이프라인
- 텐서플로 확장
- Cloud Composer

CI/CD
- Cloud Build

데이터 엔지니어링

데이터 엔지니어링은 데이터를 사용하고 접근할 수 있도록 데이터의 전송, 형식화, 보강을 포함한다. 구글 클라우드는 데이터를 수집, 준비, 저장, 분류하는 여러 가지 도구를 제공한다. 이 책의 데이터 분석 영역에서 자세히 다룬 개념을 여기서 확장해나간다.

데이터 분석

데이터 분석은 데이터의 가치가 나타나기 시작하는 곳이다. 구글 클라우드에는 데이터를 탐색하고 전처리하고 인사이트를 찾기 위한 많은 방법이 있다. 노트북 기반의 엔드 투 엔드 데이터 과학 환경을 찾고 있다면, BigQuery SQL의 페타바이트 규모의 정형 데이터로부터 서버리스, 자동 확장, GPU 가속을 가진 구글 클라우드상의 스파크로 데이터를 처리하기까지 전체 데이터 애셋에 접근하여 분석하고 시각화할 수 있는 Vertex AI Workbench를 사용한다. 일원화된 데이터 과학 환경인 Vertex AI Workbench를 사용하면 머신러닝도 쉽게 수행할 수 있다. 데이터 웨어하우스로부터 정형 데이터를 분석하고 비즈니스 인텔리전스를 위해 인사이트를 활성화하는 데 집중하고 싶다면 인사이트 구현 시간을 단축시키는 데 도움이 되는 Looker를 사용한다.

모델 개발

모델 개발은 ML 모델이 데이터를 사용하여 빌드하는 단계다. Vertex AI Workbench를 사용하면 Vertex AI를 포함해 분석과 머신러닝을 조합하여 데이터 과학에 대한 원스톱 쇼핑을 쉽게 할 수 있다. 스파크, XG부스트, 텐서플로, 파이토치 등을 지원한다. 주피터 기반의 완전 관리형 확장 가능한 엔터프라이즈 지원 환경인 Vertex AI Workbench는 불필요한 비용을 줄이기 위해 수평/수직 확장 기능, 유휴 시간 초과와 자동 종료 기능을 통해 모델 훈련을 쉽게 하는 데 필요한 하부 컴퓨팅 인프라를 관리한다. 노트북 자체는 분산된 훈련과 하이퍼파라미터 최적화를 위해 사용할 수 있으며, 버전 제어를 위한 깃 통합을 포함하고 있다.

적은 코드 모델 개발을 위해 데이터 분석가와 데이터 과학자는 Vertex AI와 통합된 BigQuery의 내장형 서버리스, 자동 확장 기능을 사용해 모델을 직접 훈련하고 배포할 수 있는 BigQuery ML을 사용할 수 있다. Vertex AI 훈련은 AutoML을 사용해 강력한 모델을 훈련할 수 있는 포인트 앤드 클릭 인터페이스를 제공한다.

ML 엔지니어링

다음 단계는 테스트, 배포, 모니터링을 포함한 모든 활동을 잘 엔지니어링된 애플리케이션 수명 주기에 통합하는 것이다. 그리고 이들 모든 활동은 가능한 자동화되고 안정적이어야 한다. Vertex AI 관리형 데이터 세트와 피처 저장소는 데이터에 대한 단일 정보 소스를 제공하고, 데이터 세트와 엔지니어링된 피처에 대한 공유 리포지터리를 각각 제공하여 여러 팀에 걸쳐 재사용과 협업을 촉진한다. Vertex AI 모델 제공으로 다중 버전, 자동 용량 확장, 사용자 지정 부하 분산을 가진 모델의 배포가 가능하다. 끝으로 Vertex AI 모니터링은 배포 모델의 예측 요청 흐름을 모니터링하고 트래픽이 사용자 정의 임계치와 이전에 기록된 예측 요청을 초과하는 운영 트래픽 이상이 발생할 때마다 모델 소유자에게 자동으로 경고하는 기능을 보낸다.

인사이트 활성화

인사이트 활성화는 사용자의 데이터가 다른 팀과 프로세스에 유용하게 쓰이는 단계다. 어떤 데이터가 도표, 보고서, 경고로 비즈니스 의사결정에 영향을 미치는 사용 사례를 활성화하기 위해 Looker와 Looker Studio를 사용할 수 있다. 인사이트를 유도하기 위해 다른 서비스에서 데이터를 사용할 수도 있다. 이런 서비스는 구글 클라우드 외부, Cloud Run, Cloud Functions을 사용하거나 Apigee API 관리를 인터페이스로 사용하는 구글 클라우드 내부에서 실행할 수 있다.

오케스트레이션

효과적인 오케스트레이션은 ML 시스템을 모니터링하고 이해할 수 있는 방식으로 데이터 수집에서 운영 환경에 모델을 배포하는 것까지 안정적으로 진행하는 데 걸리는 시간을 줄여준다. 데이터 파이프라인 오케스트레이션의 경우 Cloud Composer와 Cloud Scheduler 모두 파이프라인을 시작하고 유지하는 데 사용된다. ML 파이프라인 오케스트레이션의 경우 Vertex AI 파이프라인은 머신러닝을 실험하고 개발하는 속도와 모델을 운영으로 전환시키는 속도를 높일 수 있는 관리형 머신러닝 서비스다.

8장

보안

클라우드 보안의 핵심인 클라우드 보안은 하드웨어, 소프트웨어, 애플리케이션, 데이터, 사용자 보안의 조합이다. 클라우드 제공자는 사용자의 애플리케이션을 구축하는 데 사용하는 서비스를 제공한다. 클라우드 보안은 각 파티 간의 협업을 요구한다. 제공자는 서비스가 작동하는 인프라를 안전하게 보호할 책임이 있고, 사용자는 클라우드 제공자가 제공한 모범 사례, 템플릿, 제품, 솔루션을 이용해 자신의 데이터를 안전하게 지킬 책임이 있다. 사용자의 특정 책임은 사용자가 선택하는 클라우드 컴퓨팅 모델(서비스형 인프라스트럭처(IaaS), 서비스형 플랫폼(PaaS) 또는 서버리스)에 따라 다양하다.

이 장에서는 구글 클라우드 보안 모델과 구글 클라우드에서 사용자의 애플리케이션을 보호하는 데 사용할 수 있는 서비스에 대해 다룬다.

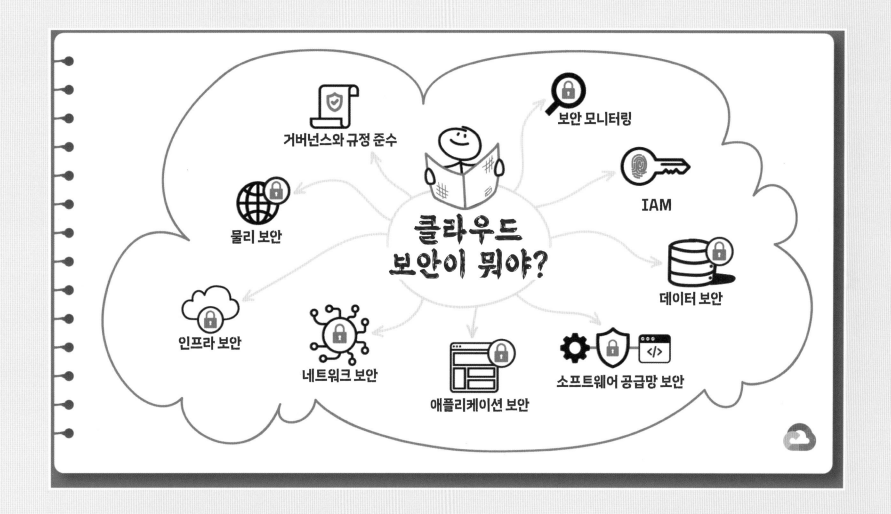

클라우드 보안 소개

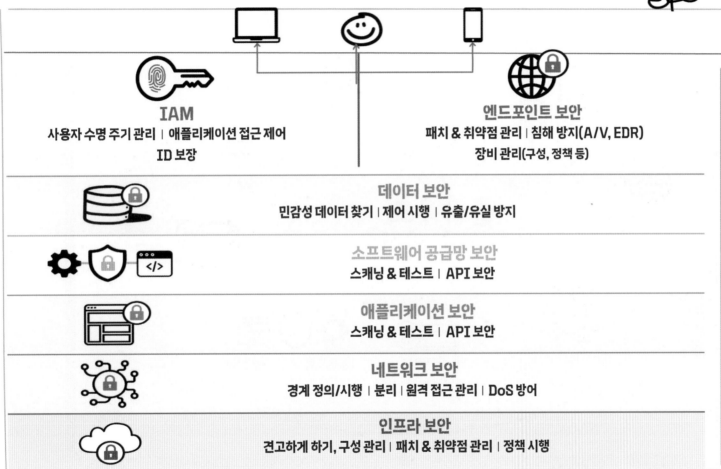

IAM
사용자 수명 주기 관리 | 애플리케이션 접근 제어
ID 보장

엔드포인트 보안
패치 & 취약점 관리 | 침해 방지(A/V, EDR)
장비 관리(구성, 정책 등)

데이터 보안
민감성 데이터 찾기 | 제어 시행 | 유출/유실 방지

소프트웨어 공급망 보안
스캐닝 & 테스트 | API 보안

애플리케이션 보안
스캐닝 & 테스트 | API 보안

네트워크 보안
경계 정의/시행 | 분리 | 원격 접근 관리 | DoS 방어

인프라 보안
견고하게 하기, 구성 관리 | 패치 & 취약점 관리 | 정책 시행

보안 모니터링 & 운영
위협 방지
위협 감지
사건 응답

거버넌스, 위험 & 규정 준수
위험 이해하기
정책 정의와 시행
인증서 취득
규정 준수 입증

클라우드 보안에 대해 생각할 때 많은 영역(인프라 보호, 네트워크 보호, 데이터 보호, 애플리케이션 보호, IAM, 엔드포인트 보호)의 책임이 있다. 또한 보안 운영, 거버넌스, 위험, 규정 준수 관리를 위한 지속적인 프로세스가 있다. 그러나 클라우드에 애플리케이션을 구축하는 가장 좋은 부분은 클라우드 제공자와 보안 책임을 공유하는 것이다.

클라우드 보안은 공동 운명이다

클라우드 보안은 협업을 요구하고 일반적으로 '공동 운명shared fate' 모델상에서 운용된다. 클라우드 제공자는 클라우드에 대한 보안 책임이 있고, 사용자는 클라우드에 사용자가 배포한 애플리케이션에 대한 보안 책임이 있다. 이것은 사용자의 애플리케이션과 비즈니스에 대한 요구 보안 제어를 구현하는 데 필요한 유연성과 제어를 부여한다. 사용자의 사용 사례에 따라 민감한 데이터와 프로젝트에 대한 접근을 제한할 수 있거나 선택적으로 공개 애플리케이션을 배포할 수 있다. 클라우드 보안에 관해 다음 사항을 명심해야 한다.

- 제공자는 인프라의 보안에 대한 책임이 있다.
- 사용자는 데이터의 보안에 대한 책임이 있다.
- 제공자는 모범 사례, 템플릿, 제품, 솔루션으로 사용자를 돕는다.

인프라 보안

클라우드 제공자는 인프라 보안을 제공할 책임이 있다. 여기에는 하드웨어 인프라, 서비스 배포, 저장소 서비스, 사용자 ID, 인터넷 통신, 운영, 장비 보안과 같은 전체 정보 처리 수명 주기에 대한 보안을 포함한다.

네트워크 보안

네트워크 보안의 일부는 클라우드 제공자 책임이고 일부는 사용자의 책임이다. 제공자는 네트워크 인프라상의 트래픽이 안전하고 암호화되어 있으며 공용 인터넷상의 다른 서비스와의 소통이 안전하다는 것을 항상 확인해야 한다. 규모가 크기 때문에 고유의 서비스 거부(DoS) 보호도 제공한다.

사용자는 애플리케이션의 경계 정의와 시행, 팀과 조직 간의 프로젝트 분리, 직원의 원격 접근 관리, 추가 DoS 방어를 구현할 책임이 있다.

애플리케이션 보호

클라우드상에 애플리케이션 또는 API를 구축할 때 사용자는 스캔과 테스트를 포함해 애플리케이션 보안 책임이 있다. 다음과 같은 작업 방식을 채택한다.

- 사용자의 인증과 인가에 기반해 트래픽을 허용하고 거부한다.
- 웹사이트로부터 봇과 사기성 사용자를 차단하는 서비스를 구현하거나 사용한다.

보안 소프트웨어 공급망 보안

소프트웨어를 보호하려면 소프트웨어 개발, 배포 프로세스 전반에 걸쳐 생성 및 확인을 거친 증명을 통해 코드의 출처 또는 출처 추적을 설정하기 위한 신뢰 사슬을 설정 후 확인, 유지, 관리해야 한다. 오픈소스 SLSA, 즉 소프트웨어 아티팩트에 대한 공급망 수준은 사용자의 보안 태세를 증가시키기 위해 점진적으로 채택할 수 있는 공급망 무결성에 대한 엔드 투 엔드 프레임워크다.

데이터 보안

데이터 보안은 사용자와 클라우드 제공자 간의 공통 책임이다. 클라우드 제공자는 전송 중과 저장 시 데이터 암호화를 보장해야 하고, 사용자는 애플리케이션 데이터 보안에 대한 책임이 있다. 이것에는 보안 키와 보안 관리, 민감성 데이터 찾기, 제어 시행하기, 데이터 유출과 유실을 방지하는 것을 포함한다.

공동 운명

	온프레미스	Iaas	Paas	Saas
■ 고객 책임 ■ 클라우드 제공자 책임				
콘텐츠				
접근 정책				
사용				
배포				
웹 애플리케이션 보안				
ID				
운영				
접근과 인가				
네트워크 보안				
게스트 OS, 데이터 & 콘텐츠				
감사 로깅				
네트워크				
저장소 + 암호화				
강화된 커널 + IPC				
부트				
하드웨어				

IAM(Identity and Access Management)

IAMIdentity and Access Management은 사용자 수명 주기와 애플리케이션 접속을 안전하게 관리하는 것이다. ID 보안은 사용자 계정의 생성과 관리는 물론, 2단계 검증으로 사용자 계정을 보호하는 것을 포함한다. 접근 제어는 사용자가 안전하게 자원에 접근하고 접근 정책이 최소 권한 원칙(누구도 필요 이상 접근해서는 안 된다)을 따르는지 확인하는 것이 포함된다.

엔드포인트 보안

엔드포인트 보안은 시스템의 접근을 정의하는 데 필수적인 요소다. 애플리케이션 또는 프로젝트에서 어떤 자원에 접근하는지 장비를 정의하는 정책의 평가를 포함해 패치와 취약성 관리 적용, 침해 방지, 사용자 장비를 관리해야 한다.

보안 모니터링과 운영

보안 운영security operation, SecOps 관점에서 클라우드에서 효과적인 보안 및 위험 관리에 필요한 핵심 요구 사항은 거의 없다. 시스템에 있는 위협을 감지하여 이를 방어하고 대응하는 것은 SecOps 팀의 책임 중 일부다.

거버넌스, 위험, 규정 준수

이 영역은 보안 위험의 이해, 정책 정의와 시행, 인증 취득에 의한 규정 준수 입증을 포함한다.

구글은 구글 클라우드, 구글 워크스페이스와 전체 스택을 커버하는 연결된 장비 전반에 걸쳐 기능을 제공한다. 이 장에서 이에 관한 내용을 다룰 것이다.

인프라 보안

대규모의 심층 방어

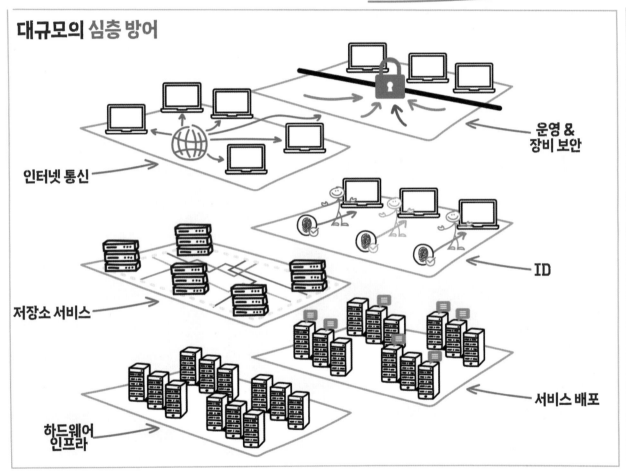

- 인터넷 통신
- 운영 & 장비 보안
- ID
- 저장소 서비스
- 서비스 배포
- 하드웨어 인프라

엔드 투 엔드
출처 & 증명

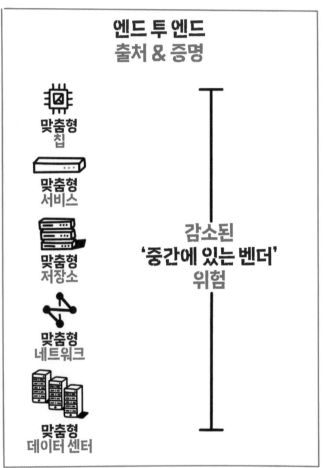

- 맞춤형 칩
- 맞춤형 서비스
- 맞춤형 저장소
- 맞춤형 네트워크
- 맞춤형 데이터 센터

감소된 '중간에 있는 벤더' 위험

애플리케이션을 실행하는 환경의 보안은 클라우드 벤더를 선택하는 데 가장 중요한 고려 사항 중 하나다. 인프라 보안에서 구글 클라우드의 접근은 고유하다. 구글은 인프라의 보안을 위해 어떠한 단일 기술에도 의존하지 않는다. 오히려 심층 방어를 제공하는 점진적 계층을 통해 보안을 구축했다.

대규모의 심층 방어

- **데이터 센터 물리적 보안**: 구글 데이터 센터는 맞춤형으로 설계된 전자 접근 카드, 경고, 차량 접근 장벽, 경계 펜스, 금속 탐지기, 생체 인식, 레이저 빔 침입 감지를 통해 계층화된 보안을 제공한다. 이들은 고화질의 카메라로 연중무휴 모니터링함으로써 침입자를 탐지하고 추적할 수 있다. 특수한 역할을 가진 승인받은 직원만 입장할 수 있다.
- **하드웨어 인프라**: 물리적 실내에서 특수 제작 서버, 네트워킹 장비, 맞춤형 보안 칩, 모든 기계에서 실행되는 저수준 소프트웨어 스택에 이르기까지, 구글이 전체 하드웨어 인프라를 제어, 보호, 강화한다.
- **서비스 배포**: 구글 인프라에서 작동하는 모든 애플리케이션 바이너리는 안전하게 배포된다. 서비스 간에는 신뢰가 가정되지 않으며, 신뢰를 설정하고 유지하기 위해 여러 메커니즘을 사용한다. 구글 인프라는 처음부터 멀티 테넌트tenant로 설계됐다.
- **저장소 서비스**: 구글 인프라상의 데이터는 저장 시 자동으로 암호화되고 가용성과 안정성을 위해 분산된다. 이것은 무단 접근과 서비스 중단을 방지하는 데 도움이 된다.
- **사용자 ID**: ID, 사용자, 서비스는 강력한 인증을 거친다. 피싱 방지 보안 키와 같은 고급 도구가 민감성 데이터에 대한 접근을 보호한다.
- **인터넷 소통**: 구글 클라우드 서비스에서 인터넷상의 소통은 전송 중 암호화된다. 인프라의 규모는 많은 분산형 서비스 거부(DDoS) 공격을 흡수할 수 있고 다중 보호 계층은 DDoS 영향으로 인한 위험을 더욱 경감시킨다.
- **운영 및 장비 보안**: 구글의 운영 팀은 엄격한 보안 관행을 기반으로 인프라 소프트웨어를 개발하고 배포한다. 위협을 탐지하고 사고에 대응하기 위해 24시간, 7일, 365일 내내 촉각을 곤두세우고 있다. 구글의 서비스는 구글 클라우드 고객에게 제공하는 것과 동일한 인프라에서 실행되기 때문에 모든 고객은 이 보안 운영과 전문 지식의 직접적인 혜택을 받는 셈이다.

엔드 투 엔드 출처와 증명

구글의 하드웨어 인프라는 보안을 포함해 특수한 요구 사항에도 정확하게 대응하기 위해 '칩에서 냉각기까지from chip to chiller' 맞춤형을 지향한다. 구글의 서버와 소프트웨어는 구글 서비스를 제공하기 위한 목적의 설계를 추구한다. 맞춤형으로 구축한 이들 서버는 취약성을 유발할 수 있는 비디오 카드 또는 주변 장치의 상호 접속과 같은 불필요한 구성 요소를 포함하지 않는다. 저수준 소프트웨어와 서버 OS를 포함하는 소프트웨어도 마찬가지다. 불필요한 요소를 제거하고 강화한 버전의 리눅스다.

게다가 구글은 특별히 보안을 위한 하드웨어를 설계하여 포함시켰다. 예로 타이탄Titan은 클라우드 인프라의 머신과 주변 장치 모두를 위한 하드웨어 신뢰 루트를 설정하기 위해 특수 목적으로 제작한 칩이다. 또한 구글은 성능뿐 아니라 보안까지 향상시킬 수 있는 맞춤형 네트워크 하드웨어와 소프트웨어도 구축했다. 다중 물리적 및 논리적 보호 계층을 포함해 구글의 맞춤형 데이터 센터 설계에 반영했다.

하드웨어 스택의 밑바닥부터 최상층까지의 출처provenance를 추적하여 구글의 보안 태세의 토대를 제어할 수 있다. 이것은 구글이 '중간에 있는 벤더 문제vendor in the middle problem'를 크게 줄이는 데 도움이 된다. 취약점을 발견하는 즉시 조치를 취해 수정 사항을 개발하고 배포할 수 있다. 이 수준의 제어를 통해 구글 클라우드와 해당 고객 모두에 대한 노출을 크게 줄였다.

네트워크와 애플리케이션 보안

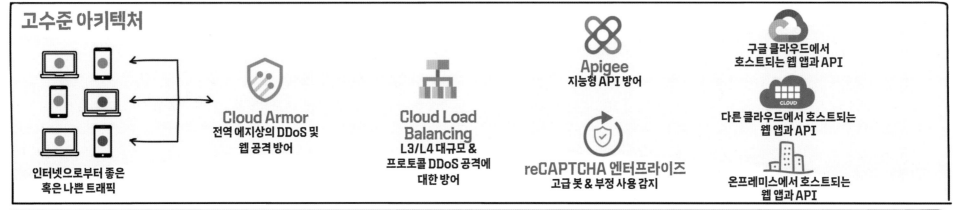

고수준 아키텍처

Cloud Armor
전역 에지상의 DDoS 및
웹 공격 방어

인터넷으로부터 좋은
혹은 나쁜 트래픽

Cloud Load Balancing
L3/L4 대규모 &
프로토콜 DDoS 공격에
대한 방어

Apigee
지능형 API 방어

reCAPTCHA 엔터프라이즈
고급 봇 & 부정 사용 감지

구글 클라우드에서
호스트되는 웹 앱과 API

다른 클라우드에서 호스트되는
웹 앱과 API

온프레미스에서 호스트되는
웹 앱과 API

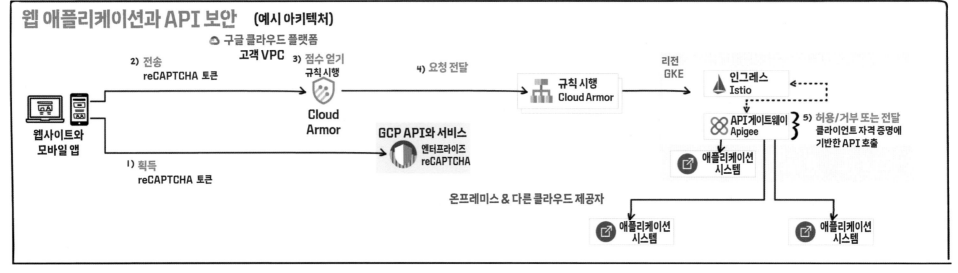

웹 애플리케이션과 API 보안   (예시 아키텍처)

구글 클라우드 플랫폼
고객 VPC

웹사이트와
모바일 앱

2) 전송
reCAPTCHA 토큰

1) 획득
reCAPTCHA 토큰

3) 점수 얻기
규칙 시행
Cloud Armor

GCP API와 서비스
엔터프라이즈
reCAPTCHA

4) 요청 전달

규칙 시행
Cloud Armor

리전
GKE

인그레스
Istio

API 게이트웨이
Apigee

5) 허용/거부 또는 전달
클라이언트 자격 증명에
기반한 API 호출

애플리케이션
시스템

온프레미스 & 다른 클라우드 제공자

애플리케이션
시스템

애플리케이션
시스템

구글은 데이터 센터에 연결하기 위해 전 세계에서 가장 큰 백본 네트워크 중 하나를 소유하고 운영한다. 트래픽이 구글 네트워크에 있다면 더 이상 공용 인터넷을 통과하지 않으므로 공격, 가로채기intercepted 또는 조작될manipulated 가능성이 줄어든다. 데이터는 전송 중에 암호화되고 네트워크의 규모는 강력한 서비스 거부 보호 기능을 제공한다. 이러한 고유한 네트워크 보안과 함께 네트워크 기반 위협과 공격으로부터 애플리케이션을 보호하는 데 도움이 되는 서비스에 접근할 수 있다. 이제 이들 서비스를 살펴보자.

애플리케이션 보안

웹사이트, 웹 애플리케이션 또는 API 기반 서비스를 구축할 때 다음과 같은 여러 가지 공격으로부터 보호하는 것에 대해 고려해야 한다.

- **봇 공격**: '로봇'/스크립트 공격은 사이트를 다운시키고 사기fraud에 사용될 수 있다.
- **분산 서비스 거부(DDoS) 공격**: 이 공격은 계획하지 않은 애플리케이션의 다운을 초래할 수 있다.
- **자격 증명 도용**: 이런 유형의 도용은 사람의 이름과 주민번호를 피싱하는 것부터 유출된 자격 증명을 이용해 시스템 또는 계정에 접근하는 것까지 다양한 형태를 취할 수 있다.
- **애플리케이션 사기**: 이것은 악의적인 행위자가 도용 또는 사기성 ID를 사용해 구매(티켓, 한정 판매 제품)를 하거나 신용카드 또는 은행 대출을 신청하는 등 다양한 형태를 취할 수 있다.
- **API 공격**: 이런 공격은 민감성 정보를 획득하기 위해 API를 사용하거나, 다른 악의적인 활동을 위해 API 사용하기를 시도하는 조직의 API, 봇, 악의적인 행위자에 대한 DDoS 공격을 포함할 수 있다.

Cloud Load Balancing

HTTP(S) 부하 분산기를 사용하는 것은 단일 외부 IP 주소를 갖는 서비스를 실행하고 확장하기 위해 프록시 기반의 레이어 7 부하 분산기를 사용하는 것이다. 운영 규모는 레이어 3과 레이어 4 대규모 프로토콜 DDoS 공격에 대한 자동 방어를 제공한다. 부하 분산과 백엔드 계층 사이의 최고 수준 보안을 위해 SSL 인증서와 복호화를 중앙에서 관리할 수 있는 SSL 오프로드 기능도 제공한다.

구글 클라우드의 웹 앱 및 API 보호Web App and API Protection, WAAP 솔루션을 사용해 이런 모든 공격으로부터 인터넷에 연결된 애플리케이션을 보호할 수 있다. WAAP는 Cloud Armor, reCAPTCHA 엔터프라이즈, Apigee를 조합하여 많은 일반적인 위협을 완화하는 데 도움을 준다. 각각의 솔루션에 대해 좀 더 자세히 알아보자.

DDoS 보호와 웹 애플리케이션 방화벽: Cloud Armor

Cloud Armor는 Cloud Load Balancing과 함께 작동하며 인프라 DDoS 공격을 완화하는 데 도움이 된다. 요청 헤더, 쿠키 또는 쿼리스트링과 같은 호스트의 L7 매개변수나 지리 정보에 의해 들어오는 웹 요청을 필터링할 수 있다. Cloud Armor의 각 보안 정책은 들어오는 요청의 IP 주소, IP 범위, 리전 코드, 요청 헤더와 같은 조건을 기반으로 트래픽을 필터링하는 규칙 세트로 구성된다.

또한 Cloud Armor는 완벽한 웹 애플리케이션 방화벽web application firewall, WAF이며, 가장 일반적인 웹 공격과 SQL 주입, 교차 사이트 스크립팅과 같은 취약점 악용 시도를 방지하는 ModSecurity 핵심 규칙 세트의 사전 구성 규칙을 포함한다. 모든 결정은 Cloud Logging과 모니터링 대시보드에 로깅되며 허용, 거부, 미리보기 트래픽에 대한 세분화된 뷰를 제공한다.

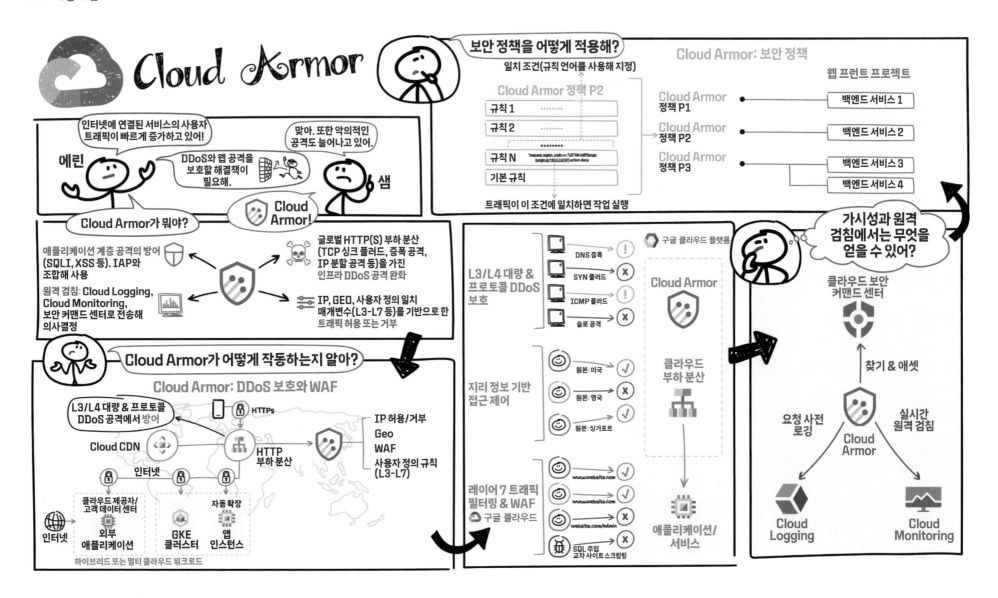

reCAPTCHA 엔터프라이즈를 통한 봇과 사기 방지

reCAPTCHA 엔터프라이즈는 사기와 봇 보호를 제공하는 엔터프라이즈 클라우드 서비스다. 웹에서 수백만의 사이트를 이미 보호하고 있는 reCAPTCHA 서비스에 대한 구글의 학습을 활용한다. 이 시스템은 브라우저에 있는 자바스크립트 또는 앱의 SDK로부터 많은 신호를 가져와 사이트별로 어떤 것이 사람의 활동이고 어떤 것이 봇의 활동인지 학습한다. 헤드리스(모든 웹사이트 백엔드에서 작동함을 의미함)이고 사용자로 하여금 시각적 문제를 풀도록 요구하지 않는다.[1] 시스템은 위험 점수를 제공하고 두 번째 요인에 대한 요구 사항, 전면적인 차단 또는 리디렉션, 사람의 진입 허용과 같은 위험에 기반한 점진적인 조치를 허용한다.

Apigee를 통한 API 보안

Apigee API 관리 플랫폼은 개발과 운영 관점에서 전체 수명 주기 동안 API에 대한 단일 관리 지점을 제공한다. 플랫폼은 API 요청을 검사해 API 트래픽의 보호, 확장, 조정, 제어, 모니터링을 한다. Apigee의 내장형 정책으로 백엔드 서비스를 수정하거나 코드를 작성하지 않고도 트래픽을 제어하고, 성능과 보안을 강화하는 기능으로 API를 보강할 수 있다.

API를 위해 보안을 구축하는 것은 시간이 꽤 걸리고 상당한 전문 지식을 필요로 하지만, Apigee 보안 정책을 사용하면 개발자가 OAuth, API 키 검증, 다른 위협 보호 기능을 통해 API에 대한 접근을 제어할 수 있다. Apigee는 API 요청의 구조를 이해하는 긍정적인 보호 모델을 제공하여 유효하고 유효하지 않은 요청을 좀 더 정확하게 결정하는 데 도움을 준다.

API 트래픽은 잘못된 사용을 막고 DDoS 공격으로부터 방어하기 위해 할당량으로 조정할 수 있다. 예를 들어, Apigee는 제품 카탈로그에 대한 검색 쿼리부터 로그인 또는 체크아웃을 다르게 하는 계정의 비율을 제한할 수 있다.

예제 웹 애플리케이션과 API 보안 아키텍처

다음은 예제 웹 애플리케이션과 이들 구성 요소를 포함할 수 있는 API 보호 아키텍처다.

1. 사용자가 웹사이트 또는 모바일 앱에서 로그인할 때 reCAPTCHA 토큰을 획득한다.
2. reCAPTCHA 엔터프라이즈는 수신 요청의 토큰을 해독하고 Cloud Armor에서 허용/거부 결정을 시행한다.
3. Cloud Armor가 허용한 요청은 부하 분산기로 전달된다.
4. 부하 분산기는 중간에 있는 Apigee API 게이트웨이를 사용해 각 백엔드에 요청을 보내고, 클라이언트의 인증서 또는 할당량에 기반해 API 호출을 허용 또는 거부하고 라우팅한다.

구글 클라우드상의 보안 소프트웨어 개발 수명 주기

소프트웨어 공급망에 대한 위험은 없어?

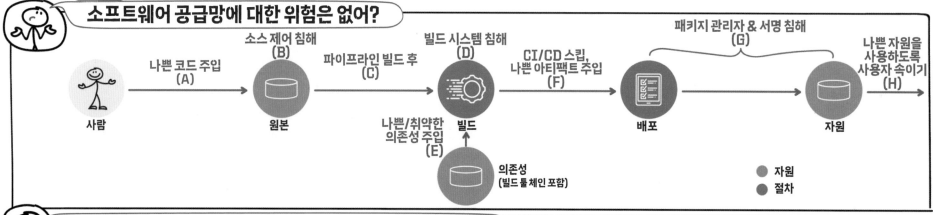

사람 ──나쁜 코드 주입 (A)──▶ 원본
(소스 제어 침해 (B))

원본 ──파이프라인 빌드 후 (C)──▶ 빌드
(빌드 시스템 침해 (D))

빌드 ──CI/CD 스킵, 나쁜 아티팩트 주입 (F)──▶ 배포
(패키지 관리자 & 서명 침해 (G))

배포 ──▶ 자원 ──나쁜 자원을 사용하도록 사용자 속이기 (H)──▶

나쁜/취약한 의존성 주입 (E)
의존성 (빌드 툴체인 포함)

● 자원
● 절차

구글 클라우드로 소프트웨어 공급망을 어떻게 보호해?

구글 클라우드의 소프트웨어 공급망 보안

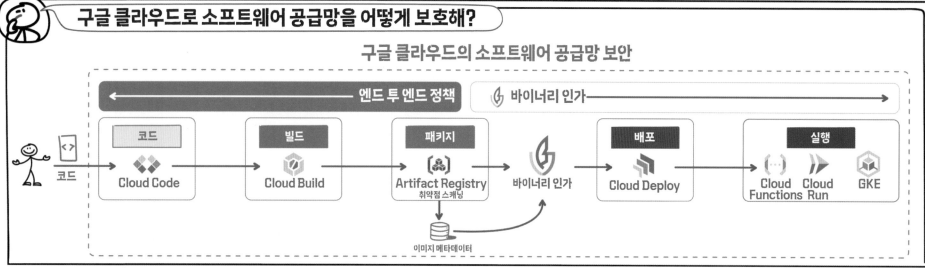

엔드 투 엔드 정책 ◀──────
바이너리 인가 ──────▶

코드 ──▶ 코드: Cloud Code ──▶ 빌드: Cloud Build ──▶ 패키지: Artifact Registry 취약점 스캐닝 ──▶ 바이너리 인가 ──▶ 배포: Cloud Deploy ──▶ 실행: Cloud Functions / Cloud Run / GKE

이미지 메타데이터

소프트웨어를 보호하려면 신뢰 사슬에 대한 설정, 검증을 거쳐 유지해야 한다. 이 사슬은 소프트웨어 개발과 배포 절차를 통해 생성되고 확인된 증명을 거쳐 코드의 출처 또는 출처 추적을 설정한다. 구글에서는 소프트웨어 공급망과 연관 위험을 최소화하는 코드 리뷰, 검증 코드 출처와 정책 시행을 통해 내부 개발 절차의 전반적인 보안 준수를 실현한다. 향상된 개발자 생산성과 함께 이러한 개념을 사용한다. 소프트웨어 공급망의 보안 위험 지점이 무엇이고 구글 클라우드로 어떻게 완화할 수 있을지 탐색해보자!

소프트웨어 공급망의 위험 지점

소프트웨어 개발과 배포 공급망은 소스 코드, 빌드, 워크플로의 게시에 따르는 많은 위협으로 인해 매우 복잡하다. 소프트웨어 개발 공급망이 직면한 일반적인 위협은 다음과 같다.

- '나쁜' 소스 코드 제출
- '관리자' 접근을 획득함으로써 소스 제어 플랫폼 손상compromising
- 제출되지 않은 코드로부터 빌드 요청하기 또는 작업을 수정하는 빌드 매개변수를 지정하는 것과 같이 빌드 파이프라인에 악의적인 코드 주입
- 개발 플랫폼을 손상시켜 '불량' 아티팩트 생산(특히, 많은 CI 시스템은 동일 프로젝트 내에서 '적대적hostile 멀티 테넌시'로 구성돼 있지 않으므로 프로젝트의 '소유자'가 팀 몰래 자체 빌드를 손상시킬 수 있음)
- 의존성을 통해 악의적인 행위 주입(재귀적으로 동일하게 공격)
- CI/CD를 우회해 '불량' 아티팩트 배포
- 패키지 매니저/서명 플랫폼을 손상시킴
- 합법적인 자원 대신에 '불량' 자원을 사용해 사용자 속이기(예를 들어, 타이포스쿼팅typosquatting, URL 하이재킹)
- 전송 중 아티팩트 수정 또는 개발 수명 주기 시스템 하부 인프라를 손상시키기

구글은 내부적으로 소프트웨어 공급망을 어떻게 보호할까?

구글은 소프트웨어 공급망을 내부적으로 보호하기 위해 여러 사례를 채택하고 있다.

- **제로 트러스트(BeyondCorp)**: 상호 연결된 복잡한 시스템의 단일 구성 요소에 대한 묵시적인 신뢰가 심각한 보안 위험을 초래할 수 있다는 개념
- **사고와 취약성 대응 플레이북**playbook: 기밀성, 무결성 또는 고객 데이터의 가용성에 영향을 미치는 모든 잠재적인 사고에 대한 조치, 에스컬레이션, 완화, 해결, 알림 지정
- **보그**Borg**상의 바이너리 인증**: 특히, 코드가 사용자 데이터를 접근하는 기능을 가지고 있는 경우 구글에 배포된 상용 소프트웨어를 보증함으로써 내부 위험을 줄이기 위한 적절한 검토와 인증을 거침

SLSA

구글 클라우드는 전체 커뮤니티가 혜택을 받을 수 있도록 이들 사례를 외부에 공유하고 하고 있다. SLSASupply-chain Levels for Software Artifacts(소프트웨어 아티팩트에 대한 공급망 수준)는 공급망의 무결성을 위한 엔드 투 엔드 프레임워크다. 구글이 내부적으로 진행하고 있는 OSS(오픈소스 소프트웨어) 친화 버전이다. 현재 상태에서 SLSA는 업계 합의에 따라 점진적으로 채택 가능한 일련의 보안 지침이다. 최종 형태에서 SLSA는 시행 가능성적인 측면에서 모범 사례 목록과는 다를 것이다. 특정 패키지 또는 빌드 플랫폼에 'SLSA 인증'을 부여하기 위해 정책 엔진에 제공할 수 있는 감사가 가능한 메타데이터의 자동 생성을 지원한다. SLSA는 점진적이고 실행 가능하고 각 단계에 보안 혜택을 제공하는 것을 지향한다. 아티팩트가 최고 수준의 자격을 갖추면 소비자는 아티팩트의 조작 가능성에 대한 의심 없이 소스에서 안전하게 역추적될 수 있다는 확신을 가질 수 있다(이는 오늘날의 대부분의 소프트웨어에서는 불가능하지는 않지만 어려운 일이다). SLSA는 네 가지 수준으로 구성돼 있으며 SLSA 4는 최종의 이상적인 상태를 나타낸다. 하위 레벨은 해당 증분 무결성 보장이 있는 증분 이정표milistone를 나타낸다. 현재 요구 사항은 다음과 같이 정의된다.

	요구 사항	다음에서 요구됨			
		SLSA 1	SLSA 2	SLSA 3	SLSA 4
원본	버전 제어		✓	✓	✓
	이력 검사			✓	✓
	무기한 유지			18개월	✓
	두 명이 검토				✓
빌드	스크립트	✓	✓	✓	✓
	빌드 서비스		✓	✓	✓
	임시 환경			✓	✓
	격리			✓	✓
	매개변수 없음				✓
	밀폐hermetic				✓
	재생산				○
출처	가용성	✓	✓	✓	✓
	인증			✓	✓
	서비스 생성			✓	✓
	위조 불가			✓	✓
	의존성 완결				✓
공통	보안				✓
	접근				✓
	슈퍼유저				✓

○ = 정당한 사유가 없는 한 필수

구글 클라우드가 소프트웨어 공급망을 보호하는 데 어떤 도움이 되는가?

소프트웨어 공급망을 안전하게 하려면 소프트웨어 수명 주기에 따라 증명을 정의하고 확인하고 시행하는 것을 포함해야 한다. 작동 방식은 다음과 같다.

바이너리 인증

소프트웨어 공급망 보안의 핵심 요소는 바이너리 인증 서비스다. 증명과 정책 확인을 통해 신뢰 사슬의 구성과 검증을 거쳐 운영, 유지하는 것이다. 암호화 서명은 코드나 다른 아트팩트가 운영으로 이동할 때 생성된다. 배포 전에 정책에 기반해 증명 확인을 거친다.

구글 클라우드상의 정책과 출처를 통해 개발자 프로세스에서 주변 보안을 달성하는 방법을 단계별로 살펴보자. 첫 번째 단계는 공급 또는 코드를 작성하는 데 사용하는 라이브러리와 프레임워크를 이해하는 것이다.

코드

많은 소프트웨어에서 사용하고 있는 오픈소스는 오픈소스 종속성의 위험을 결정하기 어려울 수 있다. 이 문제를 해결하기 위해 최근 등장한 것이 오픈소스 소프트웨어 패키지를 탐색하는 대화형 시각화 사이트인 오픈소스 인사이트Open Source Insights다. 오픈소스 인사이트는 한곳에서 다중 언어를 통해 지속적인 보안 권고 갱신, 라이선스, 기타 데이터와 함께 전이적 종속성 그래프를 제공하는 측면에서 독보적이다. 오픈소스 프로젝트의 위험 점수를 제공하는 오픈소스 순위표와 함께 개발자는 더 나은 선택을 하기 위해 수백만의 오픈소스 패키지에서 오픈소스 인사이트를 사용할 수 있다.

빌드

Cloud Build는 코드가 체크인되면 빌드한다. 여기서 다른 증명 세트도 캡처하여 신뢰 사슬에 추가한다. 예시에는 어떤 테스트를 실행했으며 어떤 빌드 도구와 프로세스를 사용했는지 포함된다. Cloud Build는 소프트웨어 공급망의 보안 수준을 나타내는 SLSA 수준 1을 달성하는 데 도움이 된다. 빌드가 스크립팅됐는지 확인하는 데 사용할 수 있는

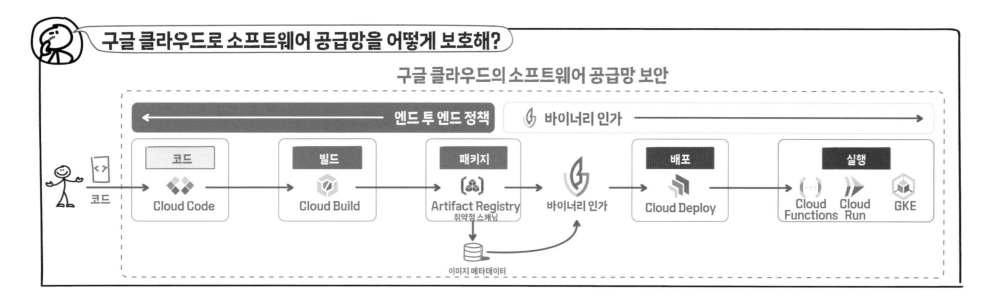

구글 클라우드로 소프트웨어 공급망을 어떻게 보호해?

구글 클라우드의 소프트웨어 공급망 보안

Cloud Build는 빌드 구성의 소스를 캡처한다(스크립트된 빌드는 수작업 빌드보다 더 안전하며, 이는 SLSA 1 요구 사항이다). 또한 필요에 따라 이미지의 고유 서명인 컨테이너 이미지 다이제스트container image digests를 사용해 이들의 출처와 증명을 조회할 수 있다.

Cloud Build는 완전 관리형 클라우드 서비스다. 개발자 민첩성에 더해 이 서비스는 안전한 빌드를 위한 닫힌 환경을 제공함으로써 손상된 빌드 무결성 또는 손상된 빌드 시스템의 위험을 크게 경감시킨다. 또한 데이터를 유지하고 비공개적으로 접근하도록 하기 위해 비공개 네트워크 안에 보안 경계security perimeters를 적용할 수 있는지 확인을 원할 수도 있다. Cloud Build 비공개 풀private pool은 VPC-SC와 비공개 IP에 대한 지원을 추가한다. 이를 통해 자체적인 비공개 네트워크 내의 닫힌 서버리스 빌드 환경을 활용할 수 있다.

테스트와 스캔

빌드가 완성된 후 Artifact Registry에 저장되며 취약성에 대해 자동으로 스캔된다. 이것은 아티팩트의 취약점 결과가 특정 보안 임계치를 충족하는지 여부에 대한 증명을 포함한 추가적인 메타데이터를 생성한다. 이 정보는 구글의 컨테이너 분석 서비스에 의해 저장되며 아티팩트의 메타데이터를 구조화하고 구성해 바이너리 인증과 같은 서비스에서 쉽게 접근할 수 있다.

배포와 실행

이미지를 안전하게 구축, 저장, 스캔했으면 배포할 준비가 된 것이다. 이 시점에서 바이너리 인증에 의해 공급망을 따라 캡처한 증명의 진위 여부를 확인할 수 있다. 시행 모드에서는 증명이 조직의 정책을 충족하는 경우에만 이미지 배포가 이루어진다. 감사 모드에서는 정책 위반이 기록되고 경고가 발생한다. 바이너리 인증은 GKE와 Cloud Run(미리보기)에서 사용할 수 있으며 적절하게 검토를 거쳐 승인받은 코드만 배포한다. 배포 시에도 검사는 멈추지 않는다. 바이너리 인증은 배포 후에도 정의된 정책에 대한 지속적인 준수를 보장하는 유효성 검사를 지속적으로 지원한다. 실행 중인 애플리케이션이 기존 또는 새롭게 추가된 정책을 준수하지 않으면 경고가 발생하고 이를 기록한다.

구글 클라우드의
데이터 보안

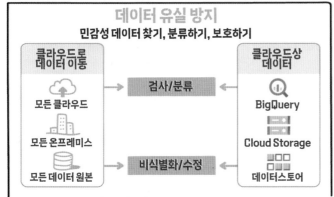

데이터 유실 방지
민감성 데이터 찾기, 분류하기, 보호하기

클라우드로 데이터 이동

- 모든 클라우드
- 모든 온프레미스
- 모든 데이터 원본

검사/분류

비식별화/수정

클라우드상 데이터

- BigQuery
- Cloud Storage
- 데이터스토어

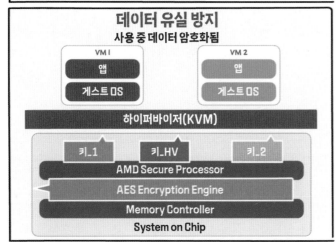

데이터 유실 방지
사용 중 데이터 암호화됨

VM 1 | 앱 | 게스트 OS
VM 2 | 앱 | 게스트 OS

하이퍼바이저(KVM)

키_1 키_HV 키_2

AMD Secure Processor
AES Encryption Engine
Memory Controller
System on Chip

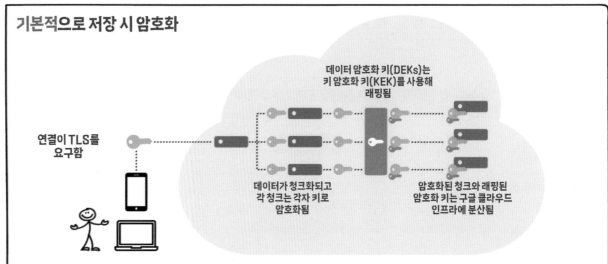

기본적으로 저장 시 암호화

데이터 암호화 키(DEKs)는 키 암호화 키(KEK)를 사용해 래핑됨

연결이 TLS를 요구함

데이터가 청크화되고 각 청크는 각자 키로 암호화됨

암호화된 청크와 래핑된 암호화 키는 구글 클라우드 인프라에 분산됨

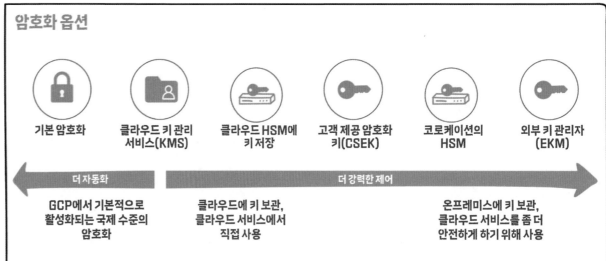

암호화 옵션

기본 암호화 | 클라우드 키 관리 서비스(KMS) | 클라우드 HSM에 키 저장 | 고객 제공 암호화 키(CSEK) | 코로케이션의 HSM | 외부 키 관리자 (EKM)

← 더 자동화 | 더 강력한 제어 →

GCP에서 기본적으로 활성화되는 국제 수준의 암호화

클라우드에 키 보관, 클라우드 서비스에서 직접 사용

온프레미스에 키 보관, 클라우드 서비스를 좀 더 안전하게 하기 위해 사용

데이터 보안은 조직의 보안 태세에서 큰 부분을 차지한다. 암호화는 데이터 보안의 핵심 제어 기능이며 구글 클라우드는 유휴 상태, 전송 상태, 사용 중까지의 데이터에 대한 다중 암호화 옵션을 제공한다. 이들 각각에 대해 알아보자.

암호화

기본적으로 미사용 시 암호화

구글은 데이터를 보호하기 위해 미사용 데이터를 암호화하고 암호 키에 대한 감사 접근을 통해 승인된 역할과 서비스에서만 접속을 허용한다. 데이터는 디스크에 기록되기 전에 암호화된다. 방법은 다음은 같다.

- 데이터는 최초에 '청크되고chunked(조각으로 분할)' 자체 데이터 암호 키로 각 청크를 암호화한다.
- 암호화하는 키를 사용해 각 데이터 암호 키를 래핑한다. 암호화를 거친 청크와 래핑한 암호 키는 구글 스토리지 인프라에 분산된다.
- 데이터 청크가 갱신되면 기존 키를 재사용하지 않고 새로운 키로 암호화를 진행한다.

데이터를 추출할 필요가 있을 때의 절차는 반대로 이루어진다. 결과적으로 공격자가 개인 키를 손상시키거나 저장소에 물리적인 접근 권한을 획득한 경우에도 여전히 고객 데이터를 읽을 수 없을 것이다. 왜냐하면 객체에 있는 모든 데이터 청크를 식별하고 추출하여 연관 암호 키를 추출해내야 하기 때문이다.

기본적으로 전송 시 암호화

구글 클라우드에서 인터넷상의 모든 통신은 전송 계층 보안Transport Layer Security, TLS 접속으로 적절히 종료돼야 한다. 전송 중 암호화는 데이터가 사이트와 클라우드 제공자 또는 두 서비스 사이를 이동하는 동안 통신을 가로채는 경우 데이터를 보호해 준다. 이 보호는 전송 전에 데이터를 암호화하는 것으로 이루어진다. 엔드포인트를 허가하고 도착 시 데이터를 복호화하여 검증한다. 예를 들어, TLS는 전송 보안을 위해 전송 중 데이터를 암호화하는 데 자주 사용되고, 보안/다중 목적 인터넷 메일 확장(S/MIME)은 이메일 메시지 보안에 자주 사용된다.

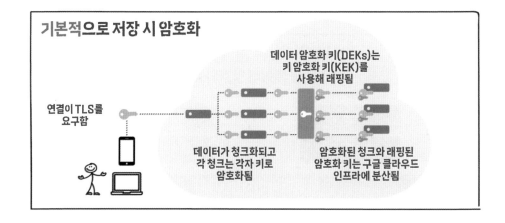

기본적으로 저장 시 암호화

연결이 TLS를 요구함

데이터가 청크화되고 각 청크는 각자 키로 암호화됨

데이터 암호화 키(DEKs)는 키 암호화 키(KEK)를 사용해 래핑됨

암호화된 청크와 래핑된 암호화 키는 구글 클라우드 인프라에 분산됨

사용 중 암호화: 컨피덴셜 컴퓨팅

컨피덴셜 컴퓨팅confidential computing은 메모리에 있는 데이터의 손상 또는 유출로부터 데이터를 보호하는 '세 번째 기둥third pillar'을 추가한다. 기밀 VM, 기밀 GKE 노드로 사용 중인 데이터를 암호화할 수 있다. 이는 보안 VM이 루트킷rootkit[2]과 부트킷bootkit[3]에 대해 제공하는 보호 기능을 기반으로 한다.

주 메모리 암호화는 온-다이on-die[4] 메모리 컨트롤러 내의 전용 하드웨어를 통해 이루어진다. 각 컨트롤러는 고성능 AES 엔진을 포함한다. AES 엔진은 데이터가 DRAM에 기록되거나 소켓 간에 공유될 때 데이터를 암호화하고, 데이터를 읽을 때 암호를 해독한다.

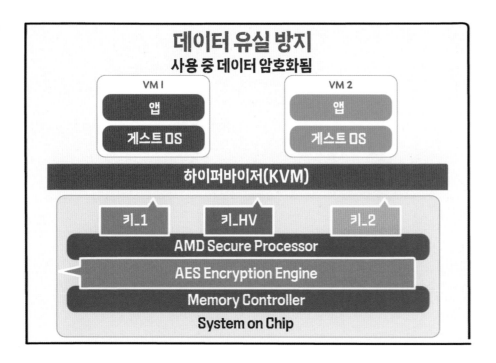

미사용 시 암호화 옵션

기본적인 암호화로도 충분한 경우도 있지만, 구글 클라우드는 필요 시 고객의 신뢰 수준과 비즈니스 니즈에 기반해 다른 옵션을 제공한다.

고객 제공 암호화 키

최소한의 신뢰를 가지고 운영해야 한다면 고객 제공 암호화 키Customer Supplied Encryption Keys, CSEK를 사용할 수 있으며, API를 통해 구글 클라우드를 사용할 때 키를 푸시해 자체적인 신뢰 루트를 유지할 수 있다. 이런 키는 특정 작업을 수행해야 하는 시간 동안 RAM에 저장된다.

CSEK를 가지면 키의 보호와 분실 방지 책임은 사용자에게 있다. 구글은 키를 실수로 삭제하거나 분실한 경우 데이터를 복구할 방법이 없다. 이런 실수를 하기 매우 쉬우므로 CSEK를 사용할 때는 각별한 주의가 필요하다. 또한 애플리케이션의 사용 비율에 맞춰 키를 구글에 푸시할 자체적인 키 분배 시스템에도 투자해야만 한다.

키 관리 서비스

또 다른 옵션은 클라우드 키 관리 서비스Key Management Service, KMS로, 키에 대한 전체 감사 기록을 포함해 키 운영 제어를 유지, 보수하는 동시에 전역적으로 확장 가능한 구글의 키 관리 시스템을 활용할 수 있다. 이 솔루션으로 자체적인 키 분배 시스템 구축의 필요성 완화와 더불어 키에 대한 가시성을 제어할 수 있다.

KMS를 가지고 클라우드 KMS에서 생성하고 유지하는 키는 구글의 기본 키 암호화 키 대신 키 암호화 키로 사용된다.

---

2 옮긴이 시스템에 무단으로 액세스할 수 있도록 보조해주는 대표적인 악성 프로그램으로 기술의 취약점을 악용하는 해킹 공격의 일종

3 옮긴이 컴퓨터 하드디스크의 부트 섹터(boot sector)를 감염시키는 악성 코드의 일종

4 옮긴이 메모리 내부적으로 진행하는 쓰기 데이터와 읽기 작업에서 발생한(메모리 다이 내에서 발생한) 작업을 제어하는 기능

하드웨어 보안 모듈

FIPS 140-2 레벨 3 인증 HSM의 클러스터에서 선택적으로 암호화 키를 호스팅하고 암호화 연산을 수행할 수 있는 클라우드 호스팅 하드웨어 보안 모듈Hardware Security Module, HSM 서비스에 키를 저장할 수 있다. 구글은 HSM 클러스터를 관리하므로 클러스터링, 확장, 패치를 고민할 필요가 없다. 클라우드 HSM은 프런트엔드로 클라우드 KMS를 사용하기 때문에 클라우드 KMS가 제공하는 모든 편의 사항과 기능을 사용할 수 있다.

외부 키 관리자

클라우드 외부 키 관리자External Key Manager, EKM가 지원하는 외부 키 관리 파트너 시스템 내에서 관리하는 암호화 키를 사용해 구글 클라우드 내의 데이터를 보호할 수 있다. 작동 방식은 다음과 같다.

1. 먼저, 지원되는 외부 키 관리 파트너 시스템에서 키를 생성하거나 기존 키를 사용한다. 이 키는 고유한 URI이다.

2. 외부 키 관리 파트너 시스템의 키를 사용하기 위해 구글 클라우드 프로젝트에 접근 권한을 부여한다.

3. 외부적으로 관리되는 키에 대한 URI를 이용해 구글 클라우드 프로젝트에서 클라우드 EKM 키를 생성한다.

클라우드 EKM 키와 외부 키 관리 파트너 키는 데이터를 보호하는 데 함께 사용된다. 외부 키는 구글에 결코 노출되지 않는다.

다른 데이터 보안 서비스

데이터 암호화와는 별개로 구글 클라우드에 데이터 보안에 유용한 다른 서비스는 다음과 같다.

- **VPC 서비스 제어**: 멀티 테넌트 서비스를 격리시켜 데이터 유출 위험을 완화시킨다.
- **데이터 유실 방지**: 민감성 데이터의 검색과 분류, 보호에 도움을 준다.

구글의 다양한 서비스에서 저장과 전송 중 암호화가 작동하는 방법에 대한 더 자세한 내용이 궁금하다면 Google Cloud 백서[5]를 확인하라.

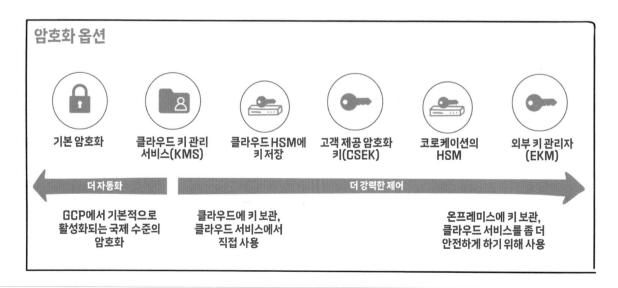

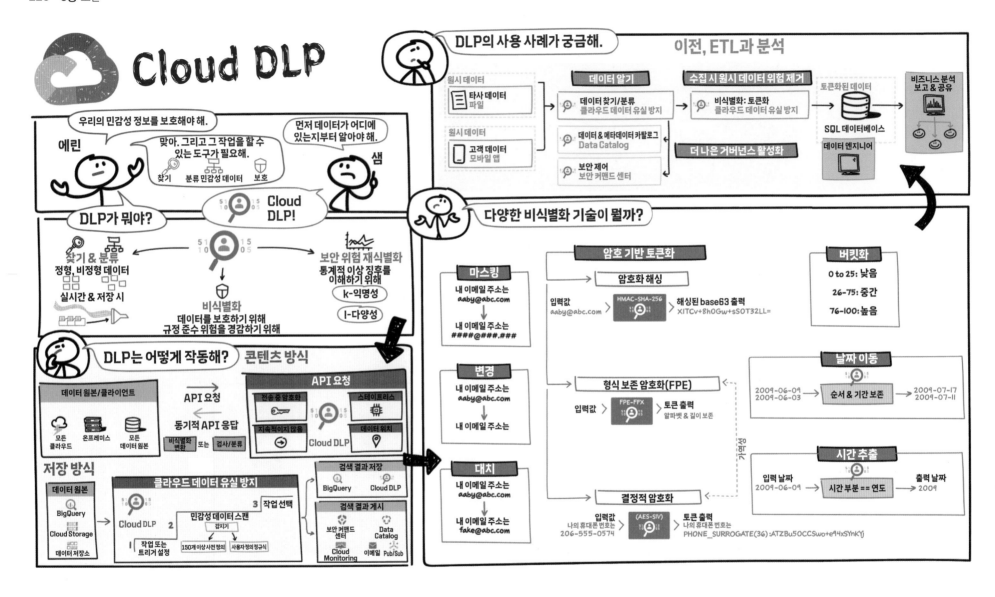

민감성 데이터는 예상치 못한 장소(예를 들어, 고객이 고객 지원 채팅 또는 파일 업로드에서 민감성 데이터를 실수로 보낼 수도 있음)에서 나올 수 있다. 그리고 분석과 머신러닝을 위해 데이터를 사용하고 있다면 사용자의 개인 정보를 보호하기 위해 민감성 데이터를 적절하게 처리해야 한다. 데이터가 어디에 있는지와 어떻게 사용 중인지를 전체적으로 보는 것과 적절하게 처리되는지 확인하는 절차를 만드는 것은 중요하다. 이것이 바로 Cloud DLP가 등장한 배경이다.

DLP

클라우드 데이터 유실 방지Data Loss Prevention, DLP는 텍스트 기반의 콘텐츠와 이미지에서 민감성 데이터를 찾고, 분류하고, 보호하기 위해 설계된 완전 관리형 서비스다. 이것은 가시성을 제공하고 조직 전체의 민감성 데이터를 분류하는 작업을 도와준다. 마스킹과 토큰화와 같은 난독화와 비식별화를 이용해 정형과 비정형 데이터를 검사하고 변환함으로써 데이터 위험을 경감시킨다. 재식별 분석을 실행해 데이터 개인 정보 위험에 대한 이해를 높일 수 있다. 재식별화 위험 분석은 식별되는 대상의 위험을 증가시킬 수 있는 속성과 인구 통계를 찾기 위해 데이터를 분석하는 절차다. 예를 들어 나이, 직위, 우편번호와 같은 인구 통계적 속성을 포함하는 마케팅 데이터 세트를 고려해보자. 표면적으로 이 인구 통계는 식별되지 않는 것처럼 보이지만, 나이, 직위, 우편번호의 일부 조합이 소수의 개인 또는 한 사람에게 고유하게 매핑될 수 있으므로 해당 인물이 재식별화될 위험을 증가시킬 수 있다. 이 분석에는 k-익명성, i-다양성과 같은 통계 속성의 측정이 포함돼 데이터의 개인 정보를 보호하고 이해하는 능력을 확장시킨다.

작동 방식

Cloud DLP는 기존 시스템에 통합하는 API, 코드 없이 쉽게 통합할 수 있는 콘솔 UI를 포함해 다중 인터페이스를 제공한다. 콘텐츠 API 메서드는 고객이 어디서든 데이터를 검사하고 변환하는 기능을 제공하고, 실시간 트래픽 보호와 같은 실시간 상호작용을 허용한다. BigQuery, Cloud Storage, 데이터스토어에 대한 저장 방식에는 분석을 위한 UI와 API 인터페이스 모두가 있으며, 저장돼 있는 대규모 데이터를 스캔하는 데 적합하다. 예를 들어, UI의 BigQuery용 자동 DLP는 전체 GCP 조직의 탐색과 분류를 자

동화할 수 있고, 데이터 위험에 대한 가시성을 제공하도록 연속적으로 작동한다. 검사 및 분류는 구글 클라우드의 데이터 유실 방지 기술을 기반으로 한다. 이 기술은 150개 이상의 내장형 정보 유형에 대한 감지기가 있고 풍부한 맞춤 설정과 감지 규칙을 제공한다. 또한 정형 테이블, 비정형 텍스트, OCR을 사용한 이미지 데이터를 포함한 다양한 형식을 지원한다.

다양한 비식별화 기법

Cloud DLP는 일부 기능을 유지하면서 민감성 정보를 난독화하는 데 도움을 주는 몇 가지 비식별화 기술을 제공한다.

- **마스킹**: 지정한 고정 문자를 가지고 문자열에서 주어진 수의 문자들을 전체적으로 또는 부분적으로 마스킹한다. 이 기술은 예를 들어, 계좌 번호나 사회보장번호social security number의 마지막 네 자리를 제외한 모든 부분을 마스킹할 수 있다.
- **수정**: 값을 제거해 수정한다.
- **대치**: 각 입력값을 주어진 값으로 대치한다.
- **보안 해시를 사용한 가명화**pseudonymization: 데이터 암호화 키를 이용해 생성된 단방향 해시로 입력값을 대치한다.
- **형식 보존 토큰을 사용한 가명화**: 형식 보존 암호화format-preserving encryption, FPE를 사용해 입력값을 동일한 문자 집합과 길이의 '토큰' 또는 대리 값으로 대치한다. 형식을 보존하는 것은 스키마 또는 형식 요구 사항에 제약이 있는 기존 시스템과의 호환성을 보장할 수 있다.
- **일반화 버킷팅**: 입력값을 '버킷' 또는 입력값이 속하는 범위로 바꾸어 입력값을 마스킹한다. 예를 들어, 특정 연령을 특정 연령 범위 또는 고유한 값을 '낮음', '중간', '높음'과 같은 범위로 묶을 수 있다.
- **날짜 이동**: 사용자별 또는 엔티티별로 날짜를 임의로 이동한다. 이것은 실제 날짜를 난독화할 수 있는 동시에 일련의 이벤트 또는 거래 기간과 순서를 유지할 수 있다.
- **시간 추출**: 날짜, 타임스탬프, 시간TimeOfDay 값의 일부를 추출하거나 보존한다.

Cloud DLP의 비식별화 기능은 정형과 비정형 데이터 모두를 난독화해 모든 워크로드에서 데이터와 개인 정보 보호를 추가하는 데 도움이 된다.

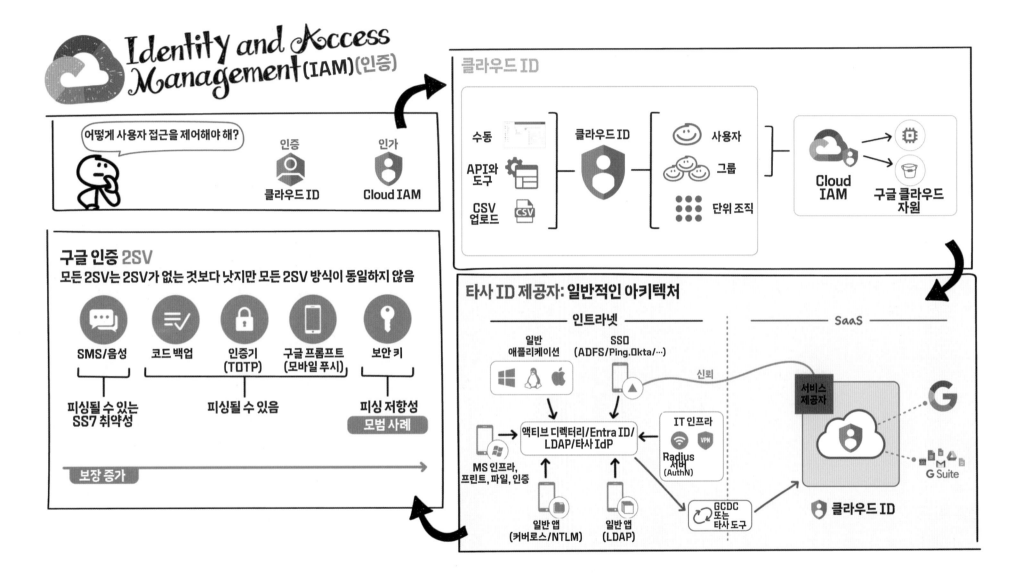

Identity and Access Management (IAM) (인증)

어떻게 사용자 접근을 제어해야 해?

인증 — 클라우드 ID
인가 — Cloud IAM

구글 인증 2SV
모든 2SV는 2SV가 없는 것보다 낫지만 모든 2SV 방식이 동일하지 않음

SMS/음성 | 코드 백업 | 인증기 (TOTP) | 구글 프롬프트 (모바일 푸시) | 보안 키

피싱될 수 있는 SS7 취약성 | 피싱될 수 있음 | 피싱 저항성
모범 사례

보장 증가 →

클라우드 ID

수동 | API와 도구 | CSV 업로드 — 클라우드 ID — 사용자 / 그룹 / 단위 조직

Cloud IAM → 구글 클라우드 자원

타사 ID 제공자: 일반적인 아키텍처

인트라넷 | SaaS

일반 애플리케이션 | SSO (ADFS/Ping.Okta/…)
신뢰

MS 인프라, 프린트, 파일, 인증 → 액티브 디렉터리/Entra ID/LDAP/타사 IdP ← IT 인프라 Radius 서버 (AuthN)

일반 앱 (커버로스/NTLM) | 일반 앱 (LDAP) | GCDC 또는 타사 도구

서비스 제공자 → 클라우드 ID

G Suite

보안에 있어 접근 제어의 3A는 인증authentication(사용자는 누구인가?), 인가authorization (사용자에 허용된 것은 무엇인가?), 감사auditing(그들은 무엇을 하고 있는가?)다.

- **인증**: 인증은 사적인 형태의 검증을 통해 사용자를 식별하는 절차다(예를 들어 암호, 인증서, 키 등). 구글 클라우드에서는 클라우드 ID가 인증을 수행한다.
- **인가**: 인증 자체는 어떠한 권한 세트도 제공하지 않는다. 인증 후에 할당된 사용자에게 권한을 부여하기 위해 인가가 사용된다. 구글 클라우드에서는 인가를 위해 Cloud IAM을 사용한다(그리고 광범위한 기본 권한이 있는 관리자 역할을 부여하기 위해서도 클라우드 ID를 사용한다).
- **감사**: 감사는 특정 클라우드 ID에 의해 접근되거나 변경된 자원을 모니터링하는 것이다. 구글 클라우드에서는 클라우드 감사 로깅이 자원 감사를 돕고, 보고서 API가 클라우드 ID 작업의 감사를 돕는다.

여기에서는 인증에 중점을 둔다.

클라우드 ID

클라우드 ID는 구글 클라우드에 대한 ID 제공자identity provider, IdP이자 구글 워크스페이스에 사용되는 ID 서비스identity-as-a-service, IDaaS 솔루션으로, 구글 클라우드 사용자의 디지털 ID를 저장하고 관리한다. 클라우드 ID로 이전하거나 사용을 시작할 때 구글 관리자 콘솔로부터 각 사용자에 대한 무료 계정을 생성한다. 클라우드 ID는 사용자 수명 주기 관리, 계정 보안, 싱글 사인온single sign-on, SSO 지원을 제공한다.

클라우드 ID를 설정하는 것은 조직을 구글 클라우드에 온보딩하기 위한 전제 조건이다. 작동 방식은 다음과 같다.

- 클라우드 ID 인스턴스를 설정하면 소유한 도메인을 추가하라는 요청을 받을 것이다 (일반적으로 회사의 주 도메인).

- 소유한 이 도메인에 대한 검증 요청을 받을 것이다. 이것은 DNS 레코드에 TXT 레코드를 추가하는 것으로 이루어진다.
- 검증이 끝나면 구글 클라우드 조직이 도메인과 같은 이름으로 생성되며, 구글 클라우드 사용하기를 시작할 수 있다.

클라우드 ID는 구글 클라우드와 어떻게 연결될까?

ID를 클라우드 ID로 가져올 수 있는 방법에는 수동, CSV 파일/내보내기, API와 도구 사용 등 여러 가지가 있다. 일단 구성되면 Cloud IAM에서 사용자와 그룹을 사용해 구글 클라우드 자원에 대한 접근 권한을 부여한다. 클라우드 ID 역할이 사용자/그룹 관리에 사용되고, 클라우드 자원에 대한 권한을 관리하는 구글 Cloud IAM 역할과 구별된다는 점을 이해하는 것은 중요하다. 이 구별은 다음의 Cloud IAM 절에서 다룬다.

인증 옵션

사용자 ID, 암호 외에도 두 가지 인증 옵션을 자주 사용한다.

구글 인증으로 2단계 검증

2단계 검증(2SV)은 사용자 ID와 암호 외에 인증을 위한 두 번째 요소를 추가한다. 모든 2SV는 2SV가 없는 것보다 낫다. 그러나 모든 2SV 방식이 동일한 것은 아니다. SMS, 백업 코드, 일회성 암호(TOTP), 모바일 푸시 프롬프트는 추가적인 보호를 제공하지만 여전히 피싱 가능성이 있다. FIDO 유니버설 2단계 요소Universal 2nd Factor, U2F 보안 키는 피싱에 매우 강하다. U2F 프로토콜은 암호화를 사용해 사용자 ID와 접근 웹사이트의 URL을 검증한다. 키는 장비에 보관되어 서버에는 공유 비밀키가 남지 않으므로 도난 가능성이 낮고 피싱, 메시지 가로채기man-in-the-middle, 재생replay 공격에서 보호된다.

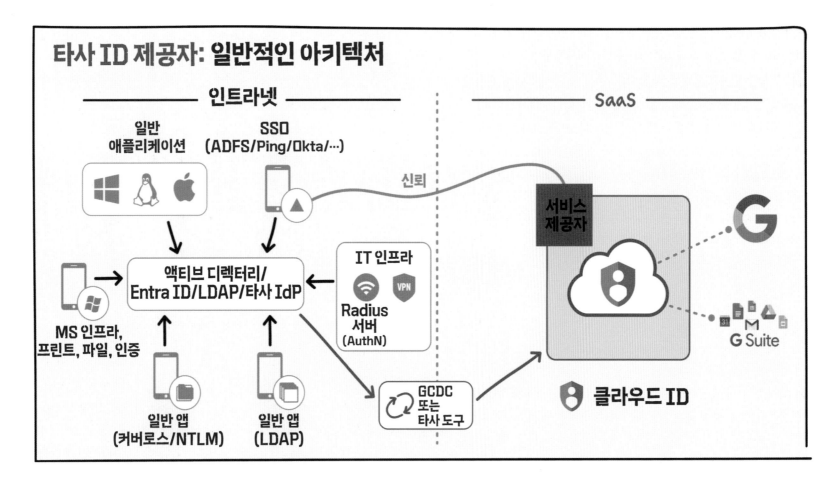

구글은 동급 최고의 보안을 위해 보안 키를 권장한다. 게다가 보안 키는 최적의 보안을 위해 관리자가 필수로 고려해야 하는 사항이다. 구글은 키 무결성을 확인하기 위해 구글에서 설계한 특수 펌웨어가 포함된 Titan 보안 키를 제공한다. 안드로이드와 iOS 장비도 보안 키(블루투스가 요구됨)로 사용할 수 있다. Titan 보안 키의 사용법은 구글 프롬프트를 통해 로그인하는 것과 유사하지만, 키가 FIDO U2F 프로토콜을 사용하기 때문에 보안이 더 강화된다.

클라우드 ID는 타사 IdP와 함께 2SV를 요구할 가능성을 제공한다(예: Entra ID, 옥타 Okta). 예를 들어, 사용자가 이 옵션을 통해 암호를 입력하여 Entra ID에 로그인하고 IdP(Entra ID)와 구글 간의 SAML 교환에 성공하면 추가 인증 단계로 구글에 설정된 2SV 방법에 대한 질문을 받게 된다.

타사 ID 제공자를 이용한 SSO 인증

옥타, 핑Ping, 액티브 디렉터리 연합 서비스Active Directory Federation Services, AD FS 또는 Entra ID와 같은 타사 SAML 2.0 호환 ID 제공자에 SSO를 사용해 인증을 위임할 수도 있다. 이미 호환되는 IdP를 사용한다면 이 방식은 일반적으로 더 빠른 구글 클라우드 온보딩과 중단 감소를 의미한다.

사용자 경험

직원에게 로그인 사용자 경험은 다음과 같다.

- 보호된 자원을 요청하면 직원에게 이메일 주소를 묻는 구글 로그인 스크린으로 넘어간다.
- 구글 로그인은 IDaaS 로그인 페이지로 전환시킨다.
- IDaaS로 인증한다. IDaaS에 따라 코드와 같은 두 번째 요소 제공 요청을 받을 수 있다.
- 인증 후, 보호된 자원으로 다시 전환된다.

이점

외부 IDaaS를 IdP로 사용하고 신뢰할 만한 소스를 사용하면 다음과 같은 이점이 있다.

- IDaaS와 통합된 구글 서비스, 다른 애플리케이션 전반에 걸쳐 확장된 직원을 위한 싱글 사인온 경험을 활성화한다.
- 다중 요소 인증을 요구하기 위해 IDaaS를 구성했다면 구성은 자동으로 구글 클라우드에 적용된다.
- 구글과 암호 또는 다른 인증서를 동기화할 필요가 없다.
- 무료 버전의 클라우드 ID를 사용할 수 있다.

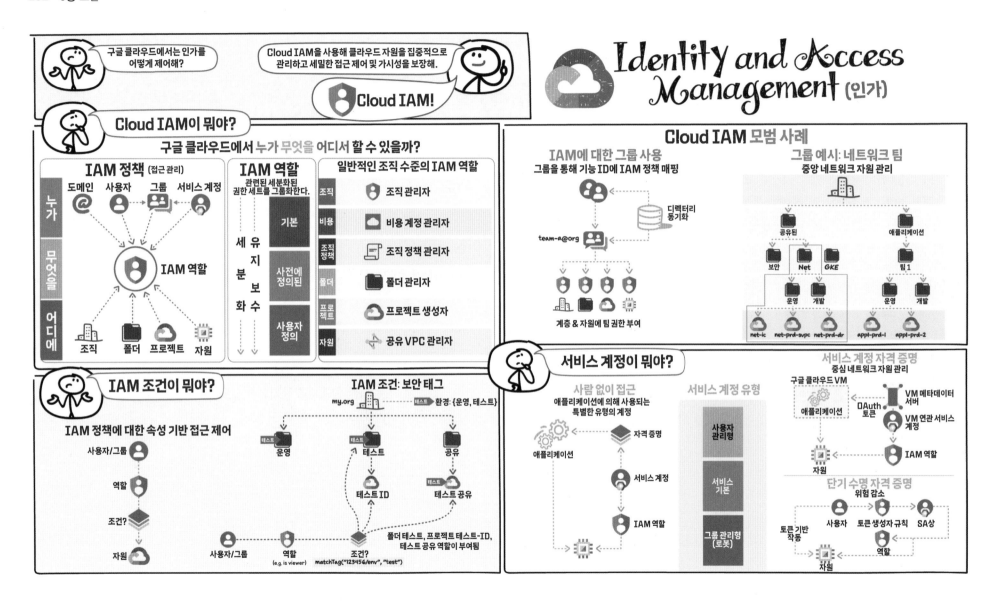

Identity and Access Management (인가)

구글 클라우드에서는 인가를 어떻게 제어해?

Cloud IAM을 사용해 클라우드 자원을 집중적으로 관리하고 세밀한 접근 제어 및 가시성을 보장해.

Cloud IAM!

Cloud IAM이 뭐야?

구글 클라우드에서 누가 무엇을 어디서 할 수 있을까?

IAM 정책 (접근 관리)

누가: 도메인 @, 사용자, 그룹, 서비스 계정

IAM 역할

무엇을 / 어디에: 조직, 폴더, 프로젝트, 자원

IAM 역할

관련된 세분화된 권한 세트를 그룹화한다.

세분화, 유지보수

- 기본
- 사전에 정의된
- 사용자 정의

일반적인 조직 수준의 IAM 역할

조직	조직 관리자
비용	비용 계정 관리자
조직 정책	조직 정책 관리자
폴더	폴더 관리자
프로젝트	프로젝트 생성자
자원	공유 VPC 관리자

IAM 조건이 뭐야?

IAM 정책에 대한 속성 기반 접근 제어

사용자/그룹 → 역할 → 조건? → 자원

IAM 조건: 보안 태그

my.org ← 테스트 환경: {운영, 테스트}

운영, 테스트, 공유

테스트 ID, 테스트 공유

사용자/그룹 → 역할 (e.g. is viewer) → 조건? matchTag("123456/env", "test")

폴더 테스트, 프로젝트 테스트-ID, 테스트 공유 역할이 부여됨

Cloud IAM 모범 사례

IAM에 대한 그룹 사용

그룹을 통해 기능 ID에 IAM 정책 매핑

team-a@org

디렉터리 동기화

계층 & 자원에 팀 권한 부여

그룹 예시: 네트워크 팀

중앙 네트워크 자원 관리

공유된: 보안, Net, GKE → 운영, 개발

애플리케이션: 팀1 → 운영, 개발

net-ic, net-prd-svpc, net-prd-dr

appl-prd-1, appl-prd-2

서비스 계정이 뭐야?

사람 없이 접근

애플리케이션에 의해 사용되는 특별한 유형의 계정

애플리케이션 → 자격 증명 → 서비스 계정 → IAM 역할 → 자원

서비스 계정 유형

- 사용자 관리형
- 서비스 기본
- 그룹 관리형 (로봇)

서비스 계정 자격 증명

중심 네트워크 자원 관리

구글 클라우드 VM → 애플리케이션

VM 메타데이터 서버

OAuth 토큰 → VM 연관 서비스 계정 → IAM 역할 → 자원

단기 수명 자격 증명

위험 감소

토큰 기반 작동 → 사용자 → 토큰 생성자 규칙 → SA상 → 역할 → 자원

클라우드 ID를 사용해 사용자가 누구인지 식별(인증)한 후 다음 단계는 사용이 허용된 자원에 접근할 수 있도록 구글 클라우드에서 수행할 수 있는 작업을 정의(인가)하는 것이다. 구글 클라우드 자원에 대한 접근 제어는 사람에 대해서는 Cloud IAM 정책으로, 애플리케이션과 서비스에 대해서는 서비스 계정으로 관리한다. Cloud IAM과 서비스 계정을 좀 더 자세히 살펴보자.

Cloud IAM

Cloud IAM은 구글 클라우드의 어디서 무엇을 할 수 있을지 정의하는 것을 돕는다. 클라우드 자원을 중앙에서 관리할 수 있도록 세분화된 접근 제어와 가시성을 제공한다.

IAM 정책은 구글 클라우드 자원에 대한 접근 제어를 관리한다. 이들은 IAM 바인딩의 모음이며, 보안 주체, 규칙, 정책이 연결된 자원을 함께 하나로 묶는다. 일반적으로 인가 그룹으로 생각되는 것은 구글 클라우드의 IAM 바인딩(특정 자원 또는 계층 노드에 바인딩된 ID 그룹과 역할의 결합)이다. 바인딩 주체는 다음과 같다.

- 조직 도메인, 모든 조직 구성원에 역할 부여
- 워크스페이스/클라우드 ID 사용자
- 워크스페이스/클라우드 ID 그룹
- 서비스 계정(추후 설명)

IAM 역할은 세분화한 권한 관련 집합을 그룹화하는 것으로, 세 가지 유형이 있다.

- **기본 역할**: 이해하고 적용하기 쉽지만 광범위한 권한과 범위를 포함한다. 예를 들어, 소유자는 편집자 권한을 포함한다.
- **사전 정의 역할**: '사용자가 사용할 수 있는 서비스' 모델에 잘 매핑된다. 더 좁은 서비스별 권한 범위를 제공한다. 약간의 노력이 필요하지만 기초적인 기본 역할보다는 안전하다.
- **사용자 정의 역할**: 조직, 프로젝트 또는 서비스 수준에 사용자 정의 권한 범위를 정의할 수 있다. 이것은 가장 안전한 옵션이지만 종속성과 갱신을 관리하기 위한 유지 관리 노력을 꽤 많이 필요로 한다.

IAM 정책은 자원과 요청 속성에 기반한 조건을 바인딩할 수도 있다. 이를 통한 사용 사례는 다음과 같다.

- **시간 한정적인 접근**: 예를 들어, 근무 시간 동안만 접근을 허용한다.
- **자원의 하위 집합에 접근**: 예를 들어, 'webapp-frontend-' 접두어를 가진 VM에만 접근을 허용한다.
- **네트워크 주소 공간**: 예를 들어, 회사 네트워크에서만 접근을 허용한다.

IAM 조건으로 어떤 역할을 할당하거나 취소하는지에 대한 세밀한 제어를 할 수 있다. 실제로 이것은 사용자가 프로젝트에서 어떤 서비스를 (IAM 역할을 통해) 사용할 수 있는지를 중앙에서 제어할 수 있음을 의미하지만, 여전히 프로젝트에 대한 권한을 직접 관리하도록 팀에게 자율성을 제공할 수 있다(이들 권한은 승인된 서비스에 한정함).

IAM 조건은 또한 보안 태그를 지원한다. 태그는 조직 수준에서 정의된 접근 제어 키-값 자원으로, 계층 노드에 연결시킬 수 있다(조직, 폴더, 프로젝트). 태그가 노드에 연결되면 IAM 조건에서 관련 노드에 대한 역할 할당 범위를 설정하고 지정할 수 있다.

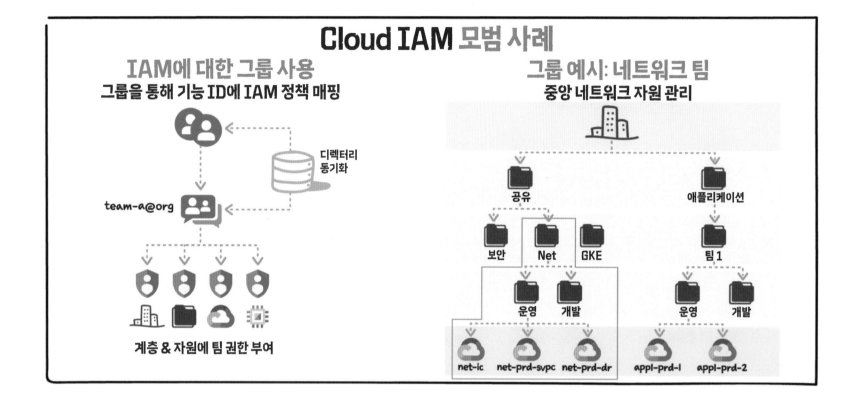

Cloud IAM 모범 사례

Cloud IAM 사용 시 그룹을 사용해 IAM 정책을 기능 ID에 매핑해야 한다.

- 명료한 권한 범위와 경계(조직, 폴더, 프로젝트, 자원)를 갖는 기능적 IAM 역할의 수 신자로 개별 ID 그룹을 사용한다.
- 온프레미스 워크플로(네트워크, 데브옵스 등)를 미러링하는 그룹을 사용하거나 신규 클라우드에 특화된 워크플로에 매핑한다.
- 신뢰할수 있는 출처source of truth에서 그룹을 동기화해 가입/탈퇴 절차를 공유한다.
- 그룹 이름에 대한 이름 규칙을 정의하고 시행한다.
- 폴더를 사용해 IAM 정책이 적용되는 지점을 최소화한다.
- 특정 팀 교차 기능이 다른 팀에 걸쳐 공유될 때 선택적으로 그룹을 중첩한다.
- iam.allowedPolicyMemberDomains 조직 정책을 통해 선택적으로 도메인 구성 원 자격을 적용한다.

서비스 계정

서비스 계정은 애플리케이션과 서비스에서 사용하는 특별한 유형의 계정이다. 구글 클라우드 API와 서비스에 대한 무인 접근은 일반적으로 서비스 계정을 통해 이루어진다. 대부분의 다른 자원과 마찬가지로 프로젝트 내에서 생성되고 관리된다. 일반적으로 서비스에서 사용하므로 연관된 암호가 없으며 브라우저 또는 쿠키를 통해 로그인할 수 없다.

인증은 공개/비공개 키 쌍(구글 또는 사용자 정의 관리)으로 수행되거나 ID 연합에 의해 이루어진다. 일반 사용자 또는 다른 서비스 계정(IAM 역할을 통해)에서 가장 impersonation할 수 있다.

서비스 계정 유형

몇 가지 유형의 서비스 계정이 구글 클라우드 서비스에 내장돼 있다.

- **사용자 관리**: 사용자가 생성하며 다른 자원과 같이 관리된다. IAM 역할은 기본적으로 할당되지 않는다. 키, VM 연계 또는 가장을 통해 이용할 수 있다.
- **서비스 기본**: API 활성화 시 생성된다. 고객 서비스 계정을 아무것도 선택하지 않을 때 기본적으로 사용된다. 예를 들어, Compute Engine은 VM에 대한 기본 서비스 계정을 갖는다. 고정된 이름 규칙을 가지고 있으며 생성 시 편집자 IAM 역할이 할당된다.
- **구글 관리(로봇 또는 서비스 에이전트)**: API 활성화 시 생성된다. 구글 클라우드 서비스가 특정 IAM 역할이 할당된 상태로 생성되도록 고객 자원에 작업을 수행하는 데 사용된다. Compute Engine 로봇 계정은 구글 관리형 서비스 계정의 예시다.

서비스 계정 자격 증명

서비스 계정 자격 증명에 접근하고 관리하는 방법에는 여러 가지가 있다.

- **구글 관리 키**: 공개와 비공개 키가 모두 구글 클라우드에 저장되며 자동 순환을 통해 보안을 유지한다. VM 또는 다른 컴퓨팅 서비스에 서비스 계정을 연결하거나 다양한 ID를 가장해 사용할 수 있다.
- **사용자 관리 키**: 사용자가(고객으로서) 공개와 비공개 키를 모두 관리하고 순환과 보호의 책임 또한 사용자가 갖는다. 구글 클라우드나 외부에서 키 쌍을 생성하고 구글 클라우드에 공개 키를 업로드할 수 있다. 고객 관리 비공개 키를 통해 사용한다.

조직 정책을 통해 키 생성을 제한할 수 있다.

신뢰할 수 있는 ID의 자원에 대한 제한된 액세스 권한을 부여해야 하는 경우, 단기 자격 증명을 사용하는 것이 가장 좋다.

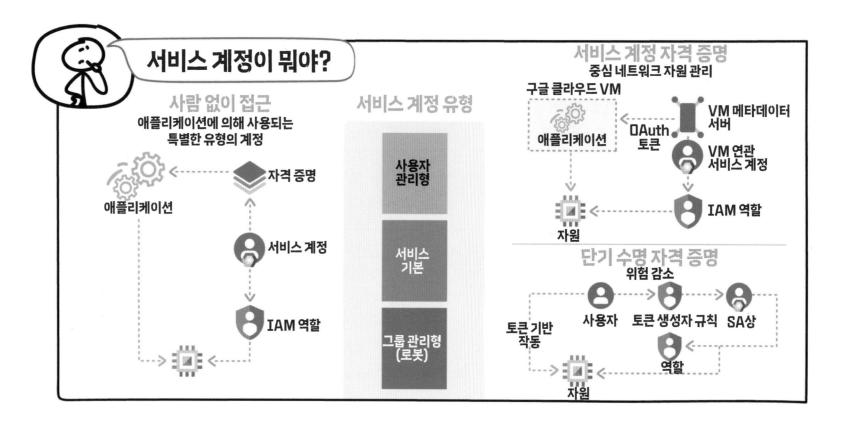

서비스 계정 모범 사례

- 워크플로 관점에서 기본 서비스 계정에 대한 권한은 관대하다(예를 들어, 프로젝트 에디터). 앱 지정 계정을 생성하고 필요한 권한만 부여하는 것이 좋다.
- 서비스 계정은 방화벽을 적용하는 선택적인 애플리케이션에 사용할 수 있다. 서비스 계정 'webapp-fe'의 VM에 대해 포트 443(HTTPS)을 연다.
- 집중화된 관리를 위해 전용 프로젝트에 서비스 계정을 생성한다.

- 사용자 관리 키와 관련한 주요 보안 위험은 악의적 또는 실수로 코드에 키를 포함시켜 키를 게시함으로써 키가 노출되는 것이다. 이런 위험을 완화하기 위해서는 키를 자주 순환시켜야 한다.
- VPC 서비스 제어는 구글 클라우드 서비스에 접근할 수 있는 사용자를 제한할 수 있다(이것이 궁극적으로 서비스 계정의 목적이다). 예를 들어, 온프레미스 IP 범위에서만 접근을 허용한다(상호 접속 시). 이렇게 하면 공격 표면이 축소된다.
- Forseti를 사용해 교체가 필요한 오래된 키에 대해 경고함으로써 서비스 계정을 사전 예방적 접근과 결합할 수 있다.

제로 트러스트 & BeyondCorp

제로 트러스트가 뭐야?

제로 트러스트 보안 모델
자원에 대한 콘텍스트 인식 접근:

 사용자 ID & 콘텍스트 기반 접근

 사용자가 아무 곳에서나 좀 더 안전하게 작업하도록 함

네트워크 계층부터 애플리케이션 계층까지 제어 이동

원격 접속 VPN 없이 접근 허용

BeyondCorp가 뭐야?

BeyondCorp
제로 트러스트 보안 모델에 대한 구글 구현
네트워크 경계에서 개발 사용자 및 장비로 접근 제어 이동, VPN 필요 없이 보안 작업 가능

BeyondCorp Enterprise
구글의 제로 트러스트 제품 제공
구글의 학습과 경험에 기반한 고객을 위한 신규 솔루션

BeyondCorp Enterprise가 뭐야?

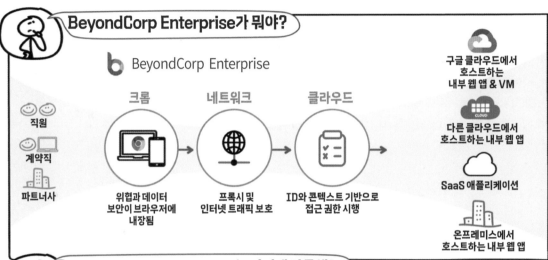

b BeyondCorp Enterprise

직원 / 계약직 / 파트너사

크롬 → 네트워크 → 클라우드

크롬: 위협과 데이터 보안이 브라우저에 내장됨
네트워크: 프록시 및 인터넷 트래픽 보호
클라우드: ID와 콘텍스트 기반으로 접근 권한 시행

구글 클라우드에서 호스트하는 내부 웹 앱 & VM
다른 클라우드에서 호스트하는 내부 웹 앱
SaaS 애플리케이션
온프레미스에서 호스트하는 내부 웹 앱

BeyondCorp Enterprise는 어떻게 작동해?

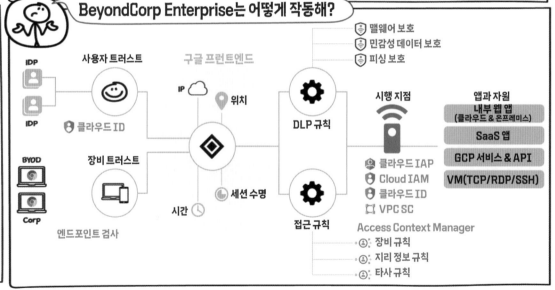

IDP / IDP
클라우드 ID
사용자 트러스트

BYOD / Corp
장비 트러스트
엔드포인트 검사

구글 프런트엔드
IP / 위치 / 시간 / 세션 수명

맬웨어 보호
민감성 데이터 보호
피싱 보호

DLP 규칙
접근 규칙

시행 지점
클라우드 IAP
Cloud IAM
클라우드 ID
VPC SC

앱과 자원
내부 웹 앱 (클라우드 & 온프레미스)
SaaS 앱
GCP 서비스 & API
VM(TCP/RDP/SSH)

Access Context Manager
장비 규칙
지리 정보 규칙
타사 규칙

BeyondCorp

2011년에 구글은 엔터프라이즈 액세스 관리에 대한 새로운 접근 방식인 BeyondCorp 제로 트러스트zero trust 보안 모델의 구현을 제시했다. 모든 직원이 VPN을 사용하지 않고 신뢰할 수 없는 네트워크에서 작업할 수 있도록 하는 내부 구글 이니셔티브initiative로 시작됐다. BeyondCorp는 자원 접근 결정을 네트워크 경계에서 개별 사용자와 장비로 이전함으로써 직원들이 아무 장소에서나 좀 더 안전하게 일할 수 있고 일하는 방식을 혁신할 수 있도록 지원한다.

BeyondCorp Enterprise

BeyondCorp Enterprise는 구글 클라우드의 제로 트러스트 접근 모델을 운영으로 구현한 것이다. 이 모델을 사용하면 자원 접근 정책에 따라 명시된 모든 규칙과 조건이 일치하지 않는 한 아무도 자원에 접근할 수 없다. 기본적으로 구글은 직원이 안전하면서도 간단한 방식으로 애플리케이션과 자원에 접근하도록 돕길 원한다. 어떻게 할 수 있을까?

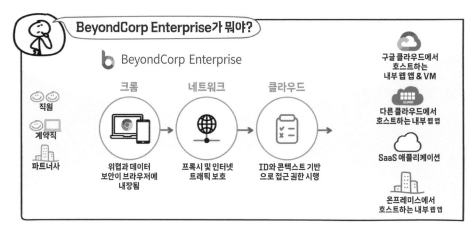

직원들은 위협과 데이터 보호 기능이 내장된 크롬(크로미엄Chromium 기반 브라우저)을 사용해 평소처럼 애플리케이션과 자원에 접근한다. 구글 네트워크는 자원에 대한 트래픽을 보호하고 프록시하며 인가된 접근을 할 수 있도록 조직에 콘텍스트 인식 정책(ID, 장비 정보, 위치, 날짜, 직원이 사용하는 네트워크 등과 같은 요소를 사용한)을 시행한다.

BeyondCorp Enterprise는 두 가지 필수 기능을 제공한다.

- 더 풍부한 접근 제어는 최종 사용자의 요청 콘텍스트를 사용하여 가능한 안전하게 각 요청을 인증, 인가함으로써 시스템(애플리케이션, 가상 머신, API 등)에 대한 접근을 보호한다.
- 위협과 데이터 보호는 복사 및 붙이기와 같은 유출 위험으로부터 사용자를 보호하고, 브라우저 내의 DLP를 확대하며 맬웨어malware가 엔터프라이즈 관리 장비에 침입하는 것을 방지하여 엔터프라이즈 장비에 대한 보안을 제공한다.

BeyondCorp Enterprise는 어떻게 작동할까?

IAP는 BeyondCorp Enterprise의 핵심으로 HTTPS 앱과 자원에 대한 접근 권한을 부여할 수 있다. IAP 뒤에서 앱과 자원을 설정한 후 조직에서는 IAP를 시행할 세분화된 접근 정책을 만들 수 있다. BeyondCorp Enterprise는 사용자 장비 속성, 날짜, 요청 경로와 같은 속성을 기반으로 접근을 제한할 수 있다.

BeyondCorp Enterprise는 네 가지 구글 클라우드 제품을 기반으로 작동한다.

- **IAP**: VPN을 사용하지 않고 신뢰할 수 없는 네트워크에서 직원이 회사 앱과 자원에 접근하도록 하는 구글 제품
- **IAM**: 구글 클라우드용 ID 관리와 인가 서비스
- **Access Context Manager**: 정의된 계층의 접근을 통해 세분화된 접근 제어를 가능하게 하는 규칙 엔진
- **엔드포인트 검사**: 사용자 장비 상태와 메타데이터를 수집하는 구글 크롬 확장 프로그램

장비 정보 수집

엔드포인트 감사는 암호화 상태, 운영체제, 사용자 세부 사항을 포함한 직원 장비 정보를 수집한다. 구글 관리 콘솔을 통해 활성화가 이루어지면 회사 장비에 엔드포인트 확인 크롬 확장 프로그램을 배포할 수 있다. 또한 직원은 그들의 관리형 개인 장비에 설치할 수 있다. 이 확장 프로그램은 장비 정보를 수집하고 보고한다. 최종 결과는 회사 자원에 접근하는 모든 조직과 개인 장비의 인벤토리다.

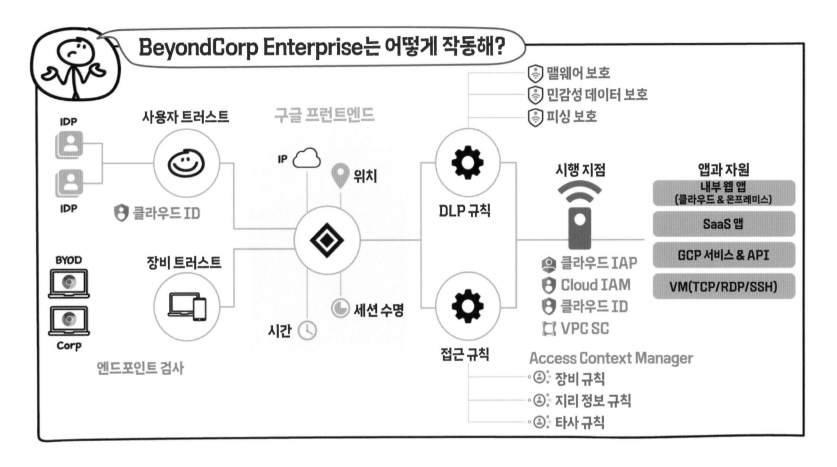

제한된 접근

Access Context Manager를 통해 접근 규칙을 정의하기 위해 접근 수준을 생성한다. IAM 조건을 사용해 IP 서브네트워크, 리전, 보안 주체, 장비 속성을 포함해 다양한 속성에 기반한 세분화된 접근 제어를 시행한다.

장비 기반의 접근 수준을 생성할 때 Access Context Manager는 엔드포인트 검사를 통해 생성한 장비 인벤토리를 참조한다. 예를 들어, 접근 수준은 암호화된 장비를 사용하는 직원으로 제한할 수 있다. IAM 조건과 함께 오전 9시에서 오후 5시까지만 접근을 허용함으로써 이 접근 수준의 세분성을 증가시킬 수 있다.

IAP로 자원 보호

IAP는 구글 클라우드 자원에서 IAM 조건을 적용함으로써 모든 것을 함께 묶는다. IAP를 사용하면 HTTPS 및 SSH/TCP 트래픽으로 접근한 구글 클라우드 자원에 대한 중앙 인가 계층을 구축할 수 있다. IAP로 네트워크 수준의 방화벽에 의존하는 대신에 자원 수준의 접근 제어를 구축할 수 있다. 일단 보호가 이루어지면 직원, 네트워크, 장비가 모든 접근 규칙과 조건을 충족 시 모든 직원, 모든 장비, 모든 네트워크에서 자원에 접속할 수 있다.

IAM 조건 적용

IAM 조건으로 구글 클라우드 자원에 대한 조건부 속성 기반의 접근 제어를 정의하고 시행할 수 있다. IAM 조건으로 구성한 조건을 충족하는 경우에만 보안 주체에서 권한을 부여하도록 선택할 수 있다. IAM 조건은 접근 수준을 포함해 다양한 속성으로 접근을 제한할 수 있다. 자원의 IAM 정책의 IAP 역할 바인딩에서 조건을 지정한다.

BeyondProd 악의적인 행위자가 사용자의 자격 증명을 캡처할 수도 있으므로 경계에 초점을 맞추는 보안 모델은 부적절하다. 마찬가지로 더 큰 세계와 의사소통하는 소프트웨어는 많은 수준에서 보호가 필요하다. 이것이 바로 소프트웨어를 구상, 생산, 관리하고 다른 소프트웨어와 상호작용하는 방식을 포괄해 프로덕션 환경을 운영하는 방법에 대해 제로 트러스트 접근 방식을 적용하는 것이 합당한 이유다. 구글은 어떻게 클라우드 네이티브 아키텍처를 보호하는지 설명하고 조직이 이 도메인에 제로 트러스트 보안 원칙을 적용하는 방법을 담은 BeyondProd 모델에 대한 백서[6]를 발간했다.

옮긴이 https://cloud.google.com/docs/security/beyondprod?hl=ko

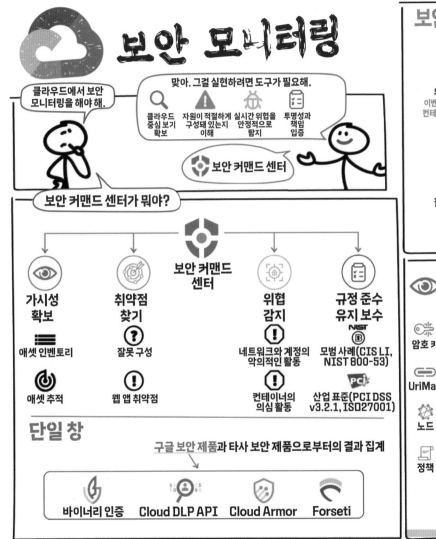

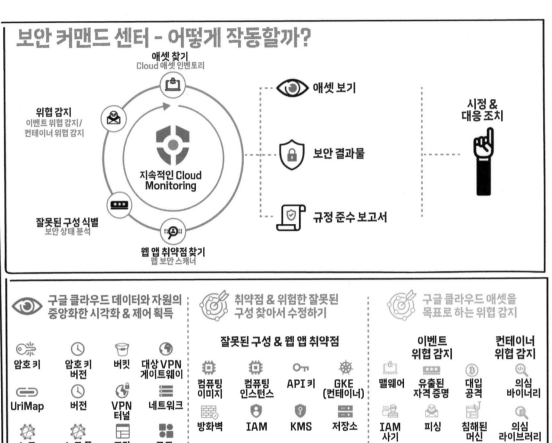

보안 모니터링

클라우드에서 보안 모니터링을 해야 해.

맞아. 그걸 실현하려면 도구가 필요해.

- 클라우드 중심 보기 확보
- 자원이 적절하게 구성돼 있는지 이해
- 실시간 위협을 안정적으로 탐지
- 투명성과 책임 입증

보안 커맨드 센터

보안 커맨드 센터가 뭐야?

보안 커맨드 센터

가시성 확보
- 애셋 인벤토리
- 애셋 추적

취약점 찾기
- 잘못 구성
- 웹 앱 취약점

위협 감지
- 네트워크와 계정의 악의적인 활동
- 컨테이너의 의심 활동

규정 준수 유지 보수
- 모범 사례(CIS LI, NIST 800-53)
- 산업 표준(PCI DSS v3.2.1, ISO27001)

단일 창

구글 보안 제품과 타사 보안 제품으로부터의 결과 집계

바이너리 인증   Cloud DLP API   Cloud Armor   Forseti

보안 커맨드 센터 - 어떻게 작동할까?

애셋 찾기
Cloud 애셋 인벤토리

위협 감지
이벤트 위협 감지/
컨테이너 위협 감지

지속적인 Cloud Monitoring

잘못된 구성 식별
보안 상태 분석

웹 앱 취약점 찾기
웹 보안 스캐너

애셋 보기

보안 결과물

규정 준수 보고서

시정 & 대응 조치

구글 클라우드 데이터와 자원의 중앙화한 시각화 & 제어 획득

- 암호 키
- 암호 키 버전
- 버킷
- 대상 VPN 게이트웨이
- UriMap
- 버전
- VPN 터널
- 네트워크
- 노드
- 노드 풀
- 조직
- 포드
- 정책
- 디스크
- 방화벽
- 폴더
- 응용 프로그램
- 컴퓨팅 인스턴스

취약점 & 위험한 잘못된 구성 찾아서 수정하기

잘못된 구성 & 웹 앱 취약점

- 컴퓨팅 이미지
- 컴퓨팅 인스턴스
- API 키
- GKE (컨테이너)
- 방화벽
- IAM
- KMS
- 저장소
- 교차 사이트 스크립팅 (XSS)
- 플래시 삽입
- 혼합 콘텐츠
- 평문 암호

.js
안전하지 않은 자바스크립트 라이브러리 사용

구글 클라우드 애셋을 목표로 하는 위협 감지

이벤트 위협 감지
- 맬웨어
- 유출된 자격 증명
- IAM 사기
- 피싱
- 코인 채굴
- 계정 탈취

컨테이너 위협 감지
- 대입 공격
- 의심 바이너리
- 침해된 머신
- 의심 라이브러리
- 발신 DDoS 공격
- 리버스 셸

클라우드로의 전환에는 보안과 위험 태세를 효과적으로 관리하는 방법에 대한 근본적인 질문이 따른다. 보안 운영security operations, SecOps 관점에서 클라우드에서 효과적인 보안 및 위험 관리에 필요한 몇 가지 핵심 요구 사항이 있다. SecOps에 필수적인 네 가지 주요 사항은 다음과 같다.

- 클라우드 환경에서 모든 클라우드 자원과 정책의 보안 중심의 단일 화면이 필요
- 자원과 정책이 기대한 대로 구성돼 있는지 확인 필요
- 워크로드가 안전하도록 위협을 안정적으로 감지
- 규정 준수, 투명성, 책임을 유지하고 있는지 지속적으로 증명

보안 커맨드 센터security command center는 이러한 사항들을 해결하는 데 중점을 둔다.

보안 커맨드 센터

보안 커맨드 센터는 구글 클라우드를 위한 기본 보안과 위험 관리 플랫폼이다. 보안 커맨드 센터는 지속적으로 구글 클라우드 환경을 모니터링하며 다음을 수행할 수 있도록 지원한다.

- **가시성 확보**: 모든 구글 클라우드 자원을 실시간으로 모니터링할 수 있다.
- **취약점 발견**: 자원의 잘못된 구성과 웹 앱에 연관된 취약점을 감지한다(예를 들어, OWASP Top 10)
- **위협 감지**: 구글 클라우드 자원을 목표로 하는 악의적인 활동과 조직 내의 인가되지 않은 활동과 같이 사용자의 환경을 목표로 하는 외부 위협 감지를 돕는다.
- **업계 표준 준수 유지**: 새로운 벤치마크 버전 및 표준에 대한 지원을 자주 추가한다. 사용 가능한 지원되는 최신 벤치마크를 사용하는 것이 좋다.

보안 커맨드 센터는 어떻게 작동할까?

보안 커맨드 센터는 구글 클라우드의 보안을 감독할 수 있도록 단일 화면으로 관리되는 여러 가지 기본 서비스를 제공한다.

- Cloud 애셋 인벤토리를 사용해 구글 클라우드 환경에서 애셋을 찾는다. Cloud 애셋 인벤토리는 보안 커맨드 센터와 긴밀하게 통합돼 있으며, 한곳에서 모든 애셋의 검색, 모니터링, 분석이 가능하다.
- 보안 건전성 분석이라고 불리는 기본 서비스를 사용해 구글 클라우드 환경에서 잘못된 구성을 식별한다. 또한 이 결과를 산업계 표준과 규정 준수 벤치마크와 묶는다.
- 웹 보안 스캐너를 사용해 웹 앱의 취약점을 찾는다. 웹 보안 스캐너는 구글 클라우드에서 작동 중인 웹 애플리케이션을 자동으로 감지하고 취약점에 대해 스캐닝을 시작한다.
- 악의적인 활동을 식별하기 위해 플랫폼 로그를 분석하는 서비스인 이벤트 위협 감지와 컨테이너 배포에서 가장 의심스러운 활동을 찾아내는 컨테이너 위협 감지 서비스를 사용하여 위협을 감지한다.

보안 커맨드 센터의 지속적인 모니터링과 분석은 보안과 위험을 효과적으로 관리하도록 다음과 같은 주요 산출물을 자동으로 제공한다.

- 자원과 정책, 인벤토리의 변경 사항, 이들 각 애셋과 연관된 보안 결과의 실시간 뷰를 제공하는 애셋 보기
- 구글 클라우드 환경에서의 잘못된 구성, 취약점, 위협에 대한 통합된 보안 결과 집합. 보안 커맨드 센터는 잠재적 보안 문제를 해결하는 데 도움이 되는 우선순위가 지정된 보안 결과 뷰를 제공한다.
- 발견된 잘못된 구성과 취약점을 CIS, PCI DSS, NIST 800-53, ISO 27001과 같은 산업 표준과 연결해 현재 위치에 대한 규정 준수 관점으로 파악한다. 보안 커맨드 센터는 표준에 따라 분류된 규정 준수 보고를 제공해 사용자 환경을 업계 권장 벤치마크의 기술 제어와 비교하는 방법을 추적하는 데 사용할 수 있다.

보안 커맨드 센터는 조치를 취하기 위한 권장 사항과 수정 단계를 제공한다. 또한 이러한 결과를 보안 오케스트레이션, 자동화와 응답security orchestration, automation, and response, SOAR 또는 보안 정보와 이벤트 관리security information and event management, SIEM 플랫폼과 같은 보안 생태계로 보낼 수도 있다.

구글 클라우드 보안 제어

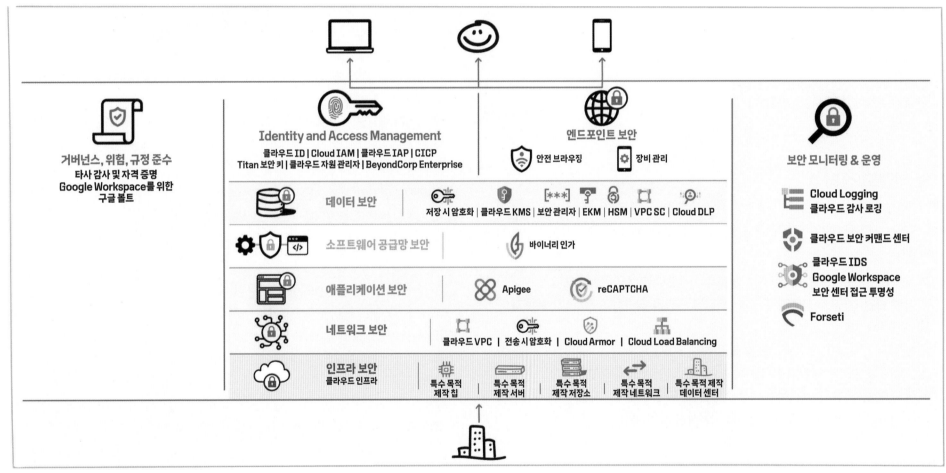

거버넌스, 위험, 규정 준수
타사 감사 및 자격 증명
Google Workspace를 위한
구글 볼트

Identity and Access Management
클라우드 ID | Cloud IAM | 클라우드 IAP | CICP
Titan 보안 키 | 클라우드 자원 관리자 | BeyondCorp Enterprise

엔드포인트 보안
안전 브라우징   장비 관리

데이터 보안
저장 시 암호화 | 클라우드 KMS | 보안 관리자 | EKM | HSM | VPC SC | Cloud DLP

소프트웨어 공급망 보안
바이너리 인가

애플리케이션 보안
Apigee   reCAPTCHA

네트워크 보안
클라우드 VPC | 전송 시 암호화 | Cloud Armor | Cloud Load Balancing

인프라 보안
클라우드 인프라
특수 목적 제작 칩 | 특수 목적 제작 서버 | 특수 목적 제작 저장소 | 특수 목적 제작 네트워크 | 특수 목적 제작 데이터 센터

보안 모니터링 & 운영
- Cloud Logging
  클라우드 감사 로깅
- 클라우드 보안 커맨드 센터
- 클라우드 IDS
  Google Workspace
  보안 센터 접근 투명성
- Forseti

이 장의 시작 부분에서 소개한 것과 같이 보안은 계층화된 접근 방식이다. 이제 구글 클라우드가 다양한 계층의 보안에 걸쳐 어떤 기능을 제공하는지 살펴보자.

인프라 보안

구글의 스택은 대규모의 실제적인 심층 방어를 제공하는 점진적인 계층을 통해 보안을 구축한다. 구글의 하드웨어 인프라는 특정 요구 사항을 정확하게 충족하기 위해 '칩에서 냉각기까지' 맞춤형으로 설계됐다. 소프트웨어와 OS는 취약점을 제거하여 강화한 버전의 리눅스다. 타이탄 전용 칩은 신뢰 루트를 구축하는 데 효과적이다. 이 엔드 투 엔드 출처와 증명은 구글이 '중간 공급 업체vendor in the middle' 문제를 크게 경감하는 데 도움이 된다.

네트워크 보안

네트워크 보안은 일부는 클라우드 제공자의 책임이고 일부는 사용자의 책임이다. 제공자는 트래픽이 보호와 암호화가 이루어졌는지 여부와 공용 인터넷에서 다른 서비스와의 통신이 안전한지 확인한다. 또한 네트워크 공격에 대해 기본 보호 기능을 제공한다.

사용자는 애플리케이션 경계의 정의와 시행, 팀과 조직 간의 프로젝트 세분화, 직원의 원격 접속 관리, 추가 DoS 방어 구현의 책임이 있다.

- 구글 VPC는 공용 인터넷으로 통신하지 않고도 다중 리전 간의 사설 연결을 제공한다. 프로젝트 내에서 격리된 전체 조직에 대한 단일 VPC를 사용할 수 있다.
- VPC 흐름 로그는 네트워크 인터페이스를 오가는 IP 트래픽에 대한 정보를 캡처하고 네트워크 모니터링, 포렌식, 실시간 보안 분석, 비용 최적화를 지원한다.

- 공유 VPC는 조직에서 여러 프로젝트에 걸쳐 공유할 VPC 네트워크를 구성하는 데 도움을 준다. 연결 경로와 방화벽은 중앙에서 관리가 이루어진다. 또한 인스턴스에 대한 접근을 제한하기 위해 글로벌 분산 방화벽을 가진 네트워크를 세분화할 수 있다.
- 방화벽 규칙 로깅으로 방화벽 규칙의 효과를 감사, 확인, 분석할 수 있다.
- VPC 서비스 제어는 인가되지 않은 네트워크로부터의 접근을 방지하기 위해 경계 보안을 확장하여 구글 클라우드 서비스를 관리한다.

애플리케이션 보안

클라우드에 애플리케이션 또는 API를 구축할 때 사용자는 스캐닝과 테스트를 포함한 애플리케이션의 보안을 책임져야 한다. 다음과 같은 사례를 채택해보자.

- 사용자의 인증, 인가에 기반하여 트래픽을 허용 및 거부
- 웹사이트로부터 봇 및 사기성 사용자를 차단하는 서비스의 구현과 사용

인터넷 연결 애플리케이션을 웹 앱과 API 보호Web App and API Protection, WAAP 솔루션을 사용해 공격으로부터 보호할 수 있다. 이 솔루션의 구성 조합은 다음과 같다.

- **Cloud Load Balancing**: 레이어 3과 레이어 4의 DDoS 공격에 대한 자동 방어 기능을 제공
- **Cloud Armor**: 요청 헤더, 쿠키, 쿼리 스트링과 같은 호스트의 L7 매개변수 또는 지리 정보에 의해 들어오는 웹 요청을 필터링
- **reCAPTCHA 엔터프라이즈**: 봇 및 불량 사용자에 대한 보호를 제공
- **Apigee API 게이트웨이**: DDoS 공격에 대해 API 트래픽을 조절해 백엔드 API를 보호하고 OAuth, API 키 검사, 다른 위협 보호 기능으로 API에 대한 접근을 제어

소프트웨어 공급망 보안

소프트웨어를 보호하려면 소프트웨어 개발과 배포 절차 전반에 걸쳐 생성되고 확인된 증명을 통해 코드의 출처 또는 출처 추적을 설정하기 위한 신뢰 사슬을 구축하여 검사를 통해 유지, 관리해야 한다. 오픈소스 SLSA Supply Chain Levels for Software Artifacts는 사용자의 보안 태세를 증가시키기 위해 점진적으로 채택할 수 있는 공급망 무결성을 위한 엔드 투 엔드 프레임워크다.

구글에서 클라우드 바이너리 인가 서비스는 SDLC 절차의 각 단계에 걸친 증명과 정책 확인을 통해 신뢰 사슬을 구축, 검사, 유지한다.

- **코드**: 의존성, 보안 권고, 오픈소스 코드에 걸친 라이선스 식별에 오픈소스 인사이트를 사용한다.
- **빌드**: Cloud Build는 신뢰 사슬에 추가하는 다른 세트의 증명(테스트 실행, 사용한 빌드 도구 등)을 캡처한다.
- **테스트와 스캔**: Artifact Registry에 저장 시 자동으로 취약점을 스캔해 빌드를 완성한다.
- **배포와 실행**: 바이너리 인가는 진위 여부를 확인하고 증명이 조직 정책을 충족할 때 배포한다. 배포 후에도 정책 준수 여부를 지속적으로 검사한다.

데이터 보안

데이터 보안은 사용자와 클라우드 제공자 간의 공통 책임이다. 클라우드 제공자는 저장과 전송 시 데이터 암호화와 같은 인프라에 구축된 일부 기능을 제공하고, 사용자는 애플리케이션의 데이터 보안을 책임진다. 여기에는 보안 키, 보안 관리, 민감성 데이터 찾기, 제어 시행하기, 데이터 유출 방지, 데이터 유실 방지가 포함된다.

구글 클라우드는 컨피덴셜 컴퓨팅을 사용해 사용 중인 데이터를 암호화하는 옵션으로 저장과 전송 중의 데이터 암호화를 제공한다. 자체 키로 데이터를 암호화할 필요가 있다면 자체 키 가져오기(CSEK), 구글의 관리형 키 관리 서비스(KMS), 하드웨어 보안 모듈(HSM), 외부 키 관리자(EKM)를 사용한다. 데이터 유실 방지(Cloud DLP)를 통해 민감성 데이터를 찾고 분류하고 보호할 수 있다.

IAM

IAM은 사용자의 인증과 사용자가 적절한 서비스를 쓰도록 인가하는 것을 포함해 사용자의 수명 주기 및 애플리케이션의 접근을 안전하게 관리하도록 요구한다.

구글 클라우드에서 클라우드 ID는 인증 옵션을 제공하는 IdP로, 클라우드 사용에 대한 디지털 ID를 저장하고 관리하며, 옥타, 핑, ADFS, Entra ID와 같은 타사 ID 제공자로 2단계 검사 및 SSO 통합을 제공한다.

인증 후 Cloud IAM은 세부 조정된 접근 제어와 중앙에서 관리하는 클라우드 자원에 대한 가시성을 제공함으로써 인가(구글 클라우드에서 누가 어디서 무엇을 할 수 있는지)를 제공한다. IAM 정책은 구글 클라우드 자원에 대한 접근 제어를 관리하고 IAM 역할은 권한의 세부 조정을 돕는다.

BeyondCorp Enterprise는 애플리케이션과 자원에 대한 제로 트러스트 모델을 시행한다. 자원별 접근 정책에 명시된 모든 규칙과 조건에 충족하지 않으면 아무도 자원에 접근할 수 없다.

엔드포인트 보안

엔드포인트 보안은 사용자와 접근을 보호하는 데 필수적이다. 애플리케이션과 프로젝트에서 어떤 장비가 어떤 자원에 접근할지를 정의하는 정책을 포함하여 패치 적용과 침해 방지, 사용자 장비를 관리한다.

안전한 탐색 또는 웹 위험 API: 클라이언트 애플리케이션이 구글이 지속적으로 갱신하는 안전하지 않은 웹 자원 목록에서 URL을 확인하여 안전한 탐색을 제공한다. 안전한 탐색을 사용하면 다음을 할 수 있다.

- 플랫폼과 위협 유형에 기반한 구글의 안전 탐색 목록에서 페이지를 확인한다.
- 사용자의 사이트에서 링크를 방문하기 전에 감염된 페이지로 이동할 수 있다고 경고한다.
- 알려진 감염된 페이지 링크를 사용자 사이트에 게시하지 않도록 막는다.

장비 관리: 기업 데이터를 확실히 통제하기 위해 장비 관리를 통해 사용자의 회사와 관련된 스마트폰, 태블릿 컴퓨터, 랩톱, 데스크톱 컴퓨터와 같은 모바일 장비를 관리할 수 있다.

보안 모니터링과 작업

보안 관리(SecOps)의 관점에서 클라우드의 위협을 방지, 탐지, 응답, 수정할 필요가 있다. 구글 클라우드에서 다음 기능을 사용하여 이를 달성할 수 있다.

- **보안 커맨드 센터**: 사용자의 구글 클라우드 환경의 잘못된 구성, 위협 감지, 악의적인 활동에 대해 지속적으로 모니터링하고 규정 준수를 유지하도록 돕는다. 여기에서 보안 커맨드 센터에 대해서 더 자세히 알 수 있다.
- **감사 로그**: Cloud Logging은 사용자의 구글 클라우드 자원 내의 관리자 활동과 접근을 기록하는 감사 로그를 제공한다. 감사 로그는 '누가 무엇을 어디서 언제 했나?'에 대한 대답에 도움을 준다.
- **접근 투명성**: 로그는 구글 직원이 고객의 콘텐츠에 접근할 때 취하는 작업을 기록한다.
- **클라우드 IDS**: 클라우드 침입 탐지 시스템은 맬웨어, 스파이웨어, 명령/제어 공격으로부터 관리형의 클라우드 네이티브 위협 감지를 제공한다.

거버넌스, 위험, 규정 준수

구글 클라우드는 PCI DSS, FedRAMP, HIPAA 등과 같은 주요 보안 인증을 준수한다. 구글 클라우드 제품군은 정기적으로 독립적인 보안, 개인 정보 보호, 규정 준수 제어 검증을 거쳐 인증, 증명, 감사 보고서를 획득해 규정 준수를 입증한다.